美国注册管理会计师（CMA）
应试策略及全真模拟测试

财务报告、规划、绩效与控制

优财（中国）CMA培训中心　组　编
杨　晔　主　编
缪　也　胡晓辉　副主编

中国财经出版传媒集团
经济科学出版社
Economic Science Press

图书在版编目（CIP）数据

财务报告、规划、绩效与控制/优财（中国）CMA 培训中心组编；
杨晔主编．—北京：经济科学出版社，2017.5（2018.1 重印）
美国注册管理会计师（CMA）应试策略及全真模拟测试
ISBN 978 - 7 - 5141 - 7837 - 1

Ⅰ.①财…　Ⅱ.①优…②杨…　Ⅲ.①企业管理 - 财务管理 -
注册会计师 - 资格考试 - 教材　Ⅳ.①F275

中国版本图书馆 CIP 数据核字（2017）第 051151 号

责任编辑：周国强
责任校对：杨晓莹
责任印制：邱　天

美国注册管理会计师（CMA）应试策略及全真模拟测试
财务报告、规划、绩效与控制
优财（中国）CMA 培训中心　组　编
杨　晔　主　编
缪　也　胡晓辉　副主编
经济科学出版社出版、发行　新华书店经销
社址：北京市海淀区阜成路甲 28 号　邮编：100142
总编部电话：010 - 88191217　发行部电话：010 - 88191522
网址：www. esp. com. cn
电子邮件：esp@ esp. com. cn
天猫网店：经济科学出版社旗舰店
网址：http://jjkxcbs. tmall. com
北京密兴印刷有限公司印装
787 × 1092　16 开　29. 75 印张　760000 字
2017 年 5 月第 1 版　2018 年 1 月第 3 次印刷
ISBN 978 - 7 - 5141 - 7837 - 1　定价：128. 00 元
（图书出现印装问题，本社负责调换。电话：010 - 88191510）
（版权所有　侵权必究　举报电话：010 - 88191586
电子邮箱：dbts@ esp. com. cn）

推荐序

很高兴为"优财"即将出版的《美国注册管理会计师（CMA）应试策略及全真模拟测试》写序。

我国正处在经济强国建设的进程之中。从近代世界经济发展的历史看，经济强国总是以世界一流的企业群为支撑，而世界一流企业又是以管理会计的应用与创新为特征。我们相信，我国一定能够成为世界经济强国，因此，我国管理会计必须有所作为。当前，国家与企业全力推进"三去一降一补"的工作，摆脱"三期叠加"、"经济新常态"和"国际经济危机"等所带来的风险和困难的掣肘。应该说：没有管理会计知识，没有管理会计人才参与，不可能"多快好省"地完成"三去一降一补"工作。

那么，如何理解管理会计呢？我以为，如下四点极为重要：

1. 管理会计是组织价值创造的信息系统。在营利组织，所谓组织价值归根到底是股东价值，或者以客户、员工、商业伙伴、社区（环境）、政府等利益相关者的价值为解释变量或约束条件的股东价值。通常用利润、投资报酬率、经济增加值、市场价值等指标计量。但与财务会计不同，管理会计不仅关注财务价值，而且关注财务价值的创造的动因，关注客户、业务流程、人力资源、信息资源、组织资源等非财务因素，既提供财务信息又提供非财务信息，以表明组织价值创造的途径和责任（或贡献）者。管理会计师在组织中存在的意义就是提升组织价值。

2. 管理会计是决策支持系统。决策是一个包括信息准备与选择（俗称"拍板"）的过程。管理会计之所以能够创造组织价值，其根本原因在于将管理会计信息提供给决策者，并用于他们的决策。决策是管理会计创造组织价值必经的通道。这里，管理会计信息就是管理会计报告或者决策预案。按照我国管理的习惯，管理会计报告可以分为事前（规划）、事中（监控与反馈）和事后（评价与兑现奖惩）三种报告类型；也可借鉴国外经验，划分为前馈、反馈与专项三种报告类型。为了提升组织价值，管理会计师必须针对组织决策者所面临的决策任务提供尽可能多的预案，供决策者选择使用。

3. 管理会计是管理控制系统。任何决策只有通过管理控制系统才能有效地贯彻执行，才能够创造出组织价值。管理控制系统包括计划、监控、奖惩与矫正偏差等四个要素，管理会计就是为与这四个要素相关的决策提供信息。作为管理会计的管理控制系统，按组织层级，可分成高层、中层和基层三种相互依存的管控系统；按照控制标准，可以分为成本、预算、平衡计分卡、管理驾驶舱和企业社会责任等至少有五个相互依存的管控系统。为了提升组织价值，管理会计师必须有能力根据上述四个要素，结合本单位组织结构的特点，设计以 IT 为基础的管理控制系统。

4. 管理会计是调节组织成员行为的杠杆。管理会计信息是组织成员的绩效标准，奖惩资源的分配基础，牵涉到组织成员的利害得失，因而不可避免地影响到组织成员的行为取向。为了提升组织价值，通过调整奖惩总量、绩效标准种类及其权重、绩效标准与奖惩挂钩方式等，将组织成员的行为引导到组织战略目标上。同时要求管理会计师拓宽知识范围，增强自身的人文素养。

自 2003 年开始，我国财政部大力动员企业和行政事业单位应用和发展管理会计，2014 年颁布《关于管理会计指导意见》，目前在理论体系、人才培养、指引体系和信息化等方面已经取得重大进展，在实务上效果也极其明显。我们认为，管理会计应用与发展的关键是管理会计人才培养，而管理人才培养的关键又在于管理会计职业化，也就是实行管理会计师认证制度。迄今，我国还没有国家批准的中国管理会计师认证机构。所幸的是，作为国际知名管理会计师认证机构中的佼佼者——美国管理会计师协会（IMA），早在 2009 年经国家有关部门批准正式"登陆"我国，开展注册管理会计师（CMA）认证，目前已取得了显著的成效，为我国管理会计应用与发展作出了积极贡献。美国管理会计协会是非营利的职业团体，1919 年在美国成立，马上就是"百年老店"，1972 年开始 CMA 认证，也有 45 年的历史，可谓资深。在美国会计职业领域，CMA、CPA（注册会计师）和 CIA（注册内部审计师）并称三大职业认证资格。CMA 主要从事企业及其他组织内部会计和财务工作，CPA 主要从事外部审计工作，CIA 主要从事内部审计工作。三者相互补充，形成相对完整的会计职业体系。CMA 认证课程及其内容广泛而深入，除管理会计与报告之外，还有战略管理、工商企业分析工具、公司理财以及组织管理、组织沟通和行为科学的应用等，是被当作"适应市场经济需要、具备国际视野、相对成熟的现代企业管理的知识和技能体系"（国家外专局培训中心原主任白继迅语）而成功地引进到我国，其大部分可以通过变通或创新与我国企业和行政事业单位的具体实践情况结合起来。

经常有人问：为什么发展管理会计？为什么学习管理会计？通过 CMA 认证有什么用处？尽管上文在一定程度上回答了这些问题，但这里还将从个人职业发展的角度做些补充说明。

1. CMA 认证课程及其内容勾勒出会计职业发展的路径，即从 CMA 认证通过开始正式加入会计职业，然后依次晋级到主管会计、财务经理、总会计师（CFO）。实际上，从总会计师"华丽转身"到总经理（CEO），甚至到董事长（CBD）并非少见，更何况任何组织的高管层也应具备管理会计思维。

2. IMA 既是认证机构，也是由 CMA 组成的职业团体。通过 IMA 组织的后续教育和会员活动，CMA 可以不断更新自己的理论知识和实践技能，可以互相交流管理会计及其相关的经验和教训，实现终身职业学习的目的。

3. CMA 认证课程及其内容不仅满足不同级别的财会人员履行职责的知识

和技能的需求，而且也是企业领导岗位上的非财会人员（如销售、采购、生产、产品研发、人力资源等）知识结构的基本构成要素。他们不一定要通过CMA认证，但通过相对系统的训练而掌握管理会计思维方式，还是非常必要的。

优财是一家专注于管理会计培训的机构，其主要业务有两类：一是按照IMA授权进行CMA考前培训；二是按照IMA认证课程内容，培训企业和行政事业单位的财会骨干。优财已经培养了大批管理会计或者具有管理会计思维的人才，他们正"奋战"在不同行业，在支持决策、强化管控、防范风险、提高经营效率和效果等方面发挥着至关重要的作用。

优财组织编写的《美国注册管理会计师（CMA）应试策略及全真模拟测试》就是CMA考前培训的辅导教材。该教材对CMA认证考试内容精心提炼，细心编著，凝聚了优财教职员工多年来培训的经验、技巧和智慧。我相信，它一定能够帮助有志从事会计职业的人士通过CMA认证考试，掌握和应用管理会计，为社会、为自己所在单位做出贡献，也为自己的职业生涯开辟出宽广的道路。

于增彪

清华大学教授

财政部管理会计咨询专家

中国成本研究会副会长

中国总会计师协会副会长

中国会计学会管理会计委员会副主委

助力新一代财务管理者华丽转身
——作者序

新时代，越来越多的企业开始重视管理会计，越来越多的财务人员开始充电管理会计知识与技能，这是因为，管理会计确实能够为企业创造价值，管理会计也确实能为个人职业发展助力！中国管理会计的最佳机遇期全面到来！

企业推动财务转型就是要推动从传统的会计核算型转向创造价值型，这是适应经济全球化、市场环境复杂化、企业创新管理和提质增效的要求。而管理会计正是这一方向。在实现提质增效过程中，管理会计不是简单记账和统计，而是有能力参与计划、绩效、决策、修正等管理工作，并能够以专业化的财务表述和控制工具提供专业见解，在战略层面上提供专业化辅助管理的专高级管理职业。据了解，在美国略微具有一定规模的企业都设有管理会计师的岗位，90%的会计人员从事管理会计工作，75%的工作时间用于决策支持。

近年来，我国财政部高度重视管理会计建设工作。2014年11月财政部《关于全面推进管理会计体系建设的指导意见》正式出台，开启会计改革与发展的新篇章。2016年6月财政部正式发布了《管理会计基本指引》，标志着管理会计建设从顶层设计正式走向落地实施。2016年10月财政部又发布了《会计改革与发展"十三五"规划纲要》，将管理会计列为"行业急需紧缺人才"，明确提出"到2020年要培养3万名精于理财、善于管理和决策的管理会计人才"的任务目标。至此，管理会计体系建设正式上升到国家战略层面。2016年12月，临近年终，财政部又发布了《管理会计应用指引第100号——战略管理》等22项管理会计应用指引征求意见稿，使我国在管理会计大国的顶层设计和实践落地建设上又迈出了坚实的一大步。

新时代下，国家和财政部对企业财务转型提出了新的要求，企业也对财务管理人员提出了新的要求，要求各级加快管理会计人才体系建设，培养一批熟悉国际市场、成本管理、资本运作、预算管理、风险管控、战略规划、信息技术，能够深入参与和支持重大决策的管理会计人才，释放管理会计在提高企业内部管理水平、增强价值创造能力方面的巨大潜力。显示了国家培养新一代财务管理人才的决心空前绝后。这也是中国财务人员职业发展的方向和良好的职业发展机会。

2009年11月，中国国家外专局与美国管理会计师协会（IMA）签约，正式将美国注册管理会计师（CMA）证书引入中国。IMA成立于1919年，是当今世界管理会计学界最权威的机构之一，其推出的美国注册管理会计师（CMA）认证是世界财会领域的权威标准，具有很强的实用性。该认证的成功引进，对我国紧缺的高级管理会计人才的培养，对各类型企业战略决策能力及国际竞争力的提升、对中国高效透明的资本市场的建设，都有着极大的推动作用和重要意义！短短8年时间，中国会员人数已从1 200人增加到了20 000多人。全球管理会计第一证CMA已经成为国内外大型企业抢夺的"香饽饽"，并成为中国新一代财务管理者充电选择的最佳途径。据IMA亚太区总监白俊江先生介绍：CMA全球180个国家认可，各行各业前100强企业都把CMA作为评估高级财务人员的衡量标准，根据IMA最新调研数据，持CMA证书的财务从业者平均薪酬明显高于其他同行。

2017年，CMA报考人数将会再次刷新历史纪录。为了帮助CMA考生更顺利地通过考试，并能系统深入地掌握CMA知识、工具与技能，IMA大中华区战略合作伙伴——优财（中国）CMA培训中心再次引领行业创新，蛰伏9年重磅推出CMA全真教辅书籍《美国注册管理会计师（CMA）应试策略及全真模拟测试》。

优财（中国）CMA培训中心专注于CMA培训9年，被誉为CMA培训专家，据统计国内CMA持证者一半以上毕业于优财。9年磨一剑，此书联合了国内几十位最顶尖的管理会计专家和CMA金牌讲师，结合优财多年积累的教研经验和成功案例，也充分参考了美国管理会计师协会（IMA）的《管理会计能力素质框架》，积多方资源精心研发而成，对CMA考生很有价值。

该《美国注册管理会计师（CMA）应试策略及全真模拟测试》分为P1和P2两册，包罗了全部CMA考点，所列题目均出自历年CMA考试真题的精华，并在此基础上结合最新考点考纲进行了精准预测和模拟，在内容上也充分契合了优财最新上线的CMA5.0版课程（此书若结合5.0版课程学习考试效果最佳）。

本书得到了清华大学经管学院于增彪教授、IMA亚太区总监白俊江等专家的大力支持与帮助，在此一并表示感谢。

预祝全体CMA考生考试顺利、学业有成、事业有成！

优财（中国）CMA培训中心
2017年3月17日

赞　誉*

CMA考试能让考生领略数字管理的风采，体验战略管理的乐趣。本书汇集了业内顶级名师的精心总结，书中大量使用表格对比，帮助考生记忆。同时，还囊括丰富的实务案例。本书可以说是CMA考生的必备书籍。

——**巴帅**　CMA，"CMA全球高分金奖"

自从2014年中国的管理会计"元年"开始，我就渴望能够拥有这个当今世界最权威的管理会计证书——CMA，对于已经中年且承担繁忙工作的我确实力不从心。

然而遇到优财CMA，一切都改变了。无论是老师的视频授课、案例分享，还是翻转课堂，都将管理会计的理论与实践有机结合，真正做到了开拓视野、学以致用、极大提升了我的集团财务管理能力。特别是百题精讲、考前串讲、每日一练和掌中宝助我轻松通过CMA考试。选择优财CMA——"值"。

——**黄辉**　CMA，东风实业有限公司，财务会计部部长

成功没有捷径可走，但这本不可多得的好书一定可以让您少走弯路，也一定会在您通往CMA的征程上助您一臂之力！

——**李峰**　CMA，"CMA全球高分金奖"，中铁四局集团
上海工程有限公司，副总会计师

随着社会经济的不断发展，财务工作的重心已由会计核算转向为管理会计。"会计人员越老越吃香"已成为历史，要想在职场立于不败之地，会计人员只能顺应社会潮流，不断学习，为自己加油充电。

在财政部最近印发的《会计改革与发展"十三五"规划纲要》中，多次提到管理会计体系与人才的建设。管理会计在我国普及程度还不高，管理会计人员属于稀缺性人才。如何成为一名优秀的管理会计人员？参加美国注册会计师（CMA）就是一个不错的选择。

从自身的学习经历来看，通过自学通过CMA考试的概率并不是很大。因为CMA考试知识体系庞杂，且中美之间的思维方式存在差异。"优财"作为国内唯一专注于CMA的培训平台，拥有国内最先进的网络教学模式和优秀的老师队伍，通过参加"优财"的培训，我分别以440分和450分通过CMA考试。随着《美国注册管理会计师（CMA）应试策略及全真模拟测试》一书的出版，我相信，"优财"将会为广大学员提供更加优质的培训和服务。考CMA，我选择"优财"！

——**彭凯**　CMA，青海电力集体产业管理公司，副总会计师兼财务资产部主任

为适应企业和自身发展的需要，每位财务人员都应该重视管理会计的学习。学习CMA，不但会为您打开一扇窗，而且会带您进入一个更高、更广阔的世界。优财集国内顶

尖的培训专家，编制的这套 CMA 认证考试辅导专业书，填补了国内备考 CMA 辅导专用书的空白。这套书详尽且重点、难点突出，对于备考 CMA 具有很强的方向性指导，必将成为广大考生的优质工具宝典。

——**全宇红**　CMA，国投中鲁果汁股份有限公司财务总监

管理会计在公司运营中具有特别重要的意义，从战略制定到逐层实施，每个环节都需要管理会计的专业支持！希望这本书提供的经典例题及案例，不仅可以助您通过 CMA 考试一臂之力，并且可以对您的日常财务实践，提供更多借鉴和指导意义！

——**山君**　CMA，Johnson & Johnson 东南亚区域高级财务经理

在经济景气下，企业追求的是通过各方面的经营改善，获取超过行业平均水平的超额利润。而在经济不景气的情况下，企业要在生存的前提下，找到运营管理方面存在的问题，并加之以改善手段。因此，管理会计越发受到企业主的重视。

在此大背景下，CMA 的受众从广度和深度上都有了进一步的拓展。但学习 CMA，除了理论，更需理解和实践。

因此，《美国注册管理会计师（CMA）应试策略及全真模拟测试》一书的出版，将为众多考生更加深入地理解 CMA 理论的管理精髓起到助力的作用！

——**吴宁**　CMA，乐视网财务管理部总监

随着中国企业的国际化，财务人员也要顺应时代发展的要求，由传统的记账、管账提升到企业理财和管理的高度。而 CMA 非常好地契合了这一发展要求，给传统的财务提供了系统的理财培训和理论训练，为财务同仁必修课。我有幸于几年前结缘优财，得益于其专业的服务、优秀的师资和持续不断的创新，为我现在的工作提供了很多的知识保障和便利，希望优财越来越好、越走越远。

——**魏丽萍**　CMA，中美天津史克制药有限公司，财务总监

在全球化格局和财务共享中心建立的情况下，财务会计的基础财务职能面临着国际会计准则趋同、会计人员的职业道德水准显著提高、会计记账的电算化和外包化三个问题，财务要想实现价值、创造价值，就需要建立起管理会计的思维，用管理会计的手段，应对外部和企业内部的环境变化。在这些方面，CMA 给了全体财务人一个快速高效提升自己管理会计思维和能力的机遇，优财作为国内唯一专注于 CMA 培训的佼佼者，相信该书的出版对于财务人深入把握管理会计精要必将大有助益！

——**杨强**　CMA，"2016 CMA 年度杰出个人奖"，原好未来教育集团
新闻发言人兼董事会秘书、战略投资高级总监

美国注册管理会计师（CMA）应试策略及全真模拟测试专业书《财务报告、规划、绩效与控制》《财务决策》是由国内首家通过 IMA 官方授权的美国注册管理会计师认证考试培训专家优财核心讲师团队组编，该系列书紧扣 CMA 认证考试体系大纲知识考点、重难点精讲突出，形成了一套从知识点复习、练习、强化、模拟、总结及提高的完整体系，考生通过书中对重要的考点结合经典例题通过文字、图表、对比来阐述，并配以经典试题真题及同步辅导和强化训练及解题思路，从而夯实基础，快速进入临考状态，是一套非常不错的 CMA 认证考试辅导书，值得推荐。

——**周金炳**　CMA，前美国纽交所上市公司，集团财务总监

学习 CMA 不仅可以开拓财务人员的眼界，还可以为职业生涯通往更高层次发展奠定基础，是一个企业财务管理者必备的执业储备。

CMA 教材是一部财务领域的百科全书，在这里我们不仅可以查到我们未知的全新知识点，也可以找到被定义为常识的理论与实践的结合。它将生命周期理论与企业成长相结合，更加细致与真实地剖析了一个企业成败的原因。

CMA 辅导教材更是结合了中国实际将理论发挥得淋漓尽致，这是一部有中国特色和中国实践的卓越读本。

——**朱书红**　CMA，"2016 CMA 年度杰出个人奖"，中国黄金集团公司，总会计师

Part 1 财务报告、规划、绩效与控制

目 录

CMA 考试介绍

一、关于 CMA 认证

美国注册管理会计师（Certified Management Accountant，CMA），是美国注册管理会计师协会（Institute of Management Accountants，IMA）1972 年创立的专业认证制度，是目前全球针对管理会计及财务管理领域的权威认证。与 AICPA、CFA 并称世界财经领域三大黄金证书，在全球范围内被企业财务高管所认可。CMA 认证旨在客观地衡量个人在管理会计领域的知识和能力。能帮助持证者职业发展，保持高水准的职业道德要求。站在财务战略咨询师的角度进行企业分析决策，推动企业业绩发展，并在企业战略决策过程中担任重要的角色。

二、CMA 报考条件

1. 学历背景要求（符合下列选项中任一个即可）：
持有教育部认可的三年全日制大专毕业证书。
持有教育部认可的学士学位证书。
持有教育部认可的硕士研究生毕业证书、硕士学位证书、博士研究生毕业证书、博士学位证书。
持有中国注册会计师协会认证的注册会计师证书（CPA）或国家会计资格评价中心认证的中级或高级会计师证书（中高级会计职称证书）。ACCA 的全面合格会员符合 CMA 学士学位的教育要求。

2. 工作经验要求：
考生在通过全科考试后，可以在 IMA 网站上自行下载工作认证表格填写，IMA 在审核通过考生的教育认证和工作认证后才会寄发资格证书。
（1）具备 2 年连续的在管理会计或者财务管理领域中的工作经验。
（2）从业经验验证是要看您是否担任过在工作中需要您利用管理会计和财务管理的原理做出判断的岗位。这样的岗位包括财务分析、预算准备、管理信息系统分析、财务管理，以及政府、财务或行业中的审计、管理咨询、公开会计审计以及与管理会计或者财务管理有关的研究、教学或者咨询工作。

三、CMA 考试类型及时间

CMA 考试共有两门，提供英文和中文两种考试语言，满分为 500 分，通过分数为 360 分。每门考试时长为 4 个小时，包括 100 道选择题和 2 道 30 分钟的简答题。选择题分值比重 75%，简答题分值比重 25%。

CMA 考试采用机考模式（中文考试目前为纸笔考试）、考试每年开设三个考试窗口，每年举行三次。

中文：每年 3 个考试日期，4 月、7 月、11 月的某一个周末。

英文：每年 3 个考试窗口，1/2 月、5/6 月、9/10 月的工作日。

四、CMA 考试科目及费用

1. CMA 课程体系及各章节考试占比：

Part 1　财务报告、规划、绩效与控制		Part 2　财务决策	
章节目录	占比	章节目录	占比
对外财务报告决策	15%	财务报表分析	25%
规划、预算与预测	30%	公司财务	20%
绩效管理	20%	决策分析	20%
成本管理	20%	风险管理	10%
内部控制	15%	投资决策	15%
		职业道德	10%

2. CMA 考试费用：

分类	学生会员	教师会员	专业会员
IMA 会员注册手续费	0	$15	$15
IMA 会员费	$39	$120	$230
CMA 考试认证费（准入费）	$188	$188	$250
CMA 单科考试费	$311	$311	$415

五、CMA 考试流程

（1）首先，您需要注册成为 IMA 会员；

（2）支付考试准入费（entrance fee）；

（3）注册 CMA 考试，获得考试授权信；

（4）预约考试时间和地点；

（5）参加考试。

想要了解更多，可登录网站：www. ucwx. com. cn

CMA 认证的核心价值

一、CMA 具备企业发展的核心价值

如何能为企业提供决策支持，整合和有效利用企业资源，组建以财务为核心的企业管理架构，已成为现代企业的重要需求，而 CMA 的价值就在于此。CMA 课程内容所包含的知识范围能反映管理会计人员和财务管理人员在现今商业环境所需要的能力。CMA 认证能够用来帮助企业提高竞争力，它的核心价值在于：

1. 全面的知识体系有助于企业优化运营模式。

企业的运营模式作为企业运行思路与方向，直接关系到企业的发展。CMA 课程及考试内容几乎涵盖所有 MBA 课程，因此被比喻为"迷你工商管理硕士课程"（Mini-MBA Program）。这些课程包含了管理会计、财务规划、预算及财务预测、财务业绩考评、财务决策、战略管理等涉及企业运营重要方面的内容。

2. 完善的知识体系有助于提升企业的领导力、决策力。

CMA 面向的人群并不仅仅局限于会计人士，CFO、CEO 等从事战略规划的高层管理人士都是关注 CMA 的重要人群。

在 CMA 课程中，财务决策作为重要的内容体系可供学员学习及应用，其中涵盖了财务报告分析、决策分析与风险管理、投资决策等系统知识，为广大财经人士决策提供帮助。

3. 关注企业内功的打造，提高企业内控和抵御风险的能力。

CMA 知识内容紧紧围绕如何更快、更优地实现企业价值最大化而设置。CMA 对帮助企业提高控制、风险评估和管理能力有相当大的作用。

4. 有助于企业搭建最优的组织构架。

CMA 课程对组织管理环节也有详细的阐述，其中涉及领导力、工作与团队、组织沟通、组织管理等多方面。综合其他内容，CMA 可以让企业在快速发展的进程中及时调整企业的管理模式，及时找到适应该时期发展的最优组织架构，为企业可持续发展奠定坚实基础。

5. 为企业培养更多复合型人才，统一企业内、外部的"管理语言"，提高管理效率。

CMA 专注为企业培养适合企业发展的高技能人才。在广泛的市场调研及专家委员会建议的基础上，CMA 考试内容定期优化，其课程设置紧贴当今 CFO 最为关注的内容，以便能够满足企业发展的需求。

二、CMA 是从业者职业发展的有力平台

（1）国际、国内双重认可，专业成就的证明；

（2）高薪回报，更多更优的工作机会；

（3）适应市场需求，大力提高竞争力；

（4）有价值的全球高端网络会员；

（5）学以致用的知识体系。

第 一 章

对外财务报告决策

　　财务报告是企业战略规划、运营决策、内部控制和风险管理的基础，也是企业整体运营的定量反映。管理会计师通过理解对外财务报告的构成、要素和假设，就能深入地认识对外财务报告对企业运营、资本市场和利益相关方的意义和用途；管理会计师通过学习对外财务报告中各个科目的确认、计量、计价和披露，就更能以"业财融合"的视角来理解对外财务报表如何展示企业运营的效率、效益、机遇和挑战。此外，随着国际化和全球化的不断深入，对国际财务报告准则和美国公认会计原则差异的深入学习与领会，更是管理会计师建立国际财务框架视野、洞悉企业全球发展财务挑战、协助国际性企业来进行相应的财务管理和经营决策的重要组成部分。

本章考情分析　● 　● 　●

　　本章主要内容：编制财务报表；资产负债表、利润表、所有者权益变动表、现金流量表；资产与负债的计价；经营性租赁和融资租赁；权益性交易的影响；收入确认；收益计量；美国公认会计原则与国际财务报告准则的主要差异。

　　本章考试占比15%。

　　本章近年来的主要考点：①财务报告的用途和意义；②现金流量表的认识与计算；③应收账款坏账的财务处理；④交易性金融资产、可供出售金融资产和持有至到期投资金融资产的财务处理；⑤权益法投资的财务处理；⑥存货制度、存货计价和存货减值；⑦固定资产折旧和减值；⑧无形资产减值和摊销；⑨流动负债和长期负债的财务确认；⑩质保费和维修费的财务处理；⑪库藏股的财务处理；⑫现金股利和股票股利的财务处理；⑬收入和费用的基本确认原则；⑭毛利法和成本回收法的应用；⑮在建工程的财务处理；⑯融资租赁和经营租赁的财务处理；⑰递延所得税的财务处理；⑱异常项目的财务处理；⑲美国公认会计原则和国际财务报告准则的区别。

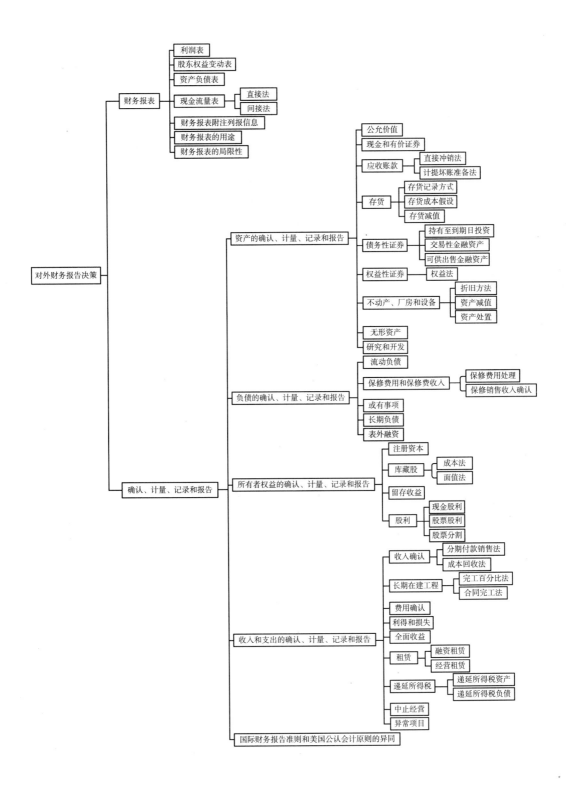

第一节　财务报表

一份标准的财务报告主要由四部分构成，它们分别为：

（1）利润表：反映公司经营活动成果的报表。

（2）股东权益变动表：反映所有者投资，股东利润分配和公司留存的利润。

（3）资产负债表：反映公司期末财务状况的报表。

（4）现金流量表：反映公司当期的现金收款、现金付款，以及公司经营活动、投资活动和筹资活动对现金的影响。

一、利润表

（一）利润表的定义、构成和用途

利润表（income statement），或者叫损益表：反映某一特定时期（一个季度或者一个会计年度）公司的经营活动成果的报表。

美国公认会计原则下一份典型的利润表的构成如表 1 - 1 所示。

表 1 - 1	美国公认会计原则下的利润表
经营部分	
	销售收入
	销货成本
	销售费用
	管理或一般费用
非经营部分	
	其他收入和利得
	其他费用和损失
	所得税
	非持续经营项目
	异常项目
	会计政策变更
	每股收益

美国公认会计原则要求，公司如果发生一些需要在持续营业利润下方单独列示的交易事项，需要在利润表的最后列示，它们包括：①非持续经营项目（discontinued operations）；②异常项目（extraordinary items）；③会计政策变更（change of accounting policies）。

【提示】①非持续经营项目：当公司一个分部的经营活动显著区别于公司的经营并处置得到了现金，该项目应当在利润表持续经营之后，异常项目之前按照税后净值单独列示。例如，某公司在年底时停止经营的部门所获得的相关财务收益。②异常项目：那些在自然界既不经常发生，又不重复发生的重要项目，应按照税后净值在利润表中单独列示。例如，在不经常发生自然灾害的地区出现的地震、海啸给企业带来的损失。③会计政策变更：由原来采用的会计政策改用另一会计政策的行为，会导致利润发生变化，该影响应按照税后净值在利润表中单独列示。例如，企业对被投资单位的股权投资在成本法和权益法核算之间的变更，或外币折算在现行汇率法和时态法或其他方法之间的变更等。

利润表的用途包括：

（1）衡量公司的盈利能力、偿债能力和投资价值。

（2）衡量公司过去的业绩。收入和费用说明了公司的业绩如何，并可以与竞争者的业绩进行比较。

（3）提供预测未来业绩的基础。过去的业绩信息有助于判断主要的趋势，这种趋势如果持续下去，就可以提供未来业绩的信息。

（4）与其他财务报表结合，来评估现金流量的金额、时间和不确定性。

（二）其他综合收益

除了利润表内容以外，企业还应当报告其他综合收益（other comprehensive income），其他综合收益是财务准则规定的特定未实现的利得和损失，例如：①可供出售金融资产（available for sale）的未实现利得或者损失；②现金流对冲（cash flow hedge）所造成的投资未实现利得或损失；③外汇交易对冲（foreign currency hedge）所造成的投资未实现利得或损失。企业的综合收益等于净利润加其他综合收益，综合收益的披露可以作为利润表组成内容，企业也可以另外编制一张综合收益表。

【例题1-1】2011年12月2日，Fint公司董事会决定终止运营冷冻食品部门并且将该部门在公开的市场上尽快的销售。这个部门的报告显示，2011年12月的亏损为$20 000，2012年1月的亏损为$30 000，2012年2月26日这个部门以盈利$90 000的价格出售。假设冷冻食品部门认为是一个业务单元，且不考虑所得税的影响，那么Fint公司在2012年损益表中应该列报多少的终止经营损益？

A. $0　　　　　　　　　　　　B. $40 000

C. $60 000　　　　　　　　　　D. $90 000

【答案】C

【解析】选项 C 正确。在 2012 年中，该公司的冷冻食品部的出售部门盈利为 $90 000，经营亏损为 $30 000，意味着税前的盈利为 $90 000 - $30 000 = $60 000，因为不考虑所得税问题，故此该盈利 $60 000 将被作为终止经营收益来进行列报。

【例题 1 - 2】2016 年 9 月 Koff 公司的工厂被地震损毁了，在工厂所在地地震很少发生，地震造成了扣除保险公司赔偿之后还有 $700 000 的损失，Koff 公司所得税税率为 40%。那么 2016 年 Koff 公司将列报多少异常项目损失？

A. $0

B. $280 000

C. $420 000

D. $700 000

【答案】C

【解析】选项 A 不正确。该公司 2016 年经历了地震，而且地震很少发生，是存在异常项目的。

选项 B 不正确。在 2016 年中，Koff 公司的地震损失为 $700 000，由于地震损失可以降低所得税，故此在损益表中需要列报的异常项目的损失为 $700 000 × (1 - 40%) = $420 000。

选项 C 正确。在 2016 年中，Koff 公司的地震损失为 $700 000，由于地震损失可以降低所得税，故此在损益表中需要列报的异常项目的损失为 $700 000 × (1 - 40%) = $420 000。

选项 D 不正确。按照上文的解析，需要列报的异常项目的损失为 $420 000。"异常项目按税后损失在利润表项目中进行列示"。

二、股东权益变动表

股东权益变动表要求对股东权益账户的变动进行列报。它所包括的内容有：

（1）股本：即股票面值。

（2）资本公积：投资者支付的超过股票面值的金额。

（3）留存收益：可以细分为一般留存收益和转出用于特定目的的留存收益。

（4）累计其他综合收益。

【提示】股东权益变动表列示的顺序为：期初余额、本期增加额、本期减少额、期末余额。

美国公认会计原则（U. S. GAAP）下一份典型的股东权益变动表的构成如表 1 - 2 所示。

表1-2　　　　　　　美国公认会计原则下的股东权益变动表

Fortune 制造公司

股东权益变动表

截至 201×年 12 月 31 日

	普通股	资本公积	留存收益	合计
	面值 $			
201×年 1 月 1 日，期初余额	$24 680	$345 520	$90 251	$460 451
净利润			151 330	151 330
发放现金股利			（33 330）	（33 330）
发行普通股股利	1 000	14 800		15 800
201×年 12 月 31 日，期末余额	$25 680	$360 320	$208 251	$594 251

股东权益变动表用途是：帮助外部报表使用者，对公司资本结构变动如何影响公司财务弹性做出评价。

三、资产负债表

资产负债表（balance sheet）又被称为财务状况表（statement of financial position），是在特定日期报告企业的资产、负债和所有者权益的报表，它反映了某个特定时点上资产以及对资产的求偿权。其构成公式为：

资产 = 负债 + 所有者权益（股东权益）

或者

所有者权益（股东权益）= 资产 - 负债

股东权益也被称为净资产。

美国公认会计原则下一份典型的资产负债表的构成如表1-3所示。

表1-3　　　　　　　　美国公认会计原则下的资产负债表

Fortune 制造公司

资产负债表

201×年 12 月 31 日

资产	
流动资产	
现金和短期投资	$24 628
应收账款，扣除坏账准备 $30 000 后的净额	552 249
其他应收款	18 941
应收票据——关联方	80 532
存货	252 567
预付保险费	7 500
流动资产合计	936 417

续表

固定资产	
不动产与设备	209 330
减去：累计折旧	(75 332)
固定资产净值	133 998
资产总额	1 070 415
负债和股东权益	
流动负债	$175 321
应付账款	2 500
应计费用	
长期债务的流动部分	36 000
短期借款	145 000
流动负债合计	358 821
长期负债	117 343
流动负债和长期负债总额	476 164
股东权益	
普通股（面值）	25 680
资本公积	360 320
留存收益	208 251
股东权益合计	594 251
负债与股东权益合计	$1 070 415

【提示】资产负债表的列示顺序为：①资产。按照流动性强弱列示，流动性最强的排在前面。②负债。按照到期日长短列示，到期日最短的排在前面。③所有者权益。按照索取权的强弱排序，索取权最强的股东权益排在最前面。

资产负债表的用途包括：

（1）资产负债表提供了企业资产、负债和所有者权益的信息，为决策者计算回报率和评估企业的资本结构提供了必要的基础。

（2）外部报表使用者可以根据资产负债表估算出公司价值。

（3）分析师通过资产负债表来评估企业的流动性、偿债能力和财务弹性。

资产负债表和利润表有很多直接关系，管理会计师和决策者应当将两张表放一起进行评价。

【例题1-3】资产负债表提供了以下所有信息，除了：

A. 计算收益率　　　　　　　　B. 评估资本结构

C. 评估流动性和财务弹性　　　D. 确定盈利能力和评估过去的业绩

【答案】D

【解析】选项A不正确。收益率的计算是建立在资产负债表的资产或者净资产基础上的，故资产负债表可以帮助计算收益率。

选项 B 不正确。资产负债表体现了资产、负债和所有者权益的金额，故资产负债表可以帮助评估资本结构。

选项 C 不正确。资产负债表体现了流动资产和流动负债的金额，能够帮助阅读者了解企业的财务流动性，此外，通过资产负债表可以看出企业的财务弹性，因为资产负债表告知了企业的负债和资产的数额，并可以通过资产负债率来判断企业的财务弹性。

选项 D 正确。资产负债表就是财务状况表。一个决策者计算收益率、评估资本结构或者评估财务弹性都和资产负债表息息相关。但是盈利能力和业绩表现主要体现在利润表上，资产负债表是无法提供的。

四、现金流量表

（一）现金流量表的定义、构成和用途

企业现金流量表（statement of cash flows）是以现金为基础提供有关公司经营、投资和筹资活动的信息，提供企业一定期间内有关现金收入和现金支出的信息。

现金流量表的构成如表 1－4 所示。

表 1－4　　　　　　　　　　　　　　现金流量表

经营活动现金流	现金流入 ● 销售商品和提供服务的现金流入 ● 贷款收益（利息）以及权益证券收益（股息）	现金流出 ● 获得服务而支付给员工的现金流出 ● 向政府缴纳的税款 ● 支付给债权人的利息 ● 购买存货而支付给供应商的现金流出 ● 支付的其他费用
投资活动现金流	现金流入 ● 出售财产、厂房和设备 ● 出售其他实体的债务和权益性证券 ● 收回对其他实体贷出的本金	现金流出 ● 购买财产、厂房和设备 ● 购买其他实体的债务和权益性证券 ● 对其他实体发放贷款
融资活动现金流	现金流入 ● 出售权益性证券 ● 发行债务（债券和票据）	现金流出 ● 向股东发放现金股利 ● 赎回长期债务或回购股本

现金流量表的用途包括：

（1）通过检查经营活动现金流量净额，或者经营活动产生的现金流量净额和现金增减等项目间的关系，能更好地预测未来现金流量。

（2）缺乏足够现金，企业将无法运营、偿债、发放股利。利益相关方通过现金流量表，可以发现和说明企业的现金流动情况。

（3）净收益不是现金流，而现金流是企业运营的根基。找到企业净收益与其经营活动产生的现金流量净额之间差异，可以确认利润值的可信度。

（4）通过企业投资和筹资活动现金流，能够更好地发现企业资产和债务在当期内增加或减少的原因。

（二）经营性现金流

经营性现金流是指与日常业务相关活动所产生的现金流量。具体包括：销售、收回应收账款、收到现金股利等。利润表和经营性现金流的区别如表1-5所示。

表1-5   利润表和经营性现金流的区别

财务报表之利润表	经营性现金流
权责发生制	现金发生制
会计收入	现金收入
会计费用	现金费用

经营性现金流的归集方式为直接法和间接法。

（1）直接法。该方法直接报告了经营活动产生的现金收入和现金支出。这两者之间的差额就是经营活动产生的现金流量净额。

直接法下经营活动现金流：

现金流入：

    收到顾客的现金 （＋）

    应收票据的利息收入 （＋）

    投资于股票的股息收入 （＋）

现金支出：

    向供应商的支付 （－）

    向员工的支付 （－）

    利息支付 （－）

    税费支付 （－）

    营业费用的支付 （－）

经营活动的净现金流＝总的现金流入－总的现金支出

（2）间接法。间接法是以净收益为起点，并将其调整为经营活动产生的现金流量净额。间接法针对那些影响报告净收益却不影响现金的项目，对净收益进行调整。

间接法下经营活动现金流如下所示：

经营活动

净收益

将净收益调整为经营活动净现金流：

    ＋折旧/折耗/摊销费用

    ＋投资或者筹资活动的损失 （往往是出售长期资产的损失）

    －投资或者筹资活动的利得 （出售长期资产的利得）

－除了现金以外的流动资产的增加

＋除了现金以外的流动资产的减少

＋流动负债的增加

－流动负债的减少

＝经营活动的净现金流

【提示】现金流量表的附注披露：对于所有非付现投资和筹资活动，财务准则要求在现金流量表的附注中进行披露。例如，为购买资产定向发行股票、将债权转化为股权等。

【例题1－4】Kristina公司今年部分的财务信息如下：

净收益	$2 000 000
应收账款增加	$300 000
存货减少	$100 000
应付账款增加	$200 000
折旧费用	$400 000
出售可供出售证券的利得	$700 000
普通股发行所产生的应收现金	$800 000
股息支付	$80 000
用现金购置土地	$1 500 000
出售可供出售证券的现金所得	$2 800 000

假如使用间接法，当年 Kristina 来自于经营活动的现金流为：

A. $1 700 000　　　　　　B. $2 000 000

C. $2 400 000　　　　　　D. $3 100 000

【答案】A

【解析】选项A正确。按照间接法，Kristina 来自于经营活动的现金流应为：

		注释
净收益	$2 000 000	间接法从净收益开始
利得	($700 000)	利得需要从净收益中减去
折旧	$400 000	非付现的折旧需要从净收益中加上
应收账款	($300 000)	非现金的流动资产增加部分需要减去
存货	$100 000	非现金的流动资产减少部分需要加上
应付账款	$200 000	流动负债增加部分需要加上
经营性现金流	$1 700 000	

选项B不正确。该选项错误在于未考虑应收账款的增加。

选项C不正确。该选项错误在于未把出售可供出售证券的利得剔除。

选项D不正确。该选项错误在于计算中考虑了其他应排除的因素。

【例题 1-5】在准备 2014 年 12 月 31 日现金流量表的时候，收集到如下信息：

设备处置利得	$(6 000)
收到设备处置款	$10 000
购买 A. S 公司债券（面额 $200 000）	($180 000)
债券摊余金额	$2 000
宣布股利	($45 000)
支付股利	($38 000)
销售库藏股（账面价值 $65 000）	$75 000

那么年底公司现金流量表中，用于投资活动现金净流出的金额是多少？

A. $170 000   B. $176 000

C. $188 000   D. $194 000

【答案】A

【解析】选项 A 正确。投资活动现金流包含购买和销售长期资产与投资所产生的现金流入和流出。在本题中，$180 000 是购买债券产生的投资活动现金流出，收到设备处置款 $10 000 为投资活动现金流入，题目的其他信息均为非投资活动现金流。故此，当年投资活动现金流流出为 $170 000 = $180 000 - $10 000。

五、财务报表附注列报信息

财务报表附注是财务报告重要的组成部分，它向财务报表阅读者提供了非常重要的信息，是财务报表阅读者判断财务报告数据结果逻辑性、客观性和准确性的重要基础，财务报表附注列报信息内容如表 1-6 所示。

表 1-6   财务报表附注列报信息

附注列报信息	定义	常见形式
或有事项	指结果具有不确定性的事项，该结果取决于未来事件发生或者不发生，而且会导致潜在利得或者损失	未决诉讼；因环境问题导致的潜在责任；质保维修导致的潜在责任
合同情况	企业所签订的重要合同协议，需要在财务报表附注中进行列示。合同情况很有可能要求公司限制使用特定资金并影响公司的财务灵活性	养老金义务；租赁合同；股权计划
会计事项	当会计准则或特定行业规则允许公司在两种或者两种以上计算方法进行选择时，公司所选择的方法必须在财务报表附注中进行列报	多数公司会编制"重要的会计政策总结"，包括收入确认、折旧费用计提、存货计价和衡量其他财务报表金额所采取的方法

续表

附注列报信息	定义	常见形式
日后事项	日后事项指会计期间结束到年报公布之前这段时间（通常为几周或者几个月）可能会发生的重要经济事项或者交易。日后事项即是资产负债表日至年报公布日之间的事项	如果日后事项对资产负债表已存在的情况提供进一步证据，证明应改变当初所采用的估算数额，那么应对资产负债表进行调整 如果日后事项不影响资产负债表日存在的情况，但是对资产负债表已存在的情况提供了进一步证据，应当在附注、补充材料或预计报表中进行披露

【例题 1-6】Ace 公司于 2012 年 2 月 1 日判决了一件发生于 2011 年期间的诉讼，在 2011 年已经决定了预计负债处理，但是这个预计金额明显小于最终裁决的金额，而且这个交易被认为很重要，2011 年财务报告还未最终发布，这个诉讼裁决在 Ace 公司 2011 年财务报告中应该被怎样报告？

A. 仅披露判决

B. 仅对判决进行预提

C. 不披露判决也不对判决进行预提

D. 既披露判决也对判决进行预提

【答案】D

【解析】选项 A 不正确。2012 年 2 月 1 日时，公司 2011 年的财务报告还未对外发布，且实际的最终判决金额已经知道，本事件作为"事后事项"，仅仅披露而不做预提是不够的。

选项 B 不正确。2012 年 2 月 1 日时，公司 2011 年的财务报告还未对外发布，且实际的最终判决金额已经知道，本事件作为"事后事项"，不仅需要预提，而且必须进行披露。

选项 C 不正确。2012 年 2 月 1 日时，公司 2011 年的财务报告还未对外发布，且实际的最终判决金额已经知道，本事件作为"事后事项"，必须进行预提和披露。

选项 D 正确。2012 年 2 月 1 日时，公司 2011 年的财务报告还未对外发布，且实际的最终判决金额已经知道，所以这个金额应该被包含在 Ace 公司 2011 年 12 月 31 日的财务报告中，以前的预提的金额修改成判决的金额，并将本事件作为"事后事项"进行披露。

六、财务报表的用途

财务报表可以帮助内部使用者和外部使用者进行决策，达到良好的资源配置。财务报表的使用者和用途如表 1-7 所示。

表 1-7 财务报表的使用者和用途

财务报表使用者	财务报表的用途
内部使用者包括：总裁、经理人、管理会计和其他员工	财务报表帮助内部使用者： • 制订短期和长期营业计划和控制 • 确定内部资源的分配 • 分析和预测企业的盈利信息 • 进行企业的生存、发展和前途的相关决策
财务报表外部使用者包括：依赖于公布的财务报表或能够获得组织其他公开信息并做出决策的一切利益相关方，它们包括：投资者、债权人、工会、分析师、财务咨询师等	财务报表帮助外部使用者： • 进行投资决策的制定、确认投资收回可能性和计算投资回报率 • 计算公司的偿债能力，确定或企业的信用评级 • 对资本市场运营情况进行分析和预测 • 以财务报表为数据基础进行劳资方面的谈判 • 以财务报表数据为他人投资提供相关的建议

【例题 1-7】在向股东递交的年报中包括各类财务报表。这些财务报表对下列哪类人最没有用处？

A. 股东   B. 准备向企业放贷的银行家

C. 竞争对手   D. 负责日常运营活动的管理者

【答案】D

【解析】选项 A 不正确。股东是财务报表的外部阅读者，财务报表对于他们评估投资回报结果是非常有用的。

选项 B 不正确。准备向企业放贷的银行家是财务报表的外部阅读者，财务报表对于他们决定是否贷款是非常有用的。

选项 C 不正确。竞争对手是财务报表的外部阅读者，财务报表对于他们进行竞争对手分析是非常有用的。

选项 D 正确。该题目所问的是对哪类人最没有用处。因为题目中的财务报表为向股东提交的年报，即财务报告面对的是外部使用者，故此选项 D 负责日常运营活动的管理者是内部使用者，这些外部财务报告整体信息并没有太多用处。如果他们需要进行应用，需要将这些财务报表中的信息进行进一步的细化和分析，才能对运营产生指导作用。

七、财务报表的局限性

财务报表虽然对决策者有重要的作用，但是不可否认，它的局限性也很明显，其中包括：

（1）绝大多数科目以历史成本进行记录。非金融性质的资产账户均按历史成本列报。虽然历史成本比较可靠，但是无法反映企业资产现有价值。

（2）不同的会计核算方法的选择。如果企业选择不同会计核算方法，净利润会有所不同。不同公司间进行比较就变得困难。

（3）忽略了非财务项目的价值。资产负债表无法衡量企业的整体价值，例如，人力资源价值、客户基础、无形资产等均无法通过财务衡量。

（4）会计估计和判断的运用。会计估计的差异，例如折旧方法的选择，坏账计提等政策不同，造成对两家或者多家公司的利润表进行对比非常困难。

（5）资产负债表的表外信息。有些交易事项，如经营租赁等，可能导致一些负债或者资产不在资产负债表中披露。

（6）非付现交易。现金流量表不考虑非现金交易，而且影响资产和负债的非现金交易仅仅在附注和补充材料中进行披露。

【例题1-8】下列事项都是资产负债表所提供信息的局限，除了：

A. 报告企业收益质量

B. 对于资产的回收、出售和年限都需要使用判断和预计

C. 剔除了一些具有财务价值的信息，比如员工的价值

D. 缺少大多数资产和负债的当前价值

【答案】A

【解析】选项A正确。资产负债表是无法预测企业收益质量的，这部分的信息要从利润表中获得。

选项B不正确。对资产的回收、出售和年限都需要使用判断和预计是典型的财务报表局限性的表现。

选项C不正确。财务报告中不包括员工价值等信息，这是财务报表局限性的反映。

选项D不正确。财务报告中大多数资产和负债都是按照历史成本计价，这体现了财务报表的局限性。

第二节 确认、计量、记录和报告

一、资产的确认、计量、记录和报告

（一）公允价值

公允价值：假定市场上参与交易的双方按照交易当天的价格有序进行资产和负债的交易。在活跃市场，市场价格就是公允价值；而在不活跃市场，"最有利的"市场上的价格可以用来确定公允价值。

确定公允价值的方法主要有三种。如表1-8所示。

表 1 - 8 　　　　　　　　　　　　　　**确定公允价值的方法**

公允价值的方法	定义	表现形式举例
市场法	按照市场交易相同或者可比资产价格确定公允价值	交易性金融资产的计价
收益法	采用估价技术将未来金额贴现为现在价值	持有至到期投资的金融资产的计价
成本法	基于资产的重置成本来确定公允价值	存货资产的计价，特别是在减值测试时

以公允价值作为财务报告基础的优点和缺点如表 1 - 9 所示。

表 1 - 9 　　　　　　　　**以公允价值作为财务报告基础的优点和缺点**

优点	• 公允价值报告提供资产价值（除历史成本外）更多最近的信息 • 公允价值报告代表了资产和负债未来能产生现金流量的市场预期 • 公允价值能够与同样经济特征的金融工具（资产和负债）进行对比 • 不必去考虑资产负债发生的历史时间
缺点	• 增加了资产价值波动性并导致资产估计可靠性降低 • 灵活估计的不确定性很大

（二）现金和有价证券

现金包括任何货币存款中可用的资金；有价证券包括汇票、保付支票、现金支票、银行汇票和储蓄账户。现金必须随时可以支付流动负债，并且在支付时对现金使用没有合同限制。

（三）应收账款

应收账款：指向客户索取现金、商品和劳务的权利。应收账款是由卖方为了扩大销售额向买方提供的赊销所导致，它的流动性不如现金，因为有些应收款可能在未来无法收回。

因为赊销会导致无法收回全额应收账款，故此企业应当对坏账进行相应的会计处理。两种常用的登记坏账的方法为：①直接冲销法；②计提坏账准备法。

（1）直接冲销法：仅在应收账款无法收回时确认为坏账费用。它的优点在于简单、可靠。而且美国税法要求计算当期收益应采取直接冲销法。而缺点在于财务准则认为坏账费用和收入不匹配、不准确，同时高估了应收账款在年底的可回收金额，故此不能用于财务报告的记录中。

例如：某企业出现 $10 000 坏账，直接冲销法的会计分录如下：

借：坏账费用　　　　　　　　　　　　　　　　　　$10 000
　　贷：应收账款　　　　　　　　　　　　　　　　　$10 000

如果未来 $3 000 坏账收回，则会计分录如下：

借：现金　　　　　　　　　　　　　　　　　　　　$3 000
　　贷：收入　　　　　　　　　　　　　　　　　　　$3 000

【提示】直接冲销法不被美国公认会计原则接受的原因：①不符合配比原则，不能客观反映当期坏账费用为应收账款或者收入相应比例这一事实；②人为提高了应收账款资产的数额，不能客观反映应收账款资产的公允价值。

（2）计提坏账准备法：指企业对销售收入或全部未收回的应收账款按照预期无法收回的金额计算的一个估计数，在损益表中记录为坏账费用，该费用属于当期营业费用的一部分，而在资产负债表中将此估计数记录为坏账准备，该坏账准备科目数额以调减应收账款金额。通过这种方法计算得到的应收账款可变现净值，该值就是预期收回款项。

例如：某企业本年末应收账款金额为 $100 000，坏账准备的预计计提比例为4%，则本期应计提的坏账准备为 $4 000。会计分录如下：

借：坏账费用 　　　　　　　　　　　　　　　　　$4 000
　　贷：坏账准备（应收账款的备抵账户）　　　　　　　　　$4 000

则应收账款可变现净值为 $96 000，坏账费用为 $4 000。

如果本期实际出现了 $3 000 坏账，该坏账应当被冲销，利用计提坏账准备法的会计分录如下：

借：坏账准备 　　　　　　　　　　　　　　　　　$3 000
　　贷：应收账款　　　　　　　　　　　　　　　　　　　　$3 000

至此，坏账准备账户贷方余额现在为 $1 000。

下一年度，假设需要计提的坏账金额为 $4 000，然而期初有坏账准备贷方余额 $1 000，那么本期坏账费用为 $3 000，因此只需要将坏账准备调整到预期水平：

借：坏账费用 　　　　　　　　　　　　　　　　　$3 000
　　贷：坏账准备（应收账款的备抵账户）　　　　　　　　　$3 000

如果应收账款收回，则需要将收回的应收账款首先转回，在计提坏账准备法下，如果某企业已经冲销的应收账款 $2 000 已经收回，则应首先转回冲销数，会计分录如下：

借：应收账款 　　　　　　　　　　　　　　　　　$2 000
　　贷：坏账准备　　　　　　　　　　　　　　　　　　　　$2 000
借：现金 　　　　　　　　　　　　　　　　　　　$2 000
　　贷：应收账款　　　　　　　　　　　　　　　　　　　　$2 000

如果在直接冲销法下，冲销的应收账款在日后收回，会计分录如下：

借：现金 　　　　　　　　　　　　　　　　　　　$2 000
　　贷：收入（未收回应收账款）　　　　　　　　　　　　　$2 000

【提示】①计提坏账准备法被美国公认会计原则接受的原因：a. 符合配比原则，客观反映当期坏账费用为应收账款或者收入相应比例这一事实，没有人为提高企业的会计利润；b. 客观反映了资产负债表日企业能够收回应收账款资产的公允价值，客观反映了企业资产的价值。②直接冲销法不符合财务准则，不能用于财务报告的记录中。

应收账款的处置：由于企业应收账款管理的相关费用较高或者出于马上获

得现金的目的，企业会处置一些商业应收账款，处置商业应收账款的方式如表
1-10 所示。

表 1-10   处置商业应收账款的方式

处置商业应收账款的方式	定义	特别注释
抵押贷款	以作应收账款为取得借款的抵押物品。借款人收回应收账款，按照会计准则来登记应收账款、坏账、退回折让等。贷款人按照票据收取利息，收取应收账款的融资费用	该方式为典型的表外融资形式
应收账款让售（保理）	保理商（例如银行或者财务公司）购入应收款项，承担起付款和收账的职责。保理商直接从客户那里收到支付的款项，收取一定比例的佣金，收到的应收账款扣除佣金后，交还给公司。保理商通常仅按照应收账款面值的 80%～90% 向客户提供让售价格	无追索权的保理：公司将应收账款风险完全转移给保理商 有追索权的保理：公司并未将应收账款风险完全转移给保理商，公司需要向保理商支付发生的无法收回的坏账
应收账款销售证券化	将类似应收账款，如抵押贷款、信用卡应收款或者车贷等捆绑成为一个投资基金。应收款项收回的本金和利息是投资者可获得的收益。证券化的应收账款的卖方保留应收账款的收款权	

（四）存货

存货是指那些为日常活动持有准备出售的资产、生产准备出售处在加工过程中的资产，或用于生产代售商品的原材料。它主要包括：原材料、在制品和产成品。

1. 存货的记录方式有：①永续盘存制；②定期盘存制。

永续盘存制和定期盘存制的比较如表 1-11 所示。

表 1-11   永续盘存制和定期盘存制的比较

存货记录方式	定义	公式应用
永续盘存制	企业存货系统随时记录存货账户的变动情况，每笔销售和采购交易事项都会在发生时进行登记，系统能够确定期末存货余额	期初存货余额 + 购入存货（净额）- 销货成本 = 期末存货余额
定期盘存制	由于企业存货系统无法随时记录存货账户的变动情况，销售的交易事项无法在发生时进行及时登记，故此通过对期末库存存货的实物盘点，确定期末存货，进而确定当期销货成本的方法	销货成本 = 期初存货余额 + 购入存货（净额）- 期末存货余额

【例题 1-9】下列是关于 Azur 公司今年的存货数据：

采购金额	$102 800
商业折扣	$10 280
运输成本（采购）	$15 420
运输成本（销售）	$5 140
期初存货	$30 840
期末存货	$20 560

Azur 公司今年的销货成本是多少？

A. $102 800　　　　　　　　　　B. $118 220

C. $123 360　　　　　　　　　　D. $128 500

【答案】B

【解析】选项 B 正确。该题目给出了期初存货、期末存货和当期的采购数据，故此应当以定期盘存制来对销货成本进行计算。此外，商业折扣需要从采购总金额减去，采购运输成本是产品成本的一部分，销售的运输成本是当期销售费用，不是成本。具体的计算过程为：

期初存货	$30 840
采购金额	102 800
商业折扣	(10 280)
运输成本（采购）	15 420
运输成本（销售）	0
期末存货	(20 560)
合计	$118 220

【提示】出于商业合同和贸易条款的原因，存货归属会出现一些例外情况，如表 1－12 所示。

表 1－12　　　　　　　　　存货归属例外情况及处理方式

存货归属例外情况	存货归属处理方式
委托销售商品（寄售）	委托方记录存货，受托方不记录存货。委托商品在未被出售前没有进行所有权的转移
期末在途商品以 FOB 为贸易条款 FOB（free on board）：装运港完成交货	在装运港交货完毕后，所有权即转移。购买方记录存货，售出方记录销货成本
期末在途商品以 CIF 为贸易条款。CIF（cost insurance and freight）：到岸港完成交货	在到岸港交货完毕前，所有权没有转移。销售方存货没有减少，购买方不记录存货

2. 成本流转假设：即不同的销货成本核算方法。由于存货采购时间不同、价格不同，每批存货成本都不一样。企业可以选择应用特定的成本核算方式，来确定存货和销货成本。而不同的存货和销货成本核算方法，会对企业资产和利润产生不同影响。成本流转假设的类型包括：

（1）个别计价法：销货成本按照单独个体产品采购时的成本进行记录，适合独一无二的产品。例如珠宝、高档汽车等数量少、价格昂贵的产品。特别适用于采用实时数据库存储信息的永续盘存制。该方法使成本和收入能够直接配比，是财务准则推荐使用的方式。

（2）平均成本法（移动平均法）：将全部类似存货项目的成本加总求和，计算期间平均成本，每次购入存货的变化需重新计算存货的平均成本。在永续盘存制和定期盘存制下，平均成本法计算销货成本的方式如表1-13所示。

表1-13　　　　不同盘存制度下，平均成本法计算销货成本方式的比较

盘存制度	销货和存货成本的计算
永续盘存制	单位平均成本用每次购入新的存货后可供出售的产品销货成本除以可供出售的产品数量得到
定期盘存制	用本期可供出售的产品销货成本总额除以产品可供销售总数，计算得到单位产品的加权平均成本。期末存货价值按照期末存货数量乘以平均成本得到。销货成本用可供出售产品的销售成本总额扣除期末存货价值，或用平均成本乘以销货数量计算得到

（3）先进先出法：先购入的存货比后购入的存货先被领用，其采购成本价格作为销货成本计入利润表，最新购入的存货成本包含在期末存货中。永续盘存制和定期盘存制下，先进先出法计算销货成本的方式如表1-14所示。

表1-14　　　　不同盘存制度下，先进先出法计算销货成本方式的比较

盘存制度	销货和存货成本的计算
永续盘存制	在永续盘存制下，先购入的存货比后购入的存货先被领用，其采购成本价格作为销货成本计入利润表。当本期销售量大于按照最早期价格购入存货数量的时候，计算销货成本需要用到下一期最新采购价格
定期盘存制	在定期盘存制下，期末存货按照最新购入的成本计算。可供销售的产品成本总额按照最近购入存货的成本核算。可供出售的产品成本减去期末存货余额，等于销货成本

（4）后进先出法：后购入的存货比先购入的存货先被领用，或先出售。销货成本为最后购入存货的成本，最早购入的存货成本包含在期末存货中。永续盘存制和定期盘存制下，后进先出法计算销货成本的方式如表1-15所示。

表1-15　　　　不同盘存制度下，后进先出法计算销货成本方式的比较

盘存制度	销货和存货成本的计算
永续盘存制	永续盘存制下，先购入的存货比后购入的存货先被领用，其采购成本价格作为销货成本进入利润表。当本期销售量大于按照最近一期购入存货数量时候，计算销货成本需要用到上一期的采购价格
定期盘存制	定期盘存制下，后进先出法以会计期末的存货成本作为基础，销货成本是可供出售的产品成本减去期末存货成本

【例题 1 – 10】在价格上升的期间中，当采用先进先出法计量存货，那么在永续盘存制下期末存货成本将？

A. 与定期盘存制一样

B. 比定期盘存制高

C. 比定期盘存制低

D. 有可能高也有可能低，具体取决于期末存货数量是增加还是减少

【答案】A

【解析】选择 A 正确。在价格上升的期间中，当在采用先进先出法计量存货，那么在永续盘存制下期末存货成本将与定期盘存制一样。

选项 BCD 不正确。在永续盘存制下期末存货成本与定期盘存制是一样的。

先进先出法和后进先出法的比较如表 1 – 16 所示。

表 1 – 16　　　　　　　　先进先出法和后进先出法的比较

存货计价方法	先进先出法	后进先出法
定义	先购入的存货比后购入的存货先被领用，或先出售	后购入的存货比先购入的存货先被领用，或先出售
销货成本	销货成本为最早购入存货的成本，最新购入的存货成本包含在期末存货中	销货成本为最后购入存货的成本，最早购入的存货成本包含在期末存货中
采购成本不断上升时	先进先出法计算的销货成本最低，因为进入销货成本的都是最早的存货成本	后进先出法计算的销货成本最高，因为进入销货成本的都是最晚的存货成本
采购成本不断下降时	先进先出法计算的销货成本最高，因为进入销货成本的都是最早的存货成本	后进先出法计算的销货成本最低，因为进入销货成本的都是最晚的存货成本

先进先出法和后进先出法的优缺点分析如表 1 – 17 所示。

表 1 – 17　　　　　　　　先进先出法和后进先出法的优缺点分析

	优点	缺点
先进先出法	● 先进先出法在采购成本不断提高的情况下会报告较高的净利润，这符合希望报告较高净利润的公司的利益 ● 先进先出法报告的存货资产价值最接近于存货的重置成本，这对企业存货资产的计价更客观准确 ● 国际财务报告准则不允许后进先出法进行存货和销货成本计价	● 未能将利润表中的当期成本与当期收入匹配 ● 可能扭曲净利润，当存货价格不断上升时，先进先出法会夸大存货产生的利润
后进先出法	● 更好地衡量了当期利润，将当期成本与当期收入相匹配 ● 当存货价格不断上升时，后进先出法可以降低利润，并获得所得税递延收益 ● 后进先出法可以预防价格下跌，因为随着价格下跌，它不需要按照市场价格调低成本	● 后进先出法在采购成本不断提高的情况下会报告较低的净利润，这对于希望报告较高净利润的公司来说不理想 ● 后进先出法扭曲资产负债表，因为它一般情况下低估存货价值，低估资产 ● 国际财务报告准则不允许使用后进先出法进行存货和销货成本计价

【例题1-11】Metro公司采用永续盘存制，2013年1月期间存货相关数据如下：

		数量	单位成本	总金额	库存数量
期初数	2013/1/1	1 000	$1	$1 000	1 000
采购	2013/1/7	600	$3	$1 800	
销售	2013/1/20	900			700
采购	2013/1/25	400	$5	$2 000	1 100

如果Metro公司采用后进先出法，那么2013年1月31日Metro公司的存货金额是多少？

A. $2 640   B. $2 700   C. $3 300   D. $3 900

【答案】B

【解析】选项B正确。计算过程如下：

		数量	单位成本	金额
期初数		1 000	$1	$1 000
采购	2013/1/7	600	$3	$1 800
销售	2013/1/20	(600)	$3	($1 800)
销售	2013/1/20	(300)	$1	($300)
采购	2013/1/25	400	$5	$2 000
小计	2013/1/25	1 100		$2 700

3. 存货计价错误：在存货的财务记录过程中，由于疏忽或者漏记的原因，往往会出现两类错误，导致财务报告的记录准确性出现问题。这两种错误是：①期末存货错报；②本期购入和库存错报。

期末存货错报内容如表1-18所示。

表1-18   期末存货错报内容

	期末存货低估	期末存货高估
销货成本	销货成本被高估	销货成本被低估
利润	利润被低估	利润被高估
留存收益	留存收益被低估	留存收益被高估
下一个期间	会改正，计算结果正好相反	会改正，计算结果正好相反

本期购入和库存错报：如果购入的产品没有计入存货采购，也未计入期末存货时，如表1-19所示。

表 1 – 19	本期购入和库存错报
资产负债表	存货被低估 应付账款被低估
损益表	销货成本无错误，不影响 利润无错误，不影响

【例题 1 – 12】Bren 公司 2016 年 1 月 1 日期初存货少报了 \$26 000，而期末存货多报了 \$52 000，上述结果将导致 2016 年存货的销货成本：

A. 少报 \$26 000　　　　　　　　B. 多报 \$26 000

C. 少报 \$78 000　　　　　　　　D. 多报 \$78 000

【答案】C

【解析】选项 C 正确。本题可以假设期初金额为 \$26 000，则错误金额为 0，并以此假设进行进一步推导，并假设当期采购金额为 \$100 000，则分析和计算流程为：

	错误金额	－	正确金额	＝	差异
期初金额	0		\$26 000		（\$26 000）
采购金额	\$100 000		\$100 000		0
减：期末金额	\$52 000		0		\$52 000
销货成本	\$48 000		\$126 000		（\$78 000）

成本和市价孰低原则：库存的存货虽然按照历史成本记录，但是存货出现过时、产品损毁和价格水平变动时，会导致存货价值下降，故此存货应当发生减值。国际财务报告准则和美国公认会计原则在存货减值的确认上，标准不同。

【提示】按照国际财务报告准则：存货减值采用可变现净值和成本孰低原则，进行存货减值。

● 市价是重新购入或重新生产该产品所花费的成本（重置成本）

● 可变现净值：存货项目的销售价格减去进一步加工成本和资产处置费用的金额。

当存货的市价，也就是重置成本小于可变现净值时，记录的存货进行减值到市价。

按照美国公认会计原则：存货减值应当采用成本和市价孰低原则（lower of cost or market value）。成本和市价孰低原则的限制条件和步骤为：

● 最高限额：作为市价的重置成本不得大于存货的可变现净值；

● 最低限额：作为市价的重置成本不得低于存货的可变现净值减去正常加工成本或边际利润得到的金额；

● 作为市价的重置成本，只能在高限和低限之间，如果超出范围，则取高限或者低限作为市价；

● 存货成本和市价进行比较，如果市价低，则进行减值测试。

【例题 1 – 13】存货的初始成本低于可变现净值，但是高于可变现净值减去正常毛利，另外这批存货的重置成本低于可变现净值减去正常毛利，采用美国公认会计原则的成本及市场价值孰低法对其进行计量，那么成本的金额应该是多少？

A. 初始成本   B. 重置成本

C. 可变现净值   D. 可变现净值减去正常毛利

【答案】D

【解析】选项 D 正确。按照题目给出的信息，我们可以做如下的数字金额假设：

市场价格/可变现净值（可变净值最高金额）	$0.90
可变现净值 – 正常毛利（可变现净值最低金额）	$0.80
重置成本	$0.70
原始成本	$0.85
则成本与市价孰低法为（可变现净值 – 正常毛利）	$0.80

（五）债务性证券

债务性证券指对另外一家公司的贷款，包括美国联邦政府和市政债券、商业票据、公司债券、证券化的债务性债券和可转换债券。

债务性证券的分类为：

（1）持有至到期投资（那些公司准备并有能力持有至到期的投资），按照摊余成本计价（amortized cost，取得成本加/减去未摊销的溢价或折价）。因此，持有期间不确认未实现损益。

（2）交易性金融资产（准备短期出售的投资）——按照公允价值计价，持有期间未实现损益计入净利润。

（3）可供出售金融资产（其他部分)——按照公允价值计价，持有期间未实现损益计入其他综合收益。

1. 持有至到期投资的记录。

持有至到期投资只能是债券性证券投资，因为权益性证券没有到期日。要划分为持有至到期投资，报告主体必须有意图和有能力（财务灵活性、抗风险能力）将债券持有至到期。当持有意图不明确时，债务性证券不能划分为持有至到期投资。

2. 交易性金融资产和可供出售的金融资产记录。

（1）交易性金融资产：交易性金融资产是准备短期内出售，以赚取短期价差收益为目的的投资，交易性金融资产按照公允价值计量。在资产取得日，交易性金融资产按照取得成本，包括佣金、直接费用和税费进行登记。由于资产负债表日证券市场价格（例如，公允价值）变动带来的持有期间任何未实现的利得或损失，计入净利润。在随后的所有报表日，交易性金融资产按照市价报告。

（2）可供出售金融资产：可供出售金融资产是指不能划分为交易性金融资产和持有至到期投资外的全部证券投资。在资产取得日，可供出售金融资产按照取得成本，包括佣金、直接费用和税费进行登记。由于资产负债表日证券市场价格（例如，公允价值）变动带来的持有期间任何未实现的利得或损失计入其他综合收益。在随后的所有报表日，可供出售的金融资产按照市价报告。

在将交易性金融资产或可供出售金融资产调整为市价时，需要用到"公允价值变动"账户（备抵账户或调整账户）调整投资账户。

例如，某债券购买价为 \$88，年底时市场价格为 \$92，则会计分录如下：
借：公允价值变动账户（金融资产备抵或者调整账户）　　\$4
　　贷：未实现利得　　　　　　　　　　　　　　　　　　\$4
债券的公允价值变为 \$88 + \$4 = \$92。

每一个资产负债表日，根据公允价值调整"公允价值变动"账户，以确保投资账户（成本）和公允价值变动账户的总额等于证券的公允价值。

例如，在下一年度年底，债券市场价格变为 \$90，则会计分录如下：
借：未实现损失　　　　　　　　　　　　　　　　　　　\$2
　　贷：公允价值变动账户（金融资产备抵或者调整账户）　\$2
债券的公允价值变为 \$92 − \$2 = \$90。

（六）权益性证券

权益性证券：指那些转移公司所有权的证券投资，包括普通股股票和优先股股票；其他资本性股票和按照既定价格买入或卖出股权的权利（认沽权证、认股权证或股票期权）。

当股票投资者取得被投资单位的股权时，取得的股权百分比决定了权益性证券的核算方法。①股权少于 20%（被动持股）——投资者按照公允价值计量；②股权介于 20%～50%（重大影响）——投资者按照权益法核算；③股权超过 50%（达到控制）——投资者需编制合并报表。

1. 股权少于 20%。

权益性证券持股水平低于 20%，既可以划分为可供出售金融资产，也可以划分为交易性金融资产。股权少于 20% 的投资在初始取得时，按照取得成本，包括初始费用，登记入账。在每个资产负债表日按照公允价值重新估价。不过需要注意的是，持股水平低于 20% 的前提假设是：投资者不能控制或不会对被投资单位的决策产生重大影响。如果投资者能够对被投资单位产生重大影响的话，即使其股权比例低于 20%，也应该采用权益法。

2. 股权介于 20%～50%。

权益性证券持股水平介于 20%～50%，意味着投资方对被投资单位的经营和财务政策实施了重大影响，财务核算采取权益法。

在权益法下，投资按照初始取得成本加上初始费用登记入账。在后续计量中，投资的账面价值随着被投资单位的盈利或亏损按照投资者持股百分比增加或减少。同时，当收到被投资单位发放（或宣告）现金股利时账面价值减少。投资者按照享有的被投资单位的收益份额，增加或减少投资的账面价值，即用被投资单位报告期的净利润乘以股权百分比计算得到。

例如，一家投资公司用 $20 000 000 购入了被投资公司 30% 的股权，在取得投资的那天，被投资单位账面价值为 $50 000 000。则初始取得成本超过按照份额享有被投资单位账面价值为：$5 000 000（$20 000 000 − $50 000 000 × 30% = $5 000 000）。

该差额为溢价，应当在被投资单位的商誉、有使用寿命的无形资产和低估的应计提折旧的资产之间进行分配。企业经过资产评估，确认商誉应分摊 $2 500 000，无形资产应分摊 $1 500 000，应折旧的资产分摊 $1 000 000。无形资产分的摊销年限为 5 年，资产的折旧年限为 10 年。有形资产和无形资产分摊的部分必须在未来每年计算相应的摊销和折旧额，以降低投资账户金额。

在第一年年末，当被投资单位公布期末经营成果时，投资公司应该同时确认正常收益和异常项目形成的收益（假设被投资单位公布的净利润为 $4 600 000，其中包含异常项目损失 $600 000）。年末宣告发放现金股利 $1 400 000。净利润将增加投资账户金额，而现金股利将减少投资账户金额。

在权益法下，计算流程见表 1 − 20。

表 1 − 20　　　　　　　　　　　在权益法下的计算流程

购买30%被投资单位的股权投资账户起始金额	$20 000 000
当年被投资单位净利润（$4 600 000 × 30%）	+ 1 380 000
宣告的现金股利（$1 400 000 × 30%）	− 420 000
低估的应折旧资产的折旧部分（$1 000 000/10）	− 100 000
低估的无形资产的摊销部分（$1 500 000/5）	− 300 000
本会计期末的投资账户金额	$20 560 000

【例题 1 − 14】2015 年 12 月 31 日，Brik 公司支付 $200 000 购买了 Sled 公司 30% 的普通股股票，购买当天 Sled 公司的股东权益为 $500 000，可辨认净资产公允价值为 $600 000，2015 年 12 月 31 日 Brik 公司应该确认商誉的金额是多少？

A. $0　　　　　　B. $20 000　　　　　C. $30 000　　　　　D. $50 000

【答案】B

【解析】选项 B 正确。计算过程如下。

投资金额	$200 000
减：账面净值（$500 000 × 30%）	− $150 000
总的超出金额	$50 000
其中分摊到可辨认净资产金额	
公允价值	$600 000

账面净值	$-\$500\,000$
资产增值部分	$\$100\,000$

Brik 公司承担的资产增值部分为 $\$30\,000$（$\$100\,000 \times 30\%$），则商誉部分为 $\$20\,000$（$\$50\,000 - \$30\,000$）。

3. 股权大于 50%。

当公司能够控制被投资单位的经营时，通常表明持有被投资单位股权 50% 以上。每家公司仍然持续经营，并登记各自的账簿。在会计期末母公司将各个子公司的财务报表合并，合并报表将各个公司看做一个会计主体。

【提示】债务性证券和权益性投资的资产减值。在投资过程中，企业有时会发生一些非暂时性的减值损失。当发生非暂时性减值时，需要对所有的投资进行减值测试。当减值测试认定是非暂时性减值时，需调减投资的账面价值。减值损失是已实现的损失，因此，计入净利润中。

（七）不动产、厂房和设备

不动产、厂房和设备：指所有的耐用资产，包括土地、办公室和零售商店、工厂、仓库、设备、机械和公司交通工具等。

【提示】一项资产划分为不动产、厂房和设备，该资产必须必须具备以下三个特征：①为经营管理而非销售持有的资产。不动产、厂房和设备是指为经营管理而持有的资产。用于投资或销售而取得的资产不能划分为不动产、厂房和设备。②资产使用期限长，并且除土地以外的其他资产都应该计提折旧。土地的价值一般不会下降，因此不需要计提折旧。③该资产必须是有形资产。划分为不动产、厂房和设备的资产都具有实物形态，这与无形资产形成对比，如著作权或专利权，就没有实物形态。

不动产、厂房和设备需要按照取得时的成本为基础计价，历史成本或取得成本是不动产、厂房和设备的计价基础。所谓历史成本就是按照取得或购建资产所花费的现金或现金等价物，包括运输费用、安装成本、税费和其他相关成本，作为资产入账价值的一种计价方法。在资产取得日，资产的历史成本与公允价值相等。在取得日后，公允价值的变动不在账簿中登记（当发生减值的除外）。财务准则规定，不动产、厂房和设备按照历史成本进行折旧摊销。

折旧：指将固定资产成本按照有效使用寿命分摊到资产的各个受益期间的一种成本核算方法。折旧额的计算必须确定以下因素：①折旧基础：资产原值减去残值后的价值；②有效使用寿命：资产的有效使用寿命可能短于资产的实际物理寿命；③折旧方法。

当资产在年中购入或销售时，首先计算得到年度折旧费用，然后再按照本年使用期限按比例分摊本年的折旧费用。例如，如果一整年的折旧费用是 $\$120\,000$，在 4 月 1 日购入资产，利用直线法计提折旧，则本年应计提的折旧费用为：$\$120\,000 \times 9/12 = \$90\,000$。

1. 折旧方法。

折旧方法的选择通常基于：预期使用量（工作量法）或预期使用寿命法（直线法、年数总和法以及余额递减法等）。

（1）预期工作量法：是指按照资产的耗用量、或投入量计提折旧，如耗用的小时数，或产出量，即用资产生产的产品数量。例如：一台机器的原值是 $1 000 000，期满残值为 $150 000，预期使用寿命为 7 年，或者预期使用寿命内的产量为 70 000 件。如果该机器在第 1 年实际生产了 9 500 件产品，该资产的折旧基础（成本减去残值）为 $850 000，则计算得到的第 1 年折旧费用为：$850 000 × 9 500/70 000 = $115 357.14。

【提示】预期工作量法和设备耗用量相关。在耗用量低期间，工作量法计算得到的折旧额更低；而在耗用量高期间，工作量法计算得到的折旧额较高。它将资产的成本与资产产生的收入相互配比，并且，资产的实用性随着资产的耗用量不断下降。因此，财务报告准则认为预期工作量法是最佳的折旧计提方法。

【例题 1 – 15】下面哪个描述是对产量单位折旧法最佳的描述？
A. 意味着一项资产随着使用其服务潜力下降
B. 意味着一项资产随着时间其服务潜力下降
C. 意味着一项资产趋于快速过时
D. 意味着一项资产为维持其使用而增加修理费
【答案】A
【解析】选项 A 正确。产量单位折旧法意味着一项资产随着使用其服务潜力下降。因为新购置机器在服务早期生产效率较高，故此折旧金额会按照产量为基础偏多。而随着服务期限的延长，折旧金额会因为生产效率降低导致产量降低而减少。

选项 B 不正确。产量单位折旧法意味着资产随着使用服务潜力下降，而并不是随着时间服务潜力下降。

选项 C 不正确。产量单位折旧法不意味资产趋于快速过时，这是加速折旧法的假设。

选项 D 不正确。产量单位折旧法不意味资产为维持其使用而增加修理费，这是加速折旧法的假设。

（2）直线折旧法：直线折旧法是基于时间基础，按照使用期限将成本平均分摊到各个期间的折旧方法。它计算非常简单，应用也非常广泛。如果按照我们在预期工作量法中的机器设备的数据，该设备寿命为 7 年，则计算得到的折旧额为 $850 000/7 = $121 428.57。

直线折旧法的缺陷在于，它建立了一个不符合现实的假设，即资产的使用效率每年一样，并且每年的维修成本一样。同时，随着折旧额不断调减账面价值，如果运用资产每年形成的收入保持稳定的话，则资产的回报率会不断上升。

（3）加速折旧法：加速折旧法是指在资产服务期限前期多计提折旧，折旧额在以后各期逐渐减少。这种方法背后的原因在于，在资产使用的早期，其价值的大部分会丧失掉，并且在资产寿命期内，维修成本一般会逐渐增加。维修成本随着折旧费用的减少而上升。因此，资产相关的费用总额在整个寿命期内平滑。

加速折旧法的方式主要有年数总和法和余额递减法。

（4）年数总和法：年数总和法需要以年数总和为基础，确定折旧率。折旧率的计算为：

$$折旧率 = \frac{剩余有效使用年限}{全部使用寿命的年数总和}$$

每年的折旧数额的计算是用折旧基础（成本减去残值）乘以逐年递减的折旧率。公式为：

$$全部使用寿命的年数求和 = \frac{n \times (n+1)}{2}$$

其中，n 为有效使用寿命。

例如，使用寿命为 7 年的固定资产第 1 年的折旧率 = 7/（7 + 6 + 5 + 4 + 3 + 2 + 1）= 7/28，第二年为 6/28，第三年为 5/28，第四年为 4/28，第五年为 3/28，第六年为 2/28，第七年为 1/28。

（5）余额递减法是采用一个直线折旧比率计提折旧的一种方法。例如使用寿命为 10 年的资产的折旧率为每年 10%（1/10），余额递减法通常按照 150% 或 200% 的直线折旧率计提折旧。按照 200% 的直线折旧率计提折旧又称为"双倍余额递减法"。在折旧过程中，余额递减法是基于资产的账面价值，而不考虑残值。而随着资产的账面价值不断下降，采用固定折旧百分比计提折旧计算得到的折旧额一年比一年低。

例如，一台使用寿命为 7 年的机器，直线法的折旧率为 1/7，或每年 14.29%。如果采用 150% 的余额递减计提折旧的话，则其折旧率为 1/7 × 1.5 = 1.5/7 = 21.43%。如果是双倍余额递减法计算得到的直线折旧率为 1/7 × 2 = 2/7 = 28.57%。当折旧后资产账面价值等于残值时，停止折旧。

【例题 1 – 16】Rye 公司 2012 年 1 月 1 日采购了一台价值 $ 80 000，预计使用寿命为 4 年的设备，设备残值为采购金额 10%，采用双倍余额递减法对其进行计提折旧，2014 年这台设备折旧金额是多少？

A. $ 9 000　　　　B. $ 10 000　　　　C. $ 18 000　　　　D. $ 20 000

【答案】B

【解析】选项 B 正确。本题的计算过程为：

2012 年折旧金额为 $ 80 000 × 1/4 × 2 = $ 40 000

2013 年折旧金额为（$ 80 000 – $ 40 000）× 1/4 × 2 = $ 20 000

2014 年折旧金额为（$ 40 000 – $ 20 000）× 1/4 × 2 = $ 10 000

2. 不动产、厂房和设备的减值。

当不动产、厂房和设备的账面价值无法通过使用或销售收回的话，该资产的价值就会发生减值，因此，必须将账面价值调减为公允价值。即，如果存在减值，只需要将资产的账面价值调减为公允价值，调减的部分确认为资产减值损失。

例如，如果一项资产的账面价值为 $1 000 000，累计折旧为 $200 000（因此账面价值为 $800 000）。使用或处置该资产的预期未贴现的未来现金流量量为 $700 000，则资产发生减值。如果资产预计公允价值为 $650 000，则应确认减值损失 $150 000（$800 000 - $650 000）。减值损失应计入持续经营中的其他费用和损失项目中，而不计入异常项目中。

3. 不动产、厂房和设备的处置。

在处置不动产、厂房和设备资产之前，均应该计提折旧，并且在处置日将全部相关账户的账面价值转出。在处置时，扣除折旧后的账面价值与资产处置价值之间的差额应该确认为一项利得或者损失，这项利得和损失应当在持续经营利润中列报，但与中止经营相关的处置除外。

【提示】当出售不动产、厂房和设备时，应确认上一次折旧计提日与处置日之间的折旧分录。

例如，假设一家公司持有一台机器，初始取得成本为 $34 000，在过去七年每年计提折旧额为 $3 400。在第八年的 4 月 1 日该机器被出售，售价为 $10 000，则这项销售形成的利得 \ 损失为：

首先，公司必须计算第 8 年应计提折旧的折扣额，即 $3 400 × 3/12 = $850。

故此，在资产销售前的累计折旧为：$3 400 × 7 + $850 = $24 650。

则，账面净值为 $34 000 - $24 650 = $9 350。

销售产生的利得为 $10 000 - $9 350 = $650。

（八）无形资产

无形资产具备两个特征，即：①不具有实物形态；②不是金融工具。

资产负债表中仅确认购入的无形资产的价值，并按照摊销成本进行衡量。企业内部形成的无形资产，其价值并不反映在财务报表中。在资产划分方面，无形资产主要被划分为非流动资产。

【提示】①一项无形资产，如果其使用寿命有限，其资本化成本减去残值后应当在预计受益期内进行摊销。如果是使用寿命不确定的无形资产，则不进行摊销，但每年至少应进行减值测试。商誉：商誉是并购交易中，支付的对价成本超过享有被并购资产承担负债份额的公允价值金额。只有购入的商誉才能资本化，内部自创商誉不确认资产。例如，一家公司 A 购入一家子公司 B，公司 B 的资产减去负债的净资产的公允价值为 $35 000 000，但是公司 A 的收购价格为 $40 000 000，因此 $5 000 000 的差额确认为商誉。②商誉不进行摊销，但是每年至少需要进行减值测试。当发生减值测试时，需要将商誉的账面价值调减。③除商誉以外的无形资产，无论其使用寿命有限还是使用寿命不确定，每年均需要进行减值测试。当无形资产账面价值无法收回时，即无形资产的账面价值超过其公允价值，应确认无形资产减值损失。美国财务报告准则规定，减值损失一经确认，不得转回。

【例题1-17】Johan 公司拥有一项无形资产，无形资产估计使用寿命为10年，而 Abco 公司拥有一项无限期的商誉，两家公司应该按照下列中哪项方式进行摊销？

	Johan	Abco
A.	摊销	摊销
B.	摊销	不摊销
C.	不摊销	摊销
D.	不摊销	不摊销

【答案】B

【解析】选项 A 不正确。Abco 公司的商誉不应该被摊销。

选项 B 正确。Johan 公司的无形资产是一项有限寿命的无形资产，有限寿命的无形资产应该在其产生利润期间内进行摊销；Abco 公司的商誉不应该被摊销，但是应该每个周期（至少年末）进行减值测试。

选项 C 不正确。Johan 公司的无形资产是一项有限寿命的无形资产，应当进行摊销。

选项 D 不正确。Johan 公司的无形资产是一项有限寿命的无形资产，应当进行摊销。Abco 公司的商誉不应该被摊销。

（九）研究和开发

很多企业在运营过程中，都会进行针对本行业或者本企业进行研究和开发工作。所谓研究，是指按计划进行的寻找发现可能导致新产品或新服务开发的新知识。所谓开发，指将研究发现转化为新产品或新工艺的计划，包括设计和测试阶段。常规的对已有产品的变动不是研究与开发。

美国公认会计原则规定，研究与开发支出可能形成真正的无形资产，但很难区分不同项目的相关成本以及预期收益估计金额本身的不确定性，故此在发生时计入费用，完全费用化。

二、负债的确认、计量、记录和报告

（一）流动负债

流动负债是指"能够合理预期很可能需要将划分为流动资产的现有资源变现清偿的现有义务，或形成的其他流动负债。"

流动负债的类型如表1-21所示。

表 1-21   流动负债的类型

	定义
应付账款	应付账款是指因赊购商品所欠供应商的货款。如果按照付款方式提前付款的话可以享受付款折扣
应付票据	是更加正式、按特定金额在特定日期支付货款的书面协议
长期负债的流动部分	长期负债但是需要在一年内偿还的那部分金额，例如抵押贷款
将重新融资的即将到期债务	如果公司准备将即将到期的债务进行重新融资，并且证明有能力进行再融资，即通过修改清偿条款，达成再融资协议的话，根据 SFAS 第 6 号公告规定，这部分债务应该在长期负债项目中列示 如果即将到期的短期债务大于再融资或协议金额，则协议中包含的那部分债务才可以划分为长期债务
应付股利	当董事会宣告发放现金或财产股利时，公司需要将它确认为一项流动负债，并同时减少留存收益
可退回的收款和定金	收到客户或员工支付的可退回定金和收款应该确认为一项流动负债
未实现的或递延收入	例如，公司提前收到的货款或劳务款，在没有提供产品和服务前，被确认为流动负债
经营活动形成的应交税费	经营活动形成的应交税费，包括应交营业税和应交所得税
与员工相关的负债	例如，员工工资代扣、休假薪酬、退休福利和应付奖金

（二）保修费用和保修费收入

根据配比原则，与特定产品相关的保修费用、保险费用和提供的优惠券相关的成本在相关产品销售期间计入费用，同时确认负债。企业应当以历史经验为基础，计算在保修期间的产品预计维修或更换成本的估计数，在财务报告中确认保修费用和预计保修负债。当在保修期内的产品发生了实际维修成本，则应当减少预计负债值。保修费属于或有损失。

保修费用的账务处理有两种，分别是现金基础和权责制基础。两种账务处理如表 1-22 所示。

表 1-22   保修费用的不同账务处理比较

现金基础	当无法估计负债是否发生，或无法合理估计负债的金额时，采用现金基础核算。该方法可用于保修费用不重大或保修期限很短的情况。在这种方法下，销售期内不确认保修负债，保修费用在实际发生时计入当期费用。现金基础是所得税申报时唯一允许采用的方法
权责制基础	当保修费用很可能发生，并且公司能够合理估计发生的保修费用时，公司要求采用权责制基础

例如，一家公司本年销售了 1 200 台 A 型收银机，每台售价 $1 000，保修期 1 年。根据过去发生的每台收银机约 $40 的费用确定本期的保修费用。则本期财务报表中按照权责发生制基础确认的保修费用和预计负债为 $48 000（$40 × 1 200）。

保修销售额法：当保修（或延期保修）独立于产品单独出售时，采用保修销售额法。在这种方法下，产品和保修费用分开确认。延长保修期限形成的销售收入递延处理，通常按照直线法在整个保修期内摊销确认。

例如，如果前面提到的公司同时按照 $100 的价格提供 A 型计算机的额外的 2 年保修延长服务，并且公司在第 1 年销售了 100 份这样的保修延长服务，则收银机销售和额外的保修费用的账务处理为：

借：现金或应收账款 $1 210 000
  贷：销售额 $1 200 000
    未实现保修收入 $10 000

第 2 年和第 3 年末，企业应按照直线摊销法确认保修收入 $5 000（ $10 000/2）。

借：未实现保修收入 $5 000
  贷：保修收入 $5 000

【例题 1 – 18】 Vadis 公司销售一个含有 3 年包修的电器设备，在包修范围内的服务请求将由一家与 Vadis 公司签订合同的独立修理单位完成，根据之前经验，每台销售设备将发生包修范围之内的成本为 $30，Vadis 公司将在什么时候确认这些担保成本？

A. 在担保期限内平均分摊   B. 当服务请求发生的时候
C. 当支付给修理单位钱的时候   D. 当机器销售的时候

【答案】D

【解析】选项 A 不正确。担保成本不能在担保期限内平均分摊。

选项 B 不正确。按照权责发生制，担保成本不应在服务请求发生的时候确认。

选项 C 不正确。按照权责发生制，担保成本不应在支付给修理单位钱的时候确认。

选项 D 正确。当销售发生时，恰当的和可估计的担保成本就应该被确认为预计负债，并记录到负债中。

（三）或有事项

或有事项是指"现有条件、情况或环境具有不确定性，这种不确定性会导致企业形成利得（或有利得）或损失（或有损失）。该利得或损失是否发生取决于未来某事项的发生或不发生。"

或有利得：是指公司由于收到礼物、接受捐赠或奖金；税减免；未决诉讼法律诉讼（公司预期能够获得赔偿款）；或未来损失的递延递减而收到资产（或减少负债）的可能性。或有利得不在财务报告中登记，但如果利得很可能发生时，可以在财务报表附注中披露。

或有损失：是由于现有情况可能导致的未来损失。按照会计的保守性原则，在资产负债表日负债很可能发生时并且损失金额能够合理估计时，应在财务报告损益表中登记或有损失，并且在资产负债表中登记或有负债。

【例题1-19】在2014年期间，Haft公司牵扯到一个与美国国税局（IRS）的税务争议，2014年12月31日Haft的税务顾问相信结果可能对Haft不利，合理估计需要补交税金＄200 000。在2014年财务报告发出之后，Haft公司收到并接受了美国国税局＄275 000的判决。在公司2014年12月31日的资产负债表中Haft预提负债的金额是多少？

A.＄200 000　　　B.＄250 000　　　C.＄275 000　　　D.＄300 000

【答案】A

【解析】选项A正确。一个有可能发生且金额能估计的或有负债必须进行确认。在财务报告发出之前，判决的金额是未知的，所以或有负债应该被确认为＄200 000。

（四）长期负债

长期负债是指那些不需要用流动资产来偿还的债务。或者说，是那些预期在一年以后或超过一年的营业周期以上需要偿还的债务。应付债券和应付票据是常见的长期负债类型。

（五）表外融资

金融界已经开发出了各种各样的筹资安排，帮助公司按照特定方式筹资，实现资产和有关负债不在资产负债表中反映。这样的交易事项，如经营租赁和其他事项，通常被称之为表外融资。表外融资的典型形式包括：①经营性租赁；②有追索权的应收账款保理；③未合并财务报表的子公司；④金融衍生品的潜在负债等。

（六）债券

债券指长期债务安排，通常要求董事会审批通过，并且包含保障债务人和债权人双方的各种限制条款。通过发行债券，借款人能够获得比单一贷款人提供的更多资金。债券发行后，它们可以在活跃债券市场上交易。

三、所有者权益的确认、计量、记录和报告

公司的权益称为"公司资本"、"股东权益"或"所有者权益"。公司资本由股本、资本公积和留存收益构成。投入资本或缴入资本是用股本加上资本公积，它是指投资者投入的权益资本。留存收益是指赚取的资本，企业经营盈利的结果。留存收益可以用于（在使用时存在限制）向股东分配股利，即形成对股东投资的一种回报。

（一）注册资本

注册资本是指股本的面值。面值就是发行股票的名义数量，与市场公允价值无关。然而，在公司破产清算时，投资者购入的低于面值的股票（不常见的事项）会对公司债权人形成或有负债。为了避免这一问题发生，面值通常会比较低。

（二）库藏股

库藏股指已经发行、但后来被发行公司回购的股票。库藏股作为股东权益的扣除项列报，即它不是一项资产，因为公司不能自己持有公司股票。公司持有的库藏股没有任何的投票或获得股利的权利。回购的股票可以采取两种方式核算，分别是成本法和面值法。

（1）成本法：在成本法下，库藏股账户借方核算回购股票的成本。例如在成本法下，以每股 $9 价格回购 10 000 股库藏股的账务处理如下所示：

借：库藏股 　　　　　　　　　　　　　　　　　　　$90 000
　　贷：现金 　　　　　　　　　　　　　　　　　　　　　　$90 000

当再发行库藏股时，贷记"库藏股"，核算再发行股票成本，借记销售收到的现金，同时贷记"来自库藏股交易的额外缴入资本"，即核算发行收到的现金超过股票成本的差额。以每股 $11 价格再次发行 4 000 股这样的库藏股的账务处理如下所示：

借：现金 　　　　　　　　　　　　　　　　　　　　$44 000
　　贷：库藏股（4 000 股，每股价值 $9） 　　　　　　　　　$36 000
　　　　来自库藏股交易的资本公积 　　　　　　　　　　　　$8 000

如果库藏股按照低于成本的价格发行，则差额借记"来自库藏股交易的资本公积"或借记"留存收益"。以每股 $8 价格再次发行 4 000 股这样的库藏股的账务处理如下所示：

借：现金 　　　　　　　　　　　　　　　　　　　　$32 000
　　来自库藏股交易的资本公积 　　　　　　　　　　　$4 000
　　贷：库藏股（4 000 股，每股价值 $9） 　　　　　　　　　$36 000

（2）面值法：库藏股按照面值记录。例如在面值法下，以每股 $9 价格回购面值为 $5 的 10 000 股库藏股的账务处理如下所示：

借：库藏股 　　　　　　　　　　　　　　　　　　　$50 000
　　资本公积 　　　　　　　　　　　　　　　　　　$40 000
　　贷：现金 　　　　　　　　　　　　　　　　　　　　　　$90 000

当股票再次发行时，借记收到的销售价款，贷记库藏股面值，同时贷记额外缴入资本核算两者差额。例如库藏股以 $11 的价格再次发行，账务处理如下所示：

借：现金 　　　　　　　　　　　　　　　　　　　　$44 000
　　贷：库藏股（4 000 股，每股价值 $5） 　　　　　　　　　$20 000

来自库藏股交易的资本公积　　　　　　　　　　　　　$24 000

库藏股的注销：库藏股股票实际包含三个账户：按照成本反映的库藏股账户（成本法下），普通股账户（面值法）和普通股额外缴入资本（核算股票初始售价超过面值的金额）。当注销库藏股时，三个账户的金额必须全部转出。例如，某企业需要注销库藏股 10 000 股，以每股 $5 价格注销普通股股票。这些股票的初始销售价格为每股 $8，库藏股回购价格为每股 $9。

成本法下库藏股的注销：

借：普通股，每股面值 $5　　　　　　　　　　　　　$50 000
　　普通股的资本公积　　　　　　　　　　　　　　　$30 000
　　（$8 - $5）× 10 000 = $30 000
　　留存收益　　　　　　　　　　　　　　　　　　　$10 000
　　贷：库藏股（10 000 股，每股价值 $9）　　　　　　$90 000

如果采取的是面值法，则库藏股账户登记的面值直接抵销股本账户。这笔业务在面值法下如下所示：

借：普通股，每股面值 $5　　　　　　　　　　　　　$50 000
　　贷：库藏股（10 000 股，每股价值 $5）　　　　　　$50 000

【例题 1 - 20】ASP 于 2014 年 1 月 2 日通过发行 30 000 股面额为 $10 普通股组建成立，在 2014 年期间公司还有如下资本交易。

1 月 5 日　　　　发行数量 20 000 股价格 $15 的普通股股票
7 月 14 日　　　回购数量 5 000 股价格 $17 的普通股股票
12 月 27 日　　将库藏股重新发行数量为 5 000 股，价格为 $20

ASP 公司按照面值法核算回购和发行库藏股，ASP 在 2014 年 12 月 31 日资产负债表中，资本公积增加的金额是多少？

A．$100 000　　　　　　　　B．$125 000
C．$140 000　　　　　　　　D．$150 000

【答案】B

【解析】选项 B 正确。计算结果如下。

该企业 1 月 5 日，以 $15 发行 20 000 股普通股票。

借：现金（20 000 × $15）　　　　　　　　　　　　$300 000
　　贷：股本（20 000 × $10）　　　　　　　　　　　$200 000
　　　　资本公积　　　　　　　　　　　　　　　　　$100 000

7 月 14 日，回购数量 5 000 股价格 $17 的普通股股票。

借：库藏股（5 000 × $10）　　　　　　　　　　　　$50 000
　　资本公积（5 000 × $5）　　　　　　　　　　　　$25 000
　　留存收益　　　　　　　　　　　　　　　　　　　$10 000
　　贷：现金（5 000 × $17）　　　　　　　　　　　　$85 000

12 月 27 日，将库藏股重新发行数量为 5 000 股，价格为 $20。

借：现金（5 000 × $20）　　　　　　　　　　　　　$100 000

　　　贷：库藏股（5 000 × $10）　　　　　　　　　　　　　　$50 000

　　　　　资本公积　　　　　　　　　　　　　　　　　　　　$50 000

故此资本公积 = $100 000 - $25 000 + $50 000 = $125 000。

（三）留存收益

经营盈利是留存收益的主要来源。除了净利润和净亏损，其他会影响留存收益的交易事项包括：前期调整（会计差错更正和会计原则的变化），各种类型的股利分配，某些库藏股事项和准改组事项等。

（四）股利

股利发放通常来自于留存收益，但是几乎没有公司将全部留存收益作为股利发放出去。留存收益可能受到限制，或公司希望将可以用来支付股利的资产留在企业，以满足未来增长的资金需要。

股利一般来说，分为现金股利和股票股利两类。

（1）现金股利：现金股利分为优先股现金股利和普通股现金股利。针对优先股股票现金股利：一般来说优先股的现金股利支付率是固定的，并按照面值或每股金额的百分比来设定。而对于普通股现金股利来说，会根据董事会成员的决定各不相同。

当董事会宣布发放现金股利（宣告日）时，公司流动负债增加。例如董事会对在外流通的 200 000 股宣告发放 $1/股的现金股利，则宣告发放日的会计分录如下：

　　　借：留存收益　　　　　　　　　　　　　　　　　　　$200 000

　　　　　贷：应付股利　　　　　　　　　　　　　　　　　$200 000

（2）股票股利是指对公司现有股东按照股权比例向其分配增发股票。股票股利不会影响公司总额或权益总额，只是将留存收益重新划分为缴入资本。

【提示】股票股利特别适用于那些希望向股东发放股利但又想把现金留存的企业。因为企业可以通过将留存收益转为缴入资本，公司可以将留存下来的现金进行再投资，进而将资金留在企业。股东可以在公开市场上销售这些额外的股票，获得收益。

股票股利的发放分为小额股票股利和大额股票股利。

小额股票股利是指新发行的股票数量低于在外流通股票数量的25%，按照美国公认会计原则，其账务处理方法是借记留存收益，贷记股票面值和资本公积。小额股票股利不会降低股票的市值。

例如，某企业一共有 400 000 股股票，股票面值为 $5，当前股票市值为 $40。该企业宣布发放5%的股票股利，则意味着该企业额外发行了 20 000 股股票，按照市值 $40/股，合计价值为 $800 000。5%的股票股利发放前和发放后，该企业的权益变化见表 1-23。

表 1 – 23   5%的股票股利

发放之前		发放之后	
普通股	$2 000 000	普通股	$2 100 000
资本公积	$1 000 000	资本公积	$1 700 000
留存收益	$7 000 000	留存收益	$6 200 000
股东权益合计	$10 000 000	股东权益合计	$10 000 000

大额股票股利是指新发行的股票数量大于在外流通股票数量的25%，其账务处理方法是借记留存收益，贷记股票面值。美国公认会计原则要求以面值来记录大额股票股利，因为发行股数过多，用市值来定价并不可靠。

例如，某企业一共有400 000股股票，股票面值为$5，当前股票市值为$40。该企业宣布发放100%的股票股利，则意味着该企业额外发行了400 000股股票，按照面值$5/股，合计价值为$2 000 000。100%的股票股利发放前和发放后，该企业的权益变化见表1 – 24。

表 1 – 24   100%的股票股利

发放之前		发放之后	
普通股	$2 000 000	普通股	$4 000 000
资本公积	$1 000 000	资本公积	$1 000 000
留存收益	$7 000 000	留存收益	$5 000 000
股东权益合计	$10 000 000	股东权益合计	$10 000 000

（3）股票分割：是指在不改变股权份额的情况下，通过对流通在外的每股股票发行特定数量的股票，按比例减少每股面值的一种降低公司股票每股市价的工具。

例如，每股市价为$400的100 000股股票，按照1兑4股的形式进行股票分割，其结果就会变成市价为$100的400 000股股票。与股票股利不同，股票分割不会导致股东权益的变动，即在增加股数的同时不会降低面值。

【例题 1 – 21】Universe公司当年发行了500 000普通股，Universe公司宣告支付30%的股票股利，股票的市场价格是$50/股，票面价值是$10/股，发行的平均价格$30/股，那么宣告支付股利而减少的股东权益的金额是多少？

A. $0   B. $1 500 000

C. $4 500 000   D. $7 500 000

【答案】A

【解析】选项A正确。因为减少留存收益的金额等于普通股股本增加的金额，所以对股东权益的整体影响为0。

选项BCD不正确。宣告支付股利对股东权益没有影响。

四、收入和支出的确认、计量、记录和报告

(一)收入确认

按照财务准则,收入确认原则是要求收入只有在已实现、或可实现和已赚取的情况下确认。以下是收入的一些常见来源,并且指出了一般收入确认的时点:

(1)销售产品——销售日或向客户发出商品时确认收入。

(2)劳务或收费——按照提供劳务后或账单寄出时确认收入。

(3)允许他人使用某项资产收取的利息、租金、允许权使用费——随着时间的推移或资产的耗用确认收入。

(4)非存货资产的处置利得或损失——在资产销售日确认收入。

虽然销售是最常见的收入确认时间点,但是特定交易类型的收入可以在:①发货后(收到现金或收回成本时)确认;②发货前(在生产之前、生产过程中或生产之后)确认。

发货后确认收入:当销售金额的收回不确定时,可以采用以下两种方法确认收入:①分期付款销售法;②成本回收法。

(1)分期付款销售法:收入是随着现金的收回而确认,而不是在销售时确认。这是在可收回价值无法合理估计时,通常采用的一种方法。这种方式常应用于家具、大型贵重商品、土地开发等需要分期付款的交易中。该方法在销售期间确认收入和销货成本,但在现金收回时才确认毛利润。毛利根据每年收回的分期付款额来计算。随着现金的收回,应确认的利润等于当年收回的现金乘以毛利率。未确认的毛利递延到以后年度。在资产负债表日,递延毛利通常作为未实现收入在负债中列示。

例如,如果一家公司赊销额为 $100 000,销货成本为 $70 000,故此毛利为 30%。确认第一年的递延毛利的分录如下:

分期付款销售法下第一年结账分录。

借:应收账款 $100 000

　贷:存货 $70 000

　　 递延毛利 $30 000

如果在第二年收回第一年销售的现金 $80 000,则应确认毛利 $24 000($80 000×0.3),该业务交易如下所示:

分期付款销售法下第二年结账分录。

借:递延毛利 $24 000

　贷:实现毛利 $24 000

(按照收回比例确认实现毛利)

成本回收法:收入只有当收到现金大于销货成本时才进行确认。因此,现金的收回意味着利润的确认。只有当回收能力无法确定时,才使用这种方法。

在销售当年，利润表报告收入、销货成本、递延毛利和已确认毛利。

例如，如果一家公司赊销额为 $100 000，销货成本为 $70 000，确认第一年的递延毛利的结账分录如下所示：

成本回收法下第 1 年结账分录。

借：应收账款	$100 000
贷：存货	$70 000
递延毛利	$30 000

如果在第 2 年收回第 1 年销售的现金 $80 000，则应确认毛利 $10 000，如下所示：

成本回收法下第 2 年结账分录。

借：递延毛利	$10 000
贷：实现毛利	$10 000

（第 2 年收回的现金超过成本，确认实现毛利）

在第 3 年收回剩余现金时，确认最终利润的实现会计分录，如下所示：

成本回收法下第 3 年结账分录。

借：递延毛利	$20 000
贷：实现毛利	$20 000

（第 3 年收回的现金超过成本，确认实现毛利）

【例题 1-22】根据分期付款法，分期支付销售的毛利应该怎么确认？

A. 在销售实现日　　　　　　　B. 在最后一笔现金收到的日期

C. 按照收现金的比率　　　　　D. 在收到的现金等于销售成本之后

【答案】C

【解析】选项 A 不正确。分期付款法下分期支付销售的毛利不应在销售实现日确认。

选项 B 不正确。分期付款法下分期支付销售的毛利不应在最后一笔现金收到的日期时候确认。

选项 C 正确。在分期付款下，销售的总毛利应该被递延，直到现金付款全部收到才全部确认；实现毛利＝毛利×收到的现金/总销售额。

选项 D 不正确。分期付款法下分期支付销售的毛利不应在收到的现金等于销售成本之后确认。

（二）长期在建工程

长期在建工程的会计处理方法主要有两种：完工百分比法和合同完工法。

（1）完工百分比法。只要完工程度可以合理估计且合同具有法律强制性权利，根据财务准则可以采用完工百分比法。完工百分比的估计可以采用投入作为标准，比如发生的成本或使用的人工工时数，或以产出作为标准，比如完成的进度或公路已建成英里数。

$$完工成本比例 = \left(\frac{到目前为止已经发生的成本}{总成本的最近估计数} \right)$$

用这个比例乘以预计总毛利或收入得到目前应确认的毛利或收入。目前为止应确认的毛利减去以前年度已经确认的毛利，计算得到本年应确认的毛利。

一个名为在建工程的存货账户用来汇总在建工程和目前为止应确认的毛利的总和。

当客户付款时，应收账款和工程款项同时增加。工程款项是用来抵减资产负债表中的在建工程，其结果可能是资产，也可能是负债。

例如，某公司有一个建造合同，价值 $11 250 000，第 1 年实际发生成本为 $2 500 000，占到总估计成本 $10 000 000 的 25%。合同估计总毛利为 $1 250 000（$11 250 000 – $10 000 000），总毛利的 25%，应在第 1 年发生成本时确认毛利 $312 500。此外，第一年的与合同相关的应收账款为 $2 250 000，当期的现金回款为 $1 875 000。随着成本的发生，费用的结算或应收账款的收回，应编制如下会计分录：

借：在建工程 $2 500 000
　　贷：原材料、现金、应付账款等 $2 500 000
（记录在建工程的成本发生额）
借：应收账款 $2 250 000
　　贷：在建工程款 $2 250 000
（记录在建工程款）
借：现金 $18 750 000
　　贷：应收账款 $18 750 000
（记录收回应收账款）

年末，确认第 1 年的利润、收入和费用，具体分录如下：

借：在建工程费用 $2 500 000
　　在建工程 $312 500
　　贷：在建工程收入 $2 812 500

（2）合同完工法。在合同完工法下，只有当合约完全履行后，才确认收入和利润总额。与完工百分比法不同，合同完工法在履行合约过程中不确认收入、成本和毛利。然而，当一项合同发生损失时，应当按照"长期合同损失"如下方式进行处理。合同完工法下最后一年的会计分录如下：

借：在建工程应收款 $11 250 000
　　贷：长期合同收入 $11 250 000
借：建造成本 $10 125 000
　　贷：在建工程 $10 125 000

①长期合同损失。长期合同可能导致未来可盈利项目的当期损失或非盈利项目的损失。

当期损失：在完工百分比法下，如果重新预计费用高于以前的计划费用，则可能导致当期利润为负，即产生损失。

例如，某公司有一个建造合同，价值 $7 660 000，前 2 年实际发生成本为 $4 315 680。由于工程复杂，未来的预计成本进行了向上调整，为 $3 231 716。该项目在第一年确认的收入为 $1 665 000，第一年的确认成本为 $1 518 320，则当期确认损失的计算如表 1-25 所示：

表 1-25	长期合同当期损失的计算
已耗费的成本（第 2 年 12 月 31 日）	$4 315 680
预计继续到完工成本（修正后）	3 231 716
预计总成本	$7 547 396
完工比率（$4 315 680/ $7 547 396）	57.2%
第 2 年确认收入（$7 660 000 × 57.2%）- $1 665 000	$2 716 520
第 2 年确认的成本（$4 315 680 - $1 518 320）	$2 797 360
第 2 年的确认损失	$（80 840）

②非盈利合同损失。无论以前年度使用的是合同完工法还是完工百分比法，如果项目预计会产生损失，那么，预计总损失应该在当期确认。

完工百分比法下的账务处理：在完工百分比法下，如果已经在以前期间确认了毛利，则已经确认的利润金额应连同当前预计的损失一同确认为当期损失。

例如：如果前一年度确认利润 $100 000，本年度出现损失为 $50 000，那么，当年应确认的损失为 $150 000。损失的会计分录如下：

借：建造费用 $1 000 000
　　贷：在建工程（损失） $150 000
　　　　长期合同收入 $850 000

合同完工法下的账务处理。合同完工法下只确认当期确定的损失。上例中的条件不变，则在合同完工法下的当期损失分录如下：

借：长期合同损失 $50 000
　　贷：在建工程（损失） $50 000

【例题 1-23】Haft 建设公司一直采用完工百分比法确认收入，2011 年 1 月 10 日开始建设一项金额 $3 000 000 的施工合同，最初估计完工成本为 $2 250 000，下列是施工合同相关数据：

毛利（2011.12.31）	$300 000
已发生施工成本（2011.1.10 ~ 2012.12.31）	$1 800 000
估计还将发生施工成本（2012.12.31）	$600 000

Haft 公司 2012 年 12 月 31 日损益表中列示的合同毛利是多少？
　　A. $450 000　　　B. $300 000　　　C. $262 000　　　D. $150 000

【答案】D

【解析】选项 D 正确。计算如下：

合同金额	$3 000 000
已发生成本	1 800 000
估计还将发生成本	600 000
总成本	2 400 000
完成比例	75%
估计合同毛利	600 000
累计合同毛利	450 000
已经确认的合同毛利	（300 000）
当期应该确认的毛利	$150 000

（三）费用确认

按照会计配比原则要求，费用与形成的收入和费用发生的期限相互配比，例如销货成本与销售收入配比；建造成本与工程收入相配比；分期付款方式下毛利应该与利润产生的期间匹配等。

（四）利得和损失

非日常活动形成的收入大于成本的净额确认为利得。利得具体包括销售固定资产或投资形成的利得等。而损失是指不能形成收入资产的报废，当非日常活动形成的成本大于收入的净额时，就会形成损失。损失具体包括由于火灾导致的损失、销售固定资产或投资形成的损失、或未能提前清偿债务形成的损失等。利得和损失一般在利润表中营业利润项目下方的其他收入、费用、利得和损失项目中反映。

（五）全面收益

全面收益被定义为：一个时期内由来自非所有者的交易或其他事项或事件导致的商业企业所有者权益（净资产）变动。因此，全面收益包括：

（1）期间内所有影响经营的收入、费用、利得和损失，包括计入净收益的已实现损益。

（2）净收益之外的未实现损益（作为其他全面收益）。

全面收益的主要项目有：

（1）投资与可供出售金融资金的未实现损益。

（2）特定衍生金融工具的未实现损益。

（3）退休金负债调整带来的退休金损失。

（4）特定外汇转换调整。

全面收益是净收益和其他综合收益项目的总和。净收益结算转入留存收益，而其他综合收益结算转入累计其他综合收益。因此，两者均独立登记，并作为股东权益的一个组成部分。全面收益既可以在合并的利润表中单独列示，也可以在单独的利润表中列示。

（六）租赁

租赁是出租人与承租人之间的一种合同，在一定期限内，出租人将租赁资产使用权让渡给承租人，以获取资金。然而，有时候，租赁合同的实质是销售，此时租赁实质上已经将与资产所有权相关的风险和报酬转移给了承租人。从承租人的角度来看，租赁有两种类型：融资租赁和经营租赁。

1. 融资租赁。

满足以下标准的其中之一就应该确认为融资租赁：

（1）所有权转移。租赁期满时租赁资产的所有权转移给承租人。

（2）优惠购买权。租赁合同中包含优惠购买的选择权，并且约定的购买价款远低于租赁期满时租赁资产的公允价值。

（3）占尚可使用年限的75%。租赁期在租赁资产尚可使用年限的75%或以上。

（4）公允价值的90%。最低租赁付款额的现值（PV）计划相当于租赁开始时租赁资产的公允价值（FV），即占到公允价值的90%或以上。

【提示】若一项租赁属于融资租赁，承租人应在资产负债中同时反映一项租赁资产和一项租赁负债。租赁资产的金额按照最低租赁付款额（不含或有租金或履约成本，如保险费或维修费）的现值与租赁资产公允价值两者中较低者列示。承租人同时列示与不动产、厂房和设备相关的折旧。同时租金支付减少融资租赁负债。

例如，第1年1月1日，A公司（承租人）从P公司（出租人）那里租入一台价值为$150 000（租赁时租赁资产的公允价值）的塑料压制机。这项不可撤销租赁的租期为4年，自租赁开始日起，每年1月1日支付租金$41 933.41。这项租赁不可续租，租赁期满，租赁设备归还给出租人，设备无残值。设备的预计有效使用寿命4年。此外，设备采用直线折旧法计提折旧。P公司已告知A公司租赁资产的内涵报酬率为8%。

为确定合理的账务处理方法，必须首先考察4个融资租赁标准：

（1）所有权转移？没有。租赁期满时租赁资产的所有权没有转移给承租人。

（2）优惠购买权？没有。租赁合同中没有包含优惠购买的选择权。

（3）占尚可使用年限的75%？有。4年租赁期除以租赁资产尚可使用年限4年等于100%或以上。

（4）公允价值的90%？有。利率为8%，每年年初租金$41 933.41，最低租赁付款额的现值（PV）=租金$41 933.41×3.57710=$150 000。租赁开始时租赁资产的公允价值也为$150 000，即$150 000现值支付/$150 000公允价值=1（请注意，年初支付租金，假设租金是在期初支付款项，而不是在期末付款（普通年金），所以使用了不同的现值表）。

因为至少满足了一个条件，因此，该项租赁属于融资租赁。所以，在第1

年1月1日的会计分录如下。

借：固定资产——融资租入固定资产　　　　$150 000. 00

贷：长期应付款——应付融资租赁款　　　　　　　$108 066. 59

现金　　　　　　　　　　　　　　　　　　　$41 933. 41

支付的租金$41 933. 41既包含了利息费用，又包含了融资租赁借款的本金偿还。

表1-26列示了实际利率法下，在预付年金基础上利息费用和融资租赁借款的本金偿还情况。

表1-26　　　　　　　　**从承租人角度预付佣金的租赁摊销表**

A公司未确认融资费用摊销表			
日期	每年支付的租金	利息费用	融资租赁款的偿还	融资租赁付款
期初				$150 000. 00
第1年1月1日	$41 933. 41	$0	$41 933. 41	$108 066. 59
第2年1月1日	$41 933. 41	$8 645. 33	$33 288. 08	$74 778. 51
第3年1月1日	$41 933. 41	$5 982. 28	$35 951. 13	$38 827. 38
第4年1月1日	$41 933. 41	$3 106. 03	$38 827. 38	$0. 00
合计	$167 733. 64	$17 733. 80	$150 000. 00	

第1年年末，A公司确认的利息费用的会计分录下：

利息费用的会计分录（第1年12月31日）

借：利息费用　　　　　　　　　　$8 645. 33

贷：应付利息　　　　　　　　　　　　$8 645. 33

登记融资租入设备应计的利息

同时，在第1年年末，Acme公司按照直线折旧法，计提租赁资产折旧，如下所示：

折旧费用的会计分录如下（第1年12月31日）

借：折旧费用——融资租入固定资产　　　$37 500

贷：累计折旧——融资租入固定资产　　　　$37 500

计提折旧费用（$150 000. 00/4 = $37 500）

一年以内到期的租赁部分划分为流动负债（如第1年的$33 288. 08将会在第2年到期）；一年以上的被划分为非流动或长期负债（第1年的$74 778. 51，总负债金额为$105 066. 59）。在第1年的12月31日的资产负债表日：资产和融资性租赁分别列示，流动负债部分应列示应付利息$8 645. 33，以及融资性租赁的短期部分$33 288. 08，非流动负债下应列示的融资性租赁额为$74 778. 51。

第2年确认的租赁付款额的会计分录如下所示：

计提租赁付款额（第2年1月1日）

借：应付利息 　　　　　　　　　　　　　　$8 645.33
　　应付融资租赁款 　　　　　　　　　　　$33 288.08
　　贷：现金 　　　　　　　　　　　　　　　　　$41 933.41

计提塑料挤压机的租赁付款

租赁期末，资产归还给出租人，累计折旧额和融资租赁资产账户从承租人账簿上清除，如下所示：

转出租赁资产的会计分录（第5年1月1日）

借：固定资产——设备 　　　　　　　　　　$150 000
　　累计折旧——融资租入固定资产 　　　　$150 000
　　贷：融资租入固定资产 　　　　　　　　　　$150 000
　　　　累计折旧——设备 　　　　　　　　　　$150 000

租赁期末租赁资产从账簿中转出。

2. 经营租赁。

经营租赁是指与租赁资产所有权相关的风险和报酬未发生转移的租赁行为。经营租赁类似于一般租赁。按照租赁时间计算应计租赁费用。在经营租赁法下，每天计算应计租金费用，并且将租金分摊到使用租赁资产每个受益期间。如果一租赁项目不满足融资租赁的4个标准中的任何一个，那么除了租金付款外，不需要编制其他任何账务处理。经营租赁不需要在资产负债表中列示。在利润表中，承租人报告租金费用，出租人报告租金收入。

【例题1－24】在承租人的角度，满足下列哪个标准可以将一个租赁认定为融资租赁？

A. 租赁合约中包含有优先购买权

B. 租赁期满后，租赁物的所有权不发生转移

C. 租赁期大于或等于租赁标的经济使用寿命的65%

D. 支付最小租金的现值大于或等于租赁标公允价值的70%

【答案】A

【解析】选择A正确。如果租赁合约中包含有优先购买权将被认定为融资租赁。

选择B不正确。如果期满后，租赁物的所有权发生转移将被认定为融资租赁。

选择C不正确。租赁期大于或等于租赁标的经济使用寿命的70%将被认定为融资租赁。

选择D不正确。支付最小租金的现值大于或等于租赁标公允价值的90%将被认定为融资租赁。

【例题1－25】在2014年12月31日公司签订了一个6年期的融资租赁，每年12月31日等额支付租金，2014年12月31日支付第一期租金是由下列哪种部分构成？

	利息费用	租赁负债
A.	包含	包含
B.	包含	不包含
C.	不包含	包含
D.	不包含	不包含

【答案】C

【解析】选项 A 不正确。租金中不应包括利息费用。

选项 B 不正确。租金中不应包括利息费用，但是应包括租赁负债。

选项 C 正确。在 2014 年 12 月 31 日负债已经发生，而且第一笔付款也在 2014 年 12 月 31 日产生的，这段时间之内没有利息产生，所以支付第一步租金应该减少租赁负债。

选项 D 不正确。租金中不应包括利息费用，但是应包括租赁负债。

（七）递延所得税

由于美国国家税务局（IRS）的税法和公认会计原则（GAAP）之间存在差异，通常会导致税前会计利润和应税利润之间存在差异。所谓税前会计利润（或报表上的税前利润）是一个经济实体根据公认会计原则计算得到的可供财务报告使用的利润。而应税利润是根据税法在净利润的基础上（扣除可抵扣项目）计算得到的应纳税所得额。

税务局的税法和财务准则之间存在的差异，一般分为两种，如表 1 - 27 所示。

表 1 - 27　　　　　　　　税务局的税法和财务准则之间存在的差异比较

税务局税法和财务准则之间的差异	定义
暂时性差异	资产、负债的账面价值与其计税基础不同而产生的差异，此差异未来可以转回
永久性差异	由于公认会计原则和税法之间不同导致的差异，在以后期间不能转回

（1）由于财务准则采用权责发生制，但是税法在收入确认上允许采用修正过的收付实现制，故此这样所出现的暂时性差异会导致递延所得税资产或者递延所得税负债。表 1 - 28 是递延所得税资产和负债的定义和表现形式。

表 1 - 28　　　　　　　　递延所得税资产和负债的定义和表现形式

递延所得税	定义	财务报表或者税表上的表现形式
递延所得税资产	资产的账面价值小于其计税基础或负债的账面价值大于其计税基础会产生可抵扣暂时性差异，形成递延所得税资产	如果税表上收入先确认，则出现递延所得税资产 如果损益表费用先确认，则出现递延所得税资产

递延所得税	定义	财务报表或者税表上的表现形式
递延所得税资产	资产的账面价值大于其计税基础或负债的账面价值小于其计税基础会产生应纳税暂时性差异，形成递延所得税负债	如果损益表上收入先确认，则出现递延所得税负债 如果税表上费用先确认，则出现递延所得税负债

例如，某固定资产原值为 $1 500，编制财务报告时采用直线折旧法计提折旧，但纳税申报时采用加速折旧法计提折旧。如表 1 – 29 所示。

表 1 – 29　　　　　　　　　账面价值与计税基础之间的差异

	会计账面价值	计税基础
资产原值	$1 500	$1 500
累计折旧	（$300）	（$500）
资产负债表日账面价值	$1 200	$1 000

第一年年末，会计计算的资产账面价值为 $1 200，税法计算的资产价值为 $1 000。差额 $200 会形成递延所得税负债。假定所得税率为 40%，则递延所得税负债为 $80（$200 × 40%）。由于期初不存在递延所得税资产或递延所得税负债。因此，所得税费用根据应交税费和递延所得税负债两者之间的差额计算和调整得到，如下所示：

借：所得税费用　　　　　　　　　　　　　　　　　　　$3 280

　　贷：递延所得税负债　　　　　　　　　　　　　　　　　　$80

　　　　应交税费　　　　　　　　　　　　　　　　　　　　$3 200

【提示】利润表中的所得税费用是根据当期应交税费和期初到期末递延所得税资产或递延所得税负债调整的净额的总和。公司的跨期经营会形成跨年度的差异分配，即当期所得税费用的计算公式如下：

所得税费用 =［期末递延所得税负债（资产）– 期初递延所得税负债（资产）+ 当期应交税费］

【例题 1 – 26】因为会计制度和税收制度关于折旧存在差异，一个公司财务报表设备价值超过公司税务报表价值，如果此公司没有其他的时间性差异，那么公司应该怎么列报？

A. 本期税项资产　　　　　　　　　B. 当期应交税金

C. 递延所得税资产　　　　　　　　D. 递延所得税负债

【答案】D

【解析】选项 A 不正确。没有本期税项资产这个科目。

选项 B 不正确。暂时性差异不反映在当期应交税金上。

选项 C 不正确。该暂时性差异应导致递延所得税负债而非递延所得税资产。

选项 D 正确。如果一项资产的财务账面价值超过税务账面价值，那么，就需要估计递延所得税负债用于应对这个差异的影响。在将来年份中，当这些时间性差异被冲回的时候，那么，税务制度下应纳税所得额将大于会计制度下的应纳税所得额。

（2）永久性差异：由于财务准则和税法之间不同导致的差异在以后期间不能转回，故此永久性差异是不会造成递延所得税。以美国公认会计原则为视角，永久性差异包括：

①实际税率的变化。由于税率改变，一部分暂时性差异可能会形成永久性差异（例如，税率从 40% 下降到 35%，5% 的税率变化会成为永久性差异，因为这部分差异不需要再交税）。

②收到的股利抵扣。根据持股比例的不同，公司收到的一些股利可以免税，但美国公认会计原则必须全额计入应税所得额。

③政府债券的利息收入。一些符合规定的政府债券（投资形成的资本利得需要交税）形成的利息收入可以 100% 免税，但会计上要确认为税前利润。

④政府税收豁免。政府立法豁免了一些应税收入，并允许一些超过公认会计原则的抵扣项，或对一些特定行业增加税收以限制行业发展。为了促进某些地区的发展，一些地方政府设置了免税区。这时候，公司的实际税率和官方税率（财务报表中使用的税率）之间存在差异。这些差异都会形成永久性差异。

（3）递延所得税对财务报表的影响。递延所得税应在资产负债表中按照本期和非本期项目分别进行列示。与短期资产或负债有关的递延所得税款划分为当期项目，而与长期资产或负债相关的递延税款划分为非本期项目。任何本期和非本期递延所得税资产和负债的净额应在资产负债表中列示。

【例题 1-27】2014 年 12 月 31 日，Bren 公司有如下递延所得税项目：

与非流动资产相关的递延所得税负债 ＄15 000
与非流动负债相关的递延所得税资产 ＄3 000
与流动负债相关的递延所得税资产 ＄8 000

下列哪项被列报在 Bren 公司 2014 年 12 月 31 日的资产负债表的非流动部分中？

A. 非流动资产 ＄3 000 和非流动负债 ＄15 000
B. 非流动负债 ＄12 000
C. 非流动资产 ＄11 000 和非流动负债 ＄15 000
D. 非流动负债 ＄4 000

【答案】B

【解析】选项 A 不正确。没有考虑与流动负债相关的递延所得税资产 ＄8 000。

选项 B 正确。非流动负债 ＄12 000 应该被列报在流动负债中，＄8 000 的递延所得税资产应该列报流动负债中。递延所得税在财务报表列报的过程中，应遵循以下规则：①所有流动递延所得税资产和负债必须合并列报；②所有非流动递延所得税资产和负债必须合并列报。

选项 C 不正确。非流动资负债相关的递延所得税资产 $3 000 和与流动负债相关的递延所得税资产 $8 000 不能合并。

选项 D 不正确。与非流动资产相关的递延所得税负债 $15 000，与非流动负债相关的递延所得税资产 $3 000 和与流动负债相关的递延所得税资产 $8 000 不能简单进行合并。

（八）中止经营对财务报表的影响

中止经营是利润表中常见的一类非常规发生的项目，当公司某个分部被处置，意味着这些经营项目中止经营。当某公司决定终止一项经营活动时，做出决定的日期就是决策日。本年度出售的或者为了出售而持有的中止经营项目，应该按照税后净额在中止经营里面反映，即与出售该资产相关的利得和损失列示在中止经营项目中。

【提示】中止经营项目的结果，在扣除形成的所得税费用（收益）后，在利润表中的异常项目（如果存在该项目的话）的前面单独列示。处置利得和损失在财务报表附注中披露。

（九）异常项目

异常项目是指不经常发生、不重复发生且管理层无法控制（考虑到公司的经营环境）的交易或事项。这样的交易事项通常与公司的日常经营活动无关，并且无法预见未来是否发生。异常项目按照税后净额在利润表中持续经营利润项目的下方单独列示。

五、国际财务报告准则和美国公认会计原则的异同

国际会计报告准则委员会（IASB）于 2001 年作为国际会计准则委员会基金会（IASC）的一个部分而成立，它的一个主要目标就是一国的会计准则与国际会计准则趋同。为实现这一目标，IASB 和 FASB（美国财务会计准则委员会）紧密合作，以协调国际财务报告准则与美国公认会计原则（U. S. GAAP）。国际财务报告准则和美国公认会计原则的异同如表 1 - 30 所示。

表 1 - 30　　　　　　　国际财务报告准则和美国公认会计原则的异同

主题	国际财务报告准则（IFRS）	美国公认会计原则（U. S. GAAP）
与建筑合同相关的收入确认	允许采用完工百分比法 禁止采用合同完工法确认收入	允许采用完工百分比法和合同完工法
无形资产的研发成本	研究成本费用化，开发成本可以资本化	研发成本在发生时计入费用，完全费用化

续表

主题	国际财务报告准则（IFRS）	美国公认会计原则（U. S. GAAP）
无形资产的重新估价	如果资产在活跃市场中交易，则允许进行重新估价	禁止对无形资产进行重新估价
存货成本的计算方法	接受个别计价法，加权平均法和先进先出法 禁止采用后进先出法	接受个别计价法，加权平均法和先进先出法，同时接受后进先出法
存货的计价方法	存货按照成本与可变现净值孰低计价	存货按照成本与市价孰低计价
存货账面价值的下降	若导致存货减值的因素不复存在，则以前确认的存货减值损失可以转回	存货的任何减值将形成新的成本基础，不得转回
长期资产的重新估价、折旧以及借款成本的资本化	重估值（公允价值）或历史成本	历史成本，禁止进行重新估价
资产减值，包括减值损失的确定、计算与转回	一些情况确认资产的减值：资产的账面价值大于资产预期外来现金流量的贴现价值，且大于公允价值与出售成本之差	以下情况需要登记资产的减值：资产的账面价值大于资产的预期未来现金流量（未贴现）
异常项目的财务报表列报	异常项目不需要单独列报	异常项目是指异常的和很少发生的项目。需要在利润表中单独列报

【例题 1－28】福特公司在美国和加拿大有两个公司，都在进行有关产品的研发活动。假设两个公司当年发生的研发费用一致，而两个公司除研发费用以外的收入、成本和费用保持一致，那么哪个公司的税前利润高？

A. 美国公司，因为美国公认会计原则允许研究费用资本化

B. 美国公司，因为美国公认会计原则允许开发费用资本化

C. 加拿大公司，因为国际会计准则允许研究费用资本化

D. 加拿大公司，因为国际会计准则允许开发费用资本化

【答案】D

【解析】选项 A 不正确。美国公认会计原则不允许研究费用资本化。

选项 B 不正确。美国公认会计原则不允许开发费用资本化。

选项 C 不正确。国际会计准则不允许研究费用资本化。

选项 D 正确。按照国际会计准则，研发支出中开发部分是可以资本化的，故此在利润表中，加拿大公司将不会将开发部分当成费用，这将提高加拿大公司的利润。所以，如果美国和加拿大这两个公司除研发费用以外的收入、成本和费用保持一致，则加拿大公司的利润将更高些。

【出题方向1】对资产负债表、利润表、股东权益变动表、现金流量表和财务报表附注的认识。

解题思路：需要熟练掌握财务报表的组成和财务报表附注的内容。对于财务报表各部分，例如资产负债表、利润表和股东权益变动表的重要性需要有深入认识。针对财务报表附注，要理解其组成部分和财务报表记录内容的关联。例如坏账费用是记录在财务报告上，但是坏账费用的会计政策则在财务报表附注中可以找到。

【出题方向2】现金流量表的计算和分析。

解题思路：熟练掌握经营性现金流、投资性现金流和融资性现金流直接法和间接法的归集方式和计算。特别是经营性的现金流间接法，获得经营性现金流的计算，应当非常熟练地进行应用。间接法下，经营性现金流为：

净收益

　+折旧/折耗/摊销费用

　+投资或者筹资活动的损失（往往是出售长期资产的损失）

　-投资或者筹资活动的利得（出售长期资产的利得）

　-除了现金以外的流动资产的增加

　+除了现金以外的流动资产的减少

　+流动负债的增加

　-流动负债的减少

　=经营活动的净现金流

【出题方向3】应收账款坏账费用的记录和确认，直接冲销法的问题和计提坏账准备法的优点。

解题思路：掌握直接冲销法和计提坏账准备法的思路和计算过程。直接冲销法下，仅在应收账款无法收回时企业才确认坏账费用。而计提坏账准备法下，需要对销售收入或全部未收回的应收账款按照预期无法收回的金额计算一个估计数，将坏账准备调减应收账款金额，计算得到可变现净值。该值就是预期收回款项。直接冲销法不被国际财务报告准则接受的原因是：

（1）不符合配比原则，不能客观反映当期坏账费用为应收账款或者收入相应比例这一事实。

（2）人为提高了应收账款资产的数额，不能客观反映应收账款资产的公允价值。

计提坏账准备法的优点是：

（1）良好地符合配比原则，客观反映了当期坏账费用为应收账款余额或者收入相应比例这一事实。

（2）客观反映了应收账款资产的数额，客观体现了应收账款资产的公允价值。

【出题方向4】 存货制度的比较和存货减值的处理。

解题思路：掌握先进先出、加权平均和后进先出的存货流转流程，并认识到期末存货的记录在先进先出法下，无论是永续盘存制还是定期盘存制，结果都没有区别。而应用加权平均法和后进先出法，期末存货价值在永续盘存或者定期盘存下是不同的。

存货减值按照美国公认会计原则，应当按照成本和市价孰低原则来进行减值。首先应当确定：

（1）最高限额：作为市价的重置成本不得大于存货的可变现净值。

（2）最低限额：作为市价的重置成本不得低于存货可变现净值减去正常利润加成或边际利润得到的金额。

作为市价的重置成本，只能在高限和低限之间，如果超出范围，则取高限或者低限作为市价。存货成本和市价进行比较，如果市价低，则进行减值。

【出题方向5】 金融资产的记录和对财务报表的影响。

解题思路：掌握金融资产分为持有至到期投资、交易性金融资产和可供出售金融资产三大类。交易性金融资产和可供出售金融资产应按照公允价值进行记录。交易性金融资产当期发生的未实现利得和损失计入损益表，影响当年的利润；可供出售的金融资产当期发生的未实现利得和损失计入其他综合收益，不影响当年的利润。

【出题方向6】 无形资产、商誉和研发费用的财务处理。

解题思路：掌握无形资产应在预计受益期内摊销，并且每年进行减值测试。掌握商誉就是并购交易中，支付的对价成本超过享有被并购资产承担负债份额的公允价值金额。只有购入的商誉才能资本化。内部自创商誉不确认资产。商誉不进行摊销，但是每年至少需要进行减值测试。针对研究和开发，美国公认会计原则要求支出在发生时计入费用中。而国际财务报告准则允许研究费用化而开发费用资本化。

【出题方向7】 表外融资的定义和对财务报表的影响。

解题思路：掌握表外融资的定义，如果一种筹资安排，帮助公司按照特定方式筹资，实现资产和有关负债不在资产负债表中反映，这样的交易事项，如经营租赁和其他事项，通常被称之为表外融资。掌握表外融资的典型形式包括：经营性租赁、有追索权的应收账款保理、未合并财务报表的子公司、金融衍生品的潜在负债等。

【出题方向8】经营租赁和融资租赁的定义；经营租赁和融资租赁对投资回报率的影响。

解题思路：掌握融资租赁的四个标准：

（1）所有权转移。租赁期满时租赁资产的所有权转移给承租人。

（2）优惠购买权。租赁合同中包含优惠购买的选择权，并且约定的购买价款远低于租赁期满时租赁资产的公允价值。

（3）占尚可使用年限的75%。租赁期在租赁资产尚可使用年限的75%或以上。

（4）公允价值的90%。最低租赁付款额的现值（PV）计划相当于租赁开始时租赁资产的公允价值（FV），即占到公允价值的90%或以上。

掌握在经营租赁和融资租赁下，均会使投资回报率下降。经营租赁费用会使净利润下降从而影响投资回报率。而融资租赁会提高资产额，并且融资租赁利息费和资产折旧费会使利润下降，故此两者导致投资回报率下降。

【出题方向9】国际财务报告准则和美国公认会计原则的差异。

解题思路：熟练国际财务报告准则和美国公认会计原则的几个核心差异，见前面表1-30。

一、单选题

【经典试题1】 在美国公认会计原则下，异常项目的利得将被列报为下列哪项的直接增加？

A. 净利润
B. 其他综合性收入
C. 税后持续经营性收入
D. 税后终止经营收入

【答案】 A

【解析】 选项 A 正确。按照美国公认会计原则的要求，异常项目作为净利润的一部分填列，在经营收入和终止收入之后进行列示。

选项 B 不正确。按照美国公认会计原则的要求，异常项目不属于其他综合性收入。

选项 C 不正确。按照美国公认会计原则的要求，异常项目不属于税后持续经营性收入。

选项 D 不正确。异常项目和税后终止经营收入是完全不同的两个内容。

【经典试题2】 提供一段时间内企业经营综合状况的财务报表是？

A. 损益表
B. 资产负债表
C. 所有者权益表
D. 留存收益表

【答案】 A

【解析】 选项 A 正确。损益表帮助财务报表阅读者了解一段时间内企业经营的综合状况，并帮助财务报表阅读者进行相应的财务分析和决策。

选项 B 不正确。资产负债表无法反映一段时间内企业经营的综合状况。资产负债表反映了财年年底时点的企业财务状况。

选项 C 不正确。所有者权益表无法反映一段时间内企业经营的综合状况。

选项 D 不正确。留存收益表无法反映一段时间内企业经营的综合状况。

【经典试题3】 在准备 2014 年 12 月 31 日编制现金流量表的时候，某企业收集到如下信息：

设备处置利得	$(6 000)
收到设备处置款	10 000
购买 A.S 公司债券（面额 $200 000）	(180 000)
债券摊余金额	2 000

宣布股利	（45 000）
支付股利	（38 000）
销售库藏股（账面价值 $65 000）	75 000

那么在年底公司现金流量表中，用于投资活动现金净流出的金额是多少？

A. $170 000　　　　　　　　　　B. $176 000

C. $188 000　　　　　　　　　　D. $194 000

【答案】A

【解析】选项 A 正确。投资活动包含购买和销售长期资产和投资，$170 000 =
$180 000 – $10 000（其中 $180 000 是购买债券，$10 000 是收到设备处置
款）。其他的项目均不是投资活动。

【经典试题 4】第 1 年末，克莱尔企业集团有 $150 000 的应收账款，估计
坏账是应收账款的 5%。因此，会计师报告了 $7 500 的坏账和 $142 500 的可
变现净值。在以下哪种情况下，报告的坏账金额最有可能减少？

A. 如果公司缩短信用期

B. 如果公司延长信用期

C. 如果坏账准备账户有贷方余额 $1 500

D. 如果坏账准备账户有借方余额 $1 500

【答案】C

【解析】选项 A 不正确。公司缩短信用期对报告的坏账金额没有帮助。

选项 B 不正确。公司延长信用期对报告的坏账金额没有帮助。

选项 C 正确。当坏账准备账户有贷方余额 $1 500 时，意味着本年计提的
坏账准备可以减少 $1 500，就可以满足计提坏账准备 5% 要求。

选项 D 不正确。当坏账准备账户有借方余额 $1 500 时，意味着本年计提
的坏账准备需要增加 $1 500。

【经典试题 5】Gar 向 Ross 银行办理无追索权的应收账款保理业务且收到
了现金，下列哪个是对此业务的最佳描述。

A. 通过应收账款抵押的方式向 Ross 贷款

B. 通过应收账款证券化的方式向 Ross 贷款

C. Gar 公司将应收账款销售给 Ross，但是不能收回的风险保留在 Gar 公司

D. Gar 公司将应收账款销售给 Ross，但是不能收回的风险转移给 Ross 银行

【答案】D

【解析】选项 A 不正确。无追索权的应收账款保理业务不是应收账款抵押。

选项 B 不正确。无追索权的应收账款保理业务不是应收账款证券化。

选项 C 不正确。无追索权的应收账款保理业务意味着 Gar 公司将应收账款
销售给 Ross 后，不能收回的风险转移给 Ross 银行。

选项 D 正确。无追索权的应收账款保理业务是一个销售交易，不能收回的风险转移给买方。故此 Gar 公司将应收账款销售给 Ross 后，不能收回的风险转移给 Ross 银行。

【经典试题6】Metro 公司采用永续盘存制，2013 年 1 月期间存货相关数据如下：

		数量	单位成本	总金额	库存数量
期初数	2013/1/1	1 000	$1	$1 000	1 000
采购	2013/1/7	600	3	1 800	
销售	2013/1/20	900			700
采购	2013/1/25	400	5	2 000	1 100

如果 Metro 公司采用移动平均法，那么 2013 年 1 月 31 日 Metro 公司的存货金额是多少？

A. $2 640　　　　B. $3 225　　　　C. $3 300　　　　D. $3 900

【答案】B

【解析】选项 B 正确。在移动平均法下，每次采购需要重新计算平均成本，每次发货均需要按照最新的加权平均成本计算。

		数量	单位成本	金额
期初数		1 000	$1	$1 000
采购	2013/1/7	600	3	1 800
小计	2013/1/7	1 600	1.75	2 800
销售	2013/1/20	(900)	1.75	(1 575)
小计	2013/1/20	700	1.75	1 225
采购	2013/1/25	400	5	2 000
小计	2013/1/25	1 100	$2.93	$3 225

因此，2013 年 1 月 31 日移动平均法下的存货金额为 $3 225。

【经典试题7】在通货膨胀的周期中，使用下列哪种存货计价法将使得永续盘存制和定期盘存制期末存货金额一致？

	先进先出	后进先出
A.	是	否
B.	是	是
C.	否	是
D.	否	否

【答案】A

【解析】选项 A 正确。先进先出法下永续盘存制和定期盘存制期末存货价值一样，而在后进先出法和加权平均法下永续盘存制和定期盘存制计算的期末存货价值不一样。

选项 B 不正确。后进先出法和加权平均法下永续盘存制和定期盘存制计算的期末存货价值不一样。

选项 C 不正确。先进先出法下永续盘存制和定期盘存制期末的存货价值一样，而在后进先出法和加权平均法下永续盘存制和定期盘存制计算的期末存货价值不一样。

选项 D 不正确。先进先出法下永续盘存制和定期盘存制期末的存货价值一样。

【经典试题 8】Herc 公司 2013 年 12 月 31 日实物盘点的存货为 $1 500 000，但是有如下必要的调整事项：

1. 2014 年 1 月 5 日收到并记录了成本 $90 000 的商品，此商品是 2013 年 12 月 30 日从客户装船运点装船，贸易方式为 FOB。

2. 在集货区有一批未包含在存货中的商品，这批商品直到 2014 年 1 月 4 日才装船，但是在 2013 年 12 月 30 日已经记账并发送给客户，货物成本为 $120 000，贸易方式为 FOB。Herc 公司 2013 年 12 月 31 日报表中存货金额多少？

A. $1 500 000	B. $1 590 000
C. $1 620 000	D. $1 710 000

【答案】D

【解析】选项 D 正确。$90 000 存货采购应该包含在存货之中，因为在年底之前已经装船，而且在装船的时候货物所有权已经转移。而 $120 000 未装船的货物也该包含在公司存货之中，因为在年底之前货物所有权还未发生转移。故此存货金额为：$1 500 000 + $90 000 + $120 000 = $1 710 000。

【经典试题 9】Nola 公司已经采用 SFAS115 号会计准则——债务和权益证券投资，Nola 公司有一项短期不打算出售的可出售的权益性证券组合，Nola 公司应该怎么对其进行分类及怎么列报未实现的损益？

	分类	列报
A.	交易性	作为持续经营利润的一部分
B.	可供出售的	作为其他综合收益的一部分
C.	交易性	作为其他综合收益的一部分
D.	可供出售的	作为持续经营利润的一部分

【答案】B

【解析】选项 A 不正确。短期不打算出售的可出售的权益性证券投资不应被分类为交易性的金融资产，其未实现的损益不应作为持续经营利润的一部分。

选项 B 正确。短期不打算出售的可出售的权益性证券投资应该被分类为可供出售的金融资产，其未实现的损益应该作为其他综合收益的一部分。

选项 C 不正确。短期不打算出售的可出售的权益性证券投资不应被分类为交易性的金融资产。

选项 D 不正确。短期不打算出售的可出售的权益性证券投资应该被分类为可供出售的金融资产，其未实现的损益不应作为持续经营利润的一部分。

【经典试题 10】2013 年 1 月 2 日 Well 公司以 $400 000 的价格购买了 Rea 公司发行在外 40% 普通股，因此 Well 成为 Rea 的最大单一股东，且 Rea 公司董事会的主要成员来自 Well 公司，Rea 公司 2013 年的净利润为 $125 000，并支付了 $37 500 的股息，在 2013 年 12 月 31 日，Well 公司的报表中对 Rea 公司的长期投资金额多少？

 A. $450 000 B. $435 000 C. $400 000 D. $385 000

【答案】B

【解析】选项 B 正确。Well 公司持有 Rea 公司 40% 的股份，但 Well 公司能对 Rea 公司产生重大影响，因为 Well 公司是 Rea 公司最大的单一股东，且 Rea 公司董事会的主要成员来自 Well 公司，所以采用权益法。

期初投资金额	$400 000
Rea 公司权益增加（40% × $125 000）	50 000
Rea 公司股息分配金额（40% × $37 500）	−15 000
期末投资金额	$435 000

【经典试题 11】Wren 签订了一个设备安装合同，下列陈述中哪个是 Wren 公司可以采用成本回收法确认安装合同收入的一个最佳判断依据。

 A. 在全部支付完成之后，销售合同提供了设备转移给购买者的权利

 B. 销售一年之后才收到付款

 C. 销售是为了一个高的回报率

 D. 没有合理依据估计可收回程度

【答案】D

【解析】选项 A 不正确。在成本回收法下，在全部支付完成之后，销售合同提供了设备转移给购买者的权利，不是确认安装合同收入的最佳判断依据。

选项 B 不正确。在成本回收法下，销售一年之后才收到付款不是确认安装合同收入的最佳判断依据。

选项 C 不正确。在成本回收法下，为了一个高的回报率不是确认安装合同收入的最佳判断依据。

选项 D 正确。成本回收法适用于没有合理依据估计可收回程度情况之下。

【经典试题 12】在 1990 年期间，Tidal 公司开始修建一个项目，预计完成

日期为 2012 年。在 2000 年 12 月 31 日预计整个建造合同将发生亏损，此预计对项目 2000 年完工百分比法和全部完工法下的营业利润产生什么影响？

	完工百分比法	全部完工法
A.	没影响	没影响
B.	没影响	减少
C.	减少	没影响
D.	减少	减少

【答案】D

【解析】选项 A 不正确。无论使用完工百分比法还是全部完工法，当估计整个合同发生亏损时，营业利润均会减少。

选项 B 不正确。在完工百分比法下，当估计整个合同发生亏损时，营业利润会减少。

选项 C 不正确。在全部完工法下，当估计整个合同发生亏损时，营业利润会减少。

选项 D 正确。无论使用完工百分比法还是全部完工法，当估计整个合同发生亏损时，营业利润均会减少。

【经典试题 13】Glade 公司通过直接融资租赁的方式租赁了一台计算机给他的客户，设备在租赁期结束之后没有残值且在合同中没有廉价购买权，设备公允价值为 $323 400，Glade 公司租赁期为 5 年的合同利率为 8%，5 年期利息 8% 的年金系数为 4.312，Glade 公司在整个租赁期内赚取的利息金额是多少？

　　A. $51 600　　　B. $75 000　　　C. $129 360　　　D. $139 450

【答案】A

【解析】选项 A 正确。每期租金 = $323 400/4.312 = $75 000，总的现金流 = $75 000 × 5 = $375 000，利息收入 = $375 000 − $323 400 = $51 600。

【经典试题 14】Hut 公司有一项应纳税金时间性差异，此差异将在未来的年度增加应缴所得税金额。这些差异是与非流动资产相关，基于上述时间性差异的递延所得税，在 Hut 公司资产负债表中应该被划分为？

　　A. 流动资产　　　　　　　　　　　B. 非流动资产
　　C. 流动负债　　　　　　　　　　　D. 非流动负债

【答案】D

【解析】选项 A 不正确。因为该递延所得税和非流动资产相关，故此不应将其划分为流动资产。

选项 B 不正确。由于此差异将在未来的年度增加应缴所得税金额，故此是递延所得税负债，不能将其划分为非流动资产。

选项 C 不正确。由于此差异将在未来的年度增加应缴所得税金额，故此是递延所得税负债，而该递延所得税和非流动资产相关，不能将其划分为流动负债。

选项 D 正确。因为 Hut 公司应纳税暂时性差异将增加应纳税所得，所以这是一个递延所得税负债。递延所得税的分类应该与其产生差异的相关资产归属为同一类，在此题目中，由于非流动资产导致，所以应该是分类为非流动负债。

【经典试题 15】亚瑟公司是位于加拿大的一家公司，加拿大采取国际财务报告准则。在 2014 年，该公司发生了一场前所未有的大火，造成了财务上的损失，此外该公司承接了一个长期的建设合同。CFO 希望确认这两种情况应当如何进行报告？

A. 大火造成的损失需要作为异常项目单独列报；长期建设合同按照合同完工百分比来进行报告

B. 大火造成的损失需要作为异常项目单独列报；长期建设合同按照合同完工法来进行报告

C. 大火造成的损失不需要作为异常项目进行单独列报；长期建设合同按照合同百分比法来进行报告

D. 大火造成的损失不需要作为异常项目单独列报；长期建设合同按照合同完工法来进行报告

【答案】C

【解析】选项 A 不正确。按照国际财务报告准则，异常项目不单独在财务报告中进行列报。

选项 B 不正确。按照国际财务报告准则，异常项目不单独在财务报告中进行列报，长期建设合同应当遵循合同完工百分比法进行记录。

选项 C 正确。按照国际财务报告准则，异常项目不单独在财务报告中进行列报，长期建设合同应当遵循合同完工百分比法进行记录。

选项 D 不正确。按照国际财务报告准则，长期建设合同应当遵循合同完工百分比法进行记录。

二、简答题

某企业今年部分财务信息如下：

净收益	$2 000 000
应收账款增加	$300 000
存货减少	$100 000
应付账款增加	$200 000
折旧费用	$400 000
出售可供出售证券的利得	$700 000
普通股发行所产生的现金	$800 000
股息支付	$80 000
用现金购置土地	$1 500 000
出售可供出售证券的现金所得	$2 800 000

问题：

1. 请计算经营活动、投资活动、筹资活动的现金流量。

2. 解释三张报表对投资人、债权人的作用。

【答案】

1. 请计算该企业经营活动、投资活动、筹资活动的现金流量。

经营性现金流：

收益	$2 000 000
利得	（$700 000）
折旧	$400 000
应收账款	（$300 000）
存货	$100 000
应付账款	$200 000
经营性现金流	$1 700 000

投资现金流：

现金购置土地	（$1 500 000）
出售可供出售证券的现金所得	$2 800 000
投资性现金流	$1 300 000

筹资性现金流：

普通股发行所产生的现金	$800 000
股息支付	（$80 000）
筹资性现金流	$720 000

2. 解释损益表，资产负债表和现金流量表对投资人、债权人的作用。

损益表的作用：

（1）衡量公司的盈利能力、偿债能力和投资价值。

（2）衡量公司过去的业绩。收入和费用说明了公司业绩如何，并可以与竞争者的业绩进行比较。

（3）提供预测未来业绩的基础。过去的业绩信息有助于判断主要的趋势，这种趋势如果持续下去，就可以提供未来业绩的信息。

（4）与其他财务报表结合，来评估现金流量的金额、时间和不确定性。

资产负债表的作用：

（1）通过提供资产、负债和所有者权益的信息，资产负债表为计算回报率和评估企业的资本结构提供了必要的基础。

（2）外部报表使用者可以根据资产负债表估算出公司价值。

（3）分析师通过资产负债表来评估企业的流动性、偿债能力和财务弹性。

现金流量表的作用：

（1）通过检查经营活动现金流量净额，或者经营活动产生的现金流量净额和现金增减等项目间的关系，能更好预测未来现金流量。

（2）缺乏足够现金，企业将无法运营、偿债、发放股利。利益相关方对这张报表特别感兴趣，因为只有它能说明企业的现金流动。

（3）净收益虽然重要，但它不是现金。找到企业净收益与其经营活动产生的现金流量净额之间差异，可以确认利润值的可信度。

（4）通过企业投资和筹资活动现金流，能够更好地发现企业资产和债务在当期内增加或减少的原因。

一、单选题

1. Pell 公司 2012 年期间一项建造业务相关数据如下：

	项目 1	项目 2
合同价格	$420 000	$300 000
已发生成本（2012 年期间发生）	240 000	280 000
预计完工成本	120 000	40 000
发票金额	150 000	270 000
已收到金额	90 000	250 000

如果 Pell 公司采用全部完工法，那么在 Pell 公司 2012 年损益表应列示多少毛利？

A. $（20 000）   B. $0   C. $34 000   D. $42 000

2. Duke 公司 2012 年销货成本为 $270 000，其他信息如下：

	2012/1/1	2012/12/31
存货	$45 000	$60 000
应付账款	39 000	26 000

如果 Duke 公司采用直接法，那么 Duke 公司 2012 年现金流量表中支付给供应商的现金是多少？

A. $242 000   B. $268 000

C. $272 000   D. $298 000

3. 在间接法编制现金流量表时，销售使用中的固定资产处置利得在现金流量表中应该怎样列报？

A. 作为从收入中获得现金流入的抵减项的投资活动

B. 作为投资活动现金流出

C. 作为从净利润的抵减项的经营活动

D. 作为增加净利润的经营活动

4. 租赁合同 A 不包含优先购买选择权，但租赁期限为房产估计的经济使用寿命的 90% 。

租赁合同 B 在租赁期满之后不转移所有权，但是租赁期限为房产预计的经济使用寿命的 75% 。

下述分类中，哪个是上述两个租赁合同正确的分类？

	租赁合同 A	租赁合同 B
A.	经营租赁	融资租赁
B.	经营租赁	经营租赁
C.	融资租赁	融资租赁
D.	融资租赁	经营租赁

5. 因为财务报告和税务报告的折旧差异存在，这导致截至 2014 年 12 月 31 日，Noor 公司唯一需要对其进行折旧资产的财务报告金额比税务报告金额大 $250 000，此项资产公司于 2014 年获得，差异可以在未来年份中进行冲回，公司 2014 年所得税率和之后年份所得税税率为 40%，公司没有其他的时间性差异，在 2014 年 12 月 31 日 Noor 公司应该为此差异列报多少递延所得税。

A. $75 000 作为一项资产   B. $100 000 作为一项资产

C. $75 000 作为一项负债   D. $100 000 作为一项负债

6. 下列哪一类型的重要损益将作为持续经营的一个组成部分单独列报？

A. 异常项目

B. 由于会计政策改变导致的累计影响

C. 非日常且不经常发生的项目

D. 日常的但极少发生的项目

7. Wand 公司与另外一家公司签订了一个版权合同，Wand 公司支付 3 年的版权费，这笔版权费应在什么时候进行费用化？

A. 支付的期间   B. 版权业务实际发生期间

C. 版权合同开始日期   D. 版权合同到期日期

8. Rawd 公司巡视客户处所并提供昆虫控制服务，收费标准为 $50/月，如果客户在 2 次日常巡视之间遇到问题，Rawd 公司将通过免费电话提供服务，如果客户可以通过年费的方式进行支付，年费的标准是 $540/年，那么针对客户预付的年费，Rawd 应该怎么确认相关收入：

A. 在收到现金的时候确认

B. 在财年年终的时候确认

C. 在合同年限结束且所有服务已经提供的时候确认

D. 随着服务提供在合同年限内均匀确认

9. 如果一个公司以超出成本价销售库藏股，那么超出成本部分应该？

A. 作为盈利在损益表中进行列报

B. 作为库藏股的账面价值减少处理

C. 提高该企业的资本公积数额

D. 降低该企业的资本公积数额

10. 下列是 Tyne 公司可出售的权益性证券投资的相关数据：

成本		市场价值	
		2012/12/31	2011/12/31
交易性金融资产	$150 000	$155 000	$100 000
可供出售金融资产	$150 000	$130 000	$120 000

Tyne 公司在 2012 年的损益表中有多少未实现损益？

A. $55 000　　B. $50 000　　C. $60 000　　D. $65 000

11. Marr 公司在没有进行任何调整之前的销售和应收账款科目期末金额如下：

信用销售	$10 000 000
应收账款	3 000 000
坏账准备	50 000

Marr 公司按照年末应收账款余额的 3% 计提坏账准备，那么 Marr 公司年末将计提多少坏账准备？

A. $0　　B. $40 000　　C. $90 000　　D. $140 000

12. 公司在其财务报告对外发布之后，发现一个期末存货被夸大的重大错误，那么这个错误对发出的年报会产生什么样的影响？

	流动资产	毛利
A.	低估	高估
B.	高估	高估
C.	低估	低估
D.	高估	低估

13. Dunne 公司销售一个 2 年期的设备服务合同，每份合同销售价格是 $600，根据过去的经验，合同总维修成本的 40% 将在第一年均匀发生，60% 将在第二年均匀发生。在 1992 年期间公司销售 1 000 份合同（销售是均匀产生的），那么 1992 年 12 月 31 日的 Dunne 公司资产负债表中，递延服务合同收入

金额是多少？

　　A. ＄540 000　　B. ＄480 000　　C. ＄360 000　　D. ＄300 000

14. 某公司签下一份＄280 000 000 的工程合同，为期三年，合同总成本＄200 000 000，第一年成本为＄100 000 000，第二年＄50 000 000，第三年＄50 000 000，开票记录显示，第一年年初开票金额为＄50 000 000，之后每年年底开票金额＄50 000 000，第一年年底公司盈利多少？

　　A. ＄60 000 000　　　　　　　　B. ＄30 000 000

　　C. ＄40 000 000　　　　　　　　D. 不盈利

15. 某公司购买了价值＄600 000 的车，使用年限 4 年，残值＄40 000，公司计采用双倍余额递减法计提折旧，第三年的折旧额与直线法折旧的差异是？

　　A. 多＄140 000　　　　　　　　B. 多＄10 000

　　C. 少＄65 000　　　　　　　　　D. 少＄75 000

16. 某公司在 7 月 15 日签订了一份采购合同，合同约定从 8 月 1 日开始执行，款项在每月 1 日支付，请问这个合同对 7 月 31 日的财务报表有何影响？

　　A. 资产负债表，利润表、现金流量表均无影响

　　B. 资产负债表有影响，利润表、现金流量表无影响

　　C. 资产负债表无影响，利润表、现金流量表有影响

　　D. 均有影响

17. 若公司宣告支付现金股利，那么留存收益将减少支付股息的金额是在哪一天？

　　A. 宣告日　　　　　　　　　　　B. 登记日

　　C. 支付日　　　　　　　　　　　D. 宣告日和登记日中较早的一个

18. 根据美国所得税法律及美国公认会计原则（GAAP）的规定，下列哪项会产生递延所得税负债？

　　A. 税法将预收账款确认为收入

　　B. 税法将跨越财政年度的整年房租作为当年收入，美国公认会计原则按照时间段均匀确认当年收入

　　C. 税法采取加速折旧，美国公认会计原则采取均匀折旧

　　D. 在外流通的普通股数减少

19. A 公司持有 B 公司 40% 的股份，B 公司的账面价值是＄3 000 000，而 B 公司资产的市场价值和账面价值保持一致。A 公司按比例享有 B 公司利润＄1 000 000，同时收到 B 公司分配的同一年度的现金股利＄150 000，请问该公司享有的投资账户的变化情况为？

A. 投资账户金额减少

B. 投资账户金额增加

C. 投资账户金额保持不变

D. 公司 A 和 B 必须编制合并财务报表

20. 针对某个建设性企业，该企业第一个项目需两年完成投资建设，成本总额为 $200 000，合同收入为 $400 000，成本在每年均匀发生。在第二年中，该企业开始了第二个项目，该项目分四年投资并完成。成本总额是 $200 000，合同收入为 $400 000，成本每年均匀发生。在第二年，该企业确认的收入数额为 $400 000，请问该企业的收入确认采用的方法是哪一种？

A. 美国公认会计原则下的完工百分比法

B. 国际财务报告准则下的完工百分比法

C. 美国公认会计原则下的项目完工法

D. 国际财务报告准则下的项目完工法

二、简答题

Q 公司是美国一家制造性企业，该企业月平均销售额为 $2 400 000，30% 为现金销售，55% 大客户是赊销，而 15% 的所有其他客户也进行赊销。Q 公司的赊销政策为，10 天内付款 2% 折扣，赊销期 15 天。几乎所有赊销客户都选择在 10 天内付款，以获取 2% 的折扣。Q 公司在发生坏账时，采用的是坏账直接注销法。由于最近经济总体形势不好，Q 公司的客户付款经常出现延迟，很多客户拖延到下个月才付款，这种情况占了总销售额的 7%，而且，Q 公司预计总销售额的 3% 将最终无法收回。公司决定下一年度起改用销售额百分比法计提坏账，并考虑将应收账款进行保理。

问题：

1. 处理坏账的方法采用直接冲销法和计提坏账准备法计提坏账，哪个更好？请解释说明。

2. 采用计提坏账准备法计提坏账，下一年度 1 月将对以下项目产生什么影响？请解释说明。

资产

营业利润

经营活动产生的现金净流量

3. 请计算下一年度 1 月预计收回的现金为多少？

4. a. 请定义应收账款保理。

b. 请解释说明带追索权的和不带追索权的应收账款的保理。

5. 企业应收账款的信息和政策从财务报告的哪个部分可以获得？

同步测试题答案及解析

一、单选题

1.【答案】A

【解析】选项 A 正确。全部完工法要求在合同完成时，才能确认收入、成本和毛利。

项目 1　合同未完工，故不能确认毛利，毛利为 0。

项目 2　已经估计有 $20 000 的损失，根据准则需要计入当期损益。故此项目 1 和项目 2 的毛利为 – $20 000。

2.【答案】D

【解析】选项 D 正确。计算过程：

主营业务成本	$270 000
存货增加	15 000
应付账款减少	13 000
小计	$298 000

3.【答案】C

【解析】选项 A 不正确，销售固定资产的处置利得应在经营性现金流下进行抵减。

选项 B 不正确，销售固定资产的处置利得应在经营性现金流下进行抵减。

选项 C 正确。在间接法编制现金流量表时，销售固定资产的处置利得在现金流量表中应作为从净利润的抵减项的经营活动。

选项 D 不正确，在间接法下，固定资产销售的处置利得不会成为净利润的增加项，而是抵减项。

4.【答案】C

【解析】选项 A 不正确。租赁合同 A 是融资租赁。

选项 B 不正确。租赁合同 A 和 B 均是融资租赁。

选项 C 正确。两个合同都是融资租赁，因为租赁期大于等于经济使用寿命 75%，因此是融资租赁。

融资租赁的规则，是如满足下列任何一个条件，该租赁就可以被确认为融资租赁：

（1）租赁期满之后，出租人将所有权转移给承租人。

（2）租赁合同中包含了优先购买权。

（3）租赁期内支付的最小租金的现值等于或超过租赁物公允价值的90%。

（4）租赁期大于或等于经济使用寿命75%。

选项 D 不正确。租赁合同 B 是融资租赁。

5.【答案】D

【解析】选项 A 不正确。该递延所得税不是递延所得税资产。

选项 B 不正确。该递延所得税不是递延所得税资产。

选项 C 不正确。计算结果不正确。

选项 D 正确。因为税务折旧金额大于账面价值的折旧，该递延所得税为递延所得税负债，金额为 $100 000（$250 000×40%）。

6.【答案】D

【解析】选项 A 不正确。异常项目要独立于持续经营盈利以外进行列报。

选项 B 不正确。由于会计政策改变的导致累计影响要独立于持续经营盈利以外进行列报。

选项 C 不正确。非日常且不经常发生的项目为异常项目，要独立于持续经营盈利以外进行列报。

选项 D 正确。由于非日常或极少发生而不是两者同时具备的项目导致的收益或损失，需要单独作为持续经营盈利的一部分列报。

7.【答案】B

【解析】选项 A 不正确。版权费的付费不应在支付的期间进行费用化。

选项 B 正确。在版权业务实际发生的期间内，支付的版权应该被费用化。

选项 C 不正确。版权费的付费不应在版权合同开始日期费用化。

选项 D 不正确。版权费的付费不应在版权合同到期日期费用化。

8.【答案】D

【解析】选项 A 不正确。按照美国公认会计原则的权责发生制，预付费不应在当收到现金的时候确认收入。

选项 B 不正确。按照美国公认会计原则的权责发生制，预付费不应在财年年终的时候确认收入。

选项 C 不正确。按照美国公认会计原则的权责发生制，预付费不应在合同年限结束且所有服务已经提供的时候确认收入。

选项 D 正确。针对客户预付 $540 的年费，Rawd 应该按照美国公认会计原则的权责发生制，随着服务提供在合同年限内均匀确认相关收入。

9.【答案】C

【解析】选项 A 不正确。库藏股的销售不会导致损益表盈利的增加。

选项 B 不正确。库藏股销售，无论销售价格是否超过成本，都不会减少库藏股的账面价值。

选项 C 正确。库藏股销售导致的损益应该计入资本公积科目。再次销售的库藏股超出成本价的部分应当增加企业资本公积数额。

选项 D 不正确。再次销售的库藏股超出成本价的部分应当增加企业资本公积数额，而不是降低企业资本公积数额。

10.【答案】 A

【解析】 选项 A 正确。＄55 000 的未实现损益应该列报在 2012 年的损益表中：

交易性投资组合	公允价值
2012/12/31	＄155 000
2011/12/31	（＄100 000）
合计	＄55 000

未实现损益应该按照如下规则进行列报：

（1）以公允价值计价的交易证券的未实现损益应该在损益中列报。

（2）以公允价值计价的可供出售证券的列报未实现的损益应该在其他综合性收益中进行单独列报，直到其实现。

11.【答案】 B

【解析】 选项 B 正确。在应收账款余额百分法下期末坏账准备金额等于预计不能收回应收账款的总额，Marr 公司应该计提 ＄90 000 的坏账准备（＄3 000 000×3%），本年应该计提的坏账准备为 ＄40 000（＄90 000 – ＄50 000）。

12.【答案】 B

【解析】 选项 A 不正确。期末存货被夸大的错误，这个错误应导致流动资产高估。

选项 B 正确。因为存货是流动资产的一部分，所以期末存货如果被高估，则流动资产也就被高估。

存货高估或低估对损益的影响可以通过存货销售流程来分析：

期初存货
＋采购金额
　可销售的成本
－期末存货
　销货成本

基于上述分析，期末存货的高估将导致低估销售成本，进一步导致毛利高估。

选项 C 不正确。期末存货被夸大的错误，这个错误会导致流动资产和毛利高估。

选项 D 不正确。期末存货被夸大的错误，这个错误会导致毛利高估。

13.【答案】B

【解析】选项 B 正确。当服务合同被销售时，全部金额应该计入递延收入；当服务被交付的时候，才能确认为收入，因为修理服务均匀发生的，所以在 1992 年只有全部合同的 50%（销售是均匀发生）的 40% 确认为收入。

计算过程如下：

总的合同收入（$600 × 1 000）	$600 000
确认收入金额（$600 000 × 50% × 40%）	（120 000）
递延收入	$480 000

14.【答案】C

【解析】选项 C 正确。合同百分比下，成本发生为 $100 000 000/$200 000 000 = 50%。故此，盈利为（$280 000 000 − $200 000 000）× 50% = $40 000 000。

15.【答案】C

【解析】选项 C 正确。

直线折旧每年应当为：（$600 000 − $40 000)/4 = $140 000

双倍折旧为：25% × 2 = 50%

第一年折旧为：$600 000 × 0.5 = $300 000

第二年折旧为：$300 000 × 0.5 = $150 000

第三年折旧为：$150 000 × 0.5 = $75 000

故此，双倍余额递减折旧比直线法少：$140 000 − $75 000 = $65 000。

16.【答案】A

【解析】选项 A 正确。由于合同还未执行，风险并未转移，当月现金也没有流动，故此对财务报告没有影响。

选项 B 不正确。该未执行合同对资产负债表没有影响。

选项 C 不正确。该未执行合同对利润表和现金流量表没有影响。

选项 D 不正确。该未执行合同对资产负债表、利润表和现金流量表没有影响。

17.【答案】A

【解析】选项 A 正确。当公司宣告支付现金股利，那么在董事会宣告派发股息的当天，留存收益将减少支付股息的金额。因为这一天支付股利的义务已经形成。

选项 B 不正确。留存收益将减少支付股息的金额不应在登记日记录。

选项 C 不正确。留存收益将减少支付股息的金额不应在支付日记录。

选项 D 不正确。留存收益将减少支付股息的金额不应宣告日和登记日中较早的一日记录。

18.【答案】C

【解析】选项 A 不正确。税法将预收账款确认为收入会造成递延所得税资产，而不会造成递延所得税负债。

选项 B 不正确。税法将跨越财政年度的整年房租作为当年收入，美国公认会计原则按照时间段均匀确认当年收入。这种情况会造成递延所得税资产，而不会造成递延所得税负债。

选项 C 正确。当税法采用加速折旧，意味着进入税法的费用多，造成课税收入低，故此缴税少，这样形成递延所得税负债。

选项 D 不正确。在外流通的普通股数减少，不会影响递延所得税负债。

19.【答案】B

【解析】选项 A 不正确。因为 B 公司的利润多于 B 公司分发的现金股利，故此投资账户不会减少，而是会增加。

选项 B 正确。因为 B 公司的利润多于 B 公司分发的现金股利，故此投资账户一定金额增加。

选项 C 不正确。因为 B 公司的利润多于 B 公司分发的现金股利，故此投资账户不会不变，而是会增加。

选项 D 不正确。A 公司持有 B 公司 40% 的股份，一般情况下，两个公司不能合并报表。

20.【答案】C

【解析】选项 A 不正确。美国公认会计原则下的完工百分比法无法获得题目中企业确认的收入金额。

选项 B 不正确。国际财务报告准则下的完工百分比法无法获得题目中企业确认的收入金额。

选项 C 正确。只有美国公认会计原则可以接受项目完工法。而该企业第二年确认的收入为 $400 000，说明该企业第二年确认了第一个项目的收入。如果按照合同完工法，该企业第二年确认的收入应为 $300 000。

选项 D 不正确。国际财务报告准则下不允许应用项目完工法。

二、简答题

【答案】

1. 处理坏账的方法采用直接冲销法和计提坏账准备法，哪个更好？请解释说明。

因为采取的是权责发生制，计提坏账准备法在财务处理上是更好的。因为计提的坏账作为当期费用，准确地和企业所产生的销售收入，形成了时间发生上的配比原则，没有高估企业当期的会计利润。而坏账准备金额使得在当期财务报告资产负债表中的应收账款资产净值没有被高估，客观地反映了在这一经营周期结束时企业能够收回的应收账款资产的净值。

2. 采用计提坏账准备法，下一年度 1 月将对以下项目产生什么影响？请解释说明。

资产

营业利润

经营活动产生的现金净流量

资产：计提坏账产生坏账准备将对应收账款可收回净值产生影响，坏账准备降低应收账款可收回净值，故此会降低 1 月的资产值。

营业利润：计提坏账产生坏账费用，会增加 1 月的总费用，故此会降低 1 月的营业利润。

经营活动现金流：坏账费用是非付现费用，对企业经营现金流不产生影响。

3. 下一年度 1 月预计收回的现金为多少，请计算。

现金收入为：$2\ 400\ 000 \times 0.3 = \$720\ 000$

利用折扣优惠付款：$2\ 400\ 000 \times 0.98 \times 0.63 = \$1\ 481\ 760$

12 月的 7% 销售额而且 3% 无法收回：$2\ 400\ 000 \times 0.04 = \$96\ 000$

总收回现金数为：$2\ 297\ 760$

4. a. 请定义应收账款保理。

b. 请解释说明带追索权的和不带追索权的应收账款的保理。

应收账款保理是委托人（企业）将应收账款以双方商定的条件出售给受托人（银行或者金融机构），从受托人迅速换取营运资金的一种方式。而受托人负责进行应收账款的催收和回款。

有追索权的应收账款保理：委托人始终和应收账款相关，因此采取财务构成法记录该类交易事项受托人保理商只确认销售能够控制的资产和负债，不确定已售的全部资产和负债。

无追索权的应收账款保理：无追索权的应收账款销售意味着受托人承担了应收账款的坏账风险，应收账款的销售使应收账款从名义上发生了转移，为一个彻底的销售行为，公司将应收账款销售，获得现金（借记），应收账款消失（贷记），保理公司佣金成为企业的费用（借记）。

5. 企业应收账款的信息和政策从财务报告的哪个部分可以获得？

企业应收账款的信息和政策从财务报表附注中的会计政策部分可以获得。也就是说，企业财务报告中应收账款坏账费用和坏账准备等记录的依据来自于财务报告附注中的会计政策部分。

第 二 章

规划、预算编制与预测

预算管理是企业在经营过程中实施财务规划、控制和决策的重要组成部分，它以战略规划为基础，帮助企业设定坚实的财务目标，协调企业财务和非财务资源，并监控与评估企业实体运营。从管理会计角度来看，建立能确保战略得到执行的完善预算体系，是企业设定完成目标和资源合理配置的核心，关系到企业短期和长期的发展结果，也是一家公司能够成为卓越企业的助力器。

本章考情分析 ● ● ●

　　本章主要内容：计划流程；预算概念；年度利润计划及附表；预算类型，包括作业基础预算、项目预算、弹性预算；顶层规划及分析；财务预测，包括定量法如回归分析法及学习曲线分析。

　　本章考试占比 30%。

　　本章近年来的主要考点：①战略规划和分析工具（波特的五因素分析、SWOT 分析、情境分析、情境规划、波士顿矩阵分析等）；②预算的工具性作为；③成功预算编制的特征；④预算调整；⑤预测技术（简单回归、学习曲线、期望值法）；⑥预算方法（年度/总预算、项目预算编制、作业预算编制、零基预算编制、连续（滚动）预算和弹性预算）；⑦预算编制的顺序（销售预算、营运预算、财务预算和资本预算）；⑧预算报表的编制（预算资产负债表、预算损益表及预算现金流量表）等。

本章结构框架图 ● ● ●

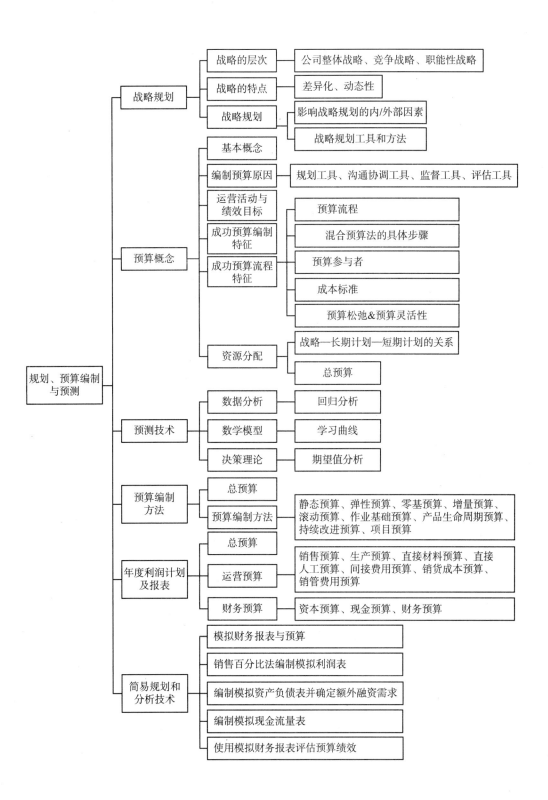

本章重难点精讲　　● ● ●

第一节　战略规划

战略规划，又称长远规划，它是对企业所处行业、竞争对手和环境的全局展望。企业应当明确自身目标、评估实现目标需克服的困难，并且找到继续前进和解决问题的方法。战略规划不仅是高级管理层的责任，企业每个成员都应参与其中。

一、战略层次

企业战略一般分为三个层次，即公司整体战略（多种业务战略）、竞争性战略（一个业务部门战略）和职能性战略（一个业务内部的战略）。每个层次战略关注角度和定义不同，具体可参见表 2 - 1。

表 2 - 1　　　　　　　　　　企业战略的三个层次

战略层次	关注内容
公司整体战略	● 使用财务和非财务指标定义公司价值 ● 关注世界范围内的商业机会 ● 分析和识别商业机会所需要的关键资源和产能 ● 确定公司资源在公司不同业务之间进行合理分配 ● 考虑公司应该进入哪些行业，如何将公司业务有机联系起来
竞争性战略	● 如何在自己所处行业中实现自我和创造价值 ● 明确服务对象，并指导如何向他们传递公司的价值理念 ● 将特定的公司活动与流程结合，使公司创造独特价值 ● 联合公司各种活动，全力加强组织在竞争中的潜在优势
职能性战略	● 如何通过运营职能强化公司的竞争优势 ● 通过设定市场营销、财务、科研、技术和运营等计划和目标的方式，协调各个职能部门 ● 确定各种活动，最大程度地扩大竞争优势 ● 确保公司职能以及职能活动同竞争战略保持一致

【例题 2 -1】以下表述最符合公司整体战略的是：

A. 一份描述为获取超额投资回报的公司将会做什么详细的计划

B. 用财务和非财务术语表述企业价值观的定义

C. 根据五种力量：买方议价能力、供应商议价能力、潜在竞争者、替代

品的威胁和现有竞争对手的威胁进行的行业竞争力分析

D. 关于企业价值链中每项活动如何影响成本和差异化的全局性描述

【答案】B

【解析】选项 A 不正确。该份详细的计划更加符合竞争性战略。

选项 B 正确。"表述企业价值观"是公司整体战略的重要要素之一。

选项 C 不正确。波特五力分析只是一个战略规划分析的工具。

选项 D 不正确。该全局性描述更加符合职能性战略。

二、战略的特征

战略具有差异化和动态性两个显著的特征。

1. 战略具有差异化。

战略的差异化主要体现在每个企业的战略均存在差异之处，即使处在同一时期同一行业的不同企业都存在差异化。

2. 战略具有动态性。

动态性主要体现为企业战略不是制定之后就不再进行调整，而是需要根据外部因素或内部因素的不断变化进行及时的调整，这也表明企业司的战略是一个动态调整和修正的过程。

【提示】企业战略优势的取得主要取决于战略是否具有预见性和事先准备性。预见性主要体现在是否能预见竞争对手的行动、预见或影响不断变化的消费者的需求及预见企业所处的环境中企业是否能利用一切优势资源取得竞争优势，事先准备性主要体现在针对上述预见的变化是否有应对和备选的竞争战略。

【例题 2-2】以下哪种关于企业战略的说法是正确的？

A. 一家企业的初始行为对战略优势有决定性的影响

B. 战略一经确定，就不应当进行变化

C. 战略应尽量少考虑政治、经济和技术的变化因素

D. 战略需要具备预见性和事先准备性

【答案】D

【解析】选项 A 不正确。企业的优势不是由企业的最初行为决定的，而预见性和事先准备性对战略的有效性更为重要。

选项 B 不正确。战略具有动态性，需要不断变化和及时调整。

选项 C 不正确。战略需要根据外部或内部因素的不断变化进行及时的调整。

选项 D 正确。战略需要具备预见性和事先准备性。

三、战略规划

战略规划是企业战略制定的核心环节。企业进行战略规划时首先需要对企

业所处行业、竞争对手和环境进行全局展望，然后明确自身目标、评估实现目标需克服的困难，并且找到继续前进和解决问题的方法。战略制定不仅仅是高级管理层的责任，企业的每个成员都应参与其中。

不同企业的战略规划过程不完全相同，但是战略规划整体流程和核心要素基本体现在图 2 - 1 中。

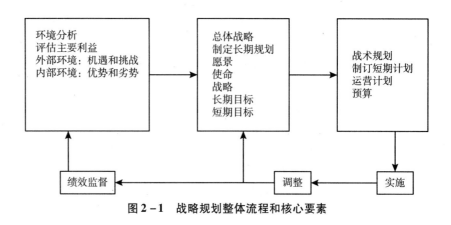

图 2 - 1　战略规划整体流程和核心要素

（一）影响战略的外部因素

在制定企业战略之前，一定要对企业所处的业务环境进行评估，确定企业外部和内部正在发生或即将发生的情况，如果企业对所处的业务环境评估不准确，那制定出来的战略将毫无意义。

构成企业业务环境且对企业战略规划造成影响的核心外部因素有：法律和法规因素、竞争力、行业趋势和竞争（波特五因素模型）、技术创新（技术评估）、利益相关群体以及他们关心的社会问题、全球化趋势、新兴市场和非政府组织机构（例如联合国、世界银行等）。

（二）影响战略的内部因素

评估完企业所处的外部环境因素，企业需要对影响公司战略的内部因素进行评估。通常需要评估影响企业战略的主要内部因素有资源、技能和流程。

在制定战略规划过程中，企业在评估完企业的内外部因素之后，就需要评估企业内部目前资源、技能和流程的现状，并找出现状和支撑实现企业战略所需要的资源、技能和流程之间的差距，然后做出缩小差距的决策，使得资源、技能和流程能够支撑企业战略的执行。

四、战略规划工具

战略规划过程中经常使用的主要战略规划工具和方法包括：应急规划、情境分析、情景规划、竞争分析、波士顿矩阵，其中情境分析的方法主要有 SWOT 分析、波特的五因素分析、技术评估、5C 分析（市场环境分析时最常用）和 PEST 分析。

1. 应急规划。

应急规划是根据假设分析编制的，适合于处理特定的非预期事件的发生，主要目的在于提供更短的反应时间，并向管理人员面临非预期事件和可能的危机时刻提供必要的指导，进而达到降低损失及快速恢复业务的目的。

【提示】在大多数情况下，应急规划编制的数量不会超过 6 个，6 个应急规划即可涵盖企业将面对的绝大部分的非预期事件。

应急规划实施的步骤如表 2 - 2 所示。

表 2 - 2　　　　　　　　　　　　应急规划实施的步骤

步骤序号	步骤描述
1	确定应急规划需要考虑的情况（事件、假设分析等）
2	估计上述事件发生的潜在影响（在财务状况、竞争地位、品牌等方面）
3	制定应对每种可能情况的战略和战术计划
4	制定触发点和预警信号
5	异地储备计划
6	定期检查计划并在必要时进行修正（至少与战略规划同步）

2. 情境分析。

情境分析是指组织用来分析内部和外部环境，进而提高对组织能力、客户和业务环境的理解的一系列方法的集合。用于情景分析的方法包括：

（1）SWOT 分析。

SWOT 是优势（strength）、劣势（weakness）、机遇（opportunity）和挑战（threat）四个单词的首字母。SWOT 分析为企业提供了一个识别帮助或者阻碍公司在经营环境中发展的各种因素的框架。从本质上看，SWOT 分析针对企业内外部情况进行了客观全面的分析。优势和劣势根据组织内部分析确定，而机遇和挑战则通过组织所处经营环境外部分析确认。

（2）T. O. W. S 矩阵。

SWOT 分析提供了一个识别有利或不利组织因素的框架，然而 T. O. W. S 矩阵（威胁、机遇、劣势和优势，又称为 TOWS 矩阵）则把过程提升了一个层次。T. O. W. S 矩阵系统地确定了这些数据的关系，并通过将优势与机遇进行匹配，用机遇降低劣势，用优势战胜挑战，从而减少劣势，避免调整等方法制定战略。

（3）波特的五因素分析。

五因素模型通常在分析一个组织竞争能力和盈利能力的时候会用到，波特的五因素主要指的是潜在竞争者、替代品、买方的议价能力、供应商的议价能力和现有竞争对手之间的竞争。

①潜在进入者—新进入者的威胁。在通常情况下，新进入市场的企业通常具备新的能力和资源。市场中的原有企业为了和新成员竞争通常会采取一些策

略来应对新进入者，第一种是在保持产品或服务的质量条件下，降低销售价格；第二种在维持价格不变的情况下，提高产品或服务的数量或者质量。上述两种策略均可能导致原有企业的盈利能力下降。

新竞争对手的威胁取决于进入壁垒的大小，能跨越越高进入壁垒进入现有市场的新竞争对手表明其竞争实力很强，也意味着对原有企业的威胁也很大。

【提示】进入壁垒主要有：原有企业的成本优势、规模经济、产品/服务差异、转换成本、渠道拥挤和原有企业的预期反应。

②替代品—产品/服务被替代的威胁。当存在令人满意的替代产品或服务时，产品或服务的平均价格就会下降，其盈利空间会受到挤压，因为客户可以选择替代产品或服务。所以说，更加令人满意的替代品也会对企业构成威胁。

③买方的议价能力。商品或服务的买卖双方之间存在各种各样的关系。其中买方力量的增强或削弱，尤其取决于谈判杠杆（任何形成优势的战略或战术手段）和价格灵敏感程度。

买方的谈判杠杆的提高取决于以下因素：

a. 少数核心用户的批量采购。如果卖方的销售集中在少数几个核心用户，那么这几个核心客户拥有很高的谈判杠杆，因为卖方会担心因为失去核心客户而导致损失。

b. 客户转换产品的能力。如果客户转换产品的能力很强，那么客户的谈判杠杆也越强，因为客户可以选择产品或服务差异性不大，同时转换成本不高的产品或服务去替代。

c. 自有整合能力。客户的自有整合能力越强，那么客户的谈判筹码也越强，因为目前价格或其他条件可能使得备选方案更加有吸引力，比如可以把外购改为自制。

d. 客户的"内幕知识"。如果客户的"内幕知识"越多，那么客户的谈判杠杆也越强，因为如果客户知道越多的产品的生产成本及利润等相关信息，客户在谈判过程中就更加具有主动权。

价格敏感程度是测试低价对客户是否重要的重要指示器。以下因素可以提高价格的敏感程度：

a. 产品或服务对终端产品质量的影响。

b. 产品或服务的价格与客户总成本的关系。

c. 买家的利润。

④供应商的议价能力。供应商的议价能力取决于供应商相对客户的规模、客户对供应商产品或服务的依赖程度及向前整合的威胁三个因素。其中供应商相对客户的规模越大，那么议价能力就越大；客户对供应商产品或服务的依赖程度越高，那么议价能力越强；供应商向前整合的威胁越大，那么议价能力越强。

⑤现有竞争对手的竞争。影响现有竞争对手之间竞争关系的重要因素有：竞争结构、成本结构、产品或服务差异、客户的转换成本、竞争对手战略和目标的多样化和高退出壁垒等。

【提示】从竞争结构来说，其中如果规模相当的企业一起竞争，其竞争程度最为激烈。而如果生产的产品成本结构中固定成本较高，那么竞争对手也会考虑产能来生产更多产品以降低固定成本，故此造成市场竞争激烈。此外，竞争对手之间产品或服务的差异如果不大，那么会造成竞争白热化的局面。

上述 5 种因素共同决定了行业的竞争性和盈利性，在很大程度上，这五种力量会随着行业的不同和行业的变化等因素的不同而不同。

（4）技术评估。

技术将影响一个企业能提供什么样的产品或服务、如何提供产品或服务，以及竞争对手是谁。技术对企业的战略和竞争策略具有十分重要的影响。所以企业在进行战略规划的过程中必须考虑技术因素，在考虑技术因素过程中通常使用的工具是技术评估。

技术评估的五个步骤：

①确认核心技术。确认对企业产生影响的技术，包括现在的和未来潜在的、企业内部的和外部的技术。

②分析现有和未来潜在的技术变化。分析第一步中已确认的重要技术的短期和长期的发展变化。

③分析技术带来的竞争性影响。这一步旨在确认什么样的技术或技术进步会给企业带来最大的竞争优势、成为竞争对手眼中最大的威胁、对行业结构变化产生重大的影响。

④分析企业的技术优势和劣势。评估每一项技术的优势和劣势，以及每一项技术的未来潜在研发成本。同时也要考虑竞争对手的情况。

⑤建立企业的技术优先权。根据技术评估结果，分清企业技术的主次顺序，投入相应的资源进行获取、开发和使用。

通过技术评估获得的技术见解可以形成企业的技术战略，技术战略是企业战略很重要的一个环节。

（5）5C 分析。

5C 分析被认为是最有用和最常见的分析方法，因为它提供了大量的信息，它由 5 个小的分析构成，即公司（company）、竞争对手（competitors）、客户（customers）、合作者（collaborators）和业务氛围（climate）。

（6）PEST 分析。

PEST 分析的 4 个因素分别为政治和监管环境（politics）、经济环境（economy）、社会/人文环境（society）、技术分析（technology）。

3. 波士顿矩阵。

波士顿矩阵组织按照市场占有率和市场增长率对产品和服务进行分级，并将其分成现金牛、瘦狗、明星和问号四种类别。

（1）现金牛（代表产品或者服务收益丰厚）：在较低或者下降的环境中占有较高的市场占有率，能提供现金支持其他业务的产品或者服务，被定义为现金牛。

（2）瘦狗（代表产品或者服务需要退出市场）：市场占有率和增长率都很低的产品或服务，被定义为瘦狗。这些业务部门不能产生足够的现金流量来维持业务/产品的市场份额。

（3）明星（代表产品或者服务需要保持市场占有和增长势头）：在高速增长环境中保持较高市场占有率的产品或服务，被定义为明星。

（4）问号（代表产品或者服务的市场前景不确定）：市场占有率较低，但有较高的增长潜力产品或服务，被定义为问号。它们是成为大多数业务的起点，并有潜力获得市场份额成为明星，并最终成为现金牛的业务。

波士顿矩阵下产品和服务的分类，具体可参见图 2－2。

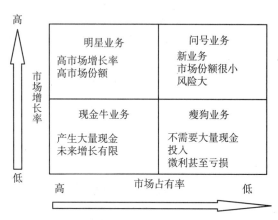

图 2－2　波士顿矩阵下产品和服务的分类

【例题 2－3】关于企业战略规划哪一个说法是不对的？

A. 企业战略规划不能仅仅关注本公司的发展，还要对所处行业进行展望和分析

B. 战略规划需要找到自身的问题，并获得解决方案

C. 战略规划为企业高级管理者的责任，因此应限制其他员工参与

D. 战略规划应考虑竞争对手的情况

【答案】C

【解析】选项 A 不正确。因为企业在进行战略规划时，首先需要对企业所处行业、竞争对手和环境进行全局展望。

选项 B 不正确。战略规划就是需要明确目标、评估困难、找到方法。

选项 C 正确。战略规划表面上看是高级管理层的责任，但是实际上，企业每个成员都应参与其中。

选项 D 不正确。企业在进行战略规划时，需要对企业所处行业、竞争对手和环境进行全局展望。

【例题 2－4】以下哪种关于应急规划的说法是错误的？

A. 进行应急规划有助于企业避免出现"令人惊异"的事件

B. 应急规划应在战略规划之前做完，并融入战略规划之中

C. 应急规划面对的事件不宜过多

D. 应急规划一般针对短期战略

【答案】 B

【解析】 选项 A 不正确。应急规划本身就是为了避免非预期事件而准备的，即选项中"令人惊异"的事件。

选项 B 正确。应急规划不能在战略规划之前做完，因为要为战略规划中可能会出现的非预期事件做准备，所以应该在战略规划完成之后编制。

选项 C 不正确。大多数情况下会控制在 6 个以内。

选择 D 不正确。应急规划是为了短期战略而编制的。

【例题 2 - 5】 以下哪个说法准确地说明了 SWOT 分析和 TOWS 矩阵之间的关系？

A. TOWS 矩阵通过 SWOT 分析的数据，帮助企业制定相应的战略

B. TOWS 矩阵将 SWOT 分析的数据进行进一步拆解，使企业了解自身在优势、劣势、机遇和挑战各个因素的关系

C. TOWS 矩阵帮助 SWOT 分析获得重要的分析数据

D. TOWS 矩阵和 SWOT 是企业进行外部分析的重要工具，但是他们都不关注企业的内部分析

【答案】 A

【解析】 选项 A 正确。TOWS 矩阵系统地确定了这些数据的关系，并通过将优势与机遇进行匹配，用机遇降低劣势，用优势战胜挑战，从而减少劣势，避免调整等方法制定战略。

选项 B 不正确。TOWS 矩阵不是对 SWOT 分析的数据进行拆解，而是系统化地确定数据之间的关系。

选项 C 不正确。TOWS 矩阵本身就是一个系统分析工具，可以帮助企业制定战略，其目的不是帮助 SWOT 去获得重要的分析数据。

选项 D 不正确。TOWS 矩阵关注企业的内部和外部分析，并不局限于内部分析。

第二节 预算编制的相关概念

一、基本概念

预算是企业财务资源规划的基础，需要良好的协调组织资源和组织战略帮助企业达到成功。作为定量指标，预算也是企业的营运计划和控制工具，用来确定在一段时间内为实现实体的目标所需要的资源和投入。企业通过预算，为

其利润、财务状况和现金流量设定了具体的目标。

理想的预算既包括预算编制，也包括预算控制。预算编制是为制定预算所实施的步骤，它需要清晰准确传达组织的目标，这些设定的目标应当合理，才能有效激励员工。而预算控制是一个管理过程，其目的是使编制的预算预测性更强，指引组织制定系统性的预算审批流程以协调和统筹各相关方及相关运营活动，帮助企业分析实际结果与预算之间的差异并向责任方提供反馈，以确保预算目标的实现。

预算周期通常包含 4 个步骤，形成如图 2 - 3 所示的完整的预算周期。

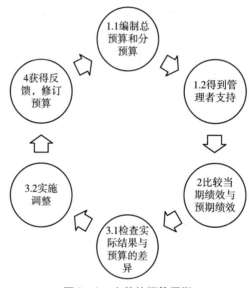

图 2 - 3　完整的预算周期

二、公司编制预算的原因

企业编制预算的原因主要是出于 4 个方面的考虑：规划、沟通、监控和评估。

（一）规划

（1）预算可以让管理层在一定周期内去思索企业的未来，从而制定各种指标，如收入预期、费用预期、人才需求预期、增长/收缩预期等。

（2）预算编制和执行鼓励不同角度的新思想新思路，各方都能为组织的发展献计献策。

（3）预算帮助企业制定既定目标并提供行动框架。

（4）预算管理使具体业务计划富有前瞻性。

（二）沟通与协调

（1）预算帮助各部门可以互相沟通各自计划与需要。

（2）预算过程和执行使各部门必须相互协调合作。例如，为开发新产品，则需要为其提供资金支持、采购支持、生产支持、营销支持等。

（3）预算使组织目标有效传达给组织所有成员。无论是参与还是未参与预算编制的成员。

（三）监控

（1）预算设立了标准或绩效指标。可监控组织目标的实现进度。

（2）企业可以定量比较实际和预算结果，找到问题。

（3）企业整体目标和个体目标（部门）都可以监控。

（4）企业不仅可以找到运营问题，也可以找到潜在机会。

（四）评估

（1）预算可以有效评估员工和部门的绩效，并使管理者承担相应的责任。

（2）企业通过评估实际和预算之间的差异，重点注意差异出现的内容、数额和原因，评估预算假设的客观性和准确性，提高未来预算管理的水平。

【例题 2-6】下列哪一项将有助于管理层更好地理解标准成本和差异分析，以改善企业的经营决策？

A. 在计算其制造费用差异时，并没有把变动性的和固定性的制造费用区分开来

B. 用以前年度的平均实际成本作为本年的标准

C. 只关注调查分析不利差异

D. 不断地修订标准以反映学习曲线（learning curve）的规律

【答案】D

【解析】选项 A 不正确。企业在计算制造费用差异时，应该把变动制造费用和固定制造费用区分开来。

选项 B 不正确。无法排除过去的低效造成的影响，未考虑新技术的影响。

选项 C 不正确。在分析的时候也需要关注有利差异，因为有利差异不一定代表着绩效特别出色。

选项 D 正确。需要不断地修订标准，这是一个持续改善的过程，这样才能使得预算更加贴近实际。

三、预算是组织绩效评估标准

企业不应当简单地以过去的业绩为基础来评估现有绩效，而是应当将预算作为组织绩效评估标准，选择预算作为绩效评估标准主要出于 3 方面原因。

（1）过去的业绩中发生的错误和问题会影响当期的绩效评估，不利于错误问题的改善和消除。

（2）过去的业绩不能揭示企业未来发展的结果和方向，而预算可以考虑

到企业未来运营各方面的因素，以及这些因素可能导致的财务结果。

（3）预算充分考虑到企业经营环境的重大变化，而历史业绩是无法反映的。

【例题 2 - 7】以下哪一项不是一个正式的预算过程的优点？

A. 迫使管理层评估预算过程中使用的假设和既定目标的合理性

B. 确保组织内改进成本控制及防止低效

C. 提供反馈和绩效评价的基准

D. 作为管理层与下属协调和沟通的工具

【答案】B

【解析】选项 A 不正确。体现的是预算的规划工具作用。

选项 B 正确。预算过程不能起到确保组织内成本控制及防止低效的作用。

选项 C 不正确。体现的是预算的评估工具作用。

选项 D 不正确。体现的是预算的沟通和协调工具作用。

四、成功的预算编制特征

预算对企业的发展有着重大的影响，因此企业都希望有一个成功的预算，通常情况下，成功的预算应具备以下共同特征。

（1）预算与公司战略保持一致，因为预算必须支撑公司的战略落地。

（2）预算流程相对独立，但应根据战略规划和预测来编制预算。

（3）预算能用来缓解潜在的"瓶颈"问题，并能将资源进行有效配置。

（4）预算中所给出的数据和事实在技术上必须正确无误且准确，否则制定出来的预算将和实际的运营不一致。

（5）管理层充分认可预算，并对预算负责。

（6）员工视预算为规划、沟通和协调的工具，而不是压力或惩罚措施。

（7）预算应对员工起到激励作用。

（8）预算应作为一种内部控制工具，内部使用的预算应以可控成本为基础实施绩效评估。

（9）销售费用和管理费用的预算应足够详细以使得关键假设能被很好地理解。

（10）预算编制团队的上级部门必须审查并核准预算。

五、成功的预算流程特征

成功的预算流程所具有的特征应反映在预算期间、预算流程、预算参与者、成本标准应用和基本预算编制步骤等各个方面。

（一）预算期间

最常见的预算期间是按财年来编制预算，这方便企业将预算与各财年的财务报表相比较。我们经常提到的企业年度预算和总预算都指的是以年为单位进行预算编制。当然企业也可以编制 3 年期、5 年期、10 年期或短于 1 年期的预算，但在实务中并不多见。此外不少企业也将预算进一步分解为半年、季度、月度预算，便于为了更好地指导和监控企业的运营。

【提示】连续性预算/滚动预算也是企业经常会编制的预算。企业确定一个预算期间，例如 12 个月，或者 18 个月等，同时确定每一个预算期。例如一个月或者一个季度，并编制每一个预算期的预算。在每个预算期结束之后，在预算期间最后再添加一个预算期的预算，连续性预算的目的是更好地帮助企业追踪不断变化的市场，并给企业更长的管理视角。

（二）预算流程

企业常用的预算流程有三种，分别是权威式预算、参与式预算和混合式预算。

（1）权威式预算（自上而下的预算）：战略目标以及各部门的具体预算均由最高领导层决定，中低层经理及员工并不参与，只负责执行。

（2）参与式预算（自下而上的预算）：各层级经理与关键员工一同制定本部门预算，最高管理层保留最后的批准权。

（3）混合式预算：自上而下和自下而上两种方法的结合。

三种预算编制方法的比较如表 2 - 3 所示。

表 2 - 3 　　　　　　　　　　　　三种预算编制方法比较

权威式预算	混合式预算	参与式预算
最高管理层将战略目标整合到预算中	自上而下沟通战略目标；自下而上实施目标	不优先考虑战略目标
最高管理层更好地控制决策，达到各部门良好的沟通协调比较	优点：保留了最高管理层对预算的控制权，同时能获得各层级的专业信息；缺点：使预算编制流程比较长	来自第一线的专业信息使预算决策更可靠
用指令代替沟通	最高管理层与预算编制者双向沟通	中低层向最高领导层全面沟通
员工不满；不受激励	员工更好地接受预算，并为实现预算目标付出更大努力	员工参与；受激励
中低层可能不会严格地遵循预算	员工对预算具有责任感，加上高管的全面审查，使严格的预算能得到遵循	高管过松审批会导致预算松弛
适用于小型企业或环境相对稳定的企业	适用于大多数公司，使战略与战术更好地平衡	适用于经营环境高度波动的企业

【提示】①预算松弛是预算过程中需要面对的问题，也是在预算过程中需要重视和尽量避免的问题。它是管理者因为内心害怕完不成预算的心理倾向，而在预算中给自己留有余地。预算松弛通常的表现形式是成本预算高估（费用项高估）或销售预算低估（收入项低估）。如果预算中存在较多的预算松

弛，那么预算不能起到激励作用，因为预算目标没有任何挑战性，十分轻松就能达成。

在预算编制过程中，避免预算松弛的主要方法：高管层制定有一定挑战的预算目标，此目标需要管理层或员工需要付出努力才能达成；严格的预算审批，在预算审批环节一定要严格仔细审核每一个预算，尽可能使预算接近实际情况；零基预算和作业基础预算方法可以很好地规避预算松弛，但是零基预算一般不会每年都使用，而是在几个预算周期之后采用一次零基预算；管理层以身作则，管理层自己不带头预算松弛，以免上行下效；预算和实际对比准确度的奖惩，需要对预算的准确度给予评价和考核；职业操守——诚信。

②在企业实际预算过程中，管理层也应该考虑适当"预算灵活性"，但"预算灵活性"并不等同于预算松弛。企业之所以适当考虑"预算灵活性"，是因为：预算执行的灵活性的增加，有助于管理者对无法预见的情况能够及时处理，不必要额外进行费时审批，从而提高解决问题的能力和效率。

（4）混合式预算法的具体编制步骤为：

①确定预算参与者，包括各层级的管理者和在特定领域有专长的关键员工。

②最高管理层与预算参与者就战略方向相互沟通。

③预算参与者编制预算初稿。

④预算汇总及审查，可能有很多轮次。

⑤最终预算通过审批。

（三）预算参与者

预算的制定或废除主要由企业的三方决定，即董事会、最高管理层以及预算委员会，当然预算参与者也包括企业的中低层级的经理，预算协调者和流程专家等，他们在预算编制流程中掌握着相应的职能，如表2-4所示。

表2-4   预算参与者及职能

预算参与者	职能
董事会	审查、批准或退回修改预算
最高管理层	对预算负有最终责任；确保每个管理层都能理解并支持预算；激励下属做出完整真实的预算，避免预算松弛
预算委员会	由高级管理层组成，通常由 CEO 或一名副总裁领导； 指导预算编制工作、核准预算、裁决不同意见、监控预算、检查结果，并审查修改的预算
中低层级的经理	遵循预算指导方针（预算编制方法、预算安排以及其他新事件），负责具体的预算编制工作
预算协调者	识别并解决不同责任中心在预算上的分歧，及衔接预算的不同组成部分
流程专家	对特定领域的成本有非常细致的了解，为预算小组提供该领域预算的数字基础

（四）成本标准

在预算过程中，成本和费用预算是极其重要的组成部分，因为成本和费用控制会影响产品盈利性，也关系到公司整体盈利能力和现金流预测，所以在预算过程中，成本标准的制定和应用对于预算的准确性和客观性扮演着关键的角色。

成本标准制定方式分为权威式标准和参与式标准两种（具体可参见表2-5），成本标准的选取又分成理想标准和基本可实现标准两种（具体可参见表2-6）。

表2-5　　　　　　　　　　　　　成本标准制定方式

	权威式标准	参与式标准
制定方	管理层制定	管理层和相关各方共同协调制定
优点	速度快，与企业目标更好地匹配	更容易被企业员工接受
缺点	标准过高会导致员工不满，影响执行效果	标准制定费时间，需要管理层和各方相互协商妥协以确保实现目标

表2-6　　　　　　　　　　　　　成本标准的选取

	理想标准	基本可实现标准
特点	只有在所有情况都是最佳可能结果时才能实现；适用于持续改进战略和全面质量管理理念	在正常运营条件和环境下应能达到的标准
缺陷	用理想标准衡量实际工作，会使员工丧失积极性	如果标准定得过低，会导致员工过于松懈；执行此标准不能满足持续改进战略的要求

设定成本标准的信息来源，包括以下几个方面：

设定标准要同时应用几种信息来源，包括作业分析、历史数据、市场预期、战略决策以及标杆分析。具体可以参见表2-7。

表2-7　　　　　　　　　　　　　成本标准的信息来源

成本标准的信息来源	成本标准获得方法	优点	缺点
作业分析（工程研究）	作业分析将每项作业分配给产品的成本进行叠加，故此计算的成本标准最为精确	最彻底的成本标准计算方法	实施费用非常昂贵
历史数据	对于价格变化不大的原材料和人工，利用历史数据，并在此基础上进行调整，能够确定相关的标准成本	相对容易获得和确定，但是没有作业分析可靠	无法排除过去低效造成的影响，也未考虑新技术和新趋势的影响
市场预期与战略决策	对于原材料和人工市场价格变化很大，而自身在价值链又不占优势，市场预期是确定标准成本的重要方式。如果该公司是价格接受者，则必须考虑市场实际成本	通过积极预测市场变化获得的成本标准，有助于企业更好地控制和监控成本	预测如果不准确，将极大影响预算的财务资源的配置合理性
标杆分析（基准分析）	以最佳绩效水平为标准。标杆可以来自于企业内部或外部	好的标杆可以指导公司实现成本控制的持续改进	不理想的标杆会导致显著的成本控制不力的负面效果。此外，标杆分析也无法帮助企业促成重大的成本改进突破

【例题 2 −8】 下面是某家公司编制年度利润计划的步骤顺序。

1. 在汇总各管理层提供的信息后，由高级管理层编制计划的框架，并向下传达。

2. 各销售单位编制销售预算，该预算体现各分部的销售目标。这为各部门的生产预算提供基础以及为各营运单位提供预算的其他组成部分。沟通以横向为主，向上纵向为辅。

3. 利润计划呈送高级管理层进行协调和审查。

4. 高级管理层的建议和修改，由中级管理层据此执行。经中级管理层修订后的利润计划，重新提交高级管理层作进一步审查。

5. 高级管理层最终通过后，把正式的计划下达给各营运单位。

以上对各步骤的概述，与下列哪一项预算编制方法最为契合？

A. 通过高级管理层强制执行

B. 自下而上的预算编制方法

C. 自上而下的预算编制方法

D. 由各营运单位定夺各项业务的总体合理性

【答案】 B

【解析】 选项 B 正确。因为预算编制主体是各个销售单元，高级管理层负责建议和修改，所以是自下而上的预算编制方法。

【例题 2 −9】 G 公司正在评估其每件产品耗费的标准机器工时，以便编制其来年预算时使用此数据。这家机器制造企业的规格表明，可以用 0.75 个小时完成一件产品的制造；而一项基准分析研究表明，某竞争对手则以每件产品 0.78 个机器工时的速度进行生产。尽管已通过工程研究确定了每件产品耗费 0.80 个机器工时的标准，但 G 公司去年的实际结果是每件产品平均耗费 0.83 个机器工时。在接下来的预算中 G 公司应采用的标准是：

A. 每件产品 0.75 个机器工时   B. 每件产品 0.78 个机器工时

C. 每件产品 0.80 个机器工时   D. 每件产品 0.83 个机器工时

【答案】 C

【解析】 选项 A 不正确。每件产品 0.75 个机器工时是一个理论标准，只有在所有情况都是最佳可能结果时才能实现，所以不能作为预算的标准。

选项 B 不正确。这个竞争对手生产效率比目前 G 公司生产效率要高一些，但是是否可以作为公司的标杆需要做进一步的研究，但是可以作为持续改善的方向。

选项 C 正确。确定成本标准最好的方式是作业成本法，也就是通过内部研究所达到的标准成本计算。

选项 D 不正确。0.83 个机器工时是一个历史数据，通过作业成本分析存在一定的改善空间，所以不能以此历史数据作为成本标准。

六、预算帮助企业进行资源配置

实质上来说，预算编制过程是根据企业战略进行协调和分配的，企业为了达成其战略目的就必须投入相应的资源，并且根据资源投入是否有效，进行资源分配的调整。企业的长期规划的周期一般为 5～10 年，故此需要资本预算帮助进行同企业战略保持一致的财务资源配置。而针对企业短期规划目标的达成和变动，应当和每年的总预算进行充分的融合，故此正确的预算编制方向、内容和执行，能够有效支撑企业战略的落地和发展。图 2-4 展示了企业战略—长期目标—短期目标—总预算之间的协同关系。

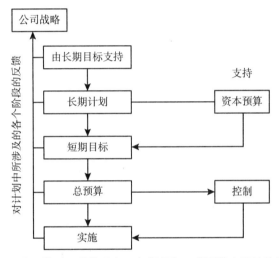

图 2-4 企业战略—长期目标—短期目标—总预算之间的协同关系

【提示】总预算是公司及其业务部门在一个年度或一个营运期间或更短期限内的总体运营计划，揭示了公司在此期间内的前进方向的路线图，总预算由营运预算和财务预算两个部分构成。其中营业预算确定营运所需资源及获得方式，如生产、采购、销售、人员配置预算等；财务预算将资金来源与资金使用相匹配以实现公司目标。财务预算包括：如现金流入预算、现金流出预算、营业利润预算以及资本支出预算，而资本预算是为长远意义的重大项目提供支持资源，如采购和投资新设备、厂房等预算。

【例题 2-10】年度总预算会影响：
A. 仅影响长期规划
B. 仅影响长期规划和营业预算
C. 仅影响营业预算和公司战略
D. 影响长期规划、营业预算和公司战略
【答案】D

【解析】选项 D 正确。年度总预算对企业的长期规划、营业预算和公司战略都有重大影响。公司战略不明，年度预算编制的方向也就不清晰。而一个良好的年度预算是公司战略的体现。年度总预算中，特别是资本预算实际上反映了企业投资和发展的长期规划。在短期目标中，年度总预算包括了营业预算，故此对企业影响巨大。

第三节　预测技术

企业在进行管理和预算编制过程中，都需要对未来收入或者成本进行定量预测和分析。在预算管理中经常用到的三种预测技术工具是：回归分析、学习曲线和期望值分析，它们可以很好地为预算和管理提供相应的决策支持。

一、回归分析

回归分析是通过分析给定的数据集，找寻自变量与因变量之间的线性关系。作为一种统计方法，回归分析可以用于确定一个因变量（Y）与一个自变量或多个自变量（X 或 X_1，X_2，…）之间的线性关系，企业在分析成本行为和预测销售额中，会经常会使用此方法。

（一）回归分析的分类

回归分析主要有两种类型，一类为简单回归分析，另一类为多元回归分析。
（1）简单回归分析：即通过一个自变量，来预测一个因变量。基本公式是 $Y = a + bX$。
其中，Y：因变量；X：自变量；a：截距，当 x = 0 时，Y = a；b：斜率/回归系数（变化系数），x 每变化 1 个单位，Y 变化 b 个单位。
图 2 - 5 展示了某企业产量和成本之间的模拟线性关系，成本为 Y，产量为 X，经过回归分析，成本和产量的关系为：$Y = 3 + 0.5X$。

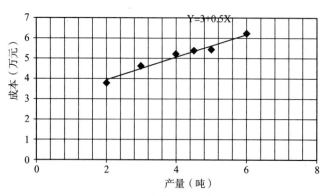

图 2 - 5　简单线性回归图

（2）多元回归分析：即有多个自变量，来预测一个因变量。基本公式为：

$$Y = a + b_1X_1 + b_2X_2 + b_3X_3 + \cdots + b_nX_n$$

其中，Y：因变量；X_1，X_2，X_3，…，X_n：自变量；a：截距，当 $X_1 = X_2 = X_3 = \cdots = X_n = 0$ 时，Y = a；b_n：斜率/回归系数（变化系数），X_n 每变化 1 个单位，Y 变化 b_n 个单位。

【提示】回归分析的基本假设前提是：①因变量和自变量之间是线性关系。②因变量和自变量之间的关系具有长期稳固性。③因变量的实际结果和预测结果的差异是正态分布的，平均值＝0，因变量不具备相关性，即和其本身不具关联性。④在多元回归分析中（即有多个自变量），各自变量之间是相互独立的，不存在多重共线性，即自变量之间不存在互为影响的因果关系。⑤回归分析过去的趋势能延续到未来，而且自变量和因变量有直接因果关联关系。

（二）回归分析有效性的重要衡量指标

有很多客观指标能够衡量回归分析的可靠性，使用者可以利用这些客观指标来指导和评估自身的定量分析决策结果。最常用的三个客观指标是相关系数、R 平方和 T 值。它们的具体情况可参见表 2－8。

表 2－8　　　　　　　　　　回归分析衡量指标

回归分析衡量指标	指标评估目的	指标评估标准和意义
相关系数（correlation coefficient）	衡量因变量 Y 和自变量 X 的线性关系强烈程度	相关系数值介于 −1 ~ 1。越接近 1 证明正向线性关系；越接近 −1 证明反向线性关系；越接近 0 则证明线性关系越微弱
R 平方（R-square，决定系数）	衡量因变量 Y 的变化在多大程度上可由自变量 X 的变化来决定	R 平方的取值介于 0 ~ 1，数值越高说明线性回归越准确。例如，如果 R 平方等于 80%，意味着自变量和因变量的关系 80% 能被线性关系解释，20% 的关系则通过线性关系无法进行解释
T 值（T-stats）	衡量自变量和因变量之间是否具有合理的长期关系	一般来说，自变量的 T 值应大于 2，如果 T 值太小，应考虑在回归分析模型中删除该自变量

（三）高低法

高低法是进行线性回归预测、建立线性回归公式的重要手工办法。

高低法分析步骤为：

（1）通过观察各组自变量和因变量，找到自变量的最低值和最高值，及其对应的因变量。

（2）通过建立二元一次方程组，求解获得 a（截距）和 b（斜率），然后确定回归预测的公式。

（3）进行预测时，通过代入自变量，求解因变量。

【例题 2－11】某企业过去 12 个月营销费用和销售额的关系如下所示，请用高低法计算出营销费用和销售额之间的线性回归方程，并计算如果营销费用未来为 $200 万时，预计的销售将会是多少？

月份	营销费用（万 $）	销售额（万 $）
1	50	48 000
2	30	40 000
3	40	62 000
4	60	75 000
5	100	89 000
6	90	105 000
7	80	73 000
8	110	105 000
9	40	62 000
10	90	130 000
11	70	80 000
12	50	50 000

【答案】线性回归方程为：$Y = 15\ 625 + 812.5X$。当营销费用为 $200 万时，预计的销售额为 $15\ 625 + 812.5 \times 200 = 178\ 125$ 万。

【解析】第一步：营销费用作为线性回归方程的自变量，首先找到其过去 12 个月的最低值和最高值：最低值为 $30 万（第 2 个月），最大值为 $110 万（第 8 个月）。

第二步：建立二元一次方程组，并计算 a（截距）和 b（斜率）。

$40\ 000 = a + 30b$

$105\ 000 = a + 110b$

$a = 15\ 625$

$b = 812.5$

$Y = 15\ 625 + 812.5X$

第三步：进行预测时，通过代入自变量，求解因变量。

$Y = 15\ 625 + 812.5 \times 200 = 178\ 125$

故此，当企业销售费用发生额为 $200 万时，销售额预计为 $178\ 125 万。

二、学习曲线

学习曲线分析是一种系统性的成本估计法，表示单位产品生产时间与所生产的产品总数量之间关系的一条曲线，该曲线如图 2-6 所示。

从图 2-6 可以看出，企业产出数量越多，每单位产成品人工成本则会降低，这是因为工人"熟能生巧"的原因，生产越多的产品，每个产品人工用时相对会减少，这造成单位产品人工成本会逐渐下降。然而单位产品人工成本下降不可能是无限的，随着工人达到一定的熟练程度，即某个临界点，在该点

之后，学习曲线会越来越平坦，这意味着单位产品人工成本会保持稳定的
状态。

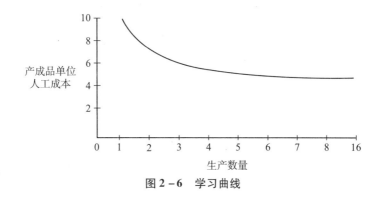

图 2 - 6　学习曲线

【提示】学习曲线法：是一种以学习率为基础的定量人工成本评估方法。
学习率是指随着产出的翻倍，平均人工时间相比先前水平下降的百分比。例
如，当累积生产数量每次翻番时，单位生产时间减少 20%，则称为 80% 的学
习曲线。

1. 学习曲线法的分类。

学习曲线法可以通过两种模型来进行：一种为增量单位时间学习模式；另
一种为累积平均时间学习模式。

（1）增量单位时间学习模式（也称为克劳福德方法）：主要适用于规模较
大、较复杂运营的企业。它通过将单位产品的增量生产时间与先前的总生产时
间相加来度量效率的提高。然后用产量增加后的总时间除以产品数量，即可求
得单位产品平均耗用的时间。通过增量单位时间学习模式我们可以判断，在生
产数量每翻一倍时所生产的最后一个产品，比翻倍前生产的最后一个产品所减
少的时间或成本。

假设一个新工人组装第一件产品需要 10 小时，在增量单位时间学习模式
下如果学习率是 80%，即产量（X）每翻一倍，增量单位时间（生产最后一
个单位所需的时间 Y）会下降 20%。即第二件产品需要 8 小时（10 × 0.8），
第四件产品需要 6.4 小时（8 × 0.8），第八件产品需要 5.12 小时（6.4 ×
0.8）。该计算如表 2 - 9 所示。

表 2 - 9

产量（X）	增量单位时间（Y）	总时间	平均生产时间
1	10	10	10/1 = 10
2	10 × 0.8 = 8	10 + 8 = 18	18/2 = 9
4	8 × 0.8 = 6.4	31.42	31.42/4 = 7.86
8	6.4 × 0.8 = 5.12	53.47	53.47/8 = 6.68

注：生产 4 件和 8 件产品的总时间需要通过软件进行计算，手工无法计算。

（2）累积平均时间学习模式（也称为赖特方法）：主要用于较为简单的运营情况。它是通过增量单位与单位累积平均时间的乘积来计算累积总时间。应用累积平均时间学习模式。我们可以判断和分析，在生产数量每翻一倍后所有产出的产品的平均时间，比翻倍前生产的所有产出的产品平均时间的降低情况。

假设一个新工人组装第一件产品需要 10 小时，在累积平均时间学习模式下，如果学习率是 80%，即产量每翻一倍，所有产出的产品的平均时间，比翻倍前生产的所有产出的产品平均时间降低 20%。即前两件产品平均生产时间是 8 小时（10×0.8），前四件产品平均生产时间是 6.4 小时（8×0.8），前八件产品平均生产时间是 5.12 小时（6.4×0.8）。该计算如表 2 - 10 所示。

表 2 - 10

产量（X）	单位累积平均时间	总时间	第 X 件产品的具体时间
1	10	10	10
2	$10 \times 0.8 = 8$	$8 \times 2 = 16$	$16 - 10 = 6$
4	$8 \times 0.8 = 6.4$	$6.4 \times 4 = 25.6$	4.54
8	$6.4 \times 0.8 = 5.12$	$5.12 \times 8 = 40.96$	3.55

注：生产第 4 件和第 8 件产品的具体时间需要软件进行计算，手工无法计算。

【提示】学习曲线分析法的实际情况。

无论是在增量单位时间学习模式还是累积平均时间学习模式下，生产每翻一倍，计算出来的产品单位成本都是下降的。然而在企业实际情况中，学习曲线是不可能让效率和相关成本无限下降的，原因在于，人的能力是有极限的，其效率也会随着年龄、疲劳、生病及枯燥等因素下降。此外，很多企业的人工成本会随着企业效率提升和利润增加而不断提高（如企业增加很多人手、提高员工工资和福利等）。因此在实际情况下人工成本的变化是，最初随着学习曲线而下降，但是下降到一定程度之后，不再继续下降，而会持平一段时间，然后甚至增加。

2. 学习曲线分析的优缺点。

企业在预算管理和运营管理中，要辩证地看待学习曲线的适用性，以便更好地指导自身的工作和决策。学习曲线的优缺点如表 2 - 11 所示。

表 2 - 11   学习曲线分析的优缺点

学习曲线分析的优点	• 有利于预算成本制定。通过学习曲线计算可帮助管理层更好地估算出人员成本、员工人数、生产成本等 • 有利于产品定价。如果企业考虑人工成本会逐渐下降，那就可以采取低价迅速获得市场份额 • 有利于绩效评估。学习曲线可用来考核员工效率是否有提高或者自身员工培训结果是否令人满意 • 有利于增加客户满意度。学习曲线能促进更好的生产工作安排，从而提高准时交货率

续表

学习曲线分析的缺点	• 学习曲线仅适合人工密集型、重复性人工操作的企业，不适用于机器执行的重复性任务 • 学习曲线率理论上是固定的，虽然计算中假设学习率不变，但在现实中绝非如此，降幅会有变化 • 学习曲线未必是影响企业效率变化的唯一原因，其他因素（如产品组合变化、劳动力组合变化等）有可能才是企业人工成本降低和优化的核心要素

【例题 2 - 12】预计某一特定生产工作的学习率为 90%。生产一单位商品需要 50 个人工工时。如果生产 4 个单位，那么每单位商品的累积平均人工工时为：

   A. 50.0　　　　　B. 45.0　　　　　C. 40.5　　　　　D. 40.0

【答案】C

【解析】选项 C 正确。

计算过程如表所示：

产量（X）	增量单位时间（Y）
1	50
2	50×0.9=45
4	45×0.9=40.5

三、期望值分析

1. 定义。

由于商业环境和经营不确定性的存在，企业经常会在预算过程中分析未来可能出现的各种结果，并结合其出现的可能性进行各种结果的加权平均分析，这被称为期望值分析。

例如，公司在预测下一年度的销售额时，往往会结合未来可能出现的不同经济形势进行相应的销量预测：如果经济繁荣，销售同比增长 20%；如果经济保持正常水平，销售同比增长 10%；如果经济衰退，销售负增长 10%，然后通过将各种经济情况可能性和销售结果进行加权平均来指导销售预算的编制。

期望值计算公式为：

期望值（EV）= $\sum X \times (Px)$

其中，EV：期望值；$\sum$：求和符号；X：某种情景下的具体销售额预测值；Px：相应情景发生的概率。

【例题 2 - 13】某企业正在进行销售预算，以下是其对未来一年经济状况和销量预测的分析：

经济状况	销量预测	概率
繁荣	120 万件	10%
正常	110 万件	80%
衰退	90 万件	10%

则该企业未来一年的销量期望值是多少？

【答案】该企业未来一年的销量期望值为 109 万件。

【解析】该企业的销量期望值如表所示：

经济状况	销量预测	概率	销售预测 X 概率
繁荣	120 万件	10%	12 万件
正常	110 万件	80%	88 万件
衰退	90 万件	10%	9 万件
销售期望值			109 万件

【例题 2-14】上年，Bell 公司的总销售额为 $2 亿。本年，由于失去了 Rock 公司这一大客户，Bell 认为销售额将降至 $1.8 亿的概率为 10%。Bell 公司还估计，销售额保持不变的概率为 40%，销售额因为开发海外市场成功将增至 $2.4 亿的概率为 30%，销售额因为同时开发海外市场和国内市场成功将增至 $2.5 亿的概率为 20%。Bell 本年的销售额期望值将为：

A. $1.6 亿   B. $1.84 亿   C. $2.02 亿   D. $2.2 亿

【答案】D

【解析】选项 D 正确。Bell 公司对商业环境的变动、预测的销售量和期望值分析的情况如表所示：

商业环境的变动	销量预测	概率	销售预测 X 概率
失去 ROCK 大客户的潜在影响	$1.8 亿	10%	$0.18 亿
销售额保持不变	$2 亿	40%	$0.8 亿
开发海外市场成功	$2.4 亿	30%	$0.72 亿
同时开发海外市场和国内市场成功	$2.5 亿	20%	$0.5 亿
销售期望值			$2.2 亿

2. 期望值分析优缺点。

期望值分析在应用过程中，优缺点都非常明显，企业在预算管理过程中，特别要注意这个问题。期望值分析的优缺点如表 2-12 所示。

表 2-12   期望值分析的优缺点

期望值分析的优点	• 期望值分析按照各种情景发生的概率，预测事件的加权平均结果，有助于管理层设定合理的财务或运营目标 • 期望值分析帮助决策者做出正确的决策分析和风险预测

期望值分析的缺点	• 期望值假设决策者为风险中立者，故此它不适用于风险偏好者和风险厌恶者 • 期望值分析是对不同情景的发生概率和结果的加权平均，但是由于实际出现的情况只可能是一种结果，故此以期望值分析为基础的预测一般来说是无法保证绝对准确的

第四节　预算编制方法

为了使预算能作为一种有效的规划和管理工具发挥作用，公司所选择的预算方法必须能支持和强化公司的管理方式，故此公司需要根据自己公司的实际情况选择合适的预算编制方法。

【提示】总预算也称为年度商业计划或利润计划，是针对一年或不足一年的期间编制的综合预算。总预算开始于销售预算，结束于一系列模拟财务报表，收入流和成本流的每个方面都能在模拟财务报表中得到反映。

公司可以根据业务类型、组织结构、营运的复杂性及管理理念的不同，选择一种或多种总预算编制方法，甚至总预算中的不同组成部分也可以采用不同的编制方法。公司在预算编制中可以采用九种不同的预算制度，包括：静态预算法、弹性预算法、零基预算法、增量预算法、作业基础预算法、滚动（连续性）预算法、产品生命周期预算法、持续改进预算法和项目预算法。

一、静态预算法

静态预算是企业确定一个战略目标产出预算，即总预算，也称为企业年度预算。

【提示】静态预算目标的设置要有一定的挑战性，且静态预算具有不可替代性。

静态预算法的优缺点如表 2 – 13 所示。

表 2 – 13　　　　　　　　　　　　静态预算法的优缺点

静态预算法的优点	• 静态预算为企业提供一个挑战性的财务目标 • 静态预算在编制过程中运用了标准成本和标准价格，使得预算和预测数据客观科学 • 静态预算为未来弹性预算提供了编制的前提
静态预算法的缺点	• 现代企业运营变数多，仅有静态预算无法适应企业在商业环境中的情况 • 静态预算仅建立在一个确定产出量的基础上，无法反映企业可能出现的产销量变化 • 静态预算无法帮助企业进行深刻和准确的业绩分析，因为企业如果实际产销量和静态预算不同，无法进行直接客观的业绩比较

企业的静态预算，给予企业未来的战略财务目标。一份常见的静态预算形

式如表 2 - 14 所示。

表 2 - 14　　　　　　　　　　　静态预算形式

预算指标	基准产出与销售
销售数量	30 000
销售收入	$3 600 000
变动成本	$2 640 000
边际贡献	$960 000
边际贡献率	26. 67%
固定成本	$690 000
经营利润	$270 000
经营利润率	7. 5%

二、弹性预算法

弹性预算以静态预算为前提，建立在标准成本和标准价格基础上，改变企业产品的产出量和销售量而形成的预算形式。弹性预算的核心是预先设定好标准销售价格及标准单位生产成本，包括直接材料、直接人工和制造费用，按照改变的量（产品销售量或产品产出量）乘以这些标准价格或标准成本，即单位变动费用和单位价格保持不变，销量和产量以改变的值为准。

弹性预算编制步骤为：

（1）编制静态总预算。确立预算销售单价、预算单位变动成本、预算固定成本以及估计的产出水平。

（2）明确预测或者实际产出量。

（3）计算弹性预算中的总销售收入（销售量×预算销售单价）。

（4）计算弹性预算中的成本（总成本 = 总变动成本 + 总固定成本）。

【提示】企业在年初和年底都可以进行弹性预算的制定，但是企业编制的方式和目的都是不同的。

企业年初和年底编制弹性预算的情况如表 2 - 15 所示。

表 2 - 15　　　　　　　　企业年初和年底编制弹性预算情况

弹性预算编制时间	弹性预算编制的方式	弹性预算编制的目的
年初	企业制定完静态预算后，以不同预测产出量为基础进行编制，弹性预算可以有多个，对不同经营情况进行预测	进行财务和运营预测，合理配置自身的经营和财务资源，防范可能出现的经营和财务风险
年底	企业在年底经营结束后，以本年实际产出量作为基础编制一份弹性预算	对该份弹性预算和实际经营结果进行客观差异分析，对部门和经理进行合理的绩效评估

注：1. 年初做的弹性预算不具备绩效评估的作用。

2. 年底做的弹性预算不具备财务和运营预测的作用。

在年初编制的弹性预算形式如表 2 – 16 所示。

表 2 – 16　　　　　　　　　　　年初编制的弹性预算形式

年初时的预算	弹性预算	静态预算	弹性预算
	80% 产出	基准产出 100%	110% 产出
销售数量	24 000	30 000	33 000
销售收入	$2 880 000	$3 600 000	$3 960 000
变动成本	2 112 000	2 640 000	2 904 000
边际贡献	768 000	960 000	1 056 000
边际贡献率	26.67%	26.67%	26.67%
固定成本	690 000	690 000	690 000
经营利润	78 000	270 000	366 000
经营利润率	2.7%	7.5%	9.2%

　　该企业按照基准预测产出量和销售量为 30 000 个产品制定了当年静态预算，随后又按照产出量 80% 和 110% 分别制定了弹性预算。这帮助企业在年初进行了多情景的财务和运营预测。

　　在年底编制的弹性预算形式如表 2 – 17 所示。

表 2 – 17　　　　　　　　　　　年底编制的弹性预算形式

	实际成果	弹性预算	弹性预算差异（实际成果 – 弹性预算）	静态预算	销售量差异（弹性预算 – 静态预算）
销售数量	24 000	24 000	—	30 000	6 000U
销售收入	$3 000 000	$2 880 000	$120 000F	$3 600 000	$720 000U
变动成本	2 280 240	2 112 000	168 240U	2 640 000	528 000F
直接材料	1 491 840	1 440 000	51 840U	1 800 000	360 000F
直接人工	475 200	384 000	91 200U	480 000	96 000F
变动间接费用	313 200	288 000	25 200U	360 000	72 000F
边际贡献	719 760	768 000	48 240U	960 000	192 000U
固定成本	684 000	690 000	6 000F	690 000	—
经营利润	$35 760	$78 000	$42 240U	$270 000	$192 000U

　　注：1. 弹性预算差异 + 销售量差异 = 42 240 + 192 000 = 234 240U；2. U 为不利差异，F 为有利差异。

　　该企业当年实际产出量为 24 000 个产品，为了客观地和实际收入和成本进行对比，企业做了以 24 000 产品为基础的弹性预算，这样可以有效地与实际经营情况进行客观的差异分析和绩效评估。事实上，从表 2 – 17 可以看出，因为标准成本法的实施，弹性预算可以获得在实际产出水平上的标准成本的数额。将该弹性预算和实际产出的财务数据进行比较，差异分析和绩效评估更为准确。简而言之，年底所进行的弹性预算在实际经营结果和静态预算间搭设了桥梁，能够在标准成本固定的基础上，进行客观的差异分析、绩效评估、运营管理和财务控制。

弹性预算法的优缺点如表 2 - 18 所示。

表 2 - 18 弹性预算法的优缺点

弹性预算法的优点	弹性预算适用于在未来变数多、不稳定的运营情况下。 弹性预算在年初进行不同产出量的预算编制，帮助企业更好地对未来进行不同场景的财务规划和预测。 弹性预算在年底可以深入、准确、客观地分析运营差异和业绩评定
弹性预算法的缺点	弹性预算不能完全取代静态预算，因为弹性预算不能为企业设定一个固定的目标。 公司过多关注不同产出的弹性预算水平，而忽略了未能达成销售目标这一事实

静态预算和弹性预算的相同点和不同点如表 2 - 19 所示。

表 2 - 19 静态预算和弹性预算的异同点

静态预算和弹性预算的相同点	都是计划的方式，最初采用同样的产出作为基础进行编制。 两者都使用相同的标准成本。 固定费用均保持不变
静态预算和弹性预算的不同点	静态预算不可改变，仅为一种产出量。 弹性预算可以建立在任何产出基础上。 静态预算只有当实际产出与静态预算计划产出相等时，绩效比较才有意义。 而弹性预算可以将静态预算产出量调整到实际产出量之后，进行合理的绩效评估

三、零基预算法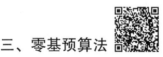

零基预算是企业每期从零开始编制和完成预算的形式。它关注每个预算项目在当期的成本合理性，针对未来的工作或者活动预算部门要对其重要性和优先级进行排序，而每个预算项目的预测都要有最合理的解释和最佳路径在未来进行执行。

【提示】传统的预算往往侧重于在过去的预算或实际基础上进行简单的修改，但其实并不是过去存在的就一定是合理的。企业应用零基预算的主要目的是防止企业过去运营中不好的因素在未来继续存在。零基预算特别适用于预算总是控制不利的企业或政府部门，或公司需要针对某预算成本控制不利的部分或者子费用科目（如差旅费）进行严格控制的情况，总体来说，零基预算帮助企业针对过去运营问题，通过审查运营重要优先程度来从零开始编制预算，这样针对过去运营失效的地方彻底做客观和正确改善。

编制零基预算的步骤是：

（1）要求各部门做出具体每一项活动的成本，并按照重要性排序；各项需要配置财务资源的活动均需有文字说明支持。

（2）高层管理者根据标杆指标、成本效益分析以及重要性排序来决定删除或修改哪些活动项目？并同意相应的财务资源配置。

（3）从零开始编制预算，零基预算成为总预算的基础。

零基预算法的优缺点如表2-20所示。

表2-20　　　　　　　　　零基预算法的优缺点

零基预算法的优点	• 零基预算法使预算更准确、更贴近未来的实际情况，更容易发现企业经营不利的事项，有效防止预算松弛 • 零基预算法可以避免以前预算中的无效因素继续存在 • 零基预算法促使管理者审查所有业务元素，剔除成本大于收益的项目，有助于创造高效、精简的组织
零基预算法的缺点	• 零基预算法的年度审查流程极耗时间且极费成本 • 零基预算法虽然避免了前期的错误，但是同样也无法吸取前期良好的经验教训 • 由于零基预算法使按需分配财务资源，管理者因为担心下一个预算周期可能会被分配较少的资源，可能倾向于用光当期已分配资源，造成重大浪费 • 管理者也有可能在审批不严的情况下，故意夸大自身项目和获得的重要性，造成预算松弛

四、增量预算法

增量预算法是以上一年度的预算作为起点，根据销售额和营运环境的预计变化，自上而下或自下而上地调整上一年度预算的各个项目。增量预算法通过在过去的发生额基础上进行相应比例调整从而形成本年度的预算，例如，在过去成本发生基础上乘以1.15或1.1，形成本年度的成本预算。这种方式比较适合小企业或相对较稳定的企业。

增量预算法的优缺点如表2-21所示。

表2-21　　　　　　　　　增量预算法的优缺点

增量预算法的优点	• 增量预算法流程简单，节省预算的时间和成本 • 增量预算法能够充分利用过去发生的良好经验，并可以吸取历史经验及教训
增量预算法的缺点	• 增量预算法容易造成预算逐年膨胀以及预算松弛 • 增量预算准确性不够，对未来发生的项目和活动考虑和分析不够细致

五、连续性（滚动）预算法

连续性（滚动）预算法是企业首先确定预算期间（budgeting period），例如12个月或者18个月，在预算期间做每个预算期（budgeting interval），例如一个月，或者一个季度的预算。连续性（滚动）预算在每个预算期的期末，删除过期的预算期预算，并在预算期间结尾再增加新一预算期的预算，这样使预算期间保持不变，并能根据运营环境的变化持续更新预算。

例如，某企业的预算期间为 12 个月，预算期为 1 个月，则企业每个月必须做向前固定 12 个月的连续预算。2017 年 3 月末做 2017 年 4 月到 2018 年 3 月的预算，2017 年 4 月末再做 2017 年 5 月到 2018 年 4 月的预算，预算期间始终维持在 12 个月。

【提示】比起其他预算形式，连续性预算法和市场具有更强相关性，能帮助企业反映最新当前发生的事项并估计未来的影响。通过连续性预算，经理们展望未来的财务和运营视角可以更长，而且预算制定比静态预算更为灵活。

连续性预算法的优缺点如表 2 – 22 所示。

表 2 – 22　　　　　　　　　连续性预算法的优缺点

连续性预算法的优点	· 连续性预算的市场相关性更强 · 连续性预算法给予企业更长的财务和运营视角 · 连续性预算比静态预算更为灵活和机动 · 连续性预算适合没有非常固定时间和精力做静态预算的企业
连续性预算法的缺点	连续性预算需要每个预算期不断进行，对预算人员来说比较麻烦、时间和成本投入较高

六、作业基础预算法

作业基础预算法（activity based budgeting，ABB）是建立在作业成本法和作业管理法的基础之上的预算方法。传统预算以部门为基础进行，而作业基础预算则建立在成本中心或作业去进行预算。由于作业基础预算能够准确对应财务资源和成本中心之间的关系，故此资源配置规划和绩效评估更为精细和准确。

传统预算法和作业基础预算法比较如表 2 – 23 所示。

表 2 – 23　　　　　　　　传统预算法和作业基础预算法比较

	传统预算法	作业基础预算法
基础	按职能部门确定预算，关注资源投入	按作业成本确定预算，关注增值作业和资源配置
重点	提高管理绩效	团队合作、协同作业、客户满意度

【提示】作业基础预算和成本管理中的作业成本法和作业管理法关系非常密切。作业成本法主要关注产品成本的合理性，确保产品成本信息不被扭曲；作业管理法主要关注价值链环节中增值作业和不增值作业的优化管理，流程是否需要再造改善。在二者的基础上，作业基础预算法重点关注企业财务资源达到良好配置，避免预算松弛，使企业财务资源利用最大化，未来绩效评估更加准确客观，解决问题方向更为明确。

作业基础预算法的优缺点如表 2 – 24 所示。

表 2 - 24　　　　　　　　　　　作业基础预算法的优缺点

作业基础预算法的优点	• 在作业基础预算法下，预算会更准确；有利于预算审核，能有效防止预算松弛 • 作业基础预算法能帮助企业更准确追踪运营情况和相关成本发生，帮助企业持续改善运营 • 作业基础预算法能帮助企业更准确地以作业为基础进行差异分析和绩效评估 • 作业基础预算法特别适合产品、生产流程和组织架构比较复杂的企业，以持续改进其财务资源配置的合理性和优化
作业基础预算法的缺点	• 设计和维持作业基础预算法投入成本很高，有可能大于此制度带来的企业成本节约 • 作业基础预算法对部门协调要求非常高，十分有挑战性 • 企业未必有相应的会计系统对作业基础预算法做良好的支持

七、产品生命周期预算法

产品生命周期预算是按产品或产品线整个产品寿命期间（即从产品研发开始一直到产品退出）的总预算。例如，如果产品生命周期是六年，那么预算周期也是六年。产品生命周期预算内容包括：整个产品寿命期间的总销售收入以及总的产品研发成本、产品设计成本、生产、营销、分销、售后服务等各个阶段的成本。产品生命周期预算对企业未来的产品定价和成本实施计划很有帮助。

【提示】产品生命周期预算非常适用于非生产成本很大的情况。例如，产品研发和产品设计过程长而且代价很大、售后服务方面的成本很高等。产品生命周期预算非常关注研发和设计阶段的资源配置，因为研发设计阶段顺利与否很大程度上决定了后续发生的成本和费用与产品的价值创造结果。

产品生命周期预算以产品为基础，对产品综合和全面成本进行了预测，同时特别强调了上游成本（研发＋设计）、生产成本、下游成本（营销、分销和售后）的区分。产品生命周期预算指导企业应更重视产品创新和设计，并关注上游成本发生对下游成本的重要影响。

产品生命周期预算法的优缺点如表 2 - 25 所示。

表 2 - 25　　　　　　　　　　产品生命周期预算法的优缺点

产品生命周期预算法的优点	• 产品生命周期预算法更侧重产品、更准确地计算和分析产品的盈利能力 • 产品生命周期预算法对产品开发决策有很强的指导性；能促进准确的产品定价
产品生命周期预算法的缺点	• 产品生命周期预算的周期比较主观，未必准确 • 产品生命周期预算忽略了会计的财务年度核算 • 产品生命周期预算未必符合美国公认会计原则，因为研发费用在美国公认会计原则被认定为费用，而产品生命周期预算则往往被当作产品的成本

八、持续改进预算法

持续改进是成本管理中成本改进和优化的重要理念，是从日语"kaizen"

翻译而来。而持续改进预算则是在预算管理中引入持续改进概念，优化企业的资源配置，提高企业的年度收益，体现企业运营的不断改进和提高。持续改进预算重点关注企业的成本控制和节约。例如每年预算要减少2%的成本以体现持续改进。

持续改进预算法的优缺点如表2-26所示。

表2-26　　　　　　　　　　持续改进预算法的优缺点

持续改进预算法的优点	• 持续改进预算法帮助企业不断优化提高企业运营，降低成本，提高收入 • 持续改进预算法带动良好的企业文化，激励员工
持续改进预算法的缺点	• 持续改进的比率设定比较主观，未必适合企业当年的实际情况

九、项目预算法

项目预算法针对企业所发生的某一项独立完整的项目，进行预算的编制和执行。项目预算法可采用过去相似的成功项目预算作为标杆来进行编制。如果预算项目期限超过1年，应按年度分解编制，与公司总预算相比，项目预算的间接预算比较简化。

【提示】项目预算法所针对的项目往往不是公司日常运营的项目，不具长期和连续性，是某种暂时、特殊的行为，如开发某种独特产品项目、改善突破项目等。当然项目预算法适用于公司的主营业务就是项目的情形，例如房地产、飞机制造等分批法的企业。

项目预算法具有以下特性：

（1）项目预算一般不重复，很多是一次性的。

（2）项目预算有明确的项目起始和结束日期，非常强调时效性，而且有明确细致的项目时间进度表。

（3）项目预算一般非常强调项目成本的所有支出的预计和控制。

（4）项目预算中的一些间接成本（如公共管理费用等）的预算相对简单，公司会分配过来针对与项目相关的固定或变动的间接成本，其他的间接成本由公司承担。

（5）项目预算只限于本项目，和公司其他运营无关。

项目预算法的优缺点如表2-27所示。

表2-27　　　　　　　　　　项目预算法的优缺点

项目预算法的优点	• 能够度量与单个项目有关的所有成本 • 能够为未来的类似项目预算设立标杆和参考标准
项目预算法的缺点	如果项目没有专用的资源和人力，而是受整个组织支配，则成本划分和职权分配可能不清晰，导致项目预算不准确

【例题 2-15】关于静态预算与弹性预算的区别，以下哪一项是正确的？

A. 弹性预算是为了计划的目的而编制的，而静态预算是为了绩效评价而编制的

B. 弹性预算提供不同业务水平的成本，而静态预算只提供单一作业水平的成本

C. 弹性预算只包含变动成本，而静态预算只包含固定成本

D. 弹性预算通过经营管理得到，而静态预算由最高管理层确定

【答案】B

【解析】选项 A 不正确。静态预算是为了计划的目的而编制的，弹性预算是为了绩效评价而编制的。

选项 B 正确。弹性预算可以在不同产出量的基础上进行编制，而静态预算是在有挑战性的产出目标产量基础上进行的预算。

选项 C 不正确。弹性预算包含变动成本和固定成本，只是固定成本的金额与静态预算保持一致。

选项 D 不正确。弹性预算中的产出量是通过经营管理得到的实际数，单位变动成本以及固定成本的年初制定静态预算时决定。

【例题 2-16】和零基预算相比，增量预算的优势在于：

A. 鼓励迅速采取新的项目

B. 接受现有的令人满意的基础

C. 消除已失去效用的职能和职责

D. 消除定期审查所有职能的需求，获得资源的最佳使用

【答案】B

【解析】选项 A 不正确。增量预算未必能够鼓励企业迅速采取新的项目。

选项 B 正确。因为增量预算法是在上一年的基础之上进行一个整体调整得来，这说明管理层认可和接受上一年的经营成果。

选项 C 不正确。增量预算对过去问题的发现和改进能力是比较薄弱的。

选项 D 不正确。增量预算不要求定期审查所有职能的需求，故此资源配置和使用没有达到最优化。

【例题 2-17】关于连续性（滚动）预算法描述正确的是：

A. 只体现一个作业水平的计划，不根据作业水平的变动进行调整

B. 包含一个相关范围作业水平的计划，以便根据作业变化调整计划

C. 每月或每季度修订的计划，去掉一段时间再添加另一段时间

D. 预算中长期战略计划的一部分，除非公司战略作出变化否则保持不变

【答案】C

【解析】选项 A 不正确。只体现一个作业水平的计划是静态预算。

选项 B 不正确。描述的是弹性预算的特征。

选项 C 正确。描述的是连续性（滚动）预算法的定义。

选项 D 不正确。每个期末都会进行调整和修订。

【例题 2−18】以下哪一项不是作业基础预算的优点?

A. 更好的识别资源需求   B. 将产量与成本相联系

C. 识别预算松弛   D. 减少计划的不确定性

【答案】D

【解析】选项 A 不正确。作业基础预算有识别配置资源的优点,而配置资源的前提是识别资源需求。

选项 B 不正确。作业基础预算通过成本动因将产量和成本建立了精确的联系。

选项 C 不正确。作业基础预算可以防止预算松弛。

选项 D 正确。作业基础预算不能减少计划的不确定性问题。

【例题 2−19】Blackmore 有限公司的目标是减少浪费,并制定出从紧高效的预算。管理团队知道这将耗费不少时间,所以他们计划在预算流程中投入更多时间和更多人员。对于下一个预算年度,将对所有作业和职能进行全面审核。主计长选择使用本年度的总预算作为来年预算流程的起点。从管理层的目标角度考虑,主计长选择的是最适合的预算方法吗?

A. 是,他应当采用当期预算,并进行渐进式更改以减少浪费

B. 否,他应当实行连续预算,从而提供更新的信息

C. 否,他应当选择零基预算编制法,不允许任何不合理的成本

D. 否,他应当选择作业预算编制法,重点关注历史成本规律

【答案】C

【解析】选项 A 不正确。Blackmore 有限公司的目标是减少浪费,并制定出从紧高效的预算,而达成这个目标最有效的预算方法是零基预算。

选项 B 不正确。Blackmore 有限公司的目标是减少浪费,并制定出从紧高效的预算,而达成这个目标最有效的预算方法是零基预算。

选项 C 正确。Blackmore 公司关于下一个年度的预算主要目标是减少浪费,并制定出从紧高效的预算,且接受耗费大量时间去审核所有作业和职能。零基预算满足 Blackmore 公司的需求。

选项 D 不正确。作业预算编制法有一定的减少浪费的功能,但作业预算法的资源配置是和作业息息相关的,和历史中以部门为基础进行预算编制的规律不相一致。

【例题 2−20】Medico 公司发现其年度预算在记录实际数据后很快便会过期。有时候,在确定年度预算前,这一期间的实际准备工作已经开始,这使得公司没有时间对变化中的因素做出反应。Medico 公司希望预算尽可能地与时俱进,且管理层希望可以按需修订预算。哪种预算编制解决方案最适合 Medico 公司?

A. 弹性预算编制　　　　　　　　B. 作业预算编制

C. 零基预算编制　　　　　　　　D. 连续预算编制

【答案】D

【解析】选项 A 不正确。弹性预算编制不可能让该公司按需修订预算。

选项 B 不正确。作业基础预算不可能让该公司按需修订预算。

选项 C 不正确。零基预算不可能让该公司按需修订预算。

选项 D 正确。Medico 公司希望预算的实际数据能够做到及时的反馈，因为连续预算编制能反映最新当前发生的事项并估计未来的影响，故此企业能够与时俱进，按需修订预算。

第五节　年度利润计划与相关报表

一、总预算

总预算（master budget），也叫静态预算或全面预算，又称年营运/营业计划或年利润计划。它是指一年或一个经营期内或更短时间内一个企业综合全面的量化的运营预算，涉及并强调了各个责任中心总预算，执行和贯彻了战略规划，总预算揭示了公司在未来一年前进方向的财务路线图，并且是实体中所有预算及其子单位的经营活动计划的全面汇总，它将企业所有的财务资源的需求和获得合并在一起，包括战略计划与长期计划以及短期目标与当前的现实之间的紧密融合。企业战略、长期计划、短期计划和总预算的关系如图 2 – 7 所示。

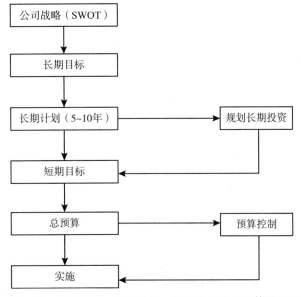

图 2 – 7　企业战略、长期计划、短期计划和总预算的关系

总预算包含在两个主要的组成要素，即营运预算与财务预算。

（1）营运预算是企业关于确定营运所需资源及获得方式的预算，它包括生产、采购、销售、人员配置预算等。

（2）财务预算是企业关于资金来源与使用的预算，如现金流、财务状况、收入等预算。它主要包括两方面的预算。

①资本预算：资本预算阐明公司在选定的资本项目上计划长期投资的金额，如购买不动产、厂房和设备，或者收购企业与产能。

②现金预算：是确保企业在财务年度内流动性而编制的资金计划，帮助企业有序安排融资、合理规划投资久期，以便在需要资金时能及时变现。

总预算的两个组成要素（营运预算和财务预算）的主要内容和财务报表的最终反映如表2-28所示。

表2-28　　　　　　　　　　　　总预算的组成要素及内容

总预算的组成要素	包括内容	财务报表的反映
营运预算	销售预算 生产预算 直接材料预算 直接人工预算 间接费用预算 销货成本预算 销管费用预算	模拟损益表
财务预算	资本预算 现金预算	模拟资产负债表 模拟现金流量表

总预算的流程如图2-8所示。

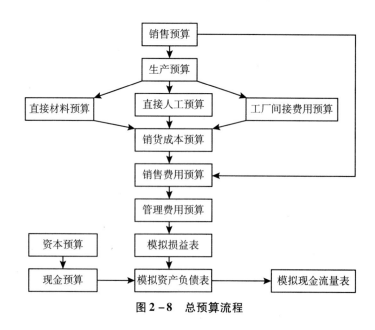

图2-8　总预算流程

按发生的时间顺序，营运预算、财务预算和模拟财务报表的逻辑关系如图 2 - 9 所示。

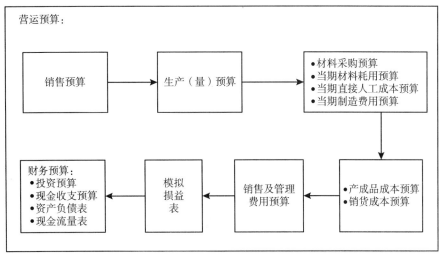

图 2 - 9 营运预算、财务预算和模拟财务报表的逻辑关系

【例题 2 - 21】 在现金预算编制完成之后，需要编制的预算是：

A. 资本预算   B. 预算损益表

C. 生产预算   D. 预算资产负债表

【答案】 D

【解析】 选项 A 不正确。资本预算在现金预算编制前完成。

选项 B 不正确。预算损益表是对营运预算的总结，而不是在现金预算编制完成之后进行。

选项 C 不正确。生产预算是营运预算的组成部分，不会在现金预算编制完成之后进行。

选项 D 正确。企业编制预算的顺序遵循两条线：一条线为营运预算，编制顺序为：销售预算 - 生产预算 - 原材料采购和生产预算 - 人工预算 - 间接费用预算 - 预算损益表。另一条线为财务预算，编制顺序为：资本预算 - 现金预算 - 预算资产负债表。根据上述信息，在现金预算编制完毕之后，企业将会编制预算资产负债表。

二、营运预算

营运预算是帮助企业确定营运所需资源及获得方式的预算，它最终将反映在模拟损益表中。营运预算包括销售预算、生产预算、直接材料预算、直接人工预算、间接费用预算和销管费用预算等。

（一）销售预算

销售预算是营运预算的基本驱动因素，同时也是其他营运预算编制的基础。对于企业来说，进行准确的销售预测极其重要，因为销售预算的准确度和销售预测密不可分。销售预测不仅需要考虑历史销售趋势，还需考虑经济和产业状况、竞争对手行为、成本、定价、信用政策、广告营销支出、未履行的订单、潜在客户等因素；同时还需对市场和客户需求有准确的了解。销售预测可以使用统计分析技术，如回归分析、时间序列分析来进行。一般来说，销售预算的两个关键要素是下一期间预计的销售数量和下一期间预计的销售价格。

（二）生产预算

在销售预算完成后，企业应进行生产预算的编制。生产预算的目的是来满足企业未来销售和库存的需求。公司应根据存货管理系统以及与供应商的关系，制定安全库存水平。在对销售没有负面影响的前提下，存货应尽可能低，这样可以更好地优化和控制生产预算量和生产预算支出。

预算生产产量的计算公式为：

预算产量 = 预算销售量 + 预期期末存货 - 预期期初存货

此外，企业在生产预算中还需要考虑生产过程中不良率的情况，上述计算公式中的预算产量仅是指产出的合格品，如果考虑不良率的情况，那么预算产量的计算公式为：（预算销售量 + 预期期末存货 - 期初存货）/（1 - 不良率），在计算直接材料和直接人工所需耗用量时，需要使用（预算销售量 + 预期期末存货 - 期初存货）/（1 - 不良率）的产量作为依据。

例如，某企业第三季度的生产预算如表 2 - 29 所示。

表 2 - 29

	7 月	8 月	9 月	第三季度
预算销量	70 000	72 000	77 000	219 000
+ 预期期末产成品存货	10 000	11 000	12 000	12 000
- 期初产成品存货	8 000	10 000	11 000	8 000
预算合格品生产量	72 000	73 000	78 000	223 000
合格率（1 - 不良率）	80%	80%	80%	80%
预算产成品生产量*	90 000	91 250	97 500	278 750

注：*预算产成品生产量 = 预算合格品生产量/合格率。

【提示】预算销售量、预算生产量、预期期末存货和预期期初存货的关系是 CMA 考试的重点考查内容。生产预算量必须不仅要考虑销售预算的数量，还需要考虑预期期末库存和预期期初库存的差异。以下几个方面是 CMA 考试中经常出现的三种可能发生的情况：①预期期末库存量一般不是直接给出，而是将期末库存表达为下一期销售量的一个百分比。②期初库存有可能存在过期情况，而过期库存应当从期初库存中被减去。③质检因素，在生产过程中，产品需要质检后才会进入产成品库，故此生产的产成品数量由于次品的原因，要多于实际进入成品库的数量。

（三）直接材料预算

直接材料预算是生产的重要部分，它确定生产中所需耗用的直接材料数量及其成本情况，为了满足生产需要，直接材料需要购买并随后投入生产，因此，直接材料预算分为生产需求的直接材料预算和采购的直接材料预算两个部分，生产需求的直接材料预算的公式为：

产成品数量×每件产品需要的原材料数量

由于采购的直接材料预算需要考虑期初库存和期末库存问题，故此它的公式为：

直接材料预算＝生产需求的直接原材料预算＋预期期末直接材料库存量－预期期初直接材料库存量

（四）直接人工预算

直接人工预算帮助管理者了解，在生产环节中人工成本未来会发生多少，以便安排相应的人员并核算人工成本。由于企业产成品生产工序众多，人工成本很少仅仅只发生一种，一般都为两种或者多种混合人工成本，而总人工成本就是各种人工成本加总。

【提示】生产预算中的生产要求，决定了生产所需的直接材料和直接人工，直接人工预算由生产经理和人力资源经理共同编制，它能帮助管理者了解生产环节中的人工成本，以便更好地安排人工数量和工作时间。

直接人工预算公式是：

生产所需的直接人工工时数＝预算产成品生产数量×单位产品所需直接人工工时

直接人工成本预算＝生产所需的直接人工工时数×直接人工工时的单位成本＝预算产成品生产数量×单位产品所需直接人工工时×直接人工工时的单位成本

（五）间接费用预算

间接费用属于混合成本，它包括变动间接费用（例如机器用电费）和固定间接费用（例如保险或者折旧）。对于未划入直接材料预算和直接人工预算的生产成本，企业均将其认定为间接费用，并在间接费用预算中予以体现。

例如，某企业第三季度的变动间接费用预算如表2-30所示。

表2-30　　　　　　　　　　　　　　　　　　　　　　　　　　　　单位：千$

	分摊率（每工时）	7月	8月	9月	第三季度
直接人工工时总数		36	36.5	39	111.5
低值易耗品	0.2	7.2	7.3	7.8	22.3
附加福利	4.1	147.6	149.65	159.9	457.15
公用事业（即水电费等）	1	36	36.5	39	111.5
维护费	0.5	18	18.25	19.5	55.75
变动间接费用总计	5.8	208.8	211.7	226.2	646.7

例如，某企业第三季度的固定间接费用以及总间接费用预算如表 2 - 31 所示。

表 2 - 31 单位：千 $

	7 月	8 月	9 月	第三季度
折旧	20	20	20	60
工厂保险	0.8	0.8	0.8	2.4
财产税	1.2	1.2	1.2	3.6
管理人员薪水	10	10	10	30
间接人工	72	72	72	216
公用事业（即水电费等）	4	4	4	12
维护费	0.9	0.9	0.9	2.7
固定间接费用总计	108.9	108.9	108.9	326.7
+变动间接费用	208.8	211.7	226.2	646.7
间接费用总计	317.7	320.6	335.1	973.4

（六）销货成本预算

销货成本预算在生产预算、直接材料预算、直接人工预算和间接费用预算完成后才开始编制。销货成本包括与销售产品成本有关的总成本，可以分为固定成本和变动成本。变动成本包括直接材料成本、直接人工成本和变动间接费用，而固定成本包括固定间接费用。

例如，某企业第三季度的销货成本预算如表 2 - 32 所示。

表 2 - 32 单位：千 $

	7 月	8 月	9 月	第三季度
期初产成品存货	624			624
耗用的直接材料	4 680	4 827.5	5 185.25	14 692.75
耗用的直接人工	540	547.5	585	1 672.5
间接费用	317.7	320.6	335.1	973.4
商品制造成本	5 537.7	5 695.6	6 105.35	17 338.65
可供出售的商品成本				17 962.65
-期末产成品存货				936
销货成本				17 026.65

（七）销售和管理费用预算

销售和管理费用属于企业的期间费用，其中：

销售费用包括销售部门的工资与佣金、差旅娱乐费、广告支出、运输费、与销售相关的邮资和文具费等。

管理费用包括管理人员工资、法律与专业服务费、公用事业费、保险费、与销售无关的文具费、低值易耗品、邮资等。

【提示】销售和管理费用同样可划分为固定费用和变动费用。一般而言，销售费用同时包含固定费用和变动费用两部分，而管理费用中固定费用占的比重较大。

例如，某企业第三季度的销售和管理费用预算如表 2-33 所示。

表 2-33　　　　　　　　　　　　　　　　　　　　　　　　　　　　　　　　　单位：千 $

	7 月	8 月	9 月	第三季度
调查/设计	95	95	100	290
市场营销	240	280	290	810
运输	135	140	150	425
产品支持	90	90	95	275
总计	745	795	827	2 367

（八）营运预算——模拟（预算）利润表

模拟（预算）利润表揭示了公司在满足其预算要求，并且各项假设前提正确无误的条件下，公司在未来财年末所能获得的利润。如果模拟利润表中的利润小于企业的目标，那么管理层必须采取修正行动去调整预算，使得预算利润满足目标要求，模拟利润表可作为绩效评估的基准。如表 2-34 所示，某企业为第三季度所编制的模拟损益表，它结合了前述的销售预算。销货成本和销管费用预算中的重要财务信息。

例如，某企业为第三季度所编制的模拟损益表如表 2-34 所示。

表 2-34

销售额	$24 357 600
-销货成本	17 026 650
毛利	7 330 950
-销管费用	2 367 000
经营利润	4 963 950
-利息费用	14 036
税前利润	4 823 590
-所得税	1 702 165
净利润	$3 121 424

【例题 2-22】公司从事家庭小型计算机备用磁带驱动系统的组装生产。第一季度预算销量为 67 500 件，公司去年第四季度留有库存 3 500 件，其中 200 件已经淘汰过时，期末目标存货量为 10 天的销量（一年 360 天）。请问第一季度的预算产量为多少？

A. 70 700　　　　B. 71 700　　　　C. 72 700　　　　D. 73 700

【答案】B

【解析】选项 B 正确。第一季度的期初库存，因为 200 件产成品已经过时，故此该数额应当从期初库存中移除。第一季度末的期末库存：$67\,500 \times 4/360 \times 10 = 7\,500$；预算产量为：$67\,500 + 7\,500 - (3\,500 - 200) = 71\,700$。

【例题 2 - 23】Ming 公司下一年度预算销量为 6 300 件，在下一年年底将会有 590 件库存商品。期初存货为 470 件。公司根据以往经验，所生产产品中，有 10% 最终通不过质检，必须被销毁。请问公司下一年度应该计划生产多少单位产品？

A. 6 834 单位

B. 7 134 单位

C. 7 434 单位

D. 7 734 单位

【答案】B

【解析】选项 B 正确。

指标	下一年度预算
销量预测	6 300
+期末库存期望的存货数量	590
=总的产品数量需求	6 890
-期初存货	470
预算合格品生产量	6 420
合格率（1 - 废品率）	90%
预算产成品生产量 *	7 134

注：预算产成品生产量 = 预算合格品生产量/合格率。

【例题 2 - 24】Jordan Auto 公司编制了如下生产计划：

月份	产量
1	10 000
2	8 000
3	9 000
4	12 000

每单位产品包括 3 磅的原材料。所需期末材料为下月生产的 120% 再加 500 磅（期初存货满足需求）。Jordan 的直接人工生产标准如下：

	部门1	部门2
每单位用时	2.0	0.5
工资率	$6.76/时	$12/时

Jordan Auto 公司在 3 月份需要购买多少直接材料？

A. 70 700　　　　B. 71 700　　　　C. 36 800　　　　D. 37 800

【答案】D

【解析】选项 D 正确。

指标	3 月份
生产量（材料采购的上游需求）	9 000
×每件产品需要的原材料数量	3
=生产需求的原材料数量	27 000
+要求的期末原材料库存	43 700（12 000×120%×3+500）
=总的需求的原材料数量	70 700
−原材料的期初存货	32 900（9 000×120%×3+500）
=需要采购的原材料数量	37 800

【例题 2-25】Jordan Auto 公司编制了如下生产计划：

月份	产量
1	10 000
2	8 000
3	9 000
4	12 000

每单位产品包括 3 磅的原材料。所需期末材料为下月生产的 120% 再加 500 磅（期初存货满足需求）。Jordan 的直接人工生产标准如下：

	部门 1	部门 2
每单位用时	2.0	0.5
工资率	$6.75/时	$12/时

Jordan Auto 公司 2 月份的直接人工预算为多少？

A. $156 000　　　　B. $155 000　　　　C. $154 000　　　　D. $153 000

【答案】A

【解析】选项 A 正确。2 月的预期产成品生产数量为 8 000 个，

部门 1 人工 = 预期产成品生产数量 × 单位产品所需直接人工工时 × 直接人工工时的单位成本 = 8 000 × 2.0 × $6.75 = $108 000

部门 2 人工 = 预期产成品生产数量 × 单位产品所需直接人工工时 × 直接人工工时的单位成本 = 8 000 × 0.5 × $12 = $48 000

故此，直接人工预算为两个部门人工之和为 $108 000 + $48 000 = $156 000。

三、财务预算

企业在完成了营运预算的编制并制定了模拟（或预算）利润表后，接下来就需要编制财务预算。企业编制财务预算的目的是企业确认为支持其营运所必需的资产和资本（债务与所有者权益）的获得与使用的规划，财务预算主要包括资本预算、现金预算、模拟（或预算）资产负债表及模拟（或预算）现金流量表。

（一）资本预算

资本预算阐明公司在选定的资本项目上计划长期投资的金额，如购买不动产、厂房和设备，或者收购企业与产能。

资本预算对资本项目的划分一般采用以下方法。

（1）按项目类型（建筑、机器等）。

（2）按项目融资额度。

（3）按融资时间的先后顺序。

（4）按投资理由（设备更新、流程改进等）。

【提示】资本预算必须与公司战略保持一致，并不断调整公司战略以充分利用内部优势和外部机会。通过资本预算，企业对有限的资源能够进行更加合理的分配。

（二）现金预算

现金预算是确保企业在年度内流动性而编制的资金计划，帮助组织有序安排融资、合理规划投资久期，以便在需要资金时能及时变现。现金预算编制的周期一般为每月编制一次，也可以根据管理需要提高编制频次，如按周进行编制。

现金预算可以帮助企业进行以下四方面的财务规划。

（1）现金收入：来自当期和前期的货款回收及其他收入来源，如利息收入等。

（2）现金支出：材料采购、工资、各项费用和税金等。

（3）现金结余或短缺：期初现金余额，加现金收入，减现金支出和最小现金余额要求，所得到的就是当期的现金短缺或者现金结余。现金短缺可通过融资来解决，而现金结余可用来投资。

（4）融资和投资：如果企业出现现金短缺，意味着企业的流动性水平低于管理层或董事会设定值，企业应着手寻找现金来源，为企业发展提供合理的资金支持；而如果企业出现现金结余，意味着企业可以将结余的现金用于暂时性投资及短期投资，以提高其资金使用收益。

【提示】现金预算表中的很多信息和数据都是和总预算的其他组成部分密不可分的。例如，现金预算中的现金收入部分建立在销售预算的预测数据基础上，而与此同时，现金预算也对总预算中的其他部分产生非常重要的影响，从融资需求角度来说，现金短缺寻求融资可能决定了公司的短期借款需要，而短期借款成为模拟资产负债表中的流动负债，短期借款的利息成为模拟损益表中的利息费用。

而从投资需求来说，使用结余现金进行的短期投资成为模拟资产负债表中的流动资产，产生的收益又会形成模拟损益表中的其他收入中的投资所得。

企业的现金预算，是建立在现金收付实现制基础上，而不是会计收入和费用进行记录的权责发生制，故此，现金预算中的现金收入和支出和财务报告所记录的收入和支出的时间并不完全匹配。这些主要差异的情况如表 2-35 所示。

表 2-35　　　　　现金预算和财务报告所记录的收入和支出的时间比较

财务报告（权责发生制）	现金预算（收付实现制）
信用销售在会计上确认收入	必须现金实际收到才进入现金预算
预付款在会计上不确认为费用，而是资产	预付款是现金预算中的现金支出
计提坏账准备以及销售出现坏账在会计上被确认为费用	计提坏账准备以及销售出现坏账不影响现金预算
非现金支出，例如折旧和摊销在会计上被确认为费用	非现金支出，例如折旧和摊销不影响现金预算

（三）模拟（或预算）资产负债表

模拟（或预算）资产负债表是企业对自身资产、负债和所有者权益状况的总结和归纳。展示了公司的营运活动对其资产、负债和所有者权益的影响；通常，是总预算最后编制的项目；在编制模拟（或预算）资产负债表时，需将预算期间的营运结果与上期资产负债表中的余额相加。

（四）财务预算——模拟（或预算）现金流量表

模拟（或预算）现金流量表反映了公司的预计资金来源和资金用途，按业务活动，可将公司的现金流分别归入三项活动，它们分别是：经营活动、投资活动和融资活动。这三项活动的目的如表 2-36 所示。

表 2-36　　　　　　　　不同性质的现金流目的对比

现金流的性质	分析目的	注释
经营性现金流	追踪与企业年度正常经营业务相关的现金流动情况	分为直接法和间接法。 直接法直接报告了经营活动产生的现金收入和现金支出。这两者之间的差额就是经营活动产生的现金流量净额。 间接法是以净收益为起点，并将其调整为经营活动产生的现金流量净额。间接法针对那些影响报告净收益却不影响现金的项目，对净收益进行调整。例如，加回折旧、摊销等非现金项目，并调整在投资性现金流和融资性现金流已经包括的部分（例如利得和损失），然后调整非现金流动资产年底和年初的变化以及流动负债的年底和年初的变化

现金流的性质	分析目的	注释
投资性现金流	追踪与长期资产的买卖相关的现金流动情况	美国公认会计原则中，投资债券和股票所获得的利息和股息属于经营性现金流，而不是投资性现金流
融资性现金流	追踪与长期负债和权益的变动相关的现金流动情况	美国公认会计原则中，债务的利息支付属于经营性现金流，而不是融资性现金流

【例题2-26】从以往情况来看，P公司没有发生坏账的情况，公司的销售政策为10%现金销售，90%信用销售，具体的回款方式如下：40%的信用销售收入于销售当月收回，30%的信用销售收入于销售次月收回，25%的信用销售收入于销售后第二个月收回，5%的信用销售收入于销售后第三个月收回。未来数月的销售预测情况如下：

月份	销售额
1	\$95 000
2	\$65 000
3	\$70 000
4	\$80 000
5	\$85 000

1. 请计算4月收到的现金。

2. 由于经济衰退，P公司预计决定从4月份开始将信用销售中包含2%的坏账调整，坏账在销售后第三个月5%的现金收回应减少以反映坏账。由于这一政策的变化，4月份销售所带来的该月预计现金流入是否和政策制定之前相比发生变化？

【解析】

1. \$74 600。1~5月的收款金额计算过程如下：

销售月份	销售额	收款计算公式	收款额
1	\$95 000	95 000×(10%+90%×40%)	\$43 700
2	65 000	65 000×(10%+90%×40%)+95 000×90%×30%	55 550
3	70 000	70 000×(10%+90%×40%)+65 000×90%×30%+95 000×90%×25%	71 125
4	80 000	80 000×(10%+90%×40%)+70 000×90%×30%+65 000×90%×25%+95 000×90%×5%	74 600
5	85 000	85 000×(10%+90%×40%)+80 000×90%×30%+70 000×90%×25%+65 000×90%×5%	79 375

2. 不会发生变化。该题目4月份预计现金流入和政策制定之前相比没有发生变化。原因在于该政策仅仅影响后期的现金流入，而不影响本期，所以没有变化。

第六节 简易规划与分析技术

一、模拟财务报表与预算

完成现金预算后，企业应当编制模拟财务报表。模拟财务报表主要包括模拟利润表、模拟资产负债表和模拟现金流量表。模拟财务报表与预算的关系如图 2 - 10 所示。

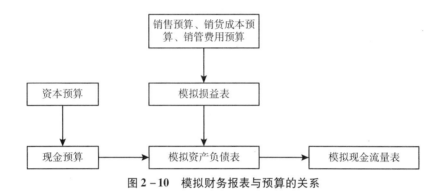

图 2 - 10 模拟财务报表与预算的关系

【提示】 模拟财务报表对企业非常有用，它能支持企业执行以下功能：①评估预期绩效是否符合公司的既定目标；②预测融资需求以实现预计的销售增长；③探讨现金流的数量、方向和原因。

二、使用销售百分比法编制模拟利润表和模拟资产负债表

销售百分比法非常适用于那些没有正式的预算团队，或者管理层需要迅速获得一份模拟财务报表的企业。它是一种比较简便的模拟报表编制方法，主要方式是将模拟利润表与模拟资产负债表中的很多科目与未来的销售收入挂钩。销售百分比法假设特定销售量所必需的直接支持性活动，将与销售成比例增长，其中涉及模拟损益表的项目有销货成本和销管费用，涉及模拟资产负债表的有流动资产、净固定资产、应付账款和应计负债；同时销售百分比法假设与融资活动有关的项目不与销售同比例增长，如应付票据、长期债务和所有者权益等。

例如，某公司采用销售百分比法预测模拟财务报表的各个科目。假设如下：

销货成本占销售额的 80%，销管费用占销售额的 5%。

现金及现金等价物相当于销售额的 3%，应收账款相当于销售额的 18%，

存货相当于销售额的 25%。

净固定资产相当于销售额的 35%，应付账款相当于销售额的 12%，其他应付款相当于销售额的 8%。

预计下一年销售收入增长 18%，普通股 12 000 股，股利支付政策为 40%。短期借款利率为 8%（余额 $5 000），长期借款利率为 10%（余额 $20 000），所得税税率为 35%。

该企业模拟利润表编制过程如表 2 – 37 所示。

表 2 – 37　　　　　　　　　　　　　　　　　　　　　　　　　　单位：千 $

	本年度（给定）	预测公式	下一年度（预测）
销售额	100	$100 \times (1 + 18\%)$	118
销售成本	80	94.4	94.4
毛利	20	118 – 94.4	23.6
销管费用	5	$118 \times 5\%$	5.9
经营利润	15	23.6 – 5.9	17.7
利息	1.8	$5 \times 8\% + 20 \times 10\%$	2.4
税前利润	13.2	17.7 – 2.4	15.3
所得税	4.62	$15.3 \times 35\%$	5.355
净利润	8.58	15.3 – 5.355	9.945
每股收益	0.72	$9.945 \times 1\,000/12\,000$	0.83
股利（40%）	3.432	$9.945 \times 40\%$	3.978
保留盈余的增加	5.148	9.945 – 3.978	5.967

该企业模拟资产负债表编制过程如表 2 – 38 所示。

表 2 – 38　　　　　　　　　　　　　　　　　　　　　　　　　　单位：千 $

	本年度（给定）	预测公式	下一年度（预测）
资产			
现金及等价物	3	$118 \times 3\%$	3.54
应收账款	18	$118 \times 18\%$	21.24
存货	25	$118 \times 25\%$	29.5
流动资产总计	46	3.54 + 21.24 + 29.5	54.28
净固定资产	35	$118 \times 35\%$	41.3
资产总计	81	54.28 + 41.3	95.58 *
应付账款	12	$118 \times 12\%$	14.16
其他应付款	8	$118 \times 8\%$	9.44
短期借款	5	不变	5
流动负债总计	25	14.16 + 9.44 + 5	28.6
长期借款	20	不变	20
负债总计	45	48.6	48.6

	本年度（给定）	预测公式	下一年度（预测）
普通股	20	不变	20
留存收益	16	16＋5.967	21.967
所有者权益总计	36	41.967	41.967
负债及所有者权益总计	81	90.567	90.567*

注：＊在上面的资产负债表中，资产的总计不等于负债及所有者权益总计，二者相差约为$5 013（$95 580－$90 567）。这个缺口就是由于未来销售增长而产生的支持企业现金流动性的融资需求，需要通过正确的融资方式来进行解决。

三、确定额外融资需求

企业可以根据初步编制完成的模拟资产负债表中总资产和负债及所有者权益的差额预测融资需求，预测融资需求金额等于模拟资产负债表中资产总额减去模拟资产负债表中负债及所有者权益总额，通过上一个案例，我们可以发现该企业的融资需求金额为$5 013 000。

企业在确认融资需求金额之后，就需要确定融资方式和融资渠道。

融资方式一般可分成对外融资和对内融资，其中对外融资可以细分为短期融资、长期融资和股权融资（发行股票）；而对内融资的主要形式就是降低支付股利，让更多的盈余留在企业内。

上一个案例中，企业决定通过短期借款的方式进行解决融资需求，因此在资产负债表中，企业将短期借款将增加$5 013 000，该企业调整之后的模拟资产负债表如表2－39所示。

表2－39　　　　　　　　　　　　　　　　　　　　　　　　单位：千$

	本年度（给定）	预测公式	下一年度（预测）
资产			
现金及等价物	3	118×3%	3.54
应收账款	18	118×18%	21.24
存货	25	118×25%	29.5
流动资产总计	46	3.54＋21.24＋29.5	54.28
净固定资产	35	118×35%	41.3
资产总计	81	54.28＋41.3	95.58
应付账款	12	118×12%	14.16
其他应付款	8	118×8%	9.44
短期借款	5	5＋5.013	10.013
流动负债总计	25	14.16＋9.44＋10.013	33.613
长期借款	20	不变	20
负债总计	45	33.613＋20	53.613
普通股	20	不变	20
留存收益	16	16＋5.967	21.967
所有者权益总计	36	41.967	41.967
负债及所有者权益总计	81	90.567	95.58

四、编制模拟现金流量表

企业在编制完模拟利润表和模拟资产负债表之后，就可以编制模拟现金流量表。模拟的经营性现金流有两种编制方式：直接法和间接法。

直接法直接报告了经营活动产生的现金收入和现金支出，这两者之间的差额就是经营活动产生的现金流量净额。

间接法要比直接法复杂一些，它是以净收益为起点，并将其调整为经营活动产生的现金流量净额。间接法针对那些影响报告净收益却不影响现金的项目，对净收益进行调整。例如，加回折旧、摊销等非现金项目，并调整在投资性现金流和融资性现金流已经包括的部分（例如利得和损失），然后调整非现金流动资产年底和年初的变化以及流动负债的年底和年初的变化。

直接法下经营性现金流的归集如表2-40所示。

表2-40	直接法下经营性现金流的归集
经营活动现金流：	
现金流入：	
+收到顾客的现金	
+应收票据的利息收入	
+投资于股票的股息收入	
=总的现金流入	
现金支出：	
+向供应商的支付	
+员工的支付	
+利息支付	
+税费支付	
=总的现金支出	
经营活动的净现金流（总现金流入-总现金支出）	

间接法下经营性现金流的归集如表2-41所示。

表2-41	间接法下经营性现金流的归集
经营活动现金流：	
净收益	
将净收益调整为经营活动净现金流：	
+折旧/折耗/摊销费用	
+投资或者筹资活动的损失（往往是出售长期资产的损失）	

－ 投资或者筹资活动的利得（出售长期资产的利得）
－ 除了现金以外的流动资产的增加
＋ 除了现金以外的流动资产的减少
＋ 流动负债的增加
－ 流动负债的减少
＝ 经营活动的净现金流

【例题 2－27】 美国某公司第二季度 4～6 月的销售数量如下：

	4 月	5 月	6 月
美国（销售量）	75 000	66 000	66 000
加拿大（销售量）	65 000	35 000	45 000

销售单位价格：美国境内产成品单位销售价格为 ＄50，加拿大境内产成品销售价格为 60 加元。

直接材料的购买单位成本：美国为 ＄10，加工成本为 ＄5，墨西哥为 350 比索；美国生产的产成品在美国境内销售，墨西哥购买的卖往加拿大。

关于汇率：美元兑加元，4 月为 1.2；5 月为 1.18；6 月为 1.16。美元对比索，4 月为 11；5 月为 11.5；6 月为 12。

该企业的销售情况为上月的销售收入本月现金入账，材料成本及加工成本是本月的生产量上月现金预先支付；每个月企业发生的管理费用为 ＄400 000，6 月份需支付税款 ＄1 000 000，6 月份需支付长期借款利息 ＄500 000。而 3 月份的现金余额是 ＄1 000 000。

要求：编制该公司 4～6 月现金流量表。
【答案】

	计算公式	4 月	5 月	6 月
期初余额		＄1 000 000	＄3 746 364	＄8 041 884
加：销售回款				
－ 美国	单价×数量	3 000 000	3 750 000	3 300 000
－ 加拿大	单价×数量/汇率	2 250 000	3 305 085	1 810 345
减：成本付款				
－ 美国	单价×数量	990 000	990 000	900 000
－ 墨西哥	单价·数量/汇率	1 113 636	1 369 565	1 166 667
减：管理费用		400 000	400 000	400 000
减税金				1 000 000
减利息				500 000
期末余额		＄3 746 364	＄8 041 884	＄9 185 562

【例题 2-28】 Holland 公司目前正对第二季度末的现金状况进行预测：

一季度末现金余额	$36 000
二季度从客户处获得的现金收入	$1 300 000
一季度末应付账款	$100 000
二季度末应付账款	$75 000
2 个季度的成本和费用（权责发生制）	$1 200 000
折旧（包括预提费用）	$60 000
资产购置（现金）	$50 000
资产处置的利得（现金）	$5 000
出售资产的净账面价值	$35 000
偿还应付票据	$66 000

通过以上信息，Holland 公司二季度末的现金余额为：

A. $0   B. $25 000

C. $60 000   D. $95 000

【答案】D

【解析】选项 D 正确。

一季度末现金余额	+	$36 000
二季度从客户处获得的现金收入	+	$1 300 000
一季度末应付账款	−	$100 000
二季度末应付账款	+	$75 000
2 个季度的成本和费用（权责发生制）	−	$1 200 000
折旧（包括预提费用）	+	$60 000
资产购置（现金）	−	$50 000
资产处置的利得（现金）	+	$5 000
出售资产的净账面价值	+	$35 000
偿还应付票据	−	$66 000
合计		$95 000

五、使用模拟财务报表评估预期绩效

使用模拟报表评估预期绩效是指企业通过计算各种财务比率来进行，并将计算结果同预先设定的目标值和行业平均值相比较。企业一般常用的财务比率有以下几种，如表 2-42 所示。

表 2 – 42 常见的财务比率

财务比率	公式
流动比率	$\dfrac{流动资产}{流动负债}$
速动（酸性测试）比率	$\dfrac{流动资产 - 存货}{流动负债}$
资产回报率（ROA）	$\dfrac{净利润}{平均总资产}$
毛利率	$\dfrac{毛利}{销售收入}$
营业利润率	$\dfrac{营业利润}{销售收入}$
债务比率（资产负债率）	$\dfrac{总债务}{总资产}$
利息偿付率（利息保障倍数）	$\dfrac{息税前利润（EBIT）}{利息费用}$
基本 EPS（每股收益）	$\dfrac{净利润 - 优先股股利}{发行在外的加权平均普通股股数}$

【出题方向 1】 定义或者解释某一种战略规划工具，并结合案例中的信息对战略规划工具进行分析，并说明该战略规划工具对案例中企业的意义。

解题要点：熟练掌握规划工具涵盖的主要方面及适用的情况。包括企业在战略规划前的外部环境分析和内部环境分析过程中所应用的波特的五因素分析，SWOT 分析、在情境规划中采取的 5C 分析和 PEST 分析，以及对产品和服务进行定位的波士顿矩阵，并将上述分析工具结合题中的信息进行综合的案例分析。考试的重点是波特的五因素分析、SWOT 分析和波士顿矩阵。

【出题方向 2】 预算的基本概念和企业编制预算的原因在实践中的运用，并结合案例中的信息说明预算的基本概念重要性和企业编制预算的目的合理性。

解题要点：理解并记忆预算对于企业来说是一个实体的营运计划和控制工具，它为企业建立了重要的定量目标，并为企业未来一年的损益、现金流量和财务状况设定了具体目标。而企业编制预算原因主要是预算有规划工具、沟通和协调工具、监督工具与评估工具作用，同时根据案例提供的信息，详细说明案例企业在预算管理过程中所做的工作是否符合预算的基本要求和目的。

【出题方向 3】 定义或者说明三种公司预算流程、各种预算流程的特点及其优缺点。

解题要点：理解并记忆权威式预算、参与式预算和混合式预算流程的各自特点。权威式预算的特点主要包括：①预算的编制时间短，成本低；②该预算将企业战略作为首要位置；③各部门为了企业战略进行更好的协调工作；④部门管理者不一定能够良好实施权威式预算；⑤部门管理者不受激励。参与式预算的特点主要包括：①预算的编制时间长，成本较高；②该预算不将企业战略作为首要位置；③各部门没有为企业战略进行良好的协调工作；④部门管理者因为和领导进行了沟通，能够良好实施该预算；⑤管理者可能因为自身的利益，会刻意进行预算松弛的行为。而混合式预算的主要特点是：①上级从上到下制定预算，下级从下到上实施预算；②上级和下级之间进行广泛的交流和沟通。

在答题过程中，应当充分结合题目中的案例公司预算流程情况，迅速说明其特征，然后同其他的预算流程进行对比说明其优缺点。解体思路主要围绕着案例公司的预算是否支撑公司整体战略、是否充分发挥协调作用、是否能够激励员工、是否促进中低层员工对预算的执行和适用的情况等几个方面进行阐述。

【出题方向4】结合案例提供的企业预算管理信息，解释说明成功预算的编制特征，并指出案例企业的预算编制是否成功。

解题要点：理解并记忆成功预算编制的特征包括：①预算与公司战略保持一致，因为预算必须支撑公司的战略落地；②预算流程相对独立，但应根据战略规划和预测来编制预算；③预算能用来缓解潜在的"瓶颈"问题，并能将资源进行有效配置；④预算中所给出的数据和事实在技术上必须正确无误且准确；⑤管理层充分认可预算，并对预算负责；⑥员工视预算为规划、沟通和协调的工具，而不是压力或惩罚措施；⑦预算应对员工起到激励作用；⑧预算应作为一种内部控制工具，内部使用的预算应以可控成本为基础实施绩效评估；⑨销售费用和管理费用的预算应足够详细以使得关键假设能被很好的理解；⑩预算编制团队的上级部门必须审查并核准预算。在答题过程中，应当充分结合题目中的案例公司预算管理情况，迅速说明其预算编制的优点或缺陷，并针对其缺陷提出有针对性的解决方案。

【出题方向5】定义并解释预算松弛，并阐述消除预算松弛的解决方案。

解题要点：理解并记忆预算松弛定义是管理者因为内心害怕失败，完不成预算的心理倾向，而在预算中给自己留有余地。它的表现形式是成本和费用预算高估而销售预算低估。理解并记忆预算松弛的解决方案包括：①高管层制定有一定挑战的预算目标；②严格的预算审批；③采取零基预算和作业基础预算避免不必要的财务资源浪费；④管理层以身作则，自己不带头预算松弛；⑤对预算和实际对比准确度进行分析，对预算不准确的情况进行惩罚；⑥要求企业人员更高的职业操守和诚信度。

【出题方向6】解释和说明预算过程中的成本标准的制定方式，并阐述成本标准的来源。

解题要点：理解并记忆成本标准制定方式分为权威式标准和参与式标准两种，而成本标准的选取又分成理想标准和基本可实现标准两种。关于设定成本标准的信息来源，应理解并记忆四种信息来源：①作业分析；②历史数据；③市场预期和战略决策；④标杆分析。其中作业分析是最彻底的成本标准计算方法。

【出题方向7】结合案例提供的定量信息，进行学习曲线的计算，并解释说明学习曲线的优缺点。

解题要点：理解并准确进行增量法和累积法下的学习曲线的定量计算，认识到增量法和累积法在产出翻倍的时候，增量法学习曲线是生产最后一个产品的时间节约，而累积法学习曲线是生产所有产品平均时间的节约。理解并记忆学习曲线的优点包括：①有利于预算成本制定；②有利于产品定价；③有利于绩效评估；④有利于增加客户满意度。而学习曲线的缺点包括：①学习曲线仅适合人工密集型、重复性人工操作的企业；②学习曲线率理论上是固定的，但在现实中绝非如此，降幅会有变化；③学习曲线未必是影响企业效率变化的唯一原因，其他因素（如产品组合变化、劳动力组合变化等）有可能才是企业人工成本降低和优化的核心要素。

【出题方向8】定义某一种预算编制方法，解释并说明某一种预算编制方法的优点和缺点。

解题要点：熟练掌握各种预算的编制方法定义和优缺点，包括弹性预算、零基预算、滚动预算、产品生命周期预算和作业基础预算等。结合题意给出的背景信息和题目中所采用的预算编制方法确认是否恰当或存在不足之处进行阐述。重点关注弹性预算的优点、零基预算的定义和优点，以及产品生命周期预算的优缺点。

【出题方向9】定义营运预算、财务预算、资本预算和现金预算，并解释说明营运预算和财务预算的组成部分。

解题要点：理解并记忆：①营运预算是企业关于确定营运所需资源及获得方式的预算，它包括销售预算—生产预算—直接材料预算—直接人工预算—间接费用预算和成本预算—销管费用预算，结束于模拟损益表。②财务预算是企业关于资金来源与使用的预算，如现金流、财务状况、收入等预算。它主要包括资本预算和现金预算两个部分，结束于模拟资产负债表。③资本预算阐明公司在选定的资本项目上计划长期投资的金额，如购买不动产、厂房和设备，或者收购企业与产能。④现金预算是确保企业在财务年度内流动性而编制的资金计划，帮助企业有序安排融资、合理规划投资久期，以便在需要资金时能及时变现。

【出题方向10】用销售百分比法编制模拟资产负债表、模拟利润表和模拟现金流量表。

解题要点：第一步，要分清楚财务报表上哪些科目会随着销售的变化而变化，哪些科目不全是随着销售的变化而变化。然后计算出相应科目的数值。第二步，在第一步的计算结果之上，确定融资金额，融资金额＝资产－负债－所有者权益。第三步，根据题目提供的融资方式分配不同方式的融资金额，然后更新报表数值。

一、单选题

【经典试题1】关于企业制定的使命，以下哪一个是不恰当的描述？
A. 定义该公司在该行业运营的宗旨
B. 确定该公司提供何种产品或者服务
C. 对员工而言，提供一个共同努力的目标
D. 企业在某一特定区域提高市场份额的策略
【答案】D
【解析】选项A不正确。使命是企业在一个行业中应当能够达到的目标。企业制定自身的使命，有助于实现其在一个行业里面运营的宗旨。

选项B不正确。使命告知了企业在一个行业中提供的产品或者服务。

选项C不正确。使命是企业在一个行业中应当能够达到的目标。企业将使命下达给员工，激励其不断努力，实现这个目标。

选项D正确。使命无法帮助企业如何实现在某一特定区域提高市场份额的方式和方法。

【经典试题2】以下选项均叙述了预算流程的优点，除了该预算：
A. 促使管理层评估公司的未来目标
B. 建立业绩评估基准用来识别未达标的业绩
C. 有利于部门之间的沟通
D. 确保组织内改善成本控制
【答案】D
【解析】选项A不正确。它要求管理者评估使用的假设和预算过程中识别的目标的合理性。

选项B不正确。它提供管理层重要的业绩评价的标准和确认部门的业绩是否达标。

选项C不正确。它可以作为管理层和下属的协调和沟通的工具。

选项D正确。正式的预算过程不能确保组织内改善成本控制，也不能预防无效率，正式的过程仅仅是让组织朝着改善成本控制和效率的方向前进的一种工具。

【经典试题3】以下哪一项不是成功的预算流程的特征？
A. 设定具体预期来与实际经营数据对比

B. 获得高层管理人员的支持

C. 利用市场反馈来帮助设定预期

D. 将预算作为绩效评估的唯一基准

【答案】D

【解析】选项 A 不正确。设定具体预期并与实际经营数据做对比是成功预算的特征。

选项 B 不正确。获得高级管理层的支持是成功预算的特征。

选项 C 不正确。利用市场反馈来帮助设定预期是成功预算的特征。

选项 D 正确。因为预算不是绩效评估的唯一基准。预算是一个定量的目标，而全面的绩效评估，例如平衡记分卡，应当既有定量的部分，也有定性的部分，这样才能客观和公正，符合企业的长远利益。

【经典试题4】以下哪一项最准确地描述了预算松弛？

A. 在该公司前几个月实现了年度预算的目标后，管理层开始采取制定宽松预算目标的做法

B. 实际费用低于预算费用的金额与实际收入超出预算收入的金额之和

C. 为确保预算目标更容易实现而低估预算收入或高估预算成本的做法

D. 为鼓励经理准确、一致地编制预算而为每个成本中心指定误差幅度

【答案】C

【解析】选项 A 不正确。这不是预算松弛的定义，企业在当年已经完成预算目标，虽然它在制定宽松些预算目标，但并不意味着该年的预算是松弛的。

选项 B 不正确。该选项的金额之和没有预算管理方面的意义。

选项 C 正确。预算松弛定义就是为确保预算目标更容易实现而低估预算收入或高估预算成本的做法。

选项 D 不正确。指定的误差幅度与预算松弛并不相关。

【经典试题5】自上而下的预算编制方法最大的缺点是：

A. 有损目标的一致　　　　　　B. 缺少高层管理的支持

C. 与战略计划不一致　　　　　D. 缺乏重要的激励作用

【答案】D

【解析】选项 A 不正确。自上而下的预算编制方法中，预算的制定主要由高层确定，高层对公司的目标理解非常充分，所以预算和企业的目标结合得很紧密。

选项 B 不正确。自上而下的预算编制主要由高层确定，所以高层对预算也是支持的。

选项 C 不正确。自上而下的预算编制主要由高层确定，高层对公司的战略目标理解非常充分，所以预算和战略计划一致。

选项 D 正确。自上而下的预算编制方法缺乏和中下层员工的沟通，所以他们对预算目标的接受程度不高，这样编制出来的预算对员工的激励作用是严重欠缺的。

【经典试题6】在回归分析中，以下哪个相关系数代表了独立变量与因变量间最强的相关性？

A. 1.03　　　　　B. −0.02　　　　　C. −0.89　　　　　D. −0.75

【答案】C

【解析】选项 A 不正确。该数值超出了相关系数值取值范围。

选项 B 不正确。该相关系数值距离 0 最近，但距离 −1 较远。距离 0 近意味着相关性非常微弱。

选项 C 正确。相关系数范围在 −1 ~ +1，−1 为完全负相关，+1 为完全正相关。相关系数的绝对值越接近 1 说明其相关性越强，在 4 个选项中 −0.89 的绝对值距 1 最接近，因此 −0.89 表示的独立变量与因变量之间的关系具有最强的相关性。

选项 D 不正确。−0.75 与 −0.89 相比，距 −1 较远。该系数的绝对值（0.75）与 −0.89 的绝对值（0.89）相比，距 1 较远。

【经典试题7】在准备下一年度利润计划时，Wilkens 公司想要确定其维修成本的成本习性。Wilkens 决定采用 $y = a + bx$ 的线性回归方法分析维修成本。上年维修时间和维修成本及回归分析结果如下：

月份	耗费小时	维修成本
1	480	$4 200
2	320	3 000
3	400	3 600
4	300	2 820
5	500	4 350
6	310	2 960
7	320	3 030
8	520	4 470
9	490	4 260
10	470	4 050
11	350	3 300
12	340	3 160
合计	4 800	$43 200
平均	400	$3 600

平均每小时的成本	$9.00
A	684.65
B	7.2884
a 的标准差	49.515
b 的标准差	0.12126
估计的标准差	34.469
R^2	0.99724

如果 Wilkens 公司运用高低点法进行分析，那么耗用小时与维修成本之间关系的等式是：

A. $y = 400 + 9.0x$

B. $y = 570 + 7.5x$

C. $y = 3\,600 + 400x$

D. $y = 570 + 9.0x$

【答案】B

【解析】选项 B 正确。需要建立作业与维修成本之间的等式关系，首先要确定耗用时间的最高点（8 月的 520）和最低点（4 月的 300）。

月份	耗费小时	维修成本
8	520	\$4 470
4	(300)	(\$2 820)
差异	220	\$1 650

因为工时数增加 220，成本增加 \$1 650，则每小时 \$7.5。因此，在 300 小时作业量，总变动成本是 \$2 250（\$7.5 × 300）。因为总成本是 \$2 820，超过变动成本的 \$570 一定是固定成本。将其代入标准回归等式 $y = a + bx$，则 $y = \$570 + \$7.5x$。

【经典试题 8】预计某一特定生产工作的学习曲线率为 80%。完成单位产品需要 50 个人工时。如果学习曲线是基于生产单位产品累计平均工时的假设为前提，那么生产第二个产品需要多少小时？

A. 30.0   B. 40.0   C. 45.0   D. 50.0

【答案】A

【解析】选项 A 正确。学习曲线反映的是人们在新任务中根据其过往经验，完成给定任务需要的时间逐渐变得较短。一般来讲，曲线描述的是完成每次翻倍作业量时所需时间减少的百分比。学习曲线模型通常的假设前提是，单位累积平均时间每次作业量翻番时按照一定百分比减少。因此，学习曲线率为 80%，表明产量翻番所需时间减少 20%。例如，如果生产第一件产品需要 50 小时，则生产 2 个产品所需的单位时间为 40 小时（50 × 80%）。如果生产时间总计需要 80 小时（2 × 40 累积平均时间），生产第一件产品需要 50 小时，则生产第二个产品所需时间为 30 小时（80 − 50）。

选项 B 不正确。数字是以假设生产最后一件产品的时间（增量时间假设）减少 20% 为基础。

选项 C 不正确。该选项结果是以学习曲线率为 90% 和增量时间假设为基础。

选项 D 不正确。第一件产品的完成时间是 50 小时。

【经典试题 9】Philip 公司是视频光盘的分销商，正在编制明年销售成本的预算。Philip 公司对销售规模及其相关概率作了如下预测：

预计销售额	概率
$60 000	25%
$85 000	40%
$100 000	35%

Philip 公司的销售成本是其销售额的 80%，那么该公司预计销售成本的期望值是：

A. $85 000　　　B. $84 000　　　C. $68 000　　　D. $67 200

【答案】D

【解析】选项 A 不正确。$85 000 是最高概率下预计销售额。

选项 B 不正确。$84 000 是销售额期望值。

选项 C 不正确。$68 000 是最高概率下预期销售额的 80%。

选项 D 正确。期望值分析法是通过将预测的销售及相关概率进行加权计算出来的。因此销售额期望值是 $84 000 [($60 000 × 25%) + ($85 000 × 40%) + ($100 000 × 35%)]。因此，产品销售成本是 $67 200（$84 000 × 80%）。

【经典试题 10】Johnson 公司要对预算进行全面的审查。CEO 认为，每个项目的预算不能因为今年通过审批，下一年就自动延续，并且要求各部门经理证明其预算项目的准确性。请问 Johnson 公司应该采取什么样的预算？

A. 零基预算　　　B. 项目预算　　　C. 增量预算　　　D. 弹性预算

【答案】A

【解析】选项 A 正确。复查可能失效的职能和职责是零基预算的一个优势。如果某个项目的财务资源配置不合理，下一年需要进行重新评估和重新配置，这是零基预算的典型做法。

选项 B 不正确。项目预算并不涉及对年度预算进行全面审查和重新评估事宜。

选项 C 不正确。增量预算非常可能造成某项目预算今年通过审批，明年就继续延续。

选项 D 不正确。弹性预算和题目所说的内容没有关联。

【经典试题 11】总预算编制过程以哪一项开始？

A. 生产预算　　　B. 经营预算　　　C. 财务预算　　　D. 销售预算

【答案】D

【解析】选项 A 不正确。直到销售预算完成才能编制生产预算。

选项 B 不正确。编制销售预算是整个预算流程的第一步。

选项 C 不正确。编制销售预算是整个预算流程的第一步。

选项 D 正确。总预算或综合预算是将所有预算合并到组织的计划和控制文件中。总预算的编制通常需要花费几个月的时间。销售预算是第一个编制的预算，因为它是编制其他预算的基础。一旦公司可以预估销售，下一步就是决定生产多少或采购多少。

【经典试题 12】Harvin 公司在收到现金付款的当月，对其销售团队支付销售佣金。佣金为每月现金流入总额的 5%。Harvin 公司预计 8 月、9 月、10 月的销售分别为 $300 000、$400 000、$200 000。赊销和现金销售大约各占一半。经验显示，70% 的赊销款项会在销售发生的次月收回，20% 在售后第二个月收回，10% 无法收回。基于以上信息，Harvin 公司 10 月份支付的佣金总额为：

　　A. $8 500　　　　B. $13 500　　　　C. $17 000　　　　D. $22 000

【答案】B

【解析】选项 A 不正确。$8 500 没有考虑 10 月份的现金销售。

选项 B 正确。Harvin 公司 10 月份的现金销售预算为 $100 000（全部销售额 $2 000 000 的一半）。预计 8 月赊销额的 20% 将在 10 月份收回，即（$150 000 × 20%）= $30 000。预计 9 月赊销额的 70% 将在 10 月份收回，即（$200 000 × 70%）= $140 000。因此，10 月份预计现金流入等于 $100 000 + $30 000 + $140 000 = $270 000。因为销售佣金是每月现金流入量的 5%，因此 10 月份的销售佣金为 $13 500（$270 000 × 5%）。

选项 C 不正确。$17 000 是以 8 月份和 9 月份销售总额为基础计算的，而不是以赊销额为基础计算的。

选项 D 不正确。$22 000 使用的是销售总额，而不是赊销额。

【经典试题 13】Superior 实业公司明年的季度销售预算如下所示：

季度	销量
第一季度	10 000 件
第二季度	8 000 件
第三季度	12 000 件
第四季度	14 000 件

公司要求期末存货保持在下个季度销量的 20%，那么明年第二季度预计产量为：

　　A. 7 200 件　　　　B. 8 000 件　　　　C. 8 800 件　　　　D. 8 400 件

【答案】C

【解析】选项 A 不正确。7 200 件意味着将期初存货减掉两次。

选项 B 不正确。8 000 件意味着假设存货没有变化。

选项 C 正确。需要的产成品为销售（第二季度销量 8 000 件）加上希望的期末库存（第三季度销售预算 2 400 件（12 000 件 × 20%）），减去期初存货（第二季度预计销售的 1 600 件（8 000 件 × 20%）），等于第二季度生产预算的

8 800 件。

选项 D 不正确。8 400 件意味着在计算时包括了第一季度的期初存货，而不是第二季度的期初存货。

【经典试题 14】以下哪一项在编制总预算时可以被视为是独立的？

A. 期末存货预算   B. 资本投资预算

C. 预计利润表   D. 预计资产负债表

【答案】B

【解析】选项 A 不正确。期末存货预算是以现有生产预算为基础。

选项 B 正确。不像其他总预算要素，资本投资预算可以提前一年多进行编制。因为必须制定几种类型的资本投资的长期任务，必须提前编制该计划，并以未来年度的需求为基础，而不是以今年的需求为基础。

选项 C 不正确。预计利润表是以销售预算、费用预算及目前总预算其他项目为基础。

选项 D 不正确。预计资产负债表是以目前总预算的其他项目为基础。

【经典试题 15】Birch 公司信用销售的历史经验为：

- 70% 的信用销售收入于销售当月收回
- 15% 的信用销售收入于销售次月收回
- 10% 的信用销售收入于售后第二个月收回
- 4% 的信用销售收入于售后第三个月收回
- 1% 的信用销售收入无法收回

上半年信用销售预算如下：

1 月	$70 000
2 月	$90 000
3 月	$100 000
4 月	$120 000
5 月	$100 000
6 月	$90 000

Birch 公司在第二季度从第二季度销售中回收的现金为：

A. $262 000   B. $288 800   C. $306 900   D. $310 000

【答案】A

【解析】选项 A 正确。第二季度是由 4 月、5 月和 6 月组成。4 月销售 $120 000，收款为 95%（70% + 15% + 10%），收款额 $114 000。5 月销售 $100 000，收款为 85%（70% + 15%），收款额 $85 000。6 月销售 $90 000，收款为 70%，收款额 $63 000。第二季度总回款额为 $262 000（$114 000 + $85 000 + $63 000）。

选项 B 不正确。$288 800 包括从第一季度销售中收回的现金。

选项 C 不正确。$306 900 是第二季度销售额的 99%。这个应该是预计在日历年度内收回的金额。

选项 D 不正确。$310 000 是第二季度预计的总销售额。

二、简答题

Bloomington 公司财务总监 Jerry 正在和下属一起进行预算编制工作。在和下属进行交流和沟通之后，Jerry 要求预算编制团队人员在 6 周内制定出预算，提交给企业高管团队进行审批。在预算编制会议上，财务分析师 Mark 告诉 Jerry，企业明年的销售将比今年提高 20%。作为变动成本，原材料、变动制造费将随销售额的提高而成比例提高，而另外一项变动成本——人工费用的增长将为 10%。固定制造费用明年将和今年保持一致。在销售管理费用中，变动部分每单位为 $1 000，固定部分明年降低 $2 000 000。Jerry 随后翻阅了本年度的销售业绩，发现了如下的财务数据：销售单位 10 000 个，每个产品售价 $10 000，人工费用为 $20 000 000，原材料费用为 $30 000 000，变动制造费用为 $10 000 000，固定制造费用为 $5 000 000，销售管理费用为 $15 000 000。

问题：

1. 该公司的预算编制流程是哪一种？它有什么优点和缺点？

2. 财务分析师 Mark 进行预测后编制预算最可能采取的预算编制方法是哪种？它存在哪种优点和缺点？

3. 请编制该企业明年模拟利润表的预算。

4. 企业如果明年实际销售额提高了 30%，在未来进行合理的绩效评估的方式是什么？

5. 在确定人工成本的过程中，财务分析师 Mark 进行了学习曲线分析。请说明为什么 Bloomington 公司未来一年的人工成本并没有按销售增长而成比例增长？学习曲线能够帮助企业达到什么样的管理目的？

【答案】

1. 该公司的预算编制流程是哪一种？它有什么优点和缺点？

由于财务总监和下属在预算编制过程中进行了广泛的交流沟通，故此该公司的预算编制方式应当属于参与式预算。参与式预算是一种自下而上的预算，也就是管理者和下属共同商讨进行的预算。

参与式预算的优点是：

（1）来自第一线的专业信息有可能使预算决策更可靠。

（2）部门管理者因为和领导进行了沟通，受到激励，故此能够良好实施该预算。

（3）参与式预算非常适用于经营环境高度波动的企业。

参与式预算的缺点是：

（1）该预算不将企业战略放在首要位置，各部门可能无法为企业战略进行良好的协调工作。

（2）预算编制时间长，成本较高。

（3）预算过程中，如果高管过松审批会导致预算松弛。

2. 财务分析师 Mark 进行预测后编制预算可以采取的预算编制方法是哪种？它存在哪种优点和缺点？

财务分析师 Mark 进行预测后编制的预算可以采取增量编制方法。原因在于 Mark 的预测无论是收入还是成本都是建立在上一年的经营数值之上，并在此基础上进行百分比的增加。

增量预算法的优点是：企业预算编制速度快并且费用低，而且能够利用预算编制历史的良好经验和基础。

增量预算法的缺点是：预算编制历史中的错误和不利内容都无法在新的预算编制过程中排除掉，并且增量预算法很容易导致预算松弛和财务资源配置不合理。

3. 请编制该企业明年模拟利润表的预算。

模拟利润表的预算编制如下：

单位：千 $

模拟利润表	金额	计算过程
企业销售收入	120 000 000	（10 000 000 × 120% × 10 = 120 000 000）
销货成本	75 000 000	（30 000 000 × 120% + 20 000 000 × 110% + 10 000 000 × 120% + 5 000 000）
毛利	45 000 000	（120 000 000 − 75 000 000）
变动销管费用	12 000 000	（10 000 000 × 120%）
固定销管费用	3 000 000	（5 000 000 − 2 000 000）
营业利润	30 000 000	45 000 000 − 12 000 000 − 3 000 000

4. 企业如果明年实际销售额提高了 30%，在未来如何进行最合理的绩效评估？

应该编制一份销售额增长 30% 的弹性预算，并将此弹性预算和实际业绩相比进行绩效评估。因为弹性预算是建立在静态预算的基础上，标准成本和标准价格不变，而对生产的数量或者销售的数量进行改变后编制而成，在进行绩效评估的时候，将静态预算调整成以实际产出或销售额为基础的弹性预算之后，将该弹性预算和实际业绩进行绩效评估，分析弹性预算差异和销售量差异，从而更好地了解企业销售额增长 30% 的情况下，成本、费用和销售收入方面的差异情况和业绩表现。

5. 在确定人工成本的时候，财务分析师 Mark 进行了学习曲线分析。请说明为什么人工的增长没有按销售比例增长而相应增长。学习曲线能够帮助企业达到什么样的管理目的？

人工成本的增长没有按照销售比例增长而相应增长，实际原因是该企业可能是劳动密集型企业，产品做得越多，工人工作就越熟练，工人效率得到提升，故此人工成本增长会放缓，没有按照销售增长而成比例的增长，这反映出了学习曲线的性质：当员工的效率不断提高的时候，人工成本将会呈曲线降低。

研究学习曲线对于企业有非常重要的管理意义，学习曲线研究可以：①帮助企业确定产品成本；②帮助企业合理定价；③帮助企业进行良好的绩效评估；④帮助企业准确计算客户的交付时间，提高客户的满意度。

同步测试题 • • •

一、单选题

1. Sams Inc 正在用波特的五因素分析对其供应商情况进行评估，以下哪种情况（仅单独考虑每种情况）会使的 Sams Inc 的议价能力减弱？

A. Sams Inc 从其供应商处购买了大量原材料，采购占该供应商生产量的 85%

B. 该供应商的产品质量非常稳定

C. Sams Inc 在越南一个供应商承诺可以提供类似的原材料

D. 该供应商的原材料不属于直接消费产品

2. 某企业一个分部市场占有率很高，但是近几年市场增长率放缓，充沛的现金流还能给其他业务提供支持，请问属于波士顿矩阵中的哪个？

A. 明星业务 　　　　　　　　B. 现金牛业务

C. 问题业务 　　　　　　　　D. 瘦狗业务

3. 波士顿矩阵中现金牛属于哪个象限？

A. 高市场增长率，高市场份额 　　B. 高市场增长率，低市场份额

C. 低市场增长率，高市场份额 　　D. 低市场增长率，低市场份额

4. 某食品加工企业正在分析企业内部战略的优势和劣势，下列表述中体现该食品加工企业内部战略内含的是：

A. 该食品加工企业所处的社会、政治环境

B. 市场劳动力水平提升对经济的影响

C. 食品加工技术提升

D. 企业竞争对手的变动

5. 下列哪一项不是在管理控制制度中采用预算的优点所在？

A. 督促管理层编制计划

B. 提供业绩考核的标准

C. 在组织内部促进沟通和加强协调

D. 限制未经授权审批的费用开支

6. 一份成功预算应包括以下几个方面，除了：

A. 每月定期进行调整和修改   B. 年底提供绩效评估基础
C. 有助于激励员工努力工作   D. 和企业战略目标保持一致

7. Amador 公司负责计划工作的副总裁 Helen Thomas 对发生的事情心知肚明。她告诉公司的总会计师，她对在编制预算时经验老到的经理人员所留的"预算宽松余地"很不满。Thomas 已经考虑在预算编制过程中实行下列一些措施：

Ⅰ. 由高级管理层制定预算指标，然后下达至下级经营单位。
Ⅱ. 详细研究以前各期的实际收入和费用。
Ⅲ. 由经营单位编制预算，并由全公司范围的预算委员会提交后批准。
Ⅳ. 将预算对全体员工公开，以此为达成公司的目标的手段。
Ⅴ. 采用反复多次修正的预算编制流程，由经营单位和/或高级经理人员提出多轮修改建议。

为了最大限度地解决 Thomas 的忧虑和遇到的问题以及激励员工，Thomas 应该采取上述的哪些措施？

A. 只有措施 Ⅰ   B. 措施 Ⅱ 和 Ⅲ
C. 措施 Ⅱ 和 Ⅳ   D. 措施 Ⅱ、Ⅳ 和 Ⅴ

8. 在对密歇根公司的运营情况做了全面的调研以后，一位独立的咨询顾问认为公司的劳动力标准设定可能过紧。下列提到的哪一项事实和该咨询顾问的结论不一致？

A. 对业绩报告的审查，显示存在着很多生产效率的不利差异
B. 公司的预算编制流程规定得明白清晰，且遵循自下而上的理念
C. 管理层观察到近几期的激励奖金支付很少
D. 生产监管人员发现产量波动显著，大起大落

9. 缺少下列哪一项有可能导致计划和预算编制制度达不到理想的目标？

A. 历史的财务数据   B. 来自各级管理层的看法
C. 高级管理层的支持   D. 在年度中遵照刚性的预算办事

10. 预算松弛会给企业造成以下不良情况，除了：

A. 成本预算高估，销售预算低估
B. 资源分配不准确
C. 削弱部门协调性
D. 管理层可以了解公司实际盈利水平

11. A 公司已经收集了过去 24 个月的数据以确定是否存在一个自变量，可以用来估计送货费用。正在考虑的三个可能的自变量是送货数量、送货里程和送货重量。用来确定这些自变量是否能为送货成本提供有效估计的定量技

术是:

    A. 弹性预算法　　　　　　　　　B. 线性规划法

    C. 线性回归分析　　　　　　　　D. 可变成本法

12. 某制造公司有机会竞标生产 20 单位产品,该公司已经生产了两批,每批 10 单位。生产经理相信生产前两批时经历的学习会至少在后两批的生产过程中持续。前两批所需的直接人工如下所示:

- 第一批 10 单位产品的直接人工工时为 5 000
- 第二批 10 单位产品的直接人工工时为 3 000

该公司生产前两批的累积学习率是:

    A. 40.0%　　　　B. 60.0%　　　　C. 62.5%　　　　D. 80.0%

13. 为了竞争一个军事合同,作为承包商,Aerosub 公司已经为太空飞船开发出一新产品,需要制造一个复杂部件。管理层相信随着其技术人员慢慢适应该生产过程,他们有机会学习并提高。于是,管理层估计 80% 的学习曲线,整个合同需要提供 8 单位产品。生产第一个单位需要 10 000 直接人工工时。那么预期再生产 7 单位产品所需的直接人工工时总计为:

    A. 30 960 工时　　　　　　　　B. 40 960 工时

    C. 80 000 工时　　　　　　　　D. 70 000 工时

14. 在预测一家公司的销售收入和利润时,经常使用的量化分析法为:

    A. 期望值理论　　　　　　　　　B. 甘特图表

    C. 学习曲线　　　　　　　　　　D. 排队论

15. Pavilion 公司采用一种预算编制流程,它从分析当前的实际着手寻找改进空间,从而决定为了达成改进所需要做出的变革。然后以改进的业务或者流程为基础编制预算,从而使得预算数字低于前期。公司想以更低的成本制造产品和提供服务。预算数字的减少是因为作业效率和质量提高的结果,而不是因为主观上随意削减。上述的这种预算流程被称为:

    A. 作业预算　　　　　　　　　　B. 持续改进预算

    C. 增量预算　　　　　　　　　　D. 零基预算

16. Crown 建筑公司是一家住宅建筑商。该公司针对一些位于正在开发区域中的地块提供了 12 种住宅设计供其客户选择。在其 15 年的运营中,Crown 在编制年度预算时会根据上一年的实际经营数据以通货膨胀和预计业务量方面的变化进行调整。在此期间,Crown 的利润率在所有本地住宅建筑商之间一直处于最低水平。最近,Crown 的所有权发生了变化。新管理层认为,在公司的很多领域都存在重大的不必要开支,不过他们不确定超支的具体领域或程度如何。为了提高盈利能力,Crown 的新管理层应采用的预算编制类型为:

A. 作业预算编制 　　　　　　　　B. 连续预算

C. 项目预算 　　　　　　　　　　D. 零基预算

17. Country Ovens 是一家家族餐饮连锁店。一项意想不到的道路建设项目，使得经过位于 Newtown 的饭店的客流量大为增加。结果，饭店的业务量也异乎寻常地显著增加。下面哪一种类型的预算适合用来帮助饭店经理计划好人工成本？

A. 零基预算　　　B. 滚动预算　　　C. 作业预算　　　D. 弹性预算

18. Real Dream 是一家动漫公司，为客户设计和制作动画和漫画产品和软件，在为该企业编制预算过程中，最适宜的预算编制方法是：

A. 项目预算　　　B. 增量预算　　　C. 零基预算　　　D. 滚动预算

19. 公司目前正在制定来年的季度预算。过去工人们花上 3.2 个小时去完成一项复杂的装配任务。如果 Lexcore 采用滚动预算或者持续改进（Kaizen）预算，则下列哪一项恰当地表述了该年的装配时间是按逐步改进的原则估计的？

	滚动预算	持续改进（Kaizen）预算
A.	维持在 3.2 小时	维持在 3.2 小时
B.	维持在 3.2 小时	少于 3.2 小时
C.	少于 3.2 小时	维持在 3.2 小时
D.	少于 3.2 小时	少于 3.2 小时

20. 下列各项预算：

Ⅰ. 产品销售成本预算

Ⅱ. 生产预算

Ⅲ. 采购预算

Ⅳ. 行政管理费预算

如按编制的时间先后排列，正确的顺序应该是：

A. Ⅰ、Ⅱ、Ⅲ、Ⅳ 　　　　　　B. Ⅲ、Ⅱ、Ⅳ、Ⅰ

C. Ⅳ、Ⅱ、Ⅲ、Ⅰ 　　　　　　D. Ⅱ、Ⅲ、Ⅰ、Ⅳ

21. Netco 公司下一年度的销售预算如下：

产品项目	产销量	单价	销售收入
1	200 000	$50	$10 000 000
2	150 000	$10	$1 500 000
3	300 000	$30	$9 000 000
收入合计			$20 500 000

产品 1 和产品 3 是同一种产品的不同规格。产品 2 是产品 1 的互补品。过去的经验表明产品 1 和产品 2 之间的销量关系保持相当稳定。Netco 正在考虑来年对产品 1 加价 10%，但这会导致其销量下降 20%，同时产品 3 的销量增加 5%。如果 Netco 对产品 1 加价 10%，则总销售收入将会下降多少？

    A.　$ 1 050 000　　B.　$ 850 000　　C.　$ 750 000　　D.　$ 550 000

22. Hannon 零售公司的定价策略是在其成本上加成 30%。公司预计 7 月、8 月、9 月的销售额分别为 $ 715 000、$ 728 000、$ 624 000。公司的销售政策是每个月月末保持的库存量要足够下月销量的 25%。请问在 8 月份公司的预算上，存货采购成本应该是多少？

    A.　$ 509 600　　B.　$ 540 000　　C.　$ 560 000　　D.　$ 680 000

23. Tyler 公司生产单一产品，8 月份预算产量为 220 000 件，预算的制造成本如下：

	总成本	单位成本
变动成本	$ 1 408 000	$ 6.40
批量调整准备成本*	$ 880 000	$ 4.00
固定成本	$ 1 210 000	$ 5.50
总计	$ 3 498 000	$ 15.90

　　*注释：批量调整准备成本（batch set-up cost），指的是每生产完一个批量（batch）的产品后，需要对机器设备调整、清洁，为下一批生产做好准备所花费的成本。这是一种间接成本。

在月产量为 200 000 ~ 300 000 件的范围内时，单位变动成本和总的固定成本保持不变。每月批量调整准备成本总额，均取决于公司当月的生产批次。一般而言每批产 50 000 件，除非生产上要求少于此数。以前年度中，公司曾经月度每批生产 42 000 件、45 000 件和 50 000 件。为了尽量减少生产批次，公司坚持每个月都要编制生产计划。

9 月份公司计划生产 260 000 件。请问公司 9 月份预算的生产成本总额为多少？

    A.　$ 3 754 000　　　　　　　　B.　$ 3 930 000

    C.　$ 3 974 000　　　　　　　　D.　$ 4 134 000

24. Streeter 公司从事微波炉中塑料转盘的生产。明年的四个季度的预计销量分别为 65 000 件、72 000 件、84 000 件和 66 000 件。公司在每个季度末的产品库存量要保持为下一个季度销量的 50%，但是由于停工事件的影响，第一季度末的存货比应有的持有量少了 8 000 件。请问公司第二季度应该生产多少单位产品？

    A.　75 000 件　　B.　78 000 件　　C.　80 000 件　　D.　86 000 件

25. Rombus 公司的预算数据如下：

计划销量	4 000 单位
材料成本	每磅 $2.50
直接人工	每单位 3 小时
直接人工工资率	每小时 $7
期初产成品存货	900 单位
期末产成品存货	600 单位
期初直接材料库存	4 300 磅
期末直接材料库存	4 500 磅
单位料耗	6 磅

请问 Rombus 公司的生产预算中，将生产的产品数量是多少？

A. 3 700　　　　B. 4 000　　　　C. 4 300　　　　D. 4 600

26. Sanford 公司的期初现金额为 $10 000，在接下来的两个月中预计每个月会有 $40 000 的现金收入。通常情况下，每个月的付款总额约为 $20 000。Sanford 的应付账款政策为收到账单后立刻支付，以便维持良好的供应商关系并享受折扣优惠。在第一个月中，公司预计还需为专利申请一次性支付 $40 000。基于这些信息，请问以下哪项陈述反映了 Sanford 根据公司这两个月现金状况所应采取的最恰当的的措施？

A. Sanford 应预备进行短期贷款，且贷款额度应足以支付第一个月 $10 000 的预计现金缺口

B. Sanford 应延期付款，以便保持需要的现金水平

C. Sanford 应通过利息较高的长期融资来支付这 $40 000

D. 无须采取措施，因为 Sanford 在这两个月中将有足够的现金

27. Jack 公司估计各月的月度销售额如下：

1 月	2 月	3 月
$100 000	$150 000	$180 000

以前的经验表明，销售额的 40% 当月收回，50% 下个月收回，剩下的 10% 售后第二个月收回。截止到 12 月 31 日公司应收账款余额为 $80 000，其中 $72 000 来自 12 月份的销售，$8 000 来自 11 月份的销售。请问公司在 1 月份预计能收回多少现金？

A. $76 800　　　　B. $84 000　　　　C. $108 000　　　　D. $133 000

28. Bolton 公司通过独立代理销售其制造的产品，销售代理按销售额的

20%收取佣金。Bolton 下一年的预测损益表如下所示：

销售额	$15 000 000
销货成本（均为可变成本）	$6 000 000
支付给销售代理的报酬	$3 000 000
其他支出（均为固定费用）	$2 000 000
运营收入	$4 000 000

Bolton 编制完预算后，才发现其所有主要竞争对手都会将销售价格提高 5%。如果 Bolton 也将销售价格提高 5%，则修改预算后的公司运营收入将为：

A. $4 750 000　　　　　　　　B. $4 600 000

C. $4 300 000　　　　　　　　D. $4 200 000

29. Granite 公司销售的产品都是采取赊销的方式，采用这样的收款模式：销售当月收回 60%，售后第一个月收回 25%，售后第二个月收回 15%。收不回的账款少之又少，微不足道。在销售当月支付的顾客，将会得到 2% 的销售折扣。如果 1～4 月的销售额分别为 $220 000、$200 000、$280 000、$260 000。请问公司 5 月 1 日的应收账款余额将会是多少？

A. $107 120　　B. $143 920　　C. $146 000　　D. $204 000

30. Jones 公司在创建总预算之后，出于模拟财务报表调整的目的（不是所得税费用）又改变其固定资产的折旧金额，此变化将需要改变公司的哪份模拟财务报表？

A. 资产负债表

B. 利润表

C. 资产负债表和利润表

D. 资产负债表、利润表和现金流量表

二、简答题

Dreamwork 公司是生产医疗器材的一家美国企业，在它正在召开的董事会中，董事们和公司高级管理层对公司的情况进行了深入的分析。在现有的市场中，Dreamwork 的主要客户和供应商均为非常大型的垄断性企业。而 Fasten 公司是该公司的竞争对手，该公司过去和 Dreamwork 的竞争并不占上风。不过，有一些企业正在评估自己设计和制造 Dreamwor 现有产品的可行性。鉴于公司的产品设计在整个世界的行业中有一定的知名度，董事们提出希望公司开拓更有发展潜力的国际市场，以增加收入和国际地位。针对董事们提出的国际化路线，Dreamwork 的总经理担心公司的产能是不是能够适应这一战略转型以及资源是否充分利用。董事会认为在现阶段，公司必须认真地进行战略管理和规划，并希望 CEO 选择正确的预算方式来对未来的收入、成本和费用进行良好的资源配置。

问题：

1. 进行战略规划对于企业的有哪些帮助？
2. 请通过波特五力分析，对该企业行业的情况进行简要分析。
3. 请说明在战略过程分析中对于外部环境和内部环境分析的要素有哪些？
4. 什么是 SWOT 分析，SWOT 分析对于企业有什么重要作用？
5. 请问公司总经理需要选择哪种预算最适合企业未来的发展？

同步测试题答案及解析

一、单选题

1.【答案】B

【解析】选项 A 不正确。由于 Sams Inc 从该供应商中采购 85% 的原材料，属于该供应商的超大客户，故此 Sams Inc 议价能力非常强。

选项 B 正确。由于该供应商提供的原材料质量非常稳定，为了保证自身产成品质量，Sams Inc 很难冒险去更换供应商，这使得该供应商的议价能力非常强，而 Sams Inc 的议价能力减弱。

选项 C 不正确。由于 Sams Inc 可以在越南找到一个类似的供应商，这使得现在的供应商议价能力降低，也就意味着 Sams Inc 的议价能力增强。

选项 D 不正确。由于该供应商生产的原材料不属于直接消费品，它只能够将产品卖给其他生产企业，不可能进行最终消费者的向前整合。在这样的情况下，Sams Inc 的议价能力会增强。

2.【答案】B

【解析】选项 A 不正确。明星业务是那些市场占有率高、市场增长率高的业务。而该题目提及的公司业务分部增长已经放缓，明显不属于明星业务的特点。

选项 B 正确。该业务分部的市场占有率很高，但是市场增长率已经放缓，属于现金牛业务的特点。

选项 C 不正确。问题业务是那些市场占有率低、市场增长率高的业务。而该题目提及的公司业务分部增长已经放缓，明显不属于问题业务的特点。

选项 D 不正确。瘦狗业务是那些市场占有率低、市场增长率低的业务。本题提及的公司业务市场占有率很高，明显不属于瘦狗业务的特点。

3.【答案】C

【解析】选项 A 不正确。位于高市场增长率、高市场份额象限的产品是明星产品。

选项 B 不正确。位于高市场增长率、低市场份额象限的产品是问号产品。

选项 C 正确。位于低市场增长率、高市场份额象限的产品是现金牛产品。

选项 D 不正确。位于低市场增长率、低市场份额象限的产品是瘦狗产品。

4.【答案】C

【解析】选项 A 不正确。食品加工企业所处的社会、政治环境属于外部环境因素。

选项 B 不正确。市场劳动力水平提升对经济的影响属于外部环境因素。

选项 C 正确。食品加工技术提升既是外部环境因素也是内部环境因素。

选项 D 不正确。企业竞争对手的变动属于外部环境因素。

5.【答案】D

【解析】选项 A 不正确。管理层进行年度计划编制体现了预算是计划工具的优点。

选项 B 不正确。预算是业绩考核的标准体现了预算是评估工具的优点。

选项 C 不正确。预算促进企业内部沟通体现了预算是沟通和协调工具的优点。

选项 D 正确。限制未经授权审批的费用开支是内部控制的优点，而非预算的优点。

6.【答案】A

【解析】选项 A 正确。一份成功的预算，如果没有出现重大的经营变化，不应当每月定期进行调整和修改。

选项 B 不正确。一份成功的预算是企业进行绩效评估的重要基础。

选项 C 不正确。一份成功的预算能够激励员工，鼓励员工努力达成经营目标。

选项 D 不正确。一份成功的预算应当能够和企业战略目标切合一致，符合企业的战略发展方向。

7.【答案】D

【解析】选项 D 正确。是 Thomas 需要的解决方案，不仅要处理她的忧虑和遇到的问题，即企业预算松弛问题，而且还要同时激励员工。以下是题目所提供的几项措施的分析。

措施Ⅰ不合适。高级管理层制定预算目标属于权威式预算，它不能激励和调动员工积极性。

措施Ⅱ合适。企业通过详细研究以前各期的实际收入和费用，可以更加了解实际情况，使预算更加贴近实际业务，减少预算松弛的产生。

措施Ⅲ不合适。由经营单位编制预算属于参与式预算，虽然对员工有激励作用，但是非常容易产生预算松弛。

措施Ⅳ合适。公开预算的信息，让员工对其进行了解和监督，可以有效地减少预算松弛。

措施Ⅴ合适。由公司各个层级的人员参与和讨论，可以使预算更加接近实际情况，此外反复多次修正的预算编制流程有助于减少预算松弛的发生。

故此，选项D采取了措施Ⅱ、Ⅳ和Ⅴ，很好地解决了预算松弛和员工激励问题。

8.【答案】B

【解析】选项A不正确。因为预算人工成本标准制定过紧，这会造成实际生产出现的人工成本和预算人工成本之间出现不利差异。

选项B正确。因为公司的预算编制流程规定得明白清晰，而且遵从自上而下的理念，说明预算人工标准建立在企业下级提出、上级批准的参与型预算制度的。这和咨询顾问认为公司的劳动力标准设定可能过紧的想法是矛盾的。

选项C不正确，因为人工成本标准制定过严，员工实际工作中无法超越制定的生产标准，故此无法获得激励奖金。

选项D不正确。因为人工成本标准制定过严，企业无法招到合适人手，或者工资过低员工没有积极性，这都会导致生产量下降或者生产停滞。

9.【答案】C

【解析】选项A不正确。历史的财务数据并不一定是计划和预算编制过程中的必要因素。例如，零基预算并不需要历史财务数据进行编制。

选项B不正确。来自各级管理层的看法并不一定是计划和预算编制过程中的必要因素。例如，权威式预算并不需要企业各级管理层的看法。

选项C正确。没有高层对预算执行的支持通常是不可能成功的。很多工作都需要得到高层的支持，高层的声音是极为重要的，如涉及内控的实施等。

选项D不正确。在年度中按照静态预算分析并不一定是计划和预算编制过程中的必要因素。例如，企业应当在弹性预算基础上进行预测或者绩效评估。

10.【答案】D

【解析】选项A不正确。成本预算高估，销售预算低估是预算松弛给企业带来的典型问题。

选项B不正确。预算松弛会导致企业财务资源分配不均匀和不准确。

来自各级管理层的看法并不一定是计划和预算编制过程中的必要因素。例如，权威式预算并不需要企业各级管理层的看法。

选项C不正确。预算松弛会造成收入和成本预测不准确，进而影响企业运营的效率和效益，这会大大削弱部门之间的合作和协调。

选项D正确。预算松弛无法让管理层了解公司实际盈利水平。

11.【答案】 C

【解析】 选项 A 不正确。弹性预算法为特定产出水平确定一个基准成本预算（成本—产量关系），在此基础上加上一个能反映不同产量下的成本行为的增量成本—产量关系。弹性预算值调整变动成本，固定成本保持不变。

选项 B 不正确。线性规划用来解决特定约束条件下如何使利润最大化或成本最小化的问题。

选项 C 正确。线性回归分析是一种统计方法，用于确定某个变量或某一组变量对另一个变量的影响。

选项 D 不正确。变动成本法是一种存货成本方法，在变动成本法下，存货成本包括直接材料、直接人工和变动制造费用。

12.【答案】 D

【解析】 选项 D 正确。计算累积学习曲线时用的数据，是前 N 批产品人工成本的平均值。

在本题中，前 1 批的总人工工时是 5 000，意味着生产一个单位产品的人工成本是 $5\,000/10 = 500$，而前 2 批的总人工工时为 8 000（5 000 + 3 000），则累积单位产品人工成本为 $8\,000/20 = 400$。由此计算出累积学习率为 80%（400/500）。

13.【答案】 A

【解析】 选项 A 正确。题目是要求计算再生产 7 个单位的产品所需的直接人工工时，计算过程为：（$10\,000 \times 80\% \times 80\% \times 80\%$）$\times 8 - 10\,000 = 30\,960$。

14.【答案】 A

【解析】 选项 A 正确。由于企业在不确定的环境中运营，将不确定性和所对应的销售收入或者利润进行加权平均，是企业在进行业绩预测中经常使用的方法，也叫作期望值分析法。

选项 B 不正确。甘特图是条状图的一种流行类型，显示进度以及其他与时间相关的系统进展的内在关系。它无法预测销售收入和利润。

选项 C 不正确。学习曲线是分析人工成本的方法。它无法直接预测销售收入和利润。

选项 D 不正确。排队论是研究系统随机聚散现象和随机服务系统工作过程的数学理论和方法。它无法预测企业销售收入和利润。

15.【答案】 B

【解析】 选项 A 不正确。题目中没有体现作业预算的思想，没有细分以作业基础进行预算，也没有关于作业成本动因的具体信息等。

选项 B 正确。持续改进预算是指企业运营的持续不断的改进，主要是成本控制和节约方面。

选项 C 不正确。增量预算以上一年度的预算作为起点，根据销售额和营运环境的预计变化，自上而下或自下而上地调整上一年度预算的各个项目。而在题干中并没有体现如此信息。

选项 D 不正确。零基预算特点是从零开始编制预算；关注每个预算项目在当期的成本合理性；工作活动要有重要性和优先级排序；每个预算项目的预测都要有最合理的解释和最佳路径在未来进行执行。而在题干中并没有体现如此信息。

16. 【答案】D

【解析】选项 A 不正确。题干没有体现作业预算的思想，没有细分以作业基础进行预算，也没有关于作业成本动因的具体信息。

选项 B 不正确。连续预算主要在预算期间内对每一个预算期进行预算编制，而题目中并没有提到预算期间和预算期的概念。

选项 C 不正确。项目预算是关于某一个项目的预算，而并不是公司层面的整体预算。

选项 D 正确。零基预算要求预算中的每个项目或者作业要在新的预算中重新证明其成本合理性。每个预算项的基数从零开始，零基预算进而根据它们对公司的重要程度来进行排列并分配财务资源。题目中所涉及的重大不必要开支情况都会因为零基预算的实施而得以避免。

17. 【答案】D

【解析】选项 A 不正确。零基预算特点是从零开始编制预算；关注每个预算项目在当期的成本合理性；工作活动要有重要性和优先级排序；每个预算项目的预测都要有最合理的解释和最佳路径在未来进行执行。在题干中并没有体现如此信息。

选项 B 不正确。连续性（滚动）预算法是在每期的期末，删除已过期的那部分预测，增加新的一期预测，预算期间保持不变，且还能根据运营环境的变化而持续更新预算。本题没有提到预算期间的问题。

选项 C 不正确。作业基础预算是基于作业成本及作业管理的基础之上的方法。

选项 D 正确。弹性预算比较适合不确定性大的企业，由于题目中的餐厅销量变动可能会很大，故此很难去用静态预算来指导经营，利用弹性预算有助于帮助企业进行经营预测和未来的绩效评估，而且对标准价格和成本也有指导作用和意义。

18. 【答案】A

【解析】选项 A 正确。项目预算是最适合该企业的预算编制方法，因为该企业主要为别的公司以项目为基础提供动漫产品与服务，故此项目预算符合该企业的运营性质。

选项 B 不正确。增量预算无法反映该动漫企业运营性质的特点。

选项 C 不正确。零基预算没有体现动漫企业以项目为基础提供产品和服务的特性。

选项 D 不正确。滚动预算不能够完全符合该动漫企业以项目为基础的运营特点。

19.【答案】 B

【解析】 选项 B 正确。滚动预算为了保持每一个预算期的标准统一，所以预算标准维持不变。而持续改进预算是指企业运营持续不断的改进，主要是成本控制和节约方面，因此工时标准会慢慢的降低，所以会低于 3.2 个小时。

20.【答案】 D

【解析】 选项 D 正确。营运预算的顺序为：销售预算—生产预算—直接材料预算（包括直接材料采购预算和直接材料耗用预算），直接人工预算—制造费用预算—销货成本预算—销售及管理费用预算。

21.【答案】 A

【解析】 选项 A 正确。互补品意味着两种产品的关系非常密切，类似羽毛球拍和羽毛球，一种产品销售量下降会影响另外一种产品的销售量。三种产品收入的计算如下：

产品	收入	计算过程
产品 1	$800\ 000	$50 \times 1.1 \times 200\ 000 \times (1 - 20\%)
产品 2	$1\ 200\ 000	$10 \times 150\ 000 \times (1 - 20\%)
产品 3	$9\ 450\ 000	$30 \times 1.05 \times 300\ 000
产品 1 + 产品 2 + 产品 3	$19\ 450\ 000	$800\ 000 + $1\ 200\ 000 + $9\ 450\ 000

总销售收入将会下降 $= \$19\ 450\ 000 - \$20\ 500\ 000 = -\$1\ 050\ 000$。

22.【答案】 B

【解析】 选项 B 正确。在成本加价计算售价模式下，成本金额等于是售价$/(1 + $加价百分比$)$，而不等于售价$\times (1 - $加价的百分比$)$。故此，8 月的销货成本为 $\$728\ 000/(1 + 30\%) = \$560\ 000$。由于期末存货量要求是下月销售的 25%，故此 8 月的期末存货成本为 $\$624\ 000 \times 25\%/(1 + 30\%) = \$120\ 000$，而 8 月的期初存货（也就是 7 月的期末存货）为 $\$728\ 000 \times 25\%/(1 + 30\%) = \$140\ 000$。

所以，存货的采购成本 = 当月销货成本 + 期末存货成本 − 期初存货成本 = $\$560\ 000 + \$120\ 000 - \$140\ 000 = \$540\ 000$。

23. 【答案】B

【解析】选项 B 正确。由于企业生产 50 000 件产品为一批，生产 220 000 件产品需要 5 批，而生产 260 000 件产品需要 6 批。故此，260 000 件的批量调整成本 = 6 × ($880 000/5) = $ 1 056 000。

生产 260 000 件的总成本为：

成本	数额	计算过程
变动成本	$1 664 000	260 000 × $6.4
批量调整准备成本	$1 056 000	6 × ($880 000/5) = $1 056 000
固定成本	$1 210 000	
总成本	$3 930 000	$1 664 000 + $1 210 000 + $1 056 000

24. 【答案】D

【解析】选项 D 正确。由于期末存货量要求是下个季度销售的 50%，故此第二季度的期末存货量为：84 000 × 50% = 42 000，而第二季度的期初存货，因为比应有的持有量少 7 000 件，故此第二季度的期末存货量为 720 000 × 50% / − 8 000 = 280 000。

故此，第二季度的生产成本 = 当月销货量 + 期末存货量 − 期初存货量 = 720 000 + 420 000 − 280 000 = 860 000。

25. 【答案】A

【解析】选项 A 正确。该题目提供了很多无关信息，而与解题相关的信息为计划销量、期初产成品存货和期末产成品存货。该公司的生产数量 = 计划销量 + 期末产成品存货 − 期初产成品存货 = 4 000 + 600 − 900 = 3 700。

26. 【答案】A

【解析】选项 A 正确。Sanford 公司在第一个月有 $ 10 000 的预计现金缺口。期末现金余额计算如下所示：

	1 月	2 月
期初现金额	$10 000	—
+ 现金收入	$40 000	$40 000
− 现金支付	$60 000	$20 000
+ 短期贷款	$10 000	
− 现金还贷		$10 000
期末现金余额	—	$10 000

选项 B 不正确。Sanford 不应当延期付款，否则会影响供应商关系并且无

法获得优惠折扣。

选项 C 不正确。Sanford 仅仅现金缺口为 $10 000，通过短期借款即可弥补。不需要运用通过利息较高的长期融资。

选项 D 不正确。Sanford 公司在第一个月有 $10 000 的预计现金缺口，故此需要采取借款措施来弥补此缺口。

27.【答案】 C

【解析】 选项 C 正确。1 月份收回现金的金额 = 当月收入的 40% + 12 月份收入的 50% + 11 月份收入的 10%。而 12 月份底的应收账款余额其实就已经包括了 12 月份收入的 60%（$72 000）和 11 月份的 10%（$8 000）。故此，1 月份收回现金的金额 = $100 000 × 40% + $72 000/60% × 50% + $8 000 = $40 000 + $60 000 + $8 000 = $108 000。

28.【答案】 C

【解析】 选项 C 正确。修改预算后的运营收入的计算如下所示：

预计项目	原金额	变动	修改后金额
销售额	$15 000 000	5%	$15 750 000
销货成本（均为可变成本）	$6 000 000		$6 000 000
支付给销售代理的报酬	$3 000 000	5%	$3 150 000
其他支出（均为固定费用）	$2 000 000		$2 000 000
运营收入	$4 000 000		$4 600 000

29.【答案】 C

【解析】 选项 C 正确。5 月初的应收账款实际上就是 4 月底应收账款数值，题中给的当月优惠 2% 是没有用的信息，因为按条款只有三四两个月会在 4 月底留下未收回的账款，即 4 月销售额 × 尚未收回比例 + 3 月销售额 × 尚未收回比例 = $260 000 × (25% + 15%) + $280 000 × 15% = $146 000。

30.【答案】 C

【解析】 选项 A 不正确。折旧金额的变化不仅影响资产负债表的累计折旧科目，也影响利润表的折旧费用。

选项 B 不正确。折旧金额的变化不仅影响利润表的折旧费用，也影响资产负债表的累计折旧科目。

选项 C 正确。折旧金额的变化既影响利润表的折旧费用，又影响资产负债表的累计折旧科目。

选项 D 不正确。折旧是非付现费用，不会影响企业的现金流量表。

二、简答题

【答案】

1. 进行战略规划对于企业有哪些帮助？

战略规划对于企业的好处包括：

（1）战略规划提供了一个分析威胁和机遇的方法，解释说明了为什么一些组织的战略比其他组织战略更具竞争力。

（2）战略规划为企业提供了一个制定营运预算的框架。

（3）战略规划为企业管理人员提供了一个思考组织战略和如何执行组织战略的学习机会。

（4）战略规划是企业管理人员决策和行动符合整体性战略的一次实践。

（5）战略规划提供了企业财务和非财务绩效考核的基础。

（6）战略提供了一个将战略、分项目标、营业计划等传达到企业各个管理层的沟通渠道。

（7）战略规划为企业处理新形势提供了重要指导。

2. 请通过波特五力分析，对该企业行业的情况进行简要分析。

以下是针对该企业的波特五力分析具体情况。

竞争对手：Fasten 为公司的竞争对手，但是竞争力并不强大。

潜在竞争对手进入：已经有企业在考虑进入该行业，证明潜在竞争压力很大。

客户议价能力分析：客户为非常大的垄断企业，证明客户议价能力很强大。

供应商议价能力分析：供应商为非常大的垄断企业，证明客户议价能力很强大。

替代品：题目没有提及，可能说明公司现有的医疗器械产品暂时没有替代品。

3. 请说明在战略过程分析中对于外部环境和内部环境分析的要素有哪些？

在战略分析中，针对外部环境分析和内部环境分析的要素如下所示。

外部因素分析要素包括：①法律和法规因素；②竞争力、行业趋势和竞争因素；③技术发展和更新因素；④利益相关群体和他们关心的社会问题因素；⑤全球化趋势因素。

内部因素分析包括：①企业的资源；②企业拥有的技能；③企业的运营流程。

4. 什么是 SWOT 分析，SWOT 分析对于企业有什么重要作用？

SWOT 是优势（strength）、劣势（weakness）、机会（opportunity）和威胁（threat）的英文首字母。SWOT 分析提供了内外部分析汇总数据的识别方法，优势和劣势根据组织内部分析确定，机遇和挑战是组织所处经营环境外部分析的一个组成部分。

SWOT 分析对于企业的重要作用包括：

（1）SWOT 分析将组织内部和外部评估结合在一起，客观具体、实用可行。

（2）有助于将环境分析的松散结果联系在一起，回答了很多未解决的组织难题。

（3）已识别的机遇和限制为战略规划设定了合理的目标和为行动计划提供的重要信息。

5. 请问公司总经理需要选择哪种预算最适合企业未来的发展？请问公司总经理需要选择哪种预算最适合企业未来的发展？

该公司总经理需要零基预算。因为该企业以前没有进行过国际化的进程，未来以国际化作为基础的预算均需要从零开始编制。企业预算管理团队应当对未来国际化进程中的财务资源配置情况进行审慎的评估，对于未来进行了项目优先级与合理性的排序，在此基础上做好财务资源的配置和未来财务的决策。

第 三 章

绩效管理

　　绩效管理为企业管理者提供了一系列管理会计方法论，帮助企业针对自身成本中心、收入中心、利润中心和投资中心的业绩进行客观全面的财务和非财务业绩评价。在不断变化的商业环境中，企业管理者必须意识到，企业各运营部门应当做到职责分工明确、绩效目标清晰、评估准确公正，才能发挥自身优势，为企业创造更大的价值。绩效管理并不意味着企业进行简单的定量分析，而是要结合企业战略发展方向，业务运营特色和资源配置情况，以定性和定量结合的方式全方位地审视企业的经营过程，不断提高自身的管理能力和业绩结果。

本章考情分析　● ● ●

　　本章主要内容：内部控制及业绩考评的财务指标，包括收入、成本、利润及资产投资；基于弹性预算和标准成本的各种差别分析；收益、成本、贡献和利润中心的会计责任；关键绩效指标；以及平衡记分卡。

　　本章考试占比 20%。

　　本章近年来的主要考点：①弹性预算差异计算及分析；②产品/部门获利能力分析（其中包含边际贡献的计算分析，同时结合部门保留或撤销的定量计算）；③转移定价；④投资回报率及剩余收益（结合加权平均资本成本计算）；⑤平衡记分卡等。

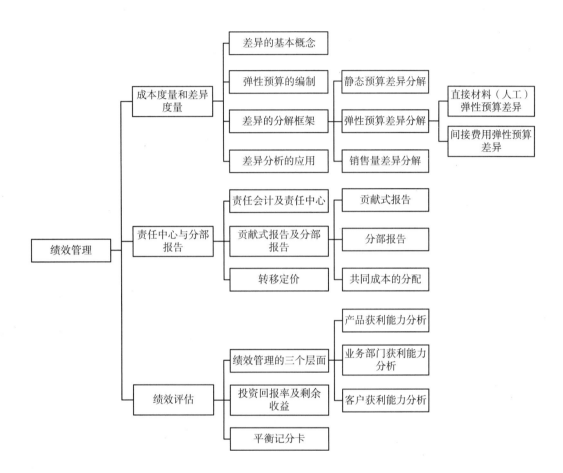

第一节 成本量度和差异量度

一、差异的基本概念

（一）差异分析的必要性

差异分析是预算周期中十分重要的一部分，成功的预算周期通常如下：

（1）编制总预算，为整个组织以及组织的各个子单位设定绩效计划。

（2）确立标准或具体的预期，可将实际成果与这些标准或预期进行比较。

（3）在比较时，需要关心营运效率（efficiency）和达成组织目标的效益（effectiveness）。

（4）检查实际成果与计划成果间的差异，必要时采取纠正措施。

（5）制订持续改进计划，考虑到条件的改变及对计划的反馈。

（二）有利/不利差异

差异是指收入和成本的实际结果与计划之间的差额。有利差异（F：favorable）是指实际收益大于计划收益或实际成本低于计划成本。不利差异（U：unfavorable）是指实际收益小于计划收益或实际成本高于计划成本。

判断有利差异还是不利差异的通用规则：如果差异能导致营业利润增加，那么就是有利差异；如果差异会导致营业利润下降，就是不利差异。具体可参见表3－1。

表3－1 有利或不利差异的判断

有利差异（F）	不利差异（U）
导致营业利润增加	导致营业利润减少
实际收益＞计划收益； 差异为正数（＋）	实际收益＜计划收益； 差异为负数（－）
实际成本＜计划成本； 差异为负数（－）	实际成本＞计划成本； 差异为正数（＋）

【提示】①有利差异与不利差异只是揭示了公司的营运是否与计划相符，

其本身并不必然是结果好坏的判断指标。②应对差异设定重要性阈值——例外管理。

预算差异持续存在，可能表明：营运中存在系统性缺陷、预算编制中的假设前提有缺陷、预算执行效率低下、内外部环境发生了不可预见的改变。

（三）营运效率和达成组织目标的效益

差异评估包括两个方面：一是效率。是指为特定资源设定的预算额度或标准，常用于度量直接人工、直接材料和间接制造费用等（成本项的差异分析）。二是效益。衡量的是公司能在多大程度上达成其目标，常用于度量收入、利润等（销售项的差异分析）。

良好的效率要求完成一定的业务量水平（实际销量）的实际资源耗用不能超过预算额度或标准。良好的效益要求公司实际利润大于或等于其利润目标，用以评估"效益"的一个主要手段就是量度营业利润差异。

（四）差异分析的前提

差异分析的前提：标准成本法的实施和弹性预算的实施。

（1）标准成本法的实施。

标准成本是经过深思熟虑以后确立的价格、数量、服务水平或成本，实务中通常表达成单位价格或单位成本等形式。标准成本的确立发生在获知实际成本数据之前，是在历史经验基础上预先确立的成本额度，代表单位产出的预期成本。

标准成本可应用于产品或服务的所有方面，包括：标准制造成本、标准管理成本、标准销售成本。标准成本可用于：①计划的制订；②确认实际成本与计划成本之间的差异；③允许应用例外管理，并为差异分析奠定了基础，使管理层能了解有利绩效或不利绩效的根本原因。

（2）弹性预算的实施。

年初时静态预算和弹性预算的编制：①年初时，静态预算以企业设定的单一产出量进行预测，给企业战略财务方向；②年初时，弹性预算可以按照不同产出量进行预测，给企业不同情景的财务预测。

年底时进行绩效评估用的弹性预算编制：①弹性预算会按照实际产出水平进行编制，由于标准成本的实施，可以获得实际产出水平上的标准成本总体的数额；②弹性预算仅会改变相关的总变动成本，由于标准成本的实施，不会改变单价、单位变动成本及其他与产量无关的项目，如固定成本；③该弹性预算和实际产出的财务数据进行比较，进行差异分析和绩效评估；④该弹性预算在实际情况和静态预算间搭设了桥梁，能够在标准成本恒定的基础上，进行差异分析，评估管理控制。

【例题 3-1】Jura 公司正在制定下一年度的标准。目前 XZ-26（一种材料成分）采购价为每单位 ＄36.45。下一年度该部件的价格将会上涨 10% 左右，单位价格将会在 $38.75 和 $44.18 之间浮动，这取决于采购的数量。请问下一年度该零部件的合理的标准成本应为多少？

　　A. 当前实际成本加上预计的 10% 的价格上涨

　　B. 预期浮动范围内的低价格，以给采购上带来压力，促使他们一定要在低的价格范围内采购

　　C. 预期浮动范围内的高价格，以使采购价格差异保持为有利差异

　　D. 按采购经理和公司管理层同意的价格

【答案】D

【解析】选项 A 不正确。这里的单位价格是随采购量而变化的，单一地按照某个价格来定价是不合理的。

　　选项 B 不正确。单一地按照某个低价来定价是不合理的，需要考虑到价格是受采购量影响。

　　选项 C 不正确。不能仅按照某个高价来定价，因为这里的价格会随采购量而变化。

　　选项 D 正确。题干中"单位价格将会在 $38.75 和 $44.18 之间浮动，这取决于采购的数量"，这里的单位价格是随采购量而变化的，单一地按照某个价格来定价是不合理的，而采购量是采购经理与管理层决定的。所以，最合适的方法是按采购经理和公司管理层同意的价格。

二、弹性预算的编制

（一）弹性预算 VS. 静态预算

弹性预算与静态预算的比较可参见表 3 - 2。

表 3 - 2　　　　　　　　　　　　弹性预算与静态预算的比较

对比	静态预算	弹性预算
共同点	• 都是计划的方式，最初采用同样的产出作为基础进行编制 • 两者都使用相同的标准成本 • 固定的费用均保持不变	
区别	（预算编制所依据的业务量水平）不可改变，并且所有的比较均与预期产出相比	可以改变预算额度（实际业务量水平下的预算）以反映实际产出水平。产出水平和产出类型随行业与公司的不同而发生变化

【提示】弹性预算能提供更好的管理控制结果，原因在于变动成本与固定成本的不同特性。变动成本将按实际产出水平进行调整，而固定成本保持不变。由于变动成本的成本行为与生产数量直接挂钩，管理层对变动成本能施加更多的控制。

（二）弹性预算的特点

静态预算由于不根据实际产出水平加以调整，只有在实际产出水平达到计划产出水平时绩效评估才客观有效，因而依据静态预算得出的差异信息容易产生误导性。

弹性预算可以改变产出水平，以及与特定产出水平相关的总变动成本，但不改变单价、单位变动成本以及其他与产量无关的项目，故此，企业可以获得以实际产出水平确定的预算。

弹性预算的详尽程度可根据具体条件的变化加以调整。管理层也可以利用弹性预算分析营运成果和营运效率，以明确营运状况发生变化的原因。

【提示】弹性预算的一般特点：①弹性预算可以在年初时进行编制，进行企业财务预测；也可以在年底知道企业实际业绩之后进行编制，进行差异分析；②弹性预算相对于静态预算，由于总销售收入及总变动成本与产出水平同比例变动，因而总边际贡献也与产出水平同比例变动，这使其边际贡献率保持不变；③由于固定成本不受产出水平变动影响，因而营业利润变动幅度大于产出水平，营业利润率有所改变。

（三）弹性预算的编制步骤

弹性预算结果的编制涉及以下四个步骤：

（1）编制静态总预算。确定预算销售单价、预算单位变动成本、预算固定成本。

（2）明确预测或实际产出量。

（3）计算弹性预算中的总销售收入。

总销售收入 = 销售量 × 预算销售单价

（4）计算弹性预算中的成本。

总成本 = 总变动成本 + 总固定成本

总变动成本 = 生产量 × 预算单位变动成本

总固定成本 = 预算固定成本（固定成本的弹性预算结果与静态预算结果相等，因为它们不会随着实际产出量而变动）

【例题3-2】某公司开始通过编制预算来进行绩效考核。该公司在预计销售20 000件产品的基础上为本年度编制了预算。实际总销售量是25 000件。应使用哪种预算方法来考核本年度的绩效？

A. 零基预算　　　　　　　　　　B. 弹性预算

C. 静态预算　　　　　　　　　　D. 连续预算

【答案】B

【解析】选项A不正确。零基预算是从零编制，重新评估每项成本的合理性。

选项B正确。弹性预算会改变产出水平，可以获得依据实际产出水平确定的预算额度，更适合在实际产出水平可能发生变动的情况下进行绩效评估。

选项 C 不正确。静态预算不能随着实际产出水平而调整。

选项 D 不正确。连续预算是随着时间推移而持续滚动编制预算。

三、差异的分解框架

（一）静态预算差异分解

静态预算差异＝实际结果－静态预算结果＝（实际结果－弹性预算结果）＋（弹性预算结果－静态预算结果）＝弹性预算差异＋销售量差异。

【提示】①静态预算差异、弹性预算差异、销售量差异是三种不同性质"结果"两两之间的差额，其分析运用的对象既可以是成本项（直接材料、直接人工、变动制造费用和固定制造费用等），也可以是销售项（销售收入、边际贡献和营业利润等）。只是一般弹性预算差异多用于成本项的差异分析（效率），而销售量差异多用于销售项的差异分析（效益）。②弹性预算结果是根据实际产出量调整后的弹性预算数，成本项的弹性预算结果一般可以使用如下公式：弹性预算结果＝按实际产出水平调整后的标准（预算）动因耗用量×单位动因量的标准（预算）价格＝实际产量×单位产量的标准（预算）动因耗用量×单位动因量的标准（预算）价格。

（二）弹性预算差异分解

成本项的弹性预算差异分析内容主要包括直接材料、直接人工、变动间接费用和固定间接费用，其分解及一般公式如下：

弹性预算差异

＝实际结果－弹性预算结果

＝实际动因耗用量×单位动因量的实际价格－按实际产出水平调整后的标准（预算）动因耗用量×单位动因量的标准（预算）价格

＝［实际动因耗用量×单位动因量的实际价格－实际动因耗用量×单位动因量的标准（预算）价格］＋［实际动因耗用量×单位动因量的标准（预算）价格－按实际产出水平调整后的标准（预算）动因耗用量×单位动因量的标准（预算）价格］

＝［实际动因耗用量×（单位动因量的实际价格－单位动因量的标准（预算）价格）］＋［单位动因量的标准（预算）价格×（实际动因耗用量－按实际产出水平调整后的标准（预算）动因耗用量）］

＝价格（费率/开支）差异＋效率（数量/耗用）差异

1. 直接材料（人工）弹性预算差异。

（1）直接材料的弹性预算差异。

直接材料的弹性预算差异＝直接材料价格差异＋直接材料效率（数量/耗

用）差异

直接材料价格差异

＝实际动因耗用量×（单位动因量的实际价格－单位动因量的标准（预算）价格）

＝直接材料的实际投入量或采购量×（直接材料的实际单位价格－直接材料的预算单位价格）

直接材料效率（数量/耗用）差异

＝单位动因量的标准（预算）价格×（实际动因耗用量－按实际产出水平调整后的标准（预算）动因耗用量）

＝直接材料的预算价格×（直接材料的实际投入量或采购量－按实际产出水平调整后的预算投入量）

直接材料价格的有利差异表明采购的价格低于标准价格，原因可能是批量采购、供大于求，或者采购的产品质量品质较低等；不利差异表明采购的价格高于标准价格，原因可能是分散采购、供小于求、对个别供应商过度依赖等。

直接材料效率的有利差异表明实际用料小于标准数量，原因可能是机器效率提高、用料的质量较好等；不利差异表明实际用料大于标准数量，原因可能是机器效率较低、用料的质量不好、人员操作不规范等。

【提示】①一般，在单独计算直接材料价格差异时，由于其主要是用于考查采购部门，因此使用采购量；而在计算直接材料数量差异时，由于其主要是用于考查生产部门，因此使用投入量。由于直接材料属于"可储存"的资源，因而某一期间的材料采购量与该期的材料耗用量不一定相等。只有在某一期间的材料采购量等于该期间的材料耗用量时，直接材料价格差异与效率差异之和才等于直接材料弹性预算差异。

而在直接人工和间接费用的差异分析中就不存在此问题，因为直接人工与间接费用属于"不可储存"的资源，没有"存货"这种存在形态，即直接人工和间接费用的"采购额"永远等于"投入额"，其价格差异与效率差异之和永远等于其弹性预算差异。

②直接材料价格差异可能的产生原因：a. 有利差异可由数量折扣、谈判压价、不可预见的价格下降或运输成本降低，或对某个材料的需求减少（该材料供给较多，从而导致材料价格下降），以及采购项目等级的差异或其他因素引起。采购部门通常是最有可能对材料价格差异给予解释或对其负责的部门。b. 无论是有利差异还是不利差异，均可能由糟糕的预算编制或因材料质量好于或低于预期而引起。c. 大批量采购带来的有利材料价格差异可能会导致公司的存货持有成本以及额外的材料处置成本加大。d. 如果低成本的材料质量差，有利的直接材料价格差异可能导致较高的制造成本，增加的下游成本（如废品、返工、工序中断或实地服务）可能会超过材料价格低廉所节约的成本。e. 实行差异化战略的企业，通过购买低质量材料追求价格差异时最有可能失败，产品质量低于顾客最低期望标准的企业追求低成本也注定会失败。

③直接材料效率差异表明产成品制造过程中已使用的直接材料量与产成品

实际产出量下按标准应使用的材料量的差异，产生原因可能有：生产工人的努力程度、不同材料或其他生产要素之间的替代、直接材料质量标准的差别、工人缺乏训练或经验、监管不力、过量浪费或其他因素。

（2）直接人工的弹性预算差异。

直接人工的弹性预算差异＝直接人工工资率差异＋直接人工效率（数量/耗用）差异

直接人工工资率差异

＝实际动因耗用量×（单位动因量的实际价格－单位动因量的标准（预算）价格）

＝直接人工的实际投入量×（直接人工的实际单位工资率－直接人工的预算单位工资率）

直接人工效率（数量/耗用）差异

＝单位动因量的标准（预算）价格×（实际动因耗用量－按实际产出水平调整后的标准（预算）动因耗用量）

＝直接人工的预算单位工资率×（直接人工的实际投入量－按实际产出水平调整后的预算投入量）

直接人工价格的有利差异表明人力资源部门在进行工人雇用的时候获得了低于标准成本的价格，可能原因是就业市场供大于求或者招聘新手的价格比较低等；不利差异表明人力资源部门在进行工人雇用的时候获得了高于标准成本的价格，可能原因是就业市场供小于求或者招聘熟练工的价格比较高等。

直接人工效率的有利差异，原因可能是工人熟练程度高、操作时间比标准时间短等；不利差异，原因可能是工人不是熟手、操作时间比标准时间长、材料质量不合格等。

【提示】①直接人工价格差异可能的产生原因：市场对合适人工的需求变化、人工短缺、加班工资或因生产中要求的人工技能等级发生改变，因而需要支付的工资率有别于标准工资率等因素引起。人事部门通常应对直接人工工资率差异负责。如果生产部门选择雇用超过标准单位成本规定的高技能的工人，则也对此负有责任。②直接人工效率差异表明制造产成品的实际工时与产成品实际产出量下所需标准工时的差异，该差异通常由生产部门负责，产生原因可能有：工人新入职或缺乏训练；工人技能与标准成本单中的规定有区别；批量规模与标准规模有异；材料与指定的不同；机器或设备处于非正常工作状态；监管力度不够；时间安排较差等。

（3）效率差异分解。

当产品中有两种或以上直接材料（或人工）能相互替代时，效率差异可以分解成直接材料（或人工）混合（组合）差异和直接材料（或人工）产出差异。

【提示】组合差异和产出差异均为效率差异下的分差异，和价格差异无关，故此计算不涉及原材料实际单位价格和人工的实际单位工资率。

①混合（组合）差异。

混合（组合）差异是因耗用的直接材料/人工比率与标准的直接材料/人

工比率之间存在差异引起的。

a. 研究混合（组合）差异的意义。

材料标准组合代表着公司规定的产品标准配方，一般不能轻易改变，否则质量会受到影响，组合差异可以跟踪监督防止偏离标准配方。一般来说，材料组合差异应该由生产部、技术部联合负责。

混合差异在化工、电子等行业应用广泛。例如，化工或者电子行业的企业经常会非常依赖组合差异进行性能的提升以及重大的成本节约，合理调整成本组合，以节约成本，同时保持和提升产品性能。

b. 混合（组合）差异的计算公式。

混合（组合）差异总额＝（实际投入比例下的预算组合成本－预算投入比例下的预算组合成本）×所有成本项的实际总用量

例如，假设某产品由 A、B、C 三种原材料组成，则：

$$\text{预算投入比例下的预算组合成本} = \frac{\begin{pmatrix} A\text{的单位预算成本}\times A\text{的预算总用量}+ \\ B\text{的单位预算成本}\times B\text{的预算总用量}+ \\ C\text{的单位预算成本}\times C\text{的预算总用量} \end{pmatrix}}{(A+B+C)\text{的预算总用量}}$$

$$\text{实际投入比例下的预算组合成本} = \frac{\begin{pmatrix} A\text{的单位预算成本}\times A\text{的实际总用量}+ \\ B\text{的单位预算成本}\times B\text{的实际总用量}+ \\ C\text{的单位预算成本}\times C\text{的实际总用量} \end{pmatrix}}{(A+B+C)\text{的实际总用量}}$$

【例题 3 - 3】Frisco 公司近来采购了 108 000 单位的原料，价值 \$583 200；每件产成品预算使用三个单位的原材料，每件产成品的料耗标准为 \$16.50/件；刚过去的这一期间企业生产了 32 700 件成品，耗用了 99 200 单位的原材料。如果管理层关心及时报告差异以提高成本控制和利润水平，则采购材料价格差异应该是多少？

A. \$6 050，不利   B. \$9 920，有利

C. \$10 800，不利   D. \$10 800，有利

【答案】D

【解析】选项 C 不正确。实际价格低于预算价格，应该是有利差异。

选项 D 正确。一般在单独计算直接材料价格差异时，由于其主要是用于考查采购部门，因此使用采购量。根据直接材料价格差异＝直接材料的实际采购量×（直接材料的实际价格－直接材料的预算价格），得：采购材料价格差异＝108 000×（\$583 200/108 000－\$16.50/3）＝－10 800，有利差异。

【例题 3 - 4】MinnOil 公司从事汽车更换机油和其他汽车小毛病维修服务（比如说轮胎压力检测），这家公司在广告中宣传说，完成每一项服务的时间不超过 15 分钟；在最近的一个星期六，为 160 辆汽车提供了服务，产生的差异如下：工资率差异，\$19，不利；效率差异，\$14，有利。若公司的标准工资率为 \$7/小时，请计算实际的工资率和工作时间？

实际工资率	工作时间
A. ＄7.50	42.00
B. ＄6.67	38.00
C. ＄7.45	42.00
D. ＄7.50	38.00

【答案】D

【解析】选项 A 不正确。工作时间计算不正确。

选项 B 不正确。实际工资率计算不正确。

选项 C 不正确。工作时间和实际工资率计算均不正确。

选项 D 正确。根据直接人工工资率差异＝直接人工的实际投入量×（直接人工的实际单位工资率－直接人工的预算单位工资率），得：

19＝直接人工的实际投入量×（直接人工的实际单位工资率－7）——式1

根据直接人工效率（数量/耗用）差异＝直接人工的预算单位工资率×（直接人工的实际投入量－按实际产出水平调整后的预算投入量），得：

14＝7×（直接人工的实际投入量－160×15/60）——式2

根据式2，得直接人工的实际投入量＝38 小时，将直接人工的实际投入量代入式1，得直接人工的实际单位工资率＝＄7.5/小时。

【例题 3－5】 出现以下哪种情况时可能导致不利的直接材料组合差异？

A. 比原计划生产了更多产成品

B. 使用的最便宜材料所占的比例比预算的低

C. 实际使用的材料总量超过了允许范围

D. 材料的实际成本超过了预算

【答案】B

【解析】选项 A 不正确。比原计划生产了更多产成品与产量差异相关。

选项 B 正确。组合差异（混合差异）与各个可相互替代的成本项的混合比率有关，如果使用的最便宜材料所占的比例比预算的低，意味着成本较高的材料所占比例提高，会导致不利的直接材料组合差异。

选项 C 不正确。实际使用的材料总量超过了允许范围与直接材料效率差异有关。

选项 D 不正确。材料的实际成本超过了预算与静态预算差异有关。

②产出差异。

产出差异是由于投入量基础上的预期产量与实际产量之间存在差异形成的。

研究产出差异的意义：建立在直接材料或直接人工预算比例下的预算成本组合的基础上，生产投入的原材料或者人工实际用量和预算标准应投入原材料和人工的生产用量之间的差异，会造成成本的差异。如果出现不利差异，可能是由于机器老旧或者维护问题、生产方式不佳问题、投入的材料质量差或者人工水平不够问题等引起的。产出差异在化工、食品等行业应用广泛。

产出差异的计算公式：

产出差异总额＝（所有成本项的实际总用量－所有成本项的预算总用量）×预算投入比例下的组合成本

例如，假设某产品由 A、B、C 三种原材料组成，则：

$$预算投入比例下的预算组合成本 = \frac{\begin{array}{l}（A 的单位预算成本 × A 的预算总用量 + \\ B 的单位预算成本 × B 的预算总用量 + \\ C 的单位预算成本 × C 的预算总用量）\end{array}}{（A + B + C）的预算总用量}$$

【例题 3 - 6】 某蛋糕厂生产蛋糕，成分为面粉和鸡蛋。生产一批蛋糕的标准成本和用量为：

材料名称	数量（磅）	单位价格	预算成本
面粉	100	$5	$500
鸡蛋	20	15	300
	120		800

生产一批蛋糕的实际成本和用量为：

材料名称	数量（磅）	单位价格	预算成本
面粉	110	$6	$660
鸡蛋	25	10	250
	135		810

请分别计算该批蛋糕原材料的混合差异、产出差异和效率差异？

【答案】 1. 混合差异。

生产蛋糕原材料实际投入的用量为 $110 + 25 = 135$。

预算投入比例下的预算组合成本 ＝（鸡蛋的单位预算成本×鸡蛋的预算总用量＋面粉的单位预算成本×面粉的预算总用量）/（鸡蛋＋面粉）的预算总用量 ＝（$5 × 100 + $15 × 20）/（100 + 20）＝ $800/120 ＝ $6.67。

实际投入比例下的预算组合成本 ＝（鸡蛋的单位预算成本×鸡蛋的实际总用量＋面粉的单位预算成本×面粉的实际总用量）/（鸡蛋＋面粉）的实际总用量 ＝（$5 × 110 + $15 × 25）/（110 + 25）＝ $925/135 ＝ $6.85。

混合差异 ＝（实际投入比例下的预算组合成本－预算投入比例下的预算组合成本）×所有成本项的实际总用量 ＝（$6.85 － $6.67）×135 ＝ $24.3，为不利差异。

2. 产出差异。

由混合差异计算得出，预算投入比例下的预算组合成本 ＝ 6.67。

由混合差异计算得出，生产蛋糕原材料实际投入的用量 ＝ 135。

生产蛋糕原材料标准投入的用量 = 100 + 20 = 120。

产出差异总额 = (所有成本项的实际总用量 - 所有成本项的预算总用量) × 预算投入比例下的组合成本 = (135 - 120) × \$6.67 = \$100.05，为不利差异。

3. 效率差异。

效率差异是混合差异和产出差异之和，故此总效率差异 = 混合差异 + 产出差异 = \$24.3 + \$100.05 = \$124.35，为不利差异。

【例题 3-7】Mack Fuels 公司生产一种汽油添加剂。生产一批 500 升添加剂的标准成本如下表所示：

化学原料	标准用量（升）	每升标准成本	总成本
Echol	200	\$0.200	\$40.00
Protex	100	0.425	42.50
Benz	250	0.150	37.50
CT-40	50	0.300	15.00
总和	600		\$135.00

当期共生产 140 批，采购情况和使用情况如下表所示：

化学原料	采购量（升）	采购价格总计	耗用量（升）
Echol	25 000	\$5 365	26 600
Protex	13 000	6 240	12 880
Benz	40 000	5 840	37 800
CT-40	7 500	2 200	7 140
总和	85 500	\$19 665	84 420

1. 请计算 140 批添加剂生产的组合差异。

2. 请计算 140 批添加剂生产的产出差异。

【答案】1. 添加剂生产所消耗的原材料实际耗用量为 84 420 升。

实际投入比例下的预算组合成本 = (26 600 × 0.2 + 12 880 × 0.425 + 37 800 × 0.15 + 7 140 × 0.3)/84 420 = \$0.22

预算投入比例下的预算组合成本 = 135/600 = \$0.225

组合差异 = (实际投入比例下的预算组合成本 - 预算投入比例下的预算组合成本) × 所有成本项的实际总用量 = (0.22 - 0.225) × 84 420 = - \$422.1，为有利差异)

2. 预算投入比例下的预算组合成本 = 135/600 = \$0.225。

添加剂生产所消耗的原材料实际耗用量为 84 420 升，而添加剂生产所消耗的原材料标准耗用量为 600 × 140 = 84 000 升。

产出差异 = (所有成本项的实际总用量 - 所有成本项的预算总用量) × 预

算投入比例下的预算组合成本 = (84 420 - 84 000) × 0. 225 = $94. 5，为不利差异）。

2. 间接费用弹性预算差异。
（1）变动间接费用的弹性预算差异。
变动间接费用的弹性预算差异 = 变动间接费用开支差异 + 变动间接费用效率差异
变动间接费用开支差异
= 实际动因耗用量 × (单位动因量的实际分摊率 - 单位动因量的标准（预算）分摊率)
= 实际变动间接费用 - 实际动因耗用量 × 单位动因量的标准预算分摊率
变动间接费用效率差异
= 单位动因量的标准（预算）分摊率 × (实际动因耗用量 - 按实际产出水平调整后的标准动因耗用量)

【例题 3 - 8】假设变动间接费用的成本动因是机器工时。标准间接费用为 1. 2 工时/单位 × $10/工时 = $12/单位。生产 24 000 单位的实际机器工时是 28 000 个，实际变动间接费用为 $313 200。请分别计算变动间接费用开支差异和效率差异。

【解析】变动间接费用开支差异 = 实际变动间接费用 - 实际动因耗用量 × 单位动因量的标准分摊率 = $313 200 - 28 000 × $10 = $33 200，不利差异。

变动间接费用效率差异 = 单位动因量的标准（预算）分摊率 × (实际动因耗用量 - 按实际产出水平调整后的标准动因耗用量) = $10 × (28 000 - 24 000 × $1. 2) = - $8 000，有利差异。

变动间接费用弹性预算差异 = 开支差异 + 效率差异 = $33 200 + (- $8 000) = $25 200，不利差异。

【提示】①变动间接费用的弹性预算差异不随成本动因的变化而变化。
②选择不同的成本动因，变动间接费用的效率差异和开支差异都会各自结果不同，然而弹性预算差异总和一致。
③当选择产品的产量作为变动间接费用的成本动因时，效率差异为零，而开支差异就等于弹性预算差异。
④一般解题时常会以某一个成本动因作为变动间接费用唯一动因，而间接费用其实很可能由多种行为上迥异的成本组成（即存在多种不同性质的成本动因）。例如，很多类型的变动间接成本不是以产出指标如产出量为基础来量度（比如以机器工时作为成本动因），而是以投入指标如安装次数或批次为基础来量度（比如以作业次数作为成本动因）。为此，以作业为基础的间接费用差异量度能使用多种成本集库来量度间接费用差异，每一种成本集库都有自己的成本动因。相应地，可以将变动间接费用分解为多个要素，每个要素分别采

用各自适当的成本动因，并且为每个要素计算开支和效率差异。由此可以提高间接费用量度的准确性，但也会加大管理成本。

　　⑤间接费用与制造费用之间的关系。制造费用是组织为管理生产而耗用的机物料、车间管理人员、勤杂人员工资、折旧费、修理费、照明费等，包括变动制造费用和固定制造费用。直接费用是直接可以归集到某个产品的费用，间接费用是需要分摊的费用。当企业生产两种以上产品时，制造费用是间接费用，要按一定比例分配于各种产品；但是当企业生产一种产品时，则制造费用是直接费用。

　　【例题 3 - 9】某公司在制造木制家具时需要使用胶水。胶水被记为间接材料，按桶购买，每桶胶水的成本为 ＄150。公司一名员工不小心洒了整整一桶胶水，而这桶胶水因此无法使用，需要重新购买一桶。如果使用标准成本体系，这将为不利的：

A. 直接材料价格差异　　　　　　　B. 直接材料数量差异

C. 变动间接费用开支差异　　　　　D. 变动间接费用效率差异

　　【答案】C

　　【解析】选项 A 不正确。胶水被记为间接材料，与直接材料价格差异无关。

　　选项 B 不正确。胶水被记为间接材料，与直接材料效率差异无关。

　　选项 C 正确。浪费一桶胶水会增加实际变动间接费用，导致变动间接费用的实际发生额大于按成本动因的实际数量和标准分配率计算得到的本应花费的数额，产生不利开支差异。

　　选项 D 不正确。浪费一桶胶水不会影响动因耗用量及标准分配率。

　　【提示】变动间接费用的会计处理。

　　①按实际发生额记录实际发生的变动间接费用。

　　借：变动间接制造费用控制账户

　　　　贷：应付账款控制账户或其他账户

　　②按弹性预算额记录分摊的变动间接制造费用（将变动间接制造费用的弹性预算额计入产品生产成本）。

　　借：在产品控制账户

　　　　贷：分摊变动间接制造费用账户

　　在产品控制科目中的成本在生产结束后转入成品控制科目中。在销售完成以后，已销售商品的成本就从成品控制科目转入销货成本科目。

　　③记录变动间接费用差异，同时结清变动间接制造费用控制账户与分摊变动间接制造费用账户。不利差异代表少分摊的间接费用，记录在借方；有利差异代表多分摊的间接费用，记录在贷方。

　　借：分摊变动间接制造费用

　　　　变动间接制造费用开支差异

贷：变动间接制造费用控制账户

变动间接制造费用效率差异

④会计期末结转变动间接费用差异。如果少分摊或多分摊的间接费用（即间接费用弹性预算差异）额度不大，则可以将少分摊或多分摊的间接费用计入销货成本，即：变动间接费用弹性预算差异全部计入当期损益。

借：销货成本

变动间接制造费用效率差异

贷：变动间接制造费用开支差异

如果少分摊或多分摊的间接费用额度（即变动间接费用弹性预算差异）较大且不可忽略，这部分多分摊或少分摊的间接费用就应按比例分配到期末的在产品存货、产成品存货和销货成本中，分摊比例与该会计期间将变动间接制造费用分摊至在产品存货科目、成品存货科目和销货成本科目时所使用的比例相同。

（2）固定间接费用差异。

固定间接费用总差异（多分摊或少分摊的固定间接费用）

＝实际固定间接费用－分摊的固定间接费用

＝（实际固定间接费用－预算固定间接费用）+（预算固定间接费用－分摊的固定间接费用）

＝固定间接费用开支差异+固定间接费用产量差异

固定间接费用总差异不是弹性预算差异，它表示多分摊或少分摊的固定间接费用。由于固定间接费用不随产量变化而变化，因此：

固定间接费用弹性预算差异＝固定间接费用开支差异＝实际固定间接费用－预算固定间接费用

固定间接费用开支差异表明预算程序有缺失或有失误，以致未能预测到某些固定成本的变化。例如，由于管理者的疏忽造成固定间接费用增加；企业建筑和设备的财产税发生变化；购买新设备等。对此公司需要修订预算方案。

不利开支差异也可能源于对部门开支的控制不当造成过度开支，或源于事故和预期外的检修。如紧急维修、无准备的设备更新，或者是计划外工作要求新增管理者，导致该期内固定间接费用增加。对此公司需要调查差异产生的原因，防止此类事件再次发生。

由于产量变化必然导致一部分可自由裁决的固定成本发生改变，如果某些变动成本被错误划分为固定成本，将固定间接费用差异分解为开支差异和产量差异可能会导致这些差异被放大（一部分变动成本差异并入了其中）。

【提示】①固定间接费用的静态预算差异＝固定间接费用的弹性预算差异＝固定间接费用开支差异。

②固定间接费用没有效率差异，只有产量差异，但产量差异不属于弹性预算差异。

③固定间接费用产量差异＝预算固定间接费用－分摊的固定间接费用＝预算固定间接费用－实际产量×单位产量的标准（预算）动因耗用量×单位动

因量的标准（预算）分摊率。

④当固定间接费用产量差异>0时，实际产量未达到预期水平，所以是不利差异；当固定间接费用产量差异<0时，实际产量超过预期水平，所以是有利差异。

⑤固定间接费用产量差异可能源于产品的实际需求与预期有偏离（实际产量与预算产量不一致），反映了公司的产能利用率，也可能源于战略变化或非预期的故障。具体原因可能有：a. 市场前景发生变化或出于战略性的考虑，比如新技术的获得，或是年初的销售量表明公司在预算期内可能获得比预算更大或更小的市场，管理层可能会改变生产计划，做出增产或减产的决策。这些因素导致的固定间接费用产量差异在很大程度上是公司生产管理经理不可控的。b. 生产过程中的非预期因素，比如维护不当或非预期的损坏导致设备无法正常运行，设计的产品不易于生产，或者是未料到的较高的人工流动。这些生产过程中的问题导致的产量差异，部分或全部应由工厂或车间管理者负责。

产量差异不能揭示公司的效率情况，但能反映公司在实现成本目标上的效益如何，即产量差异反映了公司在一定时期内实现经营目标的效果（实际产量 VS. 预算产量），而不是其成本控制的效率。

⑥当选择不同的动因时，固定间接费用开支差异、产量差异以及总差异都不受影响。

【例题 3－10】Cordell 公司采用标准成本制度；当年 1 月 1 日，公司预算的固定制造费用为 $600 000，预算的产量为 200 000 件；该年发生了 $595 000 的固定制造费用，实际产量为 190 000 件。请问该年的固定制造费用产量差异是多少？

A. $5 000，不利　　　　　　　　　B. $10 000，不利

C. $25 000，不利　　　　　　　　 D. $30 000，不利

【答案】D

【解析】选项 D 正确。

本题中未给出其他动因信息，则将产量作为动因。

根据固定间接费用产量差异 = 预算固定间接费用 - 实际产量 × 单位产量的标准（预算）动因耗用量 × 单位动因量的标准（预算）分摊率，得：固定制造费用产量差异 = $600 000 - $190 000 × 1 × ($600 000/$200 000) = $30 000，不利差异。

【例题 3－11】某公司不利的固定制造费用产量差异为 $10 000，请问这一差异最有可能的原因是什么？

A. 生产管理人员的薪资超出计划

B. 生产管理人员的薪资比计划的要少

C. 产量超出计划

D. 产量比计划的要少

【答案】D

【解析】选项 A 不正确。固定间接费用产量差异衡量的是实际产出水平是否达到预计水平，与生产管理人员的薪资无关。

选项 B 不正确。固定间接费用产量差异衡量的是实际产出水平是否达到预计水平，与生产管理人员的薪资无关。

选项 C 不正确。产量超出计划是固定间接费用产量有利差异。

选项 D 正确。

固定间接费用产量差异

＝预算固定间接费用－分摊的固定间接费用

＝预算产量×单位产量的标准（预算）动因耗用量×单位动因量的标准（预算）分摊率－实际产量×单位产量的标准（预算）动因耗用量×单位动因量的标准（预算）分摊率

＝（预算产量－实际产量）×单位产量的标准（预算）动因耗用量×单位动因量的标准（预算）分摊率

当实际产量未达到预算产量水平时，为产量的不利差异。

【提示】总固定间接费用差异的会计处理。

①记录固定间接费用差异，同时结清固定间接制造费用控制账户与分摊固定间接制造费用账户。不利差异代表少分摊的间接费用，记录在借方；有利差异代表多分摊的间接费用，记录在贷方。

借：分摊固定间接制造费用（分摊）

　　固定间接制造费用产量差异

　　贷：固定间接制造费用控制账户（实际）

　　　　固定间接制造费用开支差异

②会计期末结转固定间接费用差异。

如果固定间接费用差异不重大，则计入销货成本（当期损益）。

借：销货成本

　　固定间接制造费用开支差异

　　贷：固定间接制造费用产量差异

如果多分摊或少分摊的固定间接费用（即固定间接费用差异）额度较大且不可忽略，这部分多分摊或少分摊的固定间接费用就应按比例分配到存货科目和销货成本中。

（3）间接费用差异分解。

间接费用总差异有几种不同的分解方法，包括四差异法、三差异法和两差异法等，具体如下：

①间接费用四差异法。变动间接费用：开支差异＋效率差异；固定间接费用：开支差异＋产量差异。

②间接费用三差异法。开支差异：变动间接费用开支差异 + 固定间接费用开支差异；变动间接费用效率差异；固定间接费用产量差异。

③间接费用两差异法。可控差异：变动间接费用开支差异 + 固定间接费用开支差异 + 变动间接费用效率差异；不可控差异：固定间接费用产量差异。

【例题 3 – 12】Harper 公司的业绩报告显示了上个月的如下信息：

实际发生的制造费用总额	$1 600 000
预算的固定制造费用	1 500 000
分配的固定制造费用（按 $3/人工小时）	1 200 000
分配的变动制造费用（按 $0.50/人工小时）	200 000
实际的直接人工小时	430 000

请问公司该月总的制造费用开支差异是多少？

A. $100 000，有利   B. $115 000，有利

C. $185 000，不利   D. $200 000，不利

【答案】B

【解析】选项 B 正确。总间接费用开支差异 = 变动间接费用开支差异 + 固定间接费用开支差异。而变动间接费用开支差异 = 实际变动间接费用 – 实际动因耗用量 × 单位动因量的标准分摊率，固定间接费用开支差异 = 实际固定间接费用 – 预算固定间接费用。因此，总的制造费用开支差异 = 实际变动间接费用 – 实际动因耗用量 × 单位动因量的标准分摊率 + 实际固定间接费用 – 预算固定间接费用 = （实际变动间接费用 + 实际固定间接费用）– 实际动因耗用量 × 单位动因量的标准分摊率 – 预算固定间接费用 = 实际总间接费用 – 实际动因耗用量 × 单位动因量的标准分摊率 – 预算固定间接费用 = $1 600 000 – $430 000 × 0.5 – $1 500 000 = – $115 000，有利差异。

（三）销售量差异分解

差异分析除了适用于成本分析以外，同样也适用于销售情况分析。实际销售情况和预算销售情况一般会存在差异，故此分析差异是找到问题，提高销售的重要环节。

销售情况的差异分析包括销售价格差异和销售量差异两部分。

销售价格差异（性质属于弹性预算差异）=（实际单位售价 – 预算单位售价）× 实际销售量

销售量差异对损益的影响主要是对销售收入和边际贡献的影响，因为销量变化只影响销售收入和变动成本，而固定成本是不受销售量影响的。

销售量差异 = 弹性预算结果 – 静态预算结果

=（实际销售量 – 静态预算中的销售量）×

预算的单位标准边际贡献（或单位售价）

　　销售量差异的有利差异表明实际销售量大于预算销售量，可能是由于优惠政策促进销售量增长、同类型产品在整个市场上供小于求等；不利差异表明实际销售量小于预算销售量，可能是由于竞争对手的增加导致市场份额减小、替代产品的出现、产品质量出现问题等。

　　【提示】具体使用边际贡献还是单位售价，需具体题目具体分析。

　　当销售产品有两种或两种以上时，企业的销售总量（sales volume）由两个因素决定：一是各产品的销售数量（sales quantity）；二是销售组合（sales mix），即单一产品或服务在全部产品或服务中所占的比率（按销售数量计算）。相应地，销售量差异（sales volume variance）也是由各产品的销售数量及其销售组合变动所引起，因而销售量差异可以分解为销售组合差异和销售数量差异。

　　分解过程如下：

　　销售量差异

　　=（实际销售量 - 静态预算中的销售量）×预算的单位标准边际贡献或售价

　　=（实际销售总量×实际销售组合比率 - 预算销售总量×预算销售组合比率）×预算的单位标准边际贡献或售价

　　=（实际销售总量×实际销售组合比率 - 实际销售总量×预算销售组合比率 + 实际销售总量×预算销售组合比率 - 预算销售总量×预算销售组合比率）×预算的单位标准边际贡献或售价

　　=实际销售总量×（实际销售组合比率 - 预算销售组合比率）×预算的单位标准边际贡献或售价 +（实际销售总量 - 预算销售总量）×预算销售组合比率×预算的单位标准边际贡献或售价

　　=（实际销售组合比率下的加权平均预算单位边际贡献或售价 - 预算销售组合比率下的加权平均预算单位边际贡献或售价）×销售组合中的所有产品的实际总销售量 +（实际销售总量 - 预算销售总量）×预算销售组合比率×预算的单位标准边际贡献或售价

　　=销售组合差异 + 销售数量差异

　　1. 销售组合差异。

　　销售组合差异总额 =（实际销售组合比率下的加权平均预算单位边际贡献或售价 - 预算销售组合比率下的加权平均预算单位边际贡献或售价）×销售组合中的所有产品的实际总销售量

　　例如，假设某销售组合由 A、B、C 三种产品组成，则：

　　预算销售组合比率下的加权平均预算单位边际贡献或售价 =（A 的预算单位边际贡献或售价×A 的预算总销售量 + B 的预算单位边际贡献或售价×B 的预算总销售量 + C 的预算单位边际贡献或售价×C 的预算总销售量）/（A + B + C）的预算总销售量。

　　实际销售组合比率下的加权平均预算单位边际贡献或售价 =（A 的预算单位边际贡献或售价×A 的实际总销售量 + B 的预算单位边际贡献或售价×B 的实际总销售量 + C 的预算单位边际贡献或售价×C 的实际总销售量）/（A +

B + C) 的实际总销售量。

2. 销售数量差异。

销售数量差异总额 = (销售组合中的所有产品的实际总销售量 - 销售组合中的所有产品的预算总销售量) × 预算销售组合比率下的加权平均预算单位边际贡献或售价。

例如，假设某销售组合由 A、B、C 三种产品组成，则：预算销售组合比率下的加权平均预算单位边际贡献或售价 = (A 的预算单位边际贡献或售价 × A 的预算总销售量 + B 的预算单位边际贡献或售价 × B 的预算总销售量 + C 的预算单位边际贡献或售价 × C 的预算总销售量)/(A + B + C) 的预算总销售量。

【例题 3 - 13】某汽车公司预算销售 80 万辆汽车，预算销售数量和定价为：

车辆种类	销售数量（万台）	销售价格（万 $/台）	销售收入（亿 $）
奥迪	40	35	1 400
宝来	20	12	240
捷达	20	6	120
总和	80		1 760

年度末实际情况为：

车辆种类	销售数量（万台）	销售价格（万 $/台）	销售收入（亿 $）
奥迪	20	33	660
宝来	22	15	330
捷达	20	5.5	110
总和	62		1 100

年初时预计中国总需求量为 1 000 万台，然而金融危机实际市场总量只有 700 万台。

销售部计算的销售量差异分析为：

奥迪：(20 万 - 40 万) × 35 万 = - 700 亿 $

宝来：(22 万 - 20 万) × 12 万 = 24 亿 $

捷达：(20 万 - 20 万) × 6 万 = 0

合计： - 676 亿 $

1. 请问销售组合差异是多少？

2. 请问销售数量差异是多少？

【答案】

1. 销售组合差异。

实际销售组合比率下的加权平均预算单位售价 = (20 × 35 + 22 × 12 + 20 ×

6）/62 = 17.48（万＄）。

预算销售组合比率下的加权平均预算单位售价 = 1 760/80 = 22（万＄）。

销售组合差异总额 =（实际销售组合比率下的加权平均预算单位售价 – 预算销售组合比率下的加权平均预算单位售价）× 销售组合中的所有产品的实际总销售量 =（17.48 – 22）× 62 = – 280 亿＄，为不利差异。

差异分析：不利差异 280 亿＄占销售量差异约 41%，这说明，销售产品结构发生了很大变化，特别是奥迪汽车在整个结构中占的比例很小，造成了很大的不利差异。然而，宝来和捷达在实际情况中占的比例加大，创造了有利差异。

2. 销售数量差异。

预算销售组合比率下的加权平均预算单位售价 = 1 760/80 = 22（万＄）。

销售数量差异总额 =（销售组合中的所有产品的实际总销售量 – 销售组合中的所有产品的预算总销售量）× 预算销售组合比率下的加权平均预算单位售价 =（62 – 80）× 22 = – 396 亿＄，为不利差异。

差异分析：不利差异 396 亿＄占销售量差异的大约 59%，这说明，如果企业坚持预算时的产品价格组合，那么销售数量就会出现如此大的不利差异。其中仍然是奥迪汽车的不利差异最大。宝来和捷达出现的不利差异不大，主要是因为金融危机时对于高档车的影响非常大。

差异分解可以参见图 3 – 1 所示。

四、差异分析的应用

差异的计算既适用于服务行业，也适用于生产制造企业。然而，直接材料价格和耗用差异应用的范围通常不一样，因为耗用的材料数量在服务行业是不大的一个部分。而人工费用差异和效率差异，以及间接费用差异在服务企业作用相当重要。此外，不同企业的各自独特情况，决定了哪些差异分析对于本企业是有价值的。

【提示】差异分析拓展。①价格（费率）差异能用于划分人工等级。②使用混合差异来计量人工替代差异（比如熟练人工与非熟练人工之间的替代）。③使用产量差异来计量因使用不合格材料所导致的人工差异。④不改变公式，用价格（费率）差异公式度量销售价格差异或成本价格差异。

销售价格差异 = 实际销售量 ×（实际单位边际贡献 – 预算单位标准边际贡献）

成本价格差异 = 实际销售量 ×（实际单位平均生产成本 – 预算单位标准平均生产成本）

例外管理是指管理层仅关注实际结果与预算结果间的重大差异，可以更有针对性地消除不利差异的原因，推广有利差异的原因。

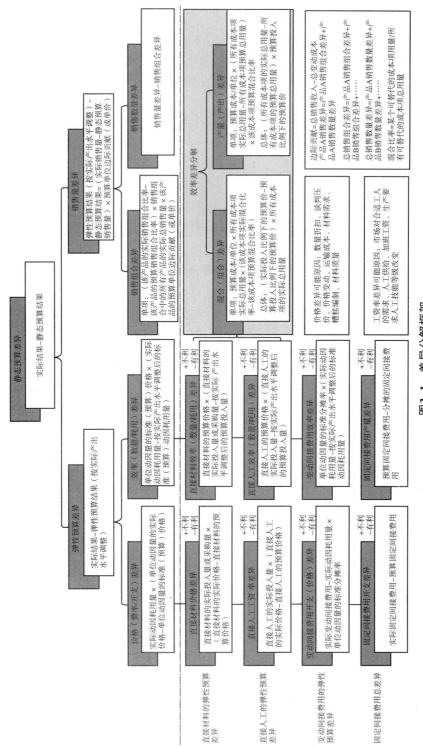

图3-1　差异分解框架

其方式包括：

（1）同时关注不利差异和有利差异，需确定有利差异来自出色的绩效还是过低的标准。

（2）需考虑例外程度及发生的频率，程度较小但是频繁发生的差异值得关注，差异的发展趋势也值得关注。

（3）差异的相对大小比绝对大小更重要。

（4）是否追踪某个例外情况也要遵循成本—效益原则。

例外管理对管理者的自主裁决能力有较高要求。如果管理者判断力不佳，可能导致例外管理丧失其优势。

【提示】①从程度上看，差异的相对大小比绝对大小更为重要，但管理人员一般会为相对差异与绝对差异设定统一的规则。②还应考虑差异的发展趋势，如长时间成本的持续超支；以及能促使成本发生改变的控制水平；不必过多关注单纯因市场需求而导致的成本上升。③是否追踪某个例外情况，取决于管理者对成本效益的分析，这对管理者的自主裁决能力具有较高的要求。如果管理者的判断力不佳，就可能导致例外管理的优点变成一种缺陷。

【例题 3 - 14】某家公司按直接人工小时分配变动制造费用，变动制造费用效率有利差异为 $25 000，这一差异的可能原因是什么？

A. 使用了更加熟练的工人　　　　B. 电费低于预期

C. 物料耗用少于预期　　　　　　D. 生产了较少的产成品

【答案】A

【解析】选项 A 正确。变动间接费用效率差异 = 单位动因量的标准分摊率×（实际动因耗用量 - 按实际产出水平调整后的标准动因耗用量），题干中"按直接人工小时分配变动制造费用"，因此，A 中使用更加熟练的工人将减少实际人工小时的耗用量，产生有利差异，其他选项都达不到这个效果。

选项 B 不正确。本题中电费不是变动制造费用的分配依据。

选项 C 不正确。本题中物料耗用不是变动制造费用的分配依据。

选项 D 不正确。本题中产成品不是变动制造费用的分配依据。

【例题 3 - 15】某公司的直接人工工资率差异为有利差异。关于此差异，公司最关切的可能是什么？

A. 造成此有利差异增加的情形，将来不再持续

B. 生产经理可能并非很有效率地在使用人力资源

C. 此有利差异的原因可能导致价值链其他环节上发生较大的不利差异

D. 实际产量少于预算产量

【答案】C

【解析】选项 A 不正确。有利差异是否能够持续只是差异分析的一个关注点，更重要的是要从综合影响来考虑。

选项 B 不正确。是否有效使用人力资源只是可能的一个原因。

选项 C 正确。直接人工价格差异可能是因为直接人工技术、经验等方面不够合格，虽然工资较低，但不合格的人工可能会引起一系列的问题，如人工小时数增加，浪费原材料，废品和返工增加，操作不当或不熟练从而带来更多的机器维修费等；因为有可能因为质量不够好，产品出厂后客户抱怨增多，售后服务费用增大等，差异影响分析要从整个的价值链去分析；无独有偶，原材料的有利价差也可能会带来一系列类似的问题，包括制造费用方面的有利差异，比如制造费用耗费有利差异，因为少花钱维修很可能会引起生产机器不好从而带来材料用量不利差异，直接人工用量不利差异以及售后服务费用增高；一般来讲，如果一个有利差异没有给价值链的其他部分带来不利差异才应该是真正的有利差异，因此出现有利差异时要分析它给相关别的方面带来的影响是什么；任何有利都可能不值得庆祝，要看综合的影响然后下结论。

选项 D 不正确。实际产量与预算产量的差异与产量差异有关，不是直接人工工资率有利差异的原因。

【例题 3 – 16】下面哪项不是例外管理报告的好处：

A. 减少对生产成本的报告次数

B. 减少信息过载

C. 减少对提前编制计划的依赖性

D. 减少管理措施不能集中在解决重要的问题上

【答案】C

【解析】选项 A 不正确。例外管理报告可以减少报告制造的成本，因为只有例外才报告，这样可以减少制作或生产或准备报告的成本。

选项 B 不正确。例外管理可以减少信息过载，因为只有例外才报告，其他信息不报告。

选项 C 正确。减少对前瞻预测的依赖，这不是例外报告的好处，它和例外报告不贴题，而且前瞻预测是好事情，应该提倡使用。

选项 D 不正确。例外管理可以减少盲目的或重点不突出的管理行为，将重点放在解决重要问题上。

第二节　责任中心与报告分部

一、责任会计及责任中心

责任中心，也称战略性业务部门（strategic business unit，SBU），它是企业的一个组成部分，责任中心的管理者必须对本部门的成本、利润、收入或投资承担起责任。

责任会计是组织中界定分部或子单位的一种方法，各个责任中心的划分以这些分部或子单位的自治水平及其管理者所承担的责任为依据，责任中心的绩效评估和责任中心的划分主要基于对整个公司的主要影响。责任中心的确定可以更好地明确相关职责划分以及考核激励。

【提示】责任意味着可控，即每个责任中心必须对且仅对其可控范围内的事项承担责任。

四种类型的责任中心如表 3 - 3 所示。

表 3 - 3   四种类型的责任中心

责任中心类型	责任范围	评估标准	常用考核指标	举例
营收中心	负责销售，但是不负责制造成本	销售收入减营收中心的直接成本	销售总额、净销售	市场营销部
成本中心	负责成本，但是不负责收入和投资	在保持预期质量水平的同时最小化成本	预算成本节约额、预算成本节约率	财务、行政、内勤、人力资源、客户服务等部门
利润中心	负责收入、成本、利润，不负责投资	实际利润对比预期利润	边际贡献、可控边际、部门毛利（详见"贡献式报告及分部报告"）	独立的报告分部，如连锁店的单店
投资中心	负责收入、成本、利润和投资，包括内部投资和外部投资	利润水平；投入产出比；战略投资与公司战略的一致性；资本保全情况等	投资报酬率、剩余收益	具有投资性质的子公司

【提示】投资中心具有利润中心所有的权利，但利润中心并不具有投资中心的投资决策权，业绩评价时也不需将所获利润与投资相联系。相应地，利润中心必然拥有营收中心或成本中心的所有权利，但营收中心（不负责与已销售产品相关的制造成本）或成本中心（不负责收入）并不都具有利润中心的所有权利。

【例题 3 - 17】下列哪个责任中心让经理关注投资以外的所有财务决策？
　　A. 营收中心　　　　B. 成本中心　　　　C. 利润中心　　　　D. 投资中心
【答案】C
【解析】选项 A 不正确。营收中心仅负责收入。
　　选项 B 不正确。成本中心仅负责成本。
　　选项 C 正确。利润中心负责收入、成本、利润，但不负责投资。
　　选项 D 不正确。投资中心负责收入、成本、利润和投资。

【例题 3 - 18】如果用于评价业务单位绩效的方法之一是剩余收益，那么该业务单位是：
　　A. 成本中心　　　　B. 收入中心　　　　C. 利润中心　　　　D. 投资中心

【答案】D

【解析】选项 A 不正确。成本中心不负责投资。

选项 B 不正确。收入中心不负责投资。

选项 C 不正确。利润中心不负责投资。

选项 D 正确。剩余收益（residual income）=业务部门的利润－（业务部门的资产×规定回报率），其中涉及投资，将利润与投资资本联系起来进行绩效评估，是投资中心的业绩评价指标。

二、贡献式报告及分部报告

（一）贡献式报告

边际贡献是对固定费用和利润的贡献额度。边际贡献揭示了产量的变化如何影响利润，因为固定成本和营运能力保持不变。边际贡献分析是根据成本性态来分析成本，而不是简单地按部门划分，因而可用于定价、投资及战略决策，同时更好地帮助绩效评估。

边际贡献 = 收入 – 所有变动成本和变动费用

营业利润 = 边际贡献 – 固定成本

贡献式利润表根据成本性态来分析成本，可用于定价、投资及战略决策。

传统式利润表与贡献式利润表比较如表 3 – 4 所示。

表 3 – 4　　　　　　　　　　传统式利润表与贡献式利润表的比较

传统式利润表（按职能部门划分成本）	贡献式利润表（按成本行为划分成本）
销售收入	销售收入
– 销货成本	– 所有变动成本和变动费用
毛利	边际贡献
– 销管费用（变动和固定）	– 固定成本和固定费用
营业利润	营业利润

为了区分哪些成本项受管理者控制，哪些成本项不受管理者控制，用以帮助更合理地评估管理者的绩效，固定成本还可以进一步划分成可控固定成本和不可控固定成本。具体可参见表 3 – 5。

表 3 – 5　　　　　　　　　　可控固定成本与不可控固定成本对比

固定成本	说明
可控固定成本	在一年之内可以改变的固定成本。例如广告费开支等
不可控固定成本	需要在一年以上的时间才能对其施加影响；也可能源于公司总部费用的分摊，这种分摊没有商量余地。例如，与设备相关的折旧、税收和保险费用等。不可控固定成本又可进一步划分为可追溯固定成本和分摊的共同成本

可控边际贡献＝边际贡献－可控固定成本

贡献式利润表的优点：

（1）利润中心经理可以根据成本行为（或性态、习性）来审视各项成本，如固定成本或变动成本，而不是按部门（或职能）划分成本，如销售成本、管理成本和生产成本（销货成本）。由此可以更为容易地评估管理者的绩效——明确区分哪些成本项受管理者控制，哪些成本项不受管理者控制。

例如，如果上一期间的报表显示不可控固定生产成本不断上升，而变动生产成本在持续下降，传统式利润表无法反映这一事实，但贡献式利润表则能反映管理者已成功保持成本相对稳定，因为不断上升的固定成本不在其控制范围内。

（2）可应用于某些经营决策，如：分析产品线和制定产品售价；决定是否扩张某个分部或撤销该分部；制定自制或外购决策；等等。

（二）分部报告

分部报告是出于报告目的，按生产线、地理区域或其他有意义的方法来划分企业，并对所划分出来的各个企业分部提供独立的信息报告。

分部报告以贡献式报告的评估思路为基础，通过追踪各个分部的收入和成本，展示每个分部本身的获利能力。

分部毛利＝分部边际贡献－可追溯至该分部的固定成本（原理同可控边际贡献，是可控边际贡献评估思路在分部管理者绩效评估中的应用）。

其中，可追溯固定成本是指仅与该分部相关的固定成本。例如，与分部管理者相关的管理层薪水，以及分部的建筑维护成本和保险费，等等。

分部毛利用于反映分部获利能力，如果分部毛利为负，除非该分部能为其他分部带来价值增值，否则应该关闭该分部。

【提示】分部绩效评价指标如图3-2所示。

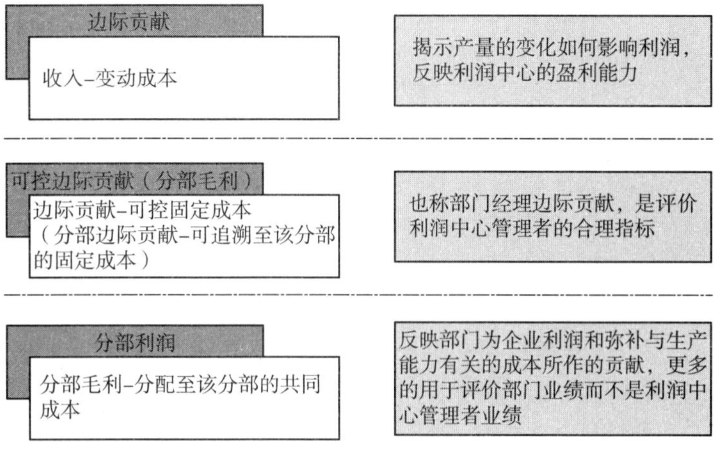

图3-2　分部绩效评价指标

（三） 共同成本的分配

对于两个或多个部门共同占用的成本，不能追溯到特定部门，必须采用某种分配基础在这些部门间进行分摊。

分部利润 = 分部毛利 − 分配至该分部的共同成本（即不可控固定成本）。

共同成本在各部门分配的两种方法：

（1） 独立成本分配法，是指确立各个分部在分担共同成本时所占用的成本动因的相对比例，然后根据这个比例分配共同成本。

（2） 增量成本分配法，是指在分配成本时，将成本使用者划分为不同的等级，即划分成主要使用者和增量使用者，即由于成本使用者现在不止一个，因此增加了额外成本。

【例题 3 – 19】 公司 A 同时拥有一个新工厂和一个旧工厂，这两个工厂都要求给某些工人提供现场培训，在新工厂培训的时间是 3 个季度，在旧工厂培训的时间是 1 个季度。培训师以新工厂所在地为主要工作地，薪水是 $30 000，加上 $10 000 的差旅费。

1. 若使用独立成本分配法，培训师的薪水和差旅费该如何分配。

2. 若使用增量成本分配法，培训师的薪水和差旅费该如何分配。

【答案】1. 独立成本分配法下：

旧工厂分配额 =（ $30 000 + $10 000）× 1/（1 + 3）= $10 000

新工厂分配额 =（ $30 000 + $10 000）× 3/（1 + 3）= $30 000

2. 增量成本分配法下：

由于培训师以新工厂所在地为主要工作地，差旅费是为服务于增量使用者（旧工厂） 发生的，所以该差旅费全部计入旧工厂。

旧工厂分配额 = $30 000 × 1/（1 + 3）+ $10 000 = $17 500

新工厂分配额 = $30 000 × 3/（1 + 3）= $22 500

增量成本分配法使管理者可以操纵成本的分配，也容易造成不同分部的矛盾；相比之下，独立成本分配法的方式更加公平。

【例题 3 – 20】 某公司的两个部门分别向租赁公司租赁设备。如果两个部门分别各自租赁，则 A 部门费用为 $1 000，B 部门费用为 $500。如果两个部门一起向租赁公司租赁设备，则两部门的共同费用为 $1 200。在独立成本分配法和增量成本分配法（以 A 部门为主要使用部门） 下，A 部门和 B 部门的成本分别是多少?

【答案】独立成本分配法下，A 部门分配的成本 = $1 200 × $1 000/（ $1 000 + $500）= $800；B 部门分配的成本 = $1 200 × $500/（ $1 000 + $500）= $400。

增量成本分配法下，以 A 部门为主要使用部门，那么 A 部门分配的成本为 $1 000；B 部门分配的成本 = $1 200 − $1 000 = $200。

三、转移定价

（一）转移定价基本概念

在计算不同责任中心或分部的利润时，需要对在不同分部之间调拨的商品和服务制定转移价格。转移定价法是指为企业内部交换的商品和服务设定价格。

转移品价格的选择对公司战略有很大影响，转移品价格的设定要求企业内部各个部门包括财务、生产、营销和税务筹划等部门的通力协作。

垂直整合程度较高的公司在设定转移品价格时要格外小心，其价格的设定不仅应让所有分部经理认为公平合理，还应使各个分部拥有足够的财务灵活性。

转移定价的目的包括对内和对外两方面。

1. 对内部，有以下几个方面：

（1）促进和调动分公司经理的积极性。定价若能让买卖双方都满意从而提高其积极性，否则因为都有利润业绩考核的压力，不合适的转移价格会影响工作积极性。

（2）建立公平竞争的业绩考核。因为要独立考核，所以要有公平合理的业绩考核指标和基础（因为分公司各自都有考核的压力，因此考核标准要公平客观）。

（3）激励分公司经理做对总公司整体利益有好处的最佳决定，从而促进分公司与总公司的目标协调一致。

2. 对外部，有以下几个方面：

（1）合理范围内利用各国的税收区别利润最大化。如对高所得税国家出口的转移价格可能相对较高，利润尽可能留在低所得税的本国，这样达到税收优化的目的。

（2）风险控制。考虑外汇限制、政治风险及其他风险制定对公司整体最有利的转移价格等，如对一般高风险的国家出口的转移价格可能相对较高，利润尽可能留在本国，否则在国外挣的利润不一定能收回来。

（3）符合当地税务局的要求。一般来讲，税务局的要求是转移价格的制定等同于独立卖给第三方的价格，但因为是中间品可能没有外部市场，或有过剩产能，即使有外部市场出售，也需要单独设定转移价格。一般来说，企业应当提前进行中间品生产企业的责任中心的规划，并和税务局进行提前协商和沟通，确定该转移价格符合税务局的要求。

子公司或部门所在国家或地区的所得税率不同，集团公司可在法律允许范围内利用转移定价制定有利于公司总体经营利润的决策。

跨境转移定价的一般方法为：商品由所得税率较低的国家卖到税率较高的国家时，制定相对较高的转移价格。相反，商品由所得税率较高的国家卖到税率较低的国家时，制定相对较低的转移价格。

由于合并报表原因，总公司税前利润是不因转移定价而改变的，但净利润不同。更多的利润留在了所得税率较低国家的子公司，因此总体缴纳的所得税就减少。

（二）转移定价模型

确定转移定价的模型有 4 种如表 3 - 6 所示。

表 3 - 6　　　　　　　　　　　　　　转移定价模型

模型	简介	适用情形	优点	缺点
市场价格模型	是真正的公允价值模型，因为转移商品或服务的价格设定以现行市场价格为基础	公司有外部市场，销售方没有过剩产能	• 对买卖双方最公平，最能提高各自的积极性 • 最能促进分公司和总公司目标一致性 • 符合各国税务局的官方要求 • 客观、简单，不用计算或费时间协商	• 如产品是中间体没有市场价格或市场价格获取困难 • 在产能过剩情况下用市场价格可能造成因购买感觉价格高而交易失败，从而影响公司整体利益 • 在特殊情况下，如外汇、政治风险等，可能对公司整体利益不利
协商价格模型	通过买方和卖方之间的谈判来商定转移价格	销售方没有外部市场，且有过剩产能；为公司税务、外汇等其他利益考虑等	• 充分发挥分公司的独立性，分公司可以谈判协商 • 通过谈判，双方可相互了解，有助于做出更好的决定 • 灵活，容易达成双方都满意的结果，提高各自积极性 • 可以充分考虑公司在税收、外汇等各方面的利益，从而更好地提高和保护公司的整体利益等	• 协商费时间、成本高 • 信息不对称，谈判时知晓成本及相关信息的一方可以利用此优势而另一方较被动 • 很多时候变成了谈判技巧和能力的较量
变动成本模型	在设定转移价格时，其转移价格等于该部门生产某种产品或提供某种服务的变动成本	在市场上不存在这个商品或服务，或价格不透明；卖方部门生产能力过剩；外部市场存在，但是公司鼓励内部购买	• 有过剩产能情况下能促进内部购买从而减少产能浪费，卖方不亏而且对公司整体有利 • 计算简单，数据客观容易得到 • 若卖方国有外汇限制或其他政治风险或买方国税率很低，变动成本因为低价会对整个公司有利	• 成本不加价，卖方无利润，会影响业绩及积极性 • 如果公司无过剩产能，用变动成本法会出现亏损 • 不符合美国公认会计原则对产品成本的定义 • 在公司没有过剩产能或有外部市场的情况下，变动成本定价有可能违反税务局的要求 • 容易在买卖双方之间引发激励问题，例如，卖方不会积极地控制成本，因为卖方低效的成本控制最终将由买方来承担

续表

模型	简介	适用情形	优点	缺点
完全成本模型	以卖方的变动成本为起点，在此基础上分配一定的固定成本作为转移价格	在市场上不存在这个商品或服务，或价格不透明；卖方部门生产能力过剩；外部市场存在，但是公司鼓励内部购买	● 无过剩产能时，用完全成本法可避免可能出现的亏损 ● 有过剩产能时，完全成本法相当于变动成本上的加价从而促进卖方的积极性 ● 符合美国公认会计原则对产品成本的定义 ● 简单、易懂、数据容易得到	● 成本不加价，卖方无利润，会影响其业绩及积极性 ● 外部市场存在而且无过剩产能，低于市场价格影响卖方的积极性 ● 有过剩产能时，但完全成本中固定部分太大，可能会影响内部销售的促成从而引起过剩产能的浪费 ● 在公司无过剩产能或有外部市场的情况下，固定成本定价可能违反税务局要求 ● 容易在买卖双方之间引发激励问题，例如，卖方不会积极地控制成本，因为卖方低效的成本控制最终将由买方来承担

　　转移定价模型的应用层次：如果商品或服务的市场价格已知，优先使用市场价格模型；如果无从得知商品或服务的市场价格，优先采用协商价格模型；尽量不采用两种成本模型，容易导致卖方不积极控制成本；如果必须使用成本模型，尽量使用标准成本来定价，以解决卖方的激励问题。

　　根据转移定价模型衍生出来的几种常见的定价方法如表 3-7 所示。

表 3-7　　　　　　　　　　　　　　　转移定价方法

定价方法	基础模型	定价方法	优点	缺点
增量成本加机会成本法	市场价格模型和变动成本模型的不同表现形式	产品增量成本＋对内销售的机会成本	● 综合方法，适用多种情况： ○ 有外部市场且无剩余产能，机会成本＝市场价格－增量成本 ○ 无外部市场或有剩余产能，机会成本等于零	● 需根据具体情况进行判断并收集相关定价数据，操作复杂
成本加价法	变动成本模型和完全成本模型	在成本基础上加上一定比例，确认出售价格	● 公司可以避免亏损并因为能实现利润从而促进卖方的积极性 ● 加价比较灵活，容易促成交易 ● 成本加价是传统做法，简单、易懂、易被接受 ● 在没有市场价格或有过剩产能的情况下，成本加价是一个很好的选择	● 加价的比例比较主观 ● 成本加价可能和市场价格有冲突，在有外部市场以及没有过剩产能的情况下用市场价格最佳 ● 双方可能无法就加价的比例达成一致而引起争议

定价方法	基础模型	定价方法	优点	缺点
总公司统一定价法	协商定价模型	总公司可能考虑统一规定，下面子公司都用同一转移定价	• 减少子公司做次优决定的可能 • 减少双方各自坚持自己不同的转移定价带来相关麻烦或损失 • 容易促成交易 • 节省行政成本等	• 削弱了子公司的独立和自治权，削弱了分散制管理的优势 • 武断的一种转移定价很难适应所有情况 • 统一制定的转移定价可能会伤害买卖方的利益 • 总部高层的经理必须要了解下面子公司们的大量细节信息，花费时间精力很多
双价法	协商定价模型	内部两个子公司都坚持用自己的转移定价，总公司为了促成交易，可以让他们各自用自己的转移定价，然后总公司补差价	• 促成对公司内部双方的交易，提高工作效率	• 容易让双方忽略外部市场，变相地支持了成本控制不利的一方，使得它没有控制和降低成本的动力 • 总公司并未从双价法中获利

是否需要内部转移以及制定转移品价格的决策（以自制或外购决策为出发点）。

（1）如果转移品没有外部供应商，同时没有市场价格，则转移价格最好以协商价格或成本为基础。

（2）如果转移品有外部供应商，则应比较内部供应商的变动成本和外部市场价格。

若：外部市场价格 < 内部供应商的变动成本，则应从外部购买，以此激励内部供应商努力降低成本。

若：外部市场价格 > 内部供应商的变动成本，则进一步考虑内部供应商的生产能力利用问题。是否需要内部转移以及制定转移品价格的决策，可参见表3－8。

表3－8　　　　　　　　是否需要内部转移以及制定转移品价格的决策

生产能力利用	说明
生产能力已充分利用	意味着转移品的产出量已达最高水平，增加内部转移将使内部供应商减少对外销售。 若：内部购买者获得的成本节约 > 内部供应商的丧失销售机会的机会成本，则应从内部购买，恰当的转移价格应该是市场价格
生产能力未充分利用	内部供应商增加转移品的生产只增加变动成本，且不会减少对外销售，此时内部供应商应该为内部购买者提供产品，而转移价格处于变动成本和市场价格之间

上述决策是从高层管理者的角度进行的，是对各业务单位自主决策的期望。为了保护各业务部门的自主权，高层管理者可以设定关于转移定价目标的指南，并且需要让内部业务单位管理者明确，企业整体利益应高于业务部门的个体利益。

转移定价方面应该鼓励的行为：

（1）限制在外面买更贵的产品，并以此评估业绩。此外，内部供应商应提高产品质量和售后服务，鼓励买方在内部购买。

（2）卖方在正常情况下，应用市场价格，不应以更贵的价格卖给内部。

（3）当卖方有剩余产能时应采用变动成本或变动成本加价法，应小于平常的市场价。

（4）协商价格时公司内部买卖方应该公开、透明、真实的交换信息，可以通过让总部人员有一定程度的参与来防止在协商中出现不好的情况。

（5）使用标准成本而不是实际成本，可以改善计划和预测，以及防止低效率生产。

（三）分部的绩效评估报告

1. 绩效评估报告。

绩效评估报告旨在供内部使用，应根据受众和接受报告的管理层级别来编制。信息传达的时间设定（及时性）和信息数量（相关性及重要性）对企业经营成功十分重要。

（1）绩效评估制度的实施目的如下：①实现目标一致性——使个人目标与组织目标相统一；②就各项预期进行清楚无误的沟通交流；③创造条件，激发组织中的各个成员以最大化组织目标为其行动指南；④使单个组织成员与组织之间有通畅的沟通渠道；⑤明确组织的各项评估标准。

（2）绩效评估标准应该具备的要素如下：①绩效评估的时间段（比如，绩效评估是仅考核年度成果，还是同时考核若干年度的成果）；②对被评估项的统一界定（比如，资产被定义为"全部可用资产"，不管资产的职能和用途）；③界定绩效评估中所使用的具体指标（比如，使用历史成本还是现时成本）；④为每个绩效指标和每个分部设定目标绩效水平；⑤绩效反馈的时间表（比如，是每天、每周还是每个季度反馈一次）。

2. 跨国公司的绩效评估。

评价外国分部的成果时，应考虑到所在国经济、法律、习俗和政治等方面的非财务因素。

跨国公司会使用转移品定价来减少税金，提高利润，而这会与使用转移品定价进行绩效评估和实施绩效激励产生冲突。

（1）通过转移定价把应税所得从税负高的国家转移到税负低的国家，实现世界范围内的所得税最小化，使跨国公司的税后利润增加。

若生产地（卖方部门）税率较低而销售地（买方部门）税率较高，则应制定较高的转移品价格（比如市场价格），以便将利润留在税率较低的生产地

（卖方部门）；若生产地（卖方部门）税率较高而销售地（买方部门）税率较低，则应制定较低的转移品价格（如按成本计价），以便将利润留在税率较低的销售地（买方部门）。

（2）通过转移定价实现世界范围内的关税最小化，同时需要考虑关税与所得税之间的权衡，即：低关税高所得税，高关税低所得税。例如，进口货物在国内销售，如果以较低的价格进口货物会减少关税，但较低的进口额会导致较低的销货成本进而产生较高的应纳税所得额和所得税负。

跨国公司绩效评估也应注意区分可控成本与不可控成本：

（1）作为绩效评估对象的成本只能是可由管理者施加影响的成本（即可控成本）。例如，对于外国分部的绩效评估，应该考虑贸易政策（如关税壁垒）、汇率波动、通货膨胀以及外国相对购买力的不同所带来的影响，这些因素在很大程度上不在分部管理者的可控范围之内。

（2）由于绩效职责原因，有些成本可能被管理者认为是不可控成本，但是如果绩效责任调整之后，管理者需要对这些成本的控制和管理负责，则这部分成本是有可能进行优化或者预防的。例如，如果经理了解到他无须为货币贬值负责，则他就缺乏积极应对汇率风险的动机；而如果他需要为货币贬值的部分后果负责，他就可能会聘请市场分析师或专门研究汇率的经济学家来预测货币贬值的可能性并及时加以应对。

为强化绩效评估的效果，可以使用在当地类似环境下营运的其他公司或其他管理者的标杆值，对不同公司的绩效实施横向比较。绩效评估应避免只关注利润，而应关注更为稳定的指标，如收入、市场份额或营运成本等。

【例题 3-21】关于确定结转价格的表述，下列哪一项是错误的？

A. 它衡量某一利润中心向公司内其他责任中心提供的商品和服务的价值

B. 若存在市价，则市价可作为转移价格

C. 它衡量了某公司和外部客户之间的交易

D. 若无市价，则转移价格可以成本为基础

【答案】C

【解析】选项 A 不正确。结转价格可以衡量某一利润中心向公司内其他责任中心提供的商品和服务的价值。

选项 B 不正确。市价是确定转移价格的一种方式。

选项 C 正确。转移价格是指分散式管理集团内部各分公司之间的买卖，因此，C 中与外部客户之间的交易是不正确的。

选项 D 不正确。成本基础定价是确定转移价格的一种方式。

【例题 3-22】Manhattan 公司有几个分部，都作为分权化的利润中心进行运作。UT-371 电路板是一种畅销的产品，可以用在很多数字产品上。目前制造分部拥有的过剩产能足以生产该产品 5 000 件。关于此电路板的资料如下：

市价	$48
对外销售发生的变动销售/分销成本	$5
变动制造成本	$21
固定制造成本	$10

公司的电子装配分部想要采购4 500件电路板，可以从内部购买，也可以在市场上以$46的价格购得相似产品。装配分部的管理层考虑到两家分部都隶属同一公司，觉得如果从内部购买，在价格上应该会有一些妥协。请问确定制造分部向组装分部提供此电路板的最终价格的最好方法是什么？

A. 由高级管理层制定此价格

B. 由仲裁委员会制定此价格

C. 由制造分部和组装分部的管理层协商制定此价格

D. 如果制造分部没有过剩产能，价格会是什么样子，就把此价格设定为转移价格

【答案】C

【解析】选项A不正确。没有A中所提的定价方法。

选项B不正确。没有B中所提的定价方法。

选项C正确。在企业有剩余产能的情况下，实际上只要报价大于变动成本都是合算的（注意本题中的相关的变动成本只有$21，不包括$5），至于最终定价多少，可在变动成本基础上加价，或在此基础上进行协商，因此选项C是正确的。

选项D不正确。因为在产能过剩的情况下策略要灵活，因为这时市场需求是不足的，就不能太死板地按高价，因此，选项D不正确。

【例题3-23】某个公司对其在不同国家运营的分部进行绩效比较时会遇到困难，这些困难包括下列的所有选项，但不包括不同的：

A. 货币　　　　　　　　　　　　B. 基础设施

C. 销售价格限制　　　　　　　　D. 管理风格

【答案】D

【解析】选项A不正确。不同分部包括国外分部在货币方面可能存在不同。

选项B不正确。不同分部包括国外分部在基础设施方面可能存在不同。

选项C不正确。不同分部包括国外分部在销售价格限制方面可能存在不同。

选项D正确。不同分部包括国外分部在货币、基础设施以及销售价格限制等方面都可能存在不同，但不同分部的管理风格在同一企业内部应该是大致相同的。

第三节　绩效评估

一、绩效管理的三个层面

绩效管理有如下三个层面如表 3 - 9 所示。

表 3 - 9　　　　　　　　　　　绩效管理的三个层面

三个层面	关注点	常见问题
产品获利能力	可控性：各个产品的边际贡献及可追溯成本	● 撤销或保留产品线的决策 ○ 财务方面：若撤销后减少的边际贡献 < 减少的可追溯固定成本，则撤销；否则保留 ○ 非财务方面：考虑因素包括员工士气、其他相关产品、未来盈利可能性（增加投入、调整价格或长期发展）等
业务部门获利能力	盈利能力指标	● 边际贡献 = 销售收入 - 变动成本和变动费用 ○ 忽视了固定成本中可控部分，仅强调边际贡献会导致管理者忽视可能降低可控的固定成本的机会 ● 直接/可控利润 = 边际贡献 - 可控固定成本 ○ 促使管理者关注所有可控成本和费用，是最佳部门绩效评估指标 ● 税前所得 = 销售收入 - 所有相关成本（除税金） ○ 可以直接揭示该业务部门的盈利状况，与竞争对手对比，但业务部门经理需要对不可控的成本负责，影响绩效评估的相关性和准确性 ● 净利 = 税前所得 - 税金 ○ 税率不可控，税费加入业务经理的绩效评估不合理
客户获利能力	评估向特定客户（群）提供商品或服务所产生的成本和效益	● 度量客户的盈利性 ○ 财务方面：单一客户的投入与产出、客户保留的相关成本与收入、生命周期获利能力等 ○ 非财务方面：客户获得、客户保留、客户满意度、市场份额等 ● 识别有效与无效的客户相关活动和服务 ○ 分析何时应满足/拒绝客户需求，何时应对客户服务额外收费 ● 将无利可图的客户转化为有利可图的客户

（一）产品获利能力分析

1. 产品获利能力分析的应用。

产品获利能力分析的应用包括：

（1）用于揭示哪些产品的盈利性最强，哪些产品需要重新评估价格和成本，哪些产品需要提供最大力度的营销投入和支持。

（2）作为经理薪酬和奖金发放的依据。

2. 是否取缔产品线的决策。

是否取缔产品线的决策需要考虑如下方面：

（1）加总因取缔该产品线而消失的所有可追溯至该产品线的变动成本与固定成本。

【提示】固定成本分为可追溯的固定成本与共同成本。可追溯固定成本是专属于某产品线或某部门的固定成本，如专门用于生产某种产品的设备的固定维护费用，用于推广某产品的广告费等；与决策相关的固定成本只是可追溯固定成本，即取缔产品线会随之消失的固定成本。共同成本是由多种产品共同负担的固定成本，例如 CEO 的薪金。在是否取缔产品线的决策中，共同成本即使某产品线被取缔也不会随之消失，因而与终止某项营运的决策无关。共同成本只能从公司总贡献额中扣减。

（2）加总机会成本，即取缔该产品线将丧失掉的所有销售收入。

（3）若：取缔该产品线所带来的成本削减效益 > 机会成本，则二者之差即为取缔该产品线导致的利润增加额，此时应取缔该产品线。

【提示】在是否取缔产品线的决策中，取缔该产品线所带来的成本削减效益与机会成本中，应包括对其他相关产品的影响额。例如，如果取缔某产品线，相关产品的销售量也会随之减少，则取缔该产品线所带来的成本削减效益与机会成本中，应包括相关产品成本的削减额与销售收入的减少额。

【提示】取缔产品线的决策也可以直接判断产品线"扣减所有相关成本后的剩余贡献"是否大于零来决策。"扣减所有相关成本后的剩余贡献"代表该产品线给企业利润所能带来的增量变化。

扣减所有相关成本后的剩余贡献 = 边际贡献 - 可追溯固定成本 - 机会成本 = （销售收入 - 变动成本）- 可追溯固定成本 - 机会成本

这里的机会成本是指取缔某产品线后对其他相关产品边际贡献的影响（假设共同成本不受影响）。例如，某产品线取缔后，会导致相关产品销量减少，由此减少的相关产品边际贡献，就是取缔该产品线的一项机会成本。

3. 非财务因素。

产品获利能力分析应考虑的非财务因素如下。

（1）放弃本条产品线将在多大程度上影响公司的士气？

（2）如果放弃本条产品线，相关产品线的销售额将会受到怎样的影响？

（3）本条产品线是另一条更具盈利性的产品线的组成部分吗？

（4）如果在营销上投入更多资源，产品的盈利性会增大吗？

（5）长期来看，本条产品线会变得更具盈利性吗？

（6）提高产品价格将能提高盈利能力还是使销售额变得更低？

（二）业务部门获利能力分析

业务部门通常称为"战略性业务部门"（SBU），拥有自己的业务战略和目标，并且可能与母公司/上级机构的业务战略目标有所不同。业务部门获利能力分析采用以下指标：

1. 边际贡献＝销售收入－变动成本和费用。

用边际贡献作为业务部门获利分析的指标，在计算中没有包括不受管理者控制的固定费用，因此可用于评估管理人员针对变动成本和费用的绩效；然而并非所有固定费用均不可控，因此强调边际贡献会导致管理者忽视可能的成本削减机会；即不去积极管理可控固定成本，以使其得到优化有效的利用，例如，对年度发生的广告费用，应尽可能进行优化，并评估其带来销售促进的结果。

2. 直接/可控利润＝边际贡献－该部门的固定成本。

在计算中不用扣减整个组织发生的共同固定成本（公司级费用），因为公司级费用不在战略性业务部门管理者的控制范围内，属于不可控的固定成本。使用直接利润（即不用扣减共同成本）评估管理者绩效，是客观合理的方式。

3. 税前所得。

计算时需要扣减与业务部门相关的所有成本（包括分摊的共同成本），税金除外；使用税前所得指标进行绩效评估，业务部门经理就要为不在其控制范围内的成本（分摊的共同成本）负责，比如分配给该业务部门的人力资源成本。故此该绩效指标并不客观。

税前所得的优点：业务部门经理可以真实地审视本部门需要达到的盈利水平，以确保本部门能为整个公司的成功做出贡献，因此税前所得指标对业务部门的定价和生产率决策会产生影响；可以与竞争对手的获利能力指标相比较。

如果在扣减掉所有间接费用后，业务部门经理仍能很好地维持该部门的盈利性（即税前所得），则表明该经理也许能制定更好的长期决策，比如产品组合决策和市场营销决策。

4. 净利润（税后所得）。

净利润的缺点：各个领域所面临的税率往往一样，因此量度净利可能并没有什么意义；即使税率不同，也是公司出于避税目的进行筹划的结果——税务及与税务相关的决策均在公司层面制定，而非在战略性业务部门层面制定，不在业务部门经理的控制范围之内；组织政策（如会计政策）会对业务单位和公司的净利润产生影响（税前所得存在同样问题）。

会计政策的影响：存货计价采用先进先出法（FIFO）相对于后进先出法（LIFO）来说，利润表中的销货成本按最早进货的价格计算，资产负债表中的存货则按最后进货的价格计算，在价格持续上涨时，会导致更高的净利和更高的期末存货计价；折旧方法的选择（直线法、加速折旧法）也会导致不同的费用额度，进而产生不同的净利额。若两家公司采用不同的存货计价方法或折旧方法，则两家公司的净利润很难进行比较。

由于各个国家的税率不同，税率差异会对业务单位的整体获利能力产生影响，因此净利润指标可用于评估国外的业务部门绩效。

（三）客户获利能力分析

客户获利能力分析旨在评估因向特定客户或客户细分提供商品或服务所产

生的成本和所能获得的效益，以提升组织的整体盈利性。客户获利能力分析的目标：①量度客户的盈利性；②识别有效与无效的客户相关活动和服务。

量度客户层面的盈利性——明确从客户那里得到的效益和所发生的成本。所获得的效益既包括财务效益，也包括非财务效益。例如，对于将客户放在战略首位的公司来说，客户层面的财务效益是公司的均衡器，与客户保留相关的成本必须小于相关收入才符合公司战略。客户层面的财务效益只有使用作业成本法，按客户划分成本时，才可以度量。

非财务效益包括：客户获得、客户保留、客户满意度、总的市场份额等。如果组织的目标是增大市场份额和提高客户满意度，则组织会将大量资源投入到提高客户满意度上，而不明确这种付出是否能获得相应回报。

出于战略上的考虑，一些在财务层面上的非获利客户也需要尽量予以满足。从生命周期获利能力角度分析，如果能长期保留这类客户，其最终将能给公司带来较高的利润。

企业应当不断识别有效与无效的客户相关活动和服务，以确定哪些客户相关活动应进一步加强，哪些应予取缔，并分析这种决策会对客户获利能力产生怎样的影响。例如，银行可以采用此种方法将客户划分为有利可图和无利可图两类，并利用从中得到的信息以决定分支机构的选址，有效赢得或主动放弃一些客户。

【例题 3 - 24】某玩具制造公司生产多种玩具产品。除了 A 和 B 这两类产品之外，其他所有产品都能够盈利。以下是这两个产品的年度损益表。

项目	A	B
销售额	$5 000	$7 500
可变成本	3 300	5 200
直接广告和促销成本	1 800	2 000
公司广告成本（根据销售额分摊）	500	750
去除其他分摊成本之前的收入（损失）	（$600）	（$450）

应该考虑停售的产品是：

A. A 和 B

B. 仅 A

C. 仅 B

D. 既不是 A 也不是 B

【答案】B

【解析】选项 A 不正确。产品 B 应该保留。

选项 B 正确。产品 A 扣减所有相关成本后的剩余贡献 = $5 000 - $3 300 - $1 800 = - $100；而产品 B 扣减所有相关成本后的剩余贡献 = $7 500 - $5 200 - $2 000 = $300。由于 A 扣减所有相关成本后的剩余贡献小于零，因此应考虑停售。

选项 C 不正确。产品 B 应该保留。

选项 D 不正确。产品 A 应该考虑停售。

【例题 3 - 25】 某企业生产网球和壁球两种产品，相关报表数据如下：

	网球	壁球	合计
销售额	$780 000	$195 000	$975 000
变动成本	585 000	175 500	760 500
边际贡献	195 000	19 500	214 500
其他可追溯成本 - 广告费	19 500	26 000	45 500
剩余贡献（可控边际）	175 500	- 6 500	169 000
不可追溯成本 - 固定成本			100 000
营运利润			69 000

请分别从财务层面和非财务层面对是否撤销壁球生产线进行分析。

【解析】 从财务层面来看，网球和壁球产品线获利分析不考虑联合生产线固定成本，因为它不可控；壁球产品线的边际贡献小于网球产品线；在考虑了可追溯（可控）的广告成本之后，壁球产品线亏损。因此，企业需要考虑以下选择：

（1）撤销壁球生产线，避免所有壁球相关成本，提升利润；

（2）控制壁球可变成本，增加其边际贡献；

（3）控制可追溯的可变成本，扭转壁球生产线亏损等。

虽然财务因素非常重要，但是产品获利能力分析需要认真考虑其他非财务方面的因素，才能做出最佳决策。非财务层面需要考虑的因素包括：

（1）撤销产品线对其他相关产品线销售额和盈利的影响（交互销售）；

（2）对人力资源成本的影响，是否会产生额外的人力资源成本；

（3）对公司职员和生产线员工的士气的影响；

（4）该生产线仅为短期亏损，长期能否盈利；

（5）多增加广告营销投入或者降低广告投入能否改变其产品线盈利状况；

（6）是否能够通过提高（降低）价格影响其销售额，进而提高盈利状况等。

【例题 3 - 26】 在确定客户盈利能力时，以下哪项成本与此无关？

A. 售后客户支持　　　　　　　　B. 包装费用

C. 送货卡车折旧　　　　　　　　D. 销售订单处理

【答案】 C

【解析】 选项 A 不正确。售后客户支持与客户盈利能力有关。

选项 B 不正确。包装费用与客户盈利能力有关。

选项 C 正确。送货卡车折旧与客户盈利能力无关，例如，即使放弃某一客户，送货卡车的折旧也依然会发生。

选项 D 不正确。销售订单处理与客户盈利能力有关。

【例题 3 - 27】 以下是某公司的成本结构列表：

销货成本	占销售额的	60%
可变销售费用	占销售额的	10%
固定销售费用	每件售出产品	$2
可变管理费用	每份订单	$50
固定管理费用	每件售出产品	$6

去年，该公司的一个客户下了 50 份订单，以每件 $20 的价格购买了总共 20 000 件产品。与该客户交易的收入或亏损为：

A.（$9 200）　　　　　　B. $117 500

C. $120 000　　　　　　D. $115 000

【答案】 B

【解析】 选项 B 正确。销货成本、可变销售费用、可变管理费用都是随着销售件数或者客户订单数量提高而提高。而固定销售费用和固定管理费用不随销售件数或者客户订单数量变动而变动。故此与该客户交易的收入 = 20 000 × $20 ×（1 - 60% - 10%）- 50 × 50 = $117 500。

二、投资回报率及剩余收益

投资回报率（ROI）和剩余收益（RI）的优缺点如表 3 - 10 所示。

表 3 - 10　　　　　　　　投资回报率与剩余收益的优缺点

指标	含义	计算公式	优点	缺点
投资回报率	代表股东每投资 1 美元的回报；组织可以将投资回报率与资本成本（或股东要求的必要报酬率）进行对比，可以确定业务部门是否应该继续经营下去，还是应该中止经营	投资回报率 = 利润/投入资产	• 反映投资中心的综合盈利能力 • 形式为百分比，故此不同投资额的项目、部门之间更具横向可比性，更容易突出不同投资额的项目的效率高低（相比剩余收益） • 投资回报率可以作为选择投资机会的依据，有利于优化资源配置	• 经理可能为了自己的利益挑选高于本部门投资回报率的项目而放弃低于本部门投资回报率但大于公司整体要求回报率的项目，导致公司整体损失财富的增加 • 经理可能为了短期利益增加投资回报率，但可能牺牲了公司的长远整体利益 • 虽然在不同投资额项目或分部之间更好比较效率的高低，但没体现绝对的回报值 • 经理在接管一个部门或分公司时，可能会有无法控制的承诺成本如折旧、租金等，此时的投资回报率可能不够客观

续表

指标	含义	计算公式	优点	缺点
剩余收益	指超过必要报酬率的那部分超额回报；剩余收益为正，意味着业务部门实现的收益率高于公司要求的必要回报率，因而，应该继续经营下去；剩余收益为负，并不是指公司不盈利，它只是说明业务部门实现的收益率低于公司要求的必要报酬率	剩余收益 = 利润 − (投入资产 × 必要报酬率)	• 是可以使业绩评价与企业的目标（即增加股东财富）协调一致，引导部门经理采纳高于企业资本成本的决策； • 允许使用不同的风险调整资本成本 • 更注重增加财富的绝对值而不是百分比，更注重实际增加的数额价值	• 不适合于不同投资规模的部门之间的比较 • 经理可能为了短期利益增加剩余收益，但可能牺牲了公司的长远整体利益 • 剩余收益对目标投资回报率很敏感，受其影响很大。项目投资额越大对目标投资回报率就越敏感，不同目标投资回报率会产生迥异的剩余收益，然而目标投资回报率的选择较主观

【提示】（1）投资回报率和剩余收益中的"利润"：对于公司来说，一般用净利润；对于部门来说，一般用税前利润（要减掉分摊的总部费用）。

（2）投资回报率中的"投资"：一般来说，投资应当用年初和年末的平均值。投资额 = 营运资本 + 固定资产 = 流动资产 − 流动负债 + 固定资产 = 总资产 − 流动负债；当只有总资产信息时，用总资产代替。

（3）当投资使用资产代替时，投资回报率的杜邦分解 = 利润/投资 = (利润/销售收入) × (销售收入/资产) = 利润率 × 资产周转率。

投资回报率应用中应注意的问题如下：①虽然净利润获得时间和资产的投资时间往往不同步，但在比较多个投资机会时，应确保所有投资项目的时间区间完全相同，以便进行公平比较。②投资回报率可用于短期（1 个月或 1 年）或长期项目，但是在进行长期分析时，使用考虑货币时间价值的贴现现金流量模型更为合适。③为保证投资回报率的可比性，所有业务单位的收益和投资额的确定方式必须是一致的、公允的。

对所有单位收益和投资额的计量必须采用同样的方法，并以相同的源数据为基础。例如，所有单位必须采用同样的发出存货计价方法和同样的折旧方法，并且都直接利用本公司财务报表中的数据。

计量方法对所有单位必须都是合理的、公平的。例如，如果采用历史成本基础的资产账面净值来计算投资回报率，则设备较为陈旧的部门因资产的账面净值较低可能会获得比其他部门更为理想的投资回报率。

（4）影响投资回报率和剩余收益计算结果的可能因素：公司所处行业和相关风险的特定环境；资产计量和收益的确定的会计惯例问题（如存货计价政策、联合资产分配政策、折旧计提方法等）。因此，在比较相互竞争的公司或各个内部业务部门的绩效时，不同组织间存在的以下差异可能会导致绩效比较失去意义：①收入与费用确认政策不同；②存货计价政策不同；③不同业务部门之间共有或共享资产；④对资产进行评价和估值时选择的方法不同等。

（5）投资回报率与剩余收益。①使用财务比率进行分析，必须考虑公司的业务性质和行业背景，以及公司的成熟度。②为解决可比性问题，可以采用相同的方法来计算本公司和相关基准公司（如竞争对手）的有关比率，以便将本公司与成熟度相同的其他公司相比。③仅仅关注投资回报率是不够的，公司应将诸多因素考虑在内，包括财务因素和非财务因素，以及公司未来发展的需要。例如，出于公司发展的考虑，可以接受目前投资回报率较低的项目，因为该项目可以带来新的长期客户，即项目的长期投资回报率为正。④投资回报率与剩余收益的共同缺陷：过于关注短期财务业绩，忽视非财务业绩和长期业绩，不如平衡记分卡全面；都涉及最大化利润（最大化销售收入的同时最小化成本）并最小化投资基准。

最大化销售收入的同时最小化成本，势必导致战略性业务部门（SBU）之间在转移品价格（卖方的收入、买方的成本）上发生争执。

以成本最小化为目标将导致各战略性业务部门削减酌定成本（discretionary costs）以最大化利润。短期内最可能被削减的酌定成本包括：研发成本、质量控制成本、维护成本、人力资源开发成本、广告与促销成本。例如，削减酌定成本在短期内可以提高投资回报率或剩余所得，但在长期内却会导致负面影响。

削减投资基准，比如对需要重置的资产不予重置，不购买必需的新资产或新技术，或不恰当地处置资产等，均可能在长期内带来负面影响。

【例题3-28】某公司是一家生产玩具的制造商，生产的玩具按价值定价，该公司根据投资回报率来考核其分支机构的绩效。如果将投资定义为分支机构资产负债表上记录的所有资产的账面价值，则这些分支机构在以下哪方面差异较大时相互之间比较起来难度将最大？

A. 销量　　　　　　　　　B. 地理位置
C. 管理风格　　　　　　　D. 年限

【答案】D

【解析】选项A不正确。本题中销量不是影响比较口径的主要因素。

选项B不正确。本题中地理位置不是影响比较口径的主要因素。

选项C不正确。本题中管理风格不是影响比较口径的主要因素。

选项D正确。本题中"如果将投资定义为分支机构资产负债表上记录的所有资产的账面价值"，因此年限不同，会导致资产的账面价值（如减除累计折旧后的固定资产净值）缺乏可比性。

【例题3-29】Marino公司的Northern分部近几年的剩余收益一直保持为正值。Northern分部目前正考虑投资于一个新项目，该项目会降低分部的整体投资回报率，但却能增加其剩余收益。请问新项目的预期投资回报率、公司的资本成本以及该分部目前的投资回报率之间是什么关系？

A. 新项目的预期投资回报率高于该分部目前的投资回报率，但却低于公

司的资本成本

　　B. 公司的资本成本高于新项目的预期回报率，但却低于该分部目前的投资回报率

　　C. 该分部目前的投资回报率高于新项目的投资回报率，但却低于公司的资本成本

　　D. 新项目的预期投资回报率高于公司的资本成本，但却低于该分部目前的投资回报率

　　【答案】D

　　【解析】选项 A 不正确。新项目的预期投资回报率应该高于公司的资本成本，低于该分部目前的投资回报率。

　　选项 B 不正确。公司的资本成本应低于新项目的预期投资回报率。

　　选项 C 不正确。该分部目前的投资回报率应高于公司的资本成本。

　　选项 D 正确。"该项目会降低分部的整体投资回报率"表明新项目的预期投资回报率小于该分部目前的投资回报率，"但却能增加其剩余收益"表明新项目的预期投资回报率大于公司的资本成本。因此，三者的关系为：公司的资本成本 < 新项目的预期投资回报率 < 该分部目前的投资回报率。

　　【例题 3 - 30】以下是某公司一个部门的财务信息，该公司整体的资本成本为 10%，请问该部门的投资回报率和剩余收益分别是多少？

账目	金额（千 $）
营运资本	625
管理费用	75
净销售	4 000
厂房和设备	1 775
销货成本	3 525

　　【解析】利润 = 净销售 - 销货成本 - 管理费用 = 4 000 - 3 525 - 75 = 400（千 $）

　　资产 = 营运资本 + 长期资产 = 营运资本 + 厂房和设备 = 625 + 1 775 = 2 400（千 $）

　　投资回报率 = 利润/投入资产 = 400/2 400 = 16.67%

　　剩余收益 = 利润 - 资产 × 必要报酬率 = 400 - 2 400 × 10% = 160（千 $）

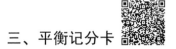

三、平衡记分卡

　　财务指标在绩效分析中是存在明显局限性的，它包括：①以历史表现为依据，具有滞后性；②主要提供短期预测而非长期预测。

平衡记分卡是一种战略性的评估和管理系统，它将公司战略转化成相平衡的四个方面的关键绩效指标（KPI），这四个方面包括：财务、客户、内部业务流程、学习和成长。其中的财务指标揭示的是公司过去的业绩；客户、内部业务流程指标以及学习与成长指标则以公司未来的财务绩效为导向。每一个关键绩效指标可以按照具体方法来衡量，进而实现有效管理。

平衡记分卡的基本思想：①只有量化的指标才是可以考核的，必须要将考核的指标进行量化——记分；②作为战略性的评估和管理系统，将公司战略转化成相平衡的四个方面——平衡。

主要步骤：①SWOT 分析；②确立关键绩效指标（KPI）；③为每个 KPI 指定量度指标；④与公司战略相整合。

财务指标主要揭示公司过去的业绩；客户指标、内部业务流程指标、学习与成长指标都属于非财务指标，是以公司未来的财务绩效为导向的。即，相对于传统的财务绩效评价，平衡记分卡兼顾了财务绩效与非财务绩效、短期绩效与长期绩效的平衡。

将平衡记分卡作为管理工具的目的：①阐明和传达公司战略；②将个人目标和部门目标同公司的战略相统一；③将战略与预算编制流程相挂钩；④为持续的战略改进提供反馈信息。

平衡记分卡的关键绩效指标（KPI）：①为有效制定战略，公司需要实施SWOT 分析——分析内部的优势与劣势，以及外部机会与威胁，以确立公司的关键绩效指标；②关键绩效指标是具体的、可量度的目标，并且是为实现公司战略所必须达成的目标，主要包括四个范畴：财务（如销售额、流动性、获利能力、市值）、客户（如市场份额、客户获得、客户满意度、客户保留、质量、及时性）、内部业务流程（如生产率、质量、安全、加工时间、品牌管理）、学习与成长（如技能发展、员工激励、授权、新产品、竞争力、团队合作表现）；③在界定各个关键绩效指标之后，必须为每个关键绩效指标制定度量单位——"如果你不能度量它，你就不能管理它"。

有效利用和实施平衡记分卡的三个原则：

（1）具有因果关系。所有关键绩效指标都应整合到某个因果关系链中。这些因果关系链应尽可能沿着平衡记分卡的四个范畴推进，对这些因素的评估最终与相关财务指标挂钩，并以部分实现公司的战略为目标。因果关系的情形可以用句式"如果……那么……"来表述。

（2）与结果量度指标及绩效动因相联。因果关系链必须与某个具体的结果量度指标以及阐明如何实现该结果的绩效动因相联系。具体可参见表 3 - 11。

表 3 - 11　　　　　　　　　　结果度量指标及绩效动因

名词	解释
结果量度指标	• 属于滞后指标，即用于度量成功与否的历史指标，如获利能力、市场份额、员工技能、客户忠诚度等 • 属于综合性指标，度量某些因果链在最终应达成什么结果

名词	解释
绩效动因	• 属于领先指标，是特定业务部门战略的具体动因（实现结果量度的驱动因素），如周期时间、准备时间或新专利等
结果量度与绩效动因相联	• 如果结果量度指标缺位，绩效动因虽能指明短期内如何运作，但无法揭示具体战略在长期是否有效 • 如果绩效动因缺位，结果量度指标固然能揭示部门或团队应予努力的方向，但无法指示目标的实现路径，也不能在需要时提供相关信息

（3）与财务指标挂钩。所有的因果关系链最终都应采用财务指标来度量其结果。如果创新活动不与财务指标挂钩，则无法带来具体的成效，成功与否也没有具体的量度指标。

平衡记分卡的四个维度包括财务、客户、内部业务流程、学习和成长，具体如表 3 - 12 所示。

表 3 - 12　　　　　　　　　　　平衡记分卡的四个维度

四个维度	关键绩效指标	实现效果
财务指标	• 盈利能力 　○ 销售收入、净利润、投资回报率、剩余收益、经济增加值（EVA）、权益回报率（ROE）等 • 偿债能力 　○ 流动比率、资产负债率、利息保障倍数等 • 营运能力 　○ 存货周转率、应收账款周转率、应付账款周转率、总资产周转率等 • 市值管理 　○ 股价、每股收益、市盈率、市净率、股利支付率等	快速增长，提升价值，股东利益最大化
客户指标	• 市场份额 　○ 可进一步细分得到客户份额，即客户与公司之间的业务额占客户在公司所在领域全部开支的比例 • 客户获得 　○ 度量为获得新客户所有投入的资金的使用效率 • 客户满意度 　○ 揭示公司在满足消费者需求方面的成功度 • 客户保留 　○ 可通过客户名单、客户忠诚度计划等方式追踪 　○ 可进一步细分得到每个客户业务的百分比变化 • 客户获利能力	提高与客户的交流，提高对客户服务品质，提高对客户的理解，提高对客户要求的反应速度
内部业务流程指标	• 创新 　○ 新品进入市场的时间、销售额、与竞争对手的比较、与预算的比较、产品开发周期及成本等 • 营运 　○ 质量、技术能力等 • 售后服务 　○ 对设备故障的反应时间、接到维修电话的响应时间等	优化生产，优化信息系统，优化物流，加大研发

四个维度	关键绩效指标	实现效果
学习与成长指标	• 员工技能集 ○ 员工满意度、员工保留率、员工生产率、员工所需培训量、需要培训的员工比例、战略性工作覆盖比率等 • 信息系统能力 ○ 当前信息系统能力：获得或处理业务信息所需要的时间 ○ 战略性信息覆盖比率 = 目前的信息系统能力/预期需要的信息系统能力 • 员工授权、激励和组织一致 ○ 员工提出的改进和创新方案数量及影响、设定的部门目标 VS. 已实现的部门目标、基于团队的度量指标等	增强培训，增强信息系统应用，增强风险意识和责任感

平衡记分卡的优缺点如表 3 – 13 所示。

表 3 – 13　　　　　　　　　平衡记分卡的优缺点

优点	缺点
• 克服财务评估方法的短期行为 • 有利于客观、深刻、综合全面地进行绩效考核，更有利于企业长期可持续性的发展 • 能有效地将组织的战略转化为组织各层的绩效指标和行动 • 有助于各级员工对组织目标和战略的沟通和理解 • 有利于组织和员工的学习成长和核心能力的培养 • 使整个组织行动一致，服务于战略目标 • 提高组织的整体管理水平等	• 某些非财务指标往往很难建立并进行衡量和统计 • 保持平衡记分卡随战略或业务变更而及时更新需要耗费大量的时间和资源 • 侧重指标的建立和评估，但却不能指导管理者怎样才能提高绩效 • 建立的过程比较费时，费成本，牵扯精力较多，一份平衡记分卡从发起到最终实施需要几个月甚至一年以上的时间等

成功平衡记分卡的特征包括：

（1）平衡记分卡中使用的所有指标（财务指标和非财务指标）都应源于公司的愿景和战略。

（2）过程是参与性的，而不是指令性的。

（3）使用战略地图和平衡记分卡，将战略转化成具体的营运目标。

（4）利用公司记分卡以及业务部门和支持性部门之间的协同效应，使整个组织的行动与公司战略保持一致。

（5）利用个人记分卡、战略意识和平衡薪酬，使战略成为每个员工的日常工作。

（6）通过平衡记分卡将战略与预算编制相挂钩，使用自动化分析工具，召开战略会议，开展战略学习，使战略成为一个持续的过程。

（7）通过强有力的领导团队，使用动员、治理过程及战略管理系统，推动组织变革。

平衡记分卡的绩效指标的设计必须满足以下条件：

（1）绩效指标必须与组织的战略目标紧密相关。

（2）绩效指标必须足够客观并易于度量。

（3）在实际应用绩效指标时，务必保证应用方式的一致性、连贯性和经常性。

（4）应同时关注财务绩效指标和非财务绩效指标。

（5）关注绩效评估的成本，最终选用的绩效评估体系是准确性与成本相权衡的结果。

【例题 3 - 31】平衡记分卡通过把管理上的注意力集中在几个关键成功因素，为企业在竞争中取胜提供了一份行动计划。请问下面哪一项不是平衡记分卡中通常强调的关键成功因素？

A. 竞争对手的战略　　　　　　　　B. 财务业绩指标

C. 内部业务流程　　　　　　　　　D. 员工创新和学习能力

【答案】A

【解析】选项 A 正确。平衡记分卡的 4 个关键成功因素：财务范畴、客户范畴、内部业务流程范畴、学习与成长范畴。竞争对手的战略不是平衡记分卡的关键因素。

选项 B 不正确。财务业绩指标是平衡记分卡的关键因素。

选项 C 不正确。内部业务流程是平衡记分卡的关键因素。

选项 D 不正确。员工创新和学习能力是平衡记分卡的关键因素。

简答题出题方向分析 ● ● ●

【出题方向1】题干给出实际值和静态预算值，要求编制弹性预算。

解题要点：弹性预算是将产量或者销售量调整成为实际数量，而单位成本或者单位价格不变化，此外固定间接费用不变化而形成的预算。

【出题方向2】基于编制完成的弹性预算，要求计算弹性预算差异或销售量差异，同时判断差异是否有利并解释差异产生原因。

解题要点：弹性预算差异是实际值减弹性预算值，而销售量差异是弹性预算值减静态预算值；此处的原因解释一般会比较简单，弹性预算差异一般考查成本项的绩效（不利差异是因为实际发生的费用超过了预算投入的费用，有利差异相反），销售量差异主要考查销售项或者边际贡献项的绩效（不利差异是因为实际销售的数量比预算少，有利差异相反）。

【出题方向3】根据给出的明细成本信息，要求计算直接人工（材料）的弹性预算差异并解释原因。

解题要点：理解并记忆直接人工（材料）的弹性预算分解公式。直接人工价格的有利差异表明人力资源部门在进行工人雇用的时候获得了低于标准成本的价格，可能原因是就业市场供大于求或者招聘新手的价格比较低等；直接人工效率的不利差异，原因可能是工人不是熟手，操作时间比标准时间长等。直接材料价格的有利差异表明采购的价格低于标准价格，原因可能是批量采购、供大于求，或者采购的产品质量品质较低等；直接材料效率的有利差异表明实际用料小于标准数量，原因可能是机器效率提高、用料的质量较好等。

【出题方向4】要求根据不同的成本动因，来进行间接费用差异的计算，并且分析差异的变化。

解题要点：熟练掌握间接费用四差异、三差异和两差异的计算；了解为什么固定间接费用的产量差异是不可控的（原因是：差异分析主要是针对采购部门、人力资源或者生产部门按照生产计划进行经营的业绩结果的分析，而产量差异则主要是针对在企业一年的战略发展过程中出现战略生产的变化时公司决策层改变生产数量而导致的差异，这和具体与生产相关的执行部门无关，是他们无法进行控制的）；不同的成本动因对间接费用的差异是有影响的，这也是差异分析学习的一个难点（对于变动间接费用，开支差异和效率差异这两个分项会随成本动因而变化；当成本动因为产量时效率差异为0；但无论成本动因如何变化，弹性预算总的差异不变。对于固定间接费用，开支差异和产量差异均不会发生变化；无论成本动因如何变化，固定间接费用总差异不变）。

【出题方向 5】除了成本项的差异以外，销售预算中价格差异（弹性预算差异）、销售量差异以及销售组合差异和销售数量差异也是可能出现的考点。

解题要点：理解并掌握销售预算中价格差异、销售量差异以及销售组合差异和销售数量差异的计算（其中，销售价格差异其实就是销售项的弹性预算差异，销售价格差异 = 实际销售价格 × 实际销售数量 − 标准销售价格 × 实际销售数量）；销售组合的有利差异说明企业在销售过程中，实际情况是多种产品组合的加权售价高于预算售价，如果是不利差异，证明多种产品组合的加权售价低于预算售价（销售组合的差异可能是因为不同个体产品销售数量变化造成，这种变化可能是因为市场情况变化，竞争对手产品线的表现等引起）；销售数量的有利差异说明企业在销售过程中，实际销售的数量高于预算销售量，如果是不利差异，证明实际销售的数量低于预算销售量（销售数量的差异可能也是因为市场情况变化，竞争对手产品线的表现等引起）。

【出题方向 6】要求阐述例外管理的定义及做法，并判断弹性预算中出现的差异哪些需要进行例外管理。

解题思路：通过计算弹性预算差异与预算值的比例判断是否属于例外差异，一般的判断标准为 10%。

【出题方向 7】责任中心的分类，并且判断题中给出的部门是哪类责任中心。

解题思路：对于责任中心的分类，CMA 考试大纲明确为四类：营销中心、成本中心、利润中心和投资中心，根据各个责任中心所负责的要素种类（收入、成本、利润、投资）来进行判断。

【出题方向 8】各个责任中心进行评估时，应当采用的绩效评估标准。

解题思路：针对各个责任中心，CMA 给出了很清楚的绩效评估指标要求。营销中心的绩效评估指标是销售收入减去营销中心的直接成本；成本中心的绩效评估指标是在保证服务前提的基础上成本最小化（这个内容比较容易考）；利润中心的绩效评估指标是实际利润和预期利润的差异；投资中心的绩效评估指标是利润水平、投入产出比、战略投资与公司战略的一致性和资本保全情况等。

【出题方向 9】对责任中心的管理者进行评估时的几种方式，并根据题目要求说明评估方式的优缺点。

解题思路：对责任中心的评估，与对责任中心的管理者进行评估是有所不同的。责任中心管理者要求公平和公正。对部门经理进行绩效评估相对合理的方式是通过可控利润来进行绩效评估。部门经理的绩效建立在其可控成本之上，无法控制的成本不参与绩效评估。除了按照可控成本评估之外，企业还可以按照边际贡献，税前利润和税后利润进行部门经理的评估。大家对于按照边际贡献和税前利润进行评估的缺点要进行良好的掌握。边际贡献会使部门经理不关注自身部门固定费用的可控部分，使他们没有动力对可控固定成本进行控制和优化。利用税前利润进行评估，会使得部门经理对很多自身不可控的成本负责，例如其他部门的固定费用分配，这样会挫伤部门经理的积极性。而税后利润，因为税率可能会不同，所以会使得税后利润对于部门经理的评估有所扭曲。

【出题方向10】对于某部门或者生产线，从财务角度和非财务角度对其继续存在经营与否进行评估。

解题思路：从财务角度分析，若分部毛利＝分部边际贡献－可追溯至该分部的固定成本＞0，则保留该分部，若分部毛利＝分部边际贡献－可追溯至该分部的固定成本＜0，则取消该分部；从非财务角度分析，一个部门或者生产线可能财务上不赚钱，但是战略上是有意义的，需要考虑：①该部门或者生产线是否设立时间较短，应给予一定耐心；②该部门或者生产线是否能够给其他部门带来交互销售的利益；③该部门或者生产线如果解散，人力资源方面的财务损失和士气损失；④是否能够通过提高产品价格，来提高收入；⑤是否能够提高可控的市场营销费用，从而加大产品的销售，这样能够扭亏为盈。

【出题方向11】给定情景，要求分别计算投资回报率和剩余收益，并判断在两个指标下分别应该选取哪个项目。

解题思路：理解并掌握投资回报率和剩余收益的计算公式。

【出题方向12】要求分析可能影响投资回报率和剩余收益的因素。

解题思路：从计算公式入手，分析每个计算因子可能受到的影响，简单的可以从题干情景对因子大小的直接影响来分析，复杂的可以从因子受环境与政策的间接影响来分析，例如，公司所处行业和相关风险的特定环境、资产计量和收益的确定的会计惯例问题（如存货计价政策、联合资产分配政策、折旧计提方法等）。

【出题方向13】比较使用投资回报率和剩余收益作为部门经理业绩考核。

解题思路：使用投资回报率考核时，假设一个项目的投资回报率高于整个公司的投资回报率，但低于本部门投资回报率，该项投资将会被拒绝，因此，使用投资回报率来度量部门绩效，对整个公司不利；使用剩余收益考核时，各部门使用整个公司规定的回报率来计算剩余收益，因此任何能够提高剩余收益的项目都会被部门接受，并对整个公司有利。

【出题方向14】解释平衡记分卡以及如何用平衡记分卡来衡量公司业绩。

　　解题思路：平衡记分卡包含了长期的、短期的、财务的和非财务指标，它的四个维度包括：财务指标、顾客、内部经营过程、学习与成长。平衡记分卡在衡量公司业绩时，需要将上述四个维度的绩效指标都共同来考虑分析。所有关键成功因素均需要具有因果关系，结果量度指标和绩效动因相联，并且最终与财务指标挂钩来对企业的绩效进行衡量。

一、单选题

【经典试题1】 Christopher Akers 是一家建筑承包商 SBL 公司的首席执行官，刚刚送达的财务报表显示在新体育馆项目上亏损 $3 000，而本来的预算是盈利 $6 000。下面是有关这个项目的材料的实际和预算资料：

	实际	预算
砖—捆数	3 000	2 850
砖—单捆成本	$7.9	$8

关于 SBL 公司的体育馆项目，下述哪一项表述是正确的？

A. 价格差异 $285，有利

B. 价格差异 $300，有利

C. 效率差异 $1 185，不利

D. 弹性预算差异 $900，不利

【答案】 B

【解析】 选择 A 不正确。计算不正确。

选项 B 正确。根据直接材料价格差异 = 直接材料的实际投入量或采购量×（直接材料的实际价格 – 直接材料的预算价格），得：直接材料价格差异 = $3 000×($7.9 – $8) = – $300，有利差异。

选项 C 不正确。计算直接材料效率差异需要知道按实际产出水平调整后的预算投入量，而题干信息中没有直接或间接提供，所以无法计算效率差异。

选项 D 不正确。无法计算弹性预算差异。

【经典试题2】 某公司把原材料价格差异分离出来，以尽早向对该项差异负责的经理提供信息。该年耗用材料的预算额度计算方法如下所示。

150 000 件产成品 ×3 磅/件 × $2.00/磅 = $900 000

该年的实际结果如下：

产成品	160 000 件
采购的原材料	500 000 磅
耗用的原料	490 000 磅
材料单价	$2.02

该年的材料价格差异是多少?

A. ＄9 600，不利　　　　　　B. ＄9 800，不利

C. ＄10 000，不利　　　　　　D. ＄20 000，不利

【答案】C

【解析】选项 C 正确。根据直接材料价格差异 = 直接材料的实际采购量×(直接材料的实际价格 − 直接材料的预算价格)，得：采购材料价格差异 = 500 000 × (＄2.02 − ＄2) = ＄10 000，为不利差异。解题时要紧扣问题，排除干扰，快而准地找到相关信息。

【经典试题3】下面的资料来自 St. Charles 公司的会计记录：

	静态预算	实际
销量（件）	82 000	75 000
单价	＄15	＄15
每件变动成本	＄9	＄9.25
固定成本	＄280 000	＄285 000

一位助理对预算数据和实际数据作了比较，计算得出营业利润的不利差异为＄65 750。这位助理总结道：业绩没有达成预期目标，因为营业利润为不利差异。请问对这一初步的结论，下面哪一个评价最为恰当?

A. 结论和差异计算皆正确

B. 结论错误，但是差异计算提供了有用的信息

C. 结论正确，但是差异计算原本应该可以提供更加有用的信息

D. 差异计算和结论都不正确

【答案】C

【解析】选项 A 不正确。与 C 相比，C 的描述更恰当。

选项 B 不正确。题中的计算和结论是正确的。

选项 C 正确。静态预算适合计划设定目标，但不适合与实际对比去评估业绩，因为预算和实际不是建立在同一个销量基础上的，两者的可比性不强；有时候即使利润减少但不一定会否定所有部门的业绩，用弹性预算作对比有可能发现有些部门做得比预期好。因此，利润减少，整体业绩不达标，但由于信息不完全，不能很好地分析内部部门的具体问题。

选项 D 不正确。题中的计算和结论是正确的。

【经典试题4】某家公司在一段时间内有材料数量有利差异、直接人工效率有利差异和固定制造费用产量有利差异。请问下面的哪一个选项不可能是导致上述三个差异的原因?

A. 采购了更高质量的材料　　　B. 使用了低技能的员工

C. 购买了效率更高的机器　　　D. 加强了生产监督

【答案】B

【解析】选项 A 不正确。采购更高质量的材料可能导致有利的材料数量差异。

选项 B 正确。使用低技能员工可能导致不利的人工效率差异和有利的人工价格差异。

选项 C 不正确。购买高效的机器可能增加产量，导致有利的固定制造费用产量差异。

选项 D 不正确。加强生产监督可能增加产量，导致有利的固定制造费用产量差异。

【经典试题 5】Brannen Videotronics 公司采用机器工时作为分配制造费用的基数，把工龄的长短作为员工增加工资的主要因素，这些标准每年设定和修改一次；由于市场竞争的压力增大，Brannen 公司的管理层决定实施裁员，公司为大量资深的雇员选择在年中提前退休提供了激励；结果是，公司还不得不引进一些暂时性的人员顶替那些离职人员的工作，以确保按工期交工。请问针对上述的情况，下列哪一种情况最有可能发生？

A. 不利的效率差异和有利的价格（工资率）差异

B. 不利的效率差异和价格（工资率）差异

C. 有利的效率差异和不利的价格（工资率）差异

D. 有利的效率差异和价格（工资率）差异

【答案】A

【解析】选项 A 正确。题干中"工龄的长短作为员工增加工资的主要因素"，公司目前让"大量资深的雇员选择在年中提前退休"（高工资），并"引进一些暂时性的人员顶替那些离职人员"（低工资），因此，价格差异为有利差异，但由于暂时性人员熟练度较低，所以效率差异为不利差异。

选项 B 不正确。价格差异应该是有利的。

选项 C 不正确。效率差异应该是不利的，价格差异应该是有利的。

选项 D 不正确。效率差异应该是不利的。

【经典试题 6】Richter 公司某个月发生了不利的材料数量差异，请问下面哪一项最不可能是造成这一差异的原因？

A. 直接从事生产的员工缺乏技能培训

B. 从事运输的员工业绩不良

C. 工艺流程或产品设计不良

D. 材料质量低劣

【答案】B

【解析】选项 A 不正确。缺乏技能培训是造成不利的材料数量差异的可能原因。

选项 B 正确。直接从事生产的员工缺乏技能培训，可能导致更多的材料耗用；工艺流程或产品设计不良，可能导致生产过程中材料的大量损耗；材料质量低劣，可能导致生产同样的产品需要耗费更多的材料。从事运输的员工与产品生产无关，因此，不影响材料的生产耗用量。

选项 C 不正确。工艺流程或产品设计不良是造成不利的材料数量差异的可能原因。

选项 D 不正确。材料质量低劣是造成不利的材料数量差异的可能原因。

【经典试题 7】绝大部分公司把全公司性的成本和其他辅助部门发生的成本分配给各分部和部门。请问下面哪一项不是此做法的原因？

　　A. 提醒利润中心的经理人员注意收入必须足以补偿一定份额的间接成本

　　B. 促使利润中心的经理人员对各提供集中服务的经理人员（如 IT、资金、人力资源）施加压力，要求后者对服务部门的成本加以控制

　　C. 在各分部、部门及其经理人员之间营造竞争氛围

　　D. 划定责任和考核各利润中心

【答案】C

【解析】选项 A 不正确。根据企业成本以谁受益谁承担的方式，将辅助部门成本以一定的成本动因分摊到各利润中心，让各利润中心注意要弥补一部分辅助部门成本。

选项 B 不正确。通过按照标准分配率分配到各利润中心，考察辅助部门的实际成本与分配成本之间的差异，提高辅助部门的成本降低意识。

选项 C 正确。辅助部门成本分配不是为了营造竞争氛围。

选项 D 不正确。通过分配辅助部门成本，既可以考核各利润中心，也可以约束辅助部门。

【经典试题 8】企业确定转移价格政策采用双重定价做法的优点之一是：

　　A. 它能激励二级供应单位控制成本

　　B. 把二级供应单位置于市场价格的约束之下

　　C. 促进公司二级供应单位和购买单位之间的目标更加兼容一致

　　D. 当公司二级供应单位和购买单位在不同税收管辖区时，可以简化税收计算工作

【答案】C

【解析】选项 A 不正确。双重定价法下卖方缺少动力控制成本。

选项 B 不正确。双重定价法下不利于各方了解外面的市场。

选项 C 正确。有些公司内部分公司之间是买卖双方各自使用自己的转移价格，总公司给予差价补贴。例如，卖方是 $17 加价 10% 即 $18.7，买方坚持市场价格 $18，因为现在亲兄弟明算账，各方的评估都是各自的业绩，这时公司给予卖方 $0.7 补贴，可以形成双赢的局面。这种方法的优点是：能促成各方都获得理想的利益。但也有很多缺点，如：卖方缺少动力去控制成本，而且这样不利于各方了解外面的市场价格和变化等，故此，这种方法并不是最佳

的转移定价方法。因此，C 是正确的。

选项 D 不正确。双重定价法不能简化税收。

【经典试题 9】Oakmont 公司有两个分部，家电产品分部和施工设备分部。其中，家电产品分部按照投资回报率来考核其分部的经理，该分部的资本成本是 16%；施工设备分部按照剩余收益来考核其分部的经理，该分部的投资回报率是 12%。这两个分部的经理都在考虑一个投资回报率为 14% 的项目。根据当前针对经理人员的考核制度，其中哪个经理具有实施该项目的激励动力？

A. 两个经理都有

B. 两个经理都没有

C. 家电产品分部的经理有，但是施工设备部的经理没有

D. 施工设备分部的经理有，但是家电产品分部的经理没有

【答案】D

【解析】选项 A 不正确。家电产品分部的经理没有。

选项 B 不正确。施工设备分部的经理有。

选项 C 不正确。施工设备分部的经理有，但是家电产品分部的经理没有。

选项 D 正确。家电产品分部——按照投资回报考核——16%，14% 的项目 < 16%，家电产品分部拒绝；施工设备分部——按照剩余收益考核——12%，14% 的项目 > 12%，施工设备分部接受。

【经典试题 10】Brennan 公司采用目标管理法（MBO）对公司的经理们进行考核。下面哪一选项不适合作为考核某个分部经理预算期工作效率的指标？

A. 预算的营业利润

B. 目标的市场份额

C. 预计每股收益

D. 组织结构内部的精简（以更少的员工人数完成一定量的工作）

【答案】C

【解析】选项 A 不正确。预算的营业利润可以作为分部经理的考核指标。

选项 B 不正确。目标的市场份额可以作为分部经理的考核指标。

选项 C 正确。每股收益率不是考核部门的业绩，是用来考核整个公司的，因为只有整个公司才有每股收益率。

选项 D 不正确。组织结构内部的精简可以作为分部经理的考核指标。

【经典试题 11】某公司注意到其分部经理人员制定的决策并没有使得公司整体的利益最大化；为了阻止这样的倾向，公司要采用一套业绩考核制度，该制度应该强调：

A. 弹性预算差异　　　　　　　　B. 营业利润

C. 可控成本　　　　　　　　　　D. 剩余收益

【答案】D

【解析】选项 A 不正确。弹性预算差异不能保证部门与公司整体的目标一致。

选项 B 不正确。营业利润不能保证部门与公司整体的目标一致。

选项 C 不正确。可控成本不能保证部门与公司整体的目标一致。

选项 D 正确。剩余收益是最保守的利润算法，剩余收益如果大于零，公司肯定赚钱。因为，剩余收益 = 利润 − 必要报酬率 × 投资，对于公司整体来说，必要报酬率等于其资本成本，因此，公司整体资本成本成为各部门都要达到的目标，这样公司的整体目标得以贯彻。

【经典试题 12】经济增加值（EVA）可以看作对下述各指标中哪一项的修正？

A. 剩余收益

B. 剩余收益，要求的回报率等于公司的加权平均资本成本

C. 投资回报率

D. 投资回报率，要求的回报率等于公司的加权平均资本成本

【答案】B

【解析】选项 A 不正确。B 的表述更准确。

选项 B 正确。剩余收益中用的是要求的回报率，而经济附加值则是资本成本，当要求的回报率等于资本成本时，剩余收益就几乎变成了经济附加值。

选项 C 不正确。投资回报率是百分比，EVA 是绝对金额。

选项 D 不正确。投资回报率是百分比，EVA 是绝对金额。

【经典试题 13】经济增加值（EVA）是下述各种业绩考核办法中的哪一种办法的一种具体的变异？

A. 投资回报率   B. 剩余收益

C. 内含报酬率   D. 净现值法

【答案】B

【解析】选项 A 不正确。投资回报率是百分比，EVA 是绝对金额。

选项 B 正确。经济增加值（EVA）和剩余收益非常类似，两者的区别是：EVA 用的一般是税后净利润，另外 EVA 的资产或投资用的是"长期负债 + 所有者权益"，而且是乘以平均资本成本；而剩余收益的利润可以是税前利润，资产可以是总资产，而且是乘以期望或要求回报率（期望和要求回报率有时候和资本成本是通用的）。EVA 是一种特定形式的剩余收益，它的一个重要特征是要进行会计调整，这些会计调整往往同时涉及账面价值和会计收益，因而相对来说，EVA 更好地反映了企业的经济利润。

选项 C 不正确。内含报酬率是百分比，EVA 是绝对金额。

选项 D 不正确。净现值是未来所有现金流的折现值之和，与 EVA 不同。

【经典试题 14】Bishop 公司上一年度部分的财务资料如下：

流动资产	$500 000
固定资产	250 000
流动负债	100 000
长期负债	300 000
所有者权益	350 000
经营利润	1 000 000
所得税	400 000
净利润	600 000

Bishop 公司的资本加权成本是 10%。请问该公司上年的经济增加值（EVA）是多少？

A. $535 000   B. $570 000

C. $935 000   D. $970 000

【答案】A

【解析】选项 A 正确。EVA = 税后净利润 −（长期负债 + 所有者权益）× 资本加权成本（WACC）= $600 000 −（$350 000 + $300 000）×10% = $535 000。

【经典试题 15】下列关于平衡记分卡的表述哪一项是错误的？

A. 传统的用来考核业绩的财务指标，存在着一些问题，平衡记分卡旨在解决这些问题

B. 在设计一套平衡记分卡的过程中，价值链分析这一观念起了重要作用

C. 平衡记分卡成功与否，取决于每个使用者对于记分卡所提供的服务的理解

D. 平衡记分卡直接来源于一些科学管理理论

【答案】D

【解析】选项 D 正确。平衡记分卡源于科学管理理论与实践的结合，而不仅仅只是直接来源于一些科学管理理论，所以 D 的表述不正确。

二、简答题

Cool Breeze 公司生产电扇，公司管理层希望能更为详细地分析其间接成本差异。公司财务长已经把变动间接费用与固定间接费用彼此分离出来，并确定以机器工时而非直接劳动工时作为分配间接费用的依据。

在最近的会计期间，生产 9 800 件产品需要的单位机器工时是 0.30 小时，而生产 10 000 件的弹性预算的单位机器工时是 0.25 小时。实际变动制造成本率是每单位机器工时 $19，而在弹性预算下则为 $20。

问题：

1. 就变动间接费用而言，请计算并解释以下差异。请列出计算过程。

a. 开支差异。

b. 效率差异。

c. 弹性预算差异。

2. 请至少指出三个可能造成实际机器工时超过预算机器工时的原因。

【答案】

1. 就变动间接费用而言，请计算并解释以下差异。请列出计算过程。

a. 开支差异。

b. 效率差异。

c. 弹性预算差异。

a. 开支差异的计算方法是比较实际成本和实际投入乘以预算率的差额：

实际成本 = \$55 860 ［2 940 小时（0.30 ×9 800 件）×实际率 \$19］

实际投入 =2 940 小时（0.30 ×9 800 件）×预算率 \$20 = \$58 800。

间接费用开支差异 = \$55 860 – \$58 800 = \$2 940 的有利开支差异。

这意味着能源价格、间接材料和间接人工的实际价格低于预算。

b. 效率差异的计算方法是比较实际机器使用的小时数和预算应该使用的小时数，再乘以预计变动间接费用成本：实际机器小时 2 940 小时（0.30 × 9 800件）×预算率 \$20 = \$58 800，预算应该使用的小时数 2 450 小时（0.25 × 9 800件）×预算率 \$20 = \$49 000，效率差异 = \$9 800 的不利效率差异。由于实际机器小时高于预算，意味着实际营运没有预计的有效。

c. 弹性预算差异的计算方法是比较实际变动间接费用和弹性预算的变动间接费用：

这可以通过两种不同的方式计算。第一种算法是开支差异（\$2 940 有利差异）和效率差异（\$9 800 不利差异）的总和，第二种算法是实际成本 \$55 860和弹性预算 \$49 000 之间的差异。弹性预算差异是 \$6 860 不利差异。这意味着，实际变动间接费用比预算要高。

2. 请至少指出三个可能造成实际机器工时超过预算机器工时的原因。

实际机器小时超过预算小时数的原因可能包括：

- 人工操作机器的技术熟练度比预期差；
- 工作的排班调度效率差；
- 机器没有保持良好的维修；
- 仓促交付所造成的低效率；
- 机器的预算时间标准设定得太紧等；
- 新替代材料的质量问题或新材料需要与机器生产设备磨合导致。

一、单选题

1. 关于标准成本的阐述，下列哪一项是错误的？

A. 在制定标准成本过程中，往往要进行时间和动作研究

B. 设定的标准成本的适用期间一般为一年

C. 标准成本可以用在计算存货成本的账户中

D. 标准成本一般以总额列示，而预算的成本一般以单位（金额）为基础

2. 一种制定标准成本的方法：在这种方法下，在标准被高级管理当局接受之前，生产线管理人员，直接主管（标准是为他/她们而定的），会计师们和工程师们都参与到互动沟通、讨价还价和互动行为中来。下列哪一项能很好地描述此方法？

    A. 强制执行法   B. 集权化的自上而下法

    C. 工程法   D. 集体制定法

3. 与理想的标准相比，现实的标准：

A. 能使得每单位产品成本更低

B. 致使预算制定的基础不能令人满意

C. 为员工的无效率工作和机器设备的毁损提取了充足的准备金

D. 可以更好地激励生产制造人员完成目标

4. 公司的经理 Diana Stinson 已经失去耐心。6 个月前她从生产部和服务部抽调人员组成一个小组去完成成本分配和制定标准成本的工作，但是这个小组成员还在吵来吵去，因此她雇了一家大型咨询公司 Brennan and Rose 去解决此问题。以下哪项不是由咨询公司制定标准成本可能发生的一些后果？

A. 咨询公司可能不会充分地理解 Cherry 公司的制造流程，结果导致欠优的业绩

B. 鉴于职工没有参与标准的制定，他们可能对此抱消极对待的态度

C. 如果标准里面包括了一些部门的不可控成本，这样会引起不满

D. 这样制定的标准，看上去似乎缺乏管理层支持

5. 某家公司专门生产计算机键盘，该公司维修部门修理生产部门所用的设备，请问下面哪一个选项应该被用来考核维修部门的业绩？

A. 预算的和实际的净利润之间的差异

B. 制造费用总差异

C. 固定制造费用的产量差异

D. 维修部门对生产部门提出要求的响应时间，以及各个生产部门对维修部门的满意程度

6. Albert Hathaway 最近加入 Brennen 大学，被任命为计算机服务部门的首席信息师；他的任务就是帮助解决由于各用户不加控制地使用计算机而造成的成本超支这一老问题，但是同时还不能限制科研和教学上使用信息技术；为了确保这两个目标的一致性，该用下面哪一个方法把计算机服务部门的成本分配给大学里面的其他部门？

A. 实际费率乘以计算机实际耗时

B. 实际费率乘以计算机预算耗时

C. 预算费率乘以计算机实际耗时

D. 预算费率乘以计算机预算耗时

7. 和静态预算相比，采用弹性预算的优点是：

A. 可以清楚地看出实际生产比计划不足之数

B. 易于改变标准以适应变化的环境

C. 可以更清楚地看出固定成本差异

D. 在某一产量水平上的预算成本可以和相同产量水平的实际成本进行比较

8. 静态预算的最大缺点是什么？

A. 和弹性预算相比，更难制定

B. 只能在一个业务量水平制定

C. 和采用弹性预算相比，差异往往更小

D. 和采用弹性预算相比较，差异更难计算

9. Arkin 公司的总会计师通过调整原来的静态预算（销量意外大幅增长），制定了一份刚刚结束的年度的弹性预算；公司的成本绝大部分为变动性质；总会计师很高兴地注意到收入和成本的实际数和弹性预算中的数额很接近。如果实际收入和成本与原来的静态预算中的数额相比，则会产生什么差异？

A. 收入差异和成本差异皆为有利差异

B. 收入差异为有利差异，成本差异为不利差异

C. 收入差异为不利差异，成本差异为有利差异

D. 收入和成本差异皆为不利差异

10. 关于弹性预算的成本计算公式，下面哪一项表述是正确的？

A. 变动成本以单位成本列示，固定成本以总额列示

B. 变动成本以总额列示，固定成本以单位成本列示

C. 变动、固定成本皆以总额列示

D. 变动、固定成本皆以单位成本列示

11. Shugart 公司的一年中的月度销量从 7 000 ~ 9 800 件不等；公司管理层目前正在研究预期的销售费用以及需要的相关现金资源。请问：（1）在公司编制计划中，以及（2）在业绩报告中，能在比较实际和计划的费用开支方面提供最佳反馈的是哪一类型预算？

	编制计划	业绩报告
A.	静态预算	静态预算
B.	静态预算	弹性预算
C.	弹性预算	静态预算
D.	弹性预算	弹性预算

12. 下面是 Dale 制造公司编制的一份 4 月份的业绩报告：

	实际结果	静态预算	差异
销售数量	100 000	80 000	20 000F
销售金额	$190 000	$160 000	$30 000F
变动成本	125 000	96 000	29 000U
固定成本	45 000	40 000	5 000U
营业利润	$20 000	$24 000	$4 000U
销售数量	100 000	100 000	
销售金额	$190 000	$200 000	$10 000U
变动成本	125 000	120 000	5 000U
固定成本	45 000	40 000	5 000U
营业利润	$20 000	$40 000	$20 000U

注：F 代表有利差异，U 代表不利差异。

若采用弹性预算，则公司的总销量差异是多少？

A. $4 000，不利　　　　B. $6 000，有利

C. $16 000，有利　　　　D. $20 000，不利

13. 下面哪一项不属于标准成本制度的优点？

A. 有助于业绩考核

B. 强调定性特征

C. 可以编制弹性预算

D. 使得员工更好地理解企业对自己的要求

14. 下列哪一项措施将会使得我们能够更好地应用标准成本和差异分析，有助于提高管理决策？

A. 让直接从事生产的一线职工参与制定标准

B. 在计算制造费用差异时不区分变动、固定制造费用

C. 只在存货计价时采用标准成本

D. 采用以前年度平均的实际成本作为当年的标准

15. Lee 制造公司采用标准成本法，并按直接人工小时分配制造费用。5 月份生产 5 000 件产品的制造成本预算见下：

直接人工（10 000@ $15/小时）	$150 000
变动制造费用	30 000
固定制造费用	80 000

5 月份，生产了 6 000 件，且直接人工效率不利差异为 $1 500。根据上述资料，5 月份实际发生的直接人工小时是多少？

A. 9 900 小时 　　　　　　B. 10 100 小时

C. 11 900 小时 　　　　　　D. 12 100 小时

16. 年初，Douglas 公司编制了如下（在不同的产销量下）的直接材料预算：

产销件数	10 000	15 000
直接材料	$15 000	$22 500

月末公司的记录上显示该月产销了 12 000 件，直接材料成本为 $20 000。请问该月的直接材料差异是多少？

A. $2 000，有利 　　　　　　B. $2 000，不利

C. $5 000，有利 　　　　　　D. $5 000，不利

17. Adams 公司产生了 $15 000 有利的直接人工差异和 $18 000 不利的直接人工效率差异。请问直接人工工资率差异为多少？

A. $3 000，有利 　　　　　　B. $3 000，不利

C. $33 000，有利 　　　　　　D. $33 000，不利

18. Lee 制造公司采用标准成本制度，按照直接人工小时分配制造费用；6 月份生产 5 000 件产品的制造成本预算，包括了 $150 000 的直接人工成本（10 000 小时，$15/时）；6 月份实际生产了 4 500 件，耗用了 9 600 小时；发生了 $39 360 的变动制造费用，变动制造费用不利的效率差异为 $2 400。请

问每直接人工小时的标准变动制造费用率是多少?

    A.　$3.85   B.　$4.00   C.　$4.10   D.　$6.00

19. Highlight 公司采用标准成本制度,按照直接人工小时把制造费用分配至产品。如果公司最近报告了有利的直接人工效率差异,则:

    A.　变动制造费用开支差异肯定是有利差异

    B.　变动制造费用效率差异肯定是有利差异

    C.　固定制造费用产量差异肯定是不利差异

    D.　直接人工工资率差异肯定是不利差异

20. JoyT 公司生产玩具娃娃,在玩具商店出售。在该年编制计划时,公司估计变动、固定制造费用分别为 $600 000、$400 000;公司采用标准成本制度,且按照标准直接人工小时把制造费用分配至产品;该年预算的直接人工小时为 10 000 小时,且以该数字为基数分配制造费用;公司实际发生的直接人工小时为 10 300 小时;实际发生的变动和固定制造费用分别为 $596 000 和 $410 000。基于上述资料,该年变动制造费用的开支差异应该为多少?

    A.　$24 000,不利   B.　$2 000,不利

    C.　$4 000,有利   D.　$22 000,有利

21. 当采用弹性预算时,变动制造费用开支差异,是以下哪一项的两个数字之间的差额?

    A.　实际发生的变动制造费用和之前确定的预算额之间的差额

    B.　之前确定的预算额和实际投入工时乘以预算费率所得之积之间的差额

    C.　分配到在产品数额和实际发生的变动制造费用之间的差额

    D.　实际发生的变动制造费用和实际投入工时乘以预算费率所得之积之间的差额

22. Howard 公司生产和销售棉加工设备的备品备件。对于公司的生产经理,下面哪一项成本差异是不可控的?

    A.　变动制造费用开支差异   B.　直接人工效率差异

    C.　材料数量差异   D.　固定制造费用产量差异

23. 5 月份,在 Tyler 公司一家工厂生产某种单一产品时发生了相当数量的材料数量不利差异。请问下面哪一项不可能引起此项差异?

    A.　采购了劣质的材料

    B.　实际产量低于计划产量

    C.　使用的工人的技能比预期的要差

    D.　新近安装了替代性生产设备

24. International 公司采用标准成本计算体系，并基于直接人工工时分摊可变间接费用成本。年度预算预计成品产量为 1 000 件，直接人工工时为 10 000 小时，可变间接费用成本为 $100 000。年底实际生产了 750 件成品，耗费了 8 000小时的直接人工工时，可变间接费用为 $75 000。可变间接费用效率差异是多少？

A. 0　　　　　　　　　　　B. $5 000，有利差异

C. $5 000，不利差异　　　　D. $25 000，有利差异

25. 下面是制造业的某家公司四个地域性分部的业绩报告：

分部	目标投资回报率	实际投资回报率	销售利润率
A	18%	18.1%	8%
B	16%	20%	8%
C	14%	15.8%	6%
D	12%	11%	9%

请问哪一个分部的业绩最佳？

A. A 分部　　　　　　　　　B. B 分部

C. C 分部　　　　　　　　　D. D 分部

26. Happy Time 公司对其所属的分权化分部采用了分部报告形式；公司有几种产品从一个分部转移到其他各分部；公司想激励销售分部的经理，提高其效率。在下述各种方法中，制定转移价格的最好方法是什么？

A. 以实际成本为基础制定转移价格

B. 以预算的成本为基础制定转移价格

C. 以实际发生的变动成本为基础制定转移价格

D. 以市价为基础制定转移价格

27. 公司的塑料制品分部是一个利润中心，向外部客户同时也向内部其他利润中心销售产品；塑料分部向内部其他利润中心销售某件产品时的转移价格低于市价的做法，在下述哪一项情况之下，才是正当合理的？

A. 购买的单位有剩余产能

B. 销售的单位满负荷运营

C. 得以避免发生常规的销售佣金和收款成本

D. 利润中心的经理是根据该单位的营业利润来考核的

28. Manhattan 公司有几个分部，它们是作为分权化的利润中心运营的。UT－371 电路板在市场上很受欢迎，可以用在很多电子产品上，目前公司的制造分部拥有该电路板 5 000 件的过剩产能。关于此电路板资料见下：

市价	$48
对外销售发生的变动销售/分销成本	5
变动制造成本	21
固定制造成本	10

公司的电子装配分部想要采购 4 500 件该种电路板,可以从内部购买,或者从市场上以 $46 的价格购得类似的产品;装配分部的管理层认为既然两个分部都隶属于同一家公司,觉得如果从内部购买,在价格上会有一定的妥协。为了 Manhattan 公司整体利益最大化,请问从制造分部转移到装配分部的电路板的最低价格应该是多少?

A. $21 B. $26 C. $31 D. $46

29. Kern 公司有几个分部,且采用分部利润进行业绩考核。由于分部之间存在销售业务往来,公司已经制定了内部转移价格——成本加成 10%;Red 分部已经请求 Green 分部向其提供 10 000 件产品。Green 分部产品外售时,售价为成本基础上加价 60%。则公司的转移定价政策将会促使 Green 分部:

A. 把所有产品都转移给 Red 分部,因为所有的成本都已经弥补,还能赚 10% 的利润

B. 拒绝向 Red 分部提供产品,因为不能提供和外售一样的加价

C. 如果 Green 分部已经是满负荷运营,将会向 Red 分部销售产品,且会弥补固定成本

D. 在不要求 Green 分部放弃任何的对外销售的条件下,把产品提供给 Red 分部

30. 业绩考核指标分类如下:

Ⅰ. 盈利能力指标
Ⅱ. 客户满意度指标
Ⅲ. 效率、质量和时间指标
Ⅳ. 创新指标

某家游艇公司在竞争激烈的全国市场上从事经营活动。根据上述资料,应该用哪些指标来考核这家公司的经理人员?

A. 只有Ⅰ B. Ⅰ 和 Ⅱ
C. Ⅱ 和 Ⅲ D. Ⅰ、Ⅱ、Ⅲ和Ⅳ

二、简答题

Frantana 公司有三个运营部门,该公司对各部门经理的奖励在一定程度上取决于该部门的利润贡献度。这三个部门的相关数据如下所示。

	利润	销售额	资产
部门 1	$960 000	$8 200 000	$6 400 000
部门 2	380 000	1 400 000	2 100 000
部门 3	175 000	600 000	760 000

Frantana 公司的其他相关信息如下。

- Frantana 公司根据资产的账面价值来确定每个部门的投资额。
- 该公司的要求报酬率是 12%。
- 公司的相关成本不会与各部门直接挂钩（包括计算机服务、人力资源和一般管理费用），而是根据各部门所用资产的账面价值进行分摊。

部门 1 是规模最大、资历最老的部门，每年贡献的利润十分可观，因此部门经理 Bob Moore 的薪酬颇为丰厚。部门 1 的经营资产在很多年前就已购置和安装，与其他部门的经营资产相比，其账面价值非常低。

部门 3 是 Frantana 最新成立且规模最小的部门。部门 3 的经营资产是在最近几年购置和安装的。部门 3 的经理 Margee Allen 非常有进取心，也很有能力，但与其他部门相比，她的薪酬很低。Allen 提议对薪酬机制进行改革，以认可每个部门所取得的投资回报率，即在确定薪酬时将投资回报率纳入考虑范围，而不是仅考虑利润贡献度。她还建议，在计算薪酬时，资产价值应按现值而非账面价值进行计算。

高层管理者希望维持原有薪酬方案，称这种方案以每个部门创造的剩余收益为基础。由于 Moore 的剩余收益是 Allen 的两倍多，因此他的薪酬理应高得多。

问题：

1. 请计算部门 1 和部门 3 的投资回报率和剩余收益。

2. 假设该公司使用现值而非账面价值来确定每个部门的投资额，请指出并解释部门 1 和部门 3 的投资回报率和剩余收益计算结果会受哪些因素影响。

3. a. 请指出并解释使用投资回报率来度量部门绩效可能会导致目标一致性问题的一个原因。

b. 请指出并解释为什么使用剩余收益来度量部门绩效能解决目标一致性问题。

4. 请论述 Frantana 公司分摊非直接成本所使用的方法。请详细阐述为什么这种分摊方法可能无法体现与每个部门相关的成本。

同步测试题答案及解析

一、单选题

1.【答案】 D

【解析】 选项 A 不正确。A 中企业应该根据自身的技术条件和经营水平进行深入研究以制定出合理可行的标准成本。

选项 B 不正确。B 中标准成本应该根据企业实际发展情况定期进行修订。

选项 C 不正确。C 中标准成本法可以用于存货成本的核算。

选项 D 正确。D 中标准成本一般以单位（金额）列示，所以选 D。

2.【答案】D

【解析】选项 A 不正确。题干中提到了各方的共同参与，因此不是强制执行法。

选项 B 不正确。题干中提到了各方的共同参与，因此不是集权化的自上而下法。

选项 C 不正确。题干中提到了各方的共同参与，因此不是工程法。

选项 D 正确。各方共同参与，进行沟通、讨论以制定标准成本，这是典型的跨部门团队模式集体制定法，也叫参与式标准成本制定法。

3.【答案】D

【解析】选项 A 不正确。实际中存在各种情况，如低效、损耗等，会使得单位产品成本更高。

选项 B 不正确。以现实的标准为基础制定更符合实际情况。

选项 C 不正确。现实的标准是考虑了一些不可避免的因素后制定的标准，对实际成本是有约束的，并非完全容忍无效和损耗。

选项 D 正确。现实的标准更符合实际，更能激励生产制造人员完成目标。

4.【答案】D

【解析】选项 D 正确。管理层既然已经雇用该咨询公司来解决此问题，表明这样制定的标准成本是得到管理层支持的，因此，D 中说缺乏管理层支持是不正确的。

5.【答案】D

【解析】选项 D 正确。只有 D 是针对维修部门所提出的合理、可考量的指标，其他选项都比较泛泛，没有针对性。

6.【答案】C

【解析】选项 A 不正确。不用实际费率，因为实际费用在事后才知道。

选项 B 不正确。不用预算用量，因为部门可能少报预算而实际多用；不用实际费率，因为实际费用在事后才知道。

选项 C 正确。不用预算用量，因为部门可能少报预算而实际多用；不用实际费率，因为实际费用在事后才知道。因此，应该使用预算费率乘以实际用量。了解预算费率，每个部门可以规划自己需要使用的量，而且也起到提前震慑的作用，因为提前知道使用多少量会花费多少成本后就不敢超量使用了。

选项 D 不正确。不用预算用量，因为部门可能少报预算而实际多用。

7.【答案】D

【解析】选项 A 不正确。A 在静态预算中可以实现。

选项 B 不正确。B 中不是标准容易随着不同的情况改变，而是预算可以随着不同的情况而制定。

选项 C 不正确。C 在静态预算中可以实现。

选项 D 正确。D 的描述最合适。

8.【答案】B

【解析】选项 A 不正确。A 不是最大缺点。

选项 B 正确。只能在一个业务量水平制定是静态预算的最大缺点。弹性预算可以随不同的业务量水平而变化。

选项 C 不正确。C 不是最大缺点。

选项 D 不正确。D 不是最大缺点。

9.【答案】B

【解析】选项 A 不正确。成本差异为不利差异。

选项 B 正确。在实际发生和弹性预算接近的基础上，销售量大增会引起实际销售收入比静态预算大，因此为有利差异，而销量大增会导致实际成本大增，由于成本多数是变动的，因此就成本而言，实际比静态预算也大，但成本增大会减少利润，因此是不利差异。

选项 C 不正确。收入差异为有利差异，成本差异为不利差异。

选项 D 不正确。收入差异为有利差异。

10.【答案】A

【解析】选项 A 正确。弹性预算的变动成本以单位成本列示，随业务量水平的变化，总变动成本也发生变化；固定成本以总额列示，不随业务量水平的变化而变化。

选项 B 不正确。变动成本以单位成本列示，固定成本以总额列示。

选项 C 不正确。变动成本以单位成本列示。

选项 D 不正确。固定成本以总额列示。

11.【答案】D

【解析】选项 A 不正确。编制计划和业绩报告均需要使用弹性预算。

选项 B 不正确。由于销量变动，所以编制计划要使用弹性预算。

选项 C 不正确。绩效评估需要用弹性预算。

选项 D 正确。题干中告诉每月的销量在 7 000 ~ 9 800 件，所以做计划时需要使用弹性预算来体现销量的变动；而在绩效评估时需要弹性预算进行差异分析。

12. 【答案】C

【解析】选项 C 正确。销售量差异 =（实际销售量 – 静态预算中销售量）×预算单位边际贡献 =（100 000 – 80 000）×（＄160 000 – ＄96 000）/80 000 = ＄16 000，为有利差异。

13. 【答案】B

【解析】选项 A 不正确。标准成本制度有助于业绩考核。

选项 B 正确。标准成本是量化的，不是突出非量化（定性）的东西，其他选项都是标准成本制度的优点。

选项 C 不正确。标准成本制度是编制弹性预算的基础。

选项 D 不正确。标准成本制度可以使得员工更好地理解企业对自己的要求。

14. 【答案】A

【解析】选项 A 正确。让职工参与制定标准成本可以有助于提高管理决策。

选项 B 不正确。在计算制造费用差异时需要区分变动、固定制造费用。

选项 C 不正确。在编制预算时也可以使用标准成本。

选项 D 不正确。可以使用科学预期、行业标准、历史最佳等作为标准。

15. 【答案】D

【解析】选项 D 正确。根据直接人工效率（数量/耗用）差异 = 直接人工的预算价格 ×（直接人工的实际投入量 – 按实际产出水平调整后的预算投入量），得：＄1 500 = 15 ×（直接人工的实际投入量 – 10 000/5 000 × 6 000），所以，直接人工的实际投入量 = 12 100 小时。

16. 【答案】B

【解析】选项 B 正确。直接材料弹性预算差异 = 实际结果 – 弹性预算结果 = 20 000 – 15 000/10 000 × 12 000 = ＄2 000，为不利差异。

17. 【答案】C

【解析】选项 C 正确。根据直接人工的弹性预算差异 = 直接人工工资率差异 + 直接人工效率（数量/耗用）差异，得： – ＄15 000 = 直接人工工资率差异 + ＄18 000。所以，直接人工工资率差异 = – ＄33 000，有利差异。

选项 D 不正确。直接人工工资率差异 = – ＄33 000 < 0，是有利差异。

18. 【答案】B

【解析】选项 B 正确。根据变动间接费用效率差异 = 单位动因量的标准分摊率 ×（实际动因耗用量 – 按实际产出水平调整后的标准动因耗用量），得：

$2 400 =$ 每直接人工小时的标准变动制造费用率 $\times$（9 600 – 10 000/5 000 $\times$ 4 500），所以，每直接人工小时的标准变动制造费用率 $=$ $4/小时。

19.【答案】B

【解析】选项 B 正确。因为"最近报告了有利的直接人工效率差异"，所以，直接人工效率（数量/耗用）差异 $=$ 直接人工的预算价格 $\times$（直接人工的实际投入量 – 按实际产出水平调整后的预算投入量）< 0；又，直接人工的预算价格 > 0，因此，（直接人工的实际投入量 – 按实际产出水平调整后的预算投入量）< 0。

题干中"按照直接人工小时把制造费用分配至产品"，所以，变动间接费用效率差异 $=$ 单位动因量的标准分摊率 $\times$（实际动因耗用量 – 按实际产出水平调整后的标准动因耗用量）$=$ 单位直接人工时的标准分摊率 $\times$（直接人工的实际投入量 – 按实际产出水平调整后的预算投入量）< 0，因此，变动间接费用效率差异为有利差异。

20.【答案】D

【解析】选项 D 正确。根据变动间接费用开支（价格）差异 $=$ 实际变动间接费用 – 实际动因耗用量 $\times$ 单位动因量的标准分摊率，得：变动制造费用开支差异 $=$ $596 000 – $10 300 $\times$（$600 000/10 000）$=$ – $22 000，有利差异。

21.【答案】D

【解析】选项 A 不正确。实际值 – 静态预算值 $=$ 静态预算差异。

选项 B 不正确。B 不是弹性预算差异。

选项 C 不正确。C 不是弹性预算差异。

选项 D 正确。根据变动间接费用开支（价格）差异 $=$ 实际变动间接费用 – 实际动因耗用量 $\times$ 单位动因量的标准分摊率，D 的描述与该公式相符合。

22.【答案】D

【解析】选项 A 不正确。变动制造费用开支差异是生产经理可控的。

选项 B 不正确。直接人工效率差异是生产经理可控的。

选项 C 不正确。材料数量差异是生产经理可控的。

选项 D 正确。产量差异是因为标准成本会计系统的内在原因导致的，即固定间接费用不随实际产量变化而变化，因此，与生产经理无关。

23.【答案】B

【解析】选项 A 不正确。A 中使用劣质材料可能会造成材料数量的不利差异。

选项 B 正确。B 是用来解释固定间接费用产量差异的。

选项 C 不正确。C 中人工技能较差可能会造成材料数量的不利差异。

选项 D 不正确。D 中新设备投产初期的磨合可能会造成材料数量的不利差异。

24.【答案】C

【解析】 选项 C 正确。根据变动间接费用效率差异 = 单位动因量的标准分摊率×（实际动因耗用量 – 按实际产出水平调整后的标准动因耗用量），得：可变间接费用耗费差异 = $100\ 000/10\ 000 × (8\ 000 – 10\ 000/1\ 000 × 750) = $5\ 000，不利差异。

25.【答案】B

【解析】 选项 A 不正确。分部 A 的实际投资回报率比目标投资回报率高出 1%。

选项 B 正确。对业绩的考核主要看实际对目标的完成情况。其中，分部 B 的实际投资回报率比目标投资回报率高出 25%，因此，业绩最佳。

分部	目标投资回报率	实际投资回报率	实际超过目标比率
A	18%	18.1%	1%
B	16%	20%	25%
C	14%	15.8%	13%
D	12%	11%	– 8%

选项 C 不正确。分部 C 的实际投资回报率比目标投资回报率高出 13%。

选项 D 不正确。分部 D 的实际投资回报率比目标投资回报率低 8%。

26.【答案】D

【解析】 选项 A 不正确。以实际成本为基础制定转移价格不是最有效的激励方法。

选项 B 不正确。以预算的成本为基础制定转移价格不是最有效的激励方法。

选项 C 不正确。以实际发生的变动成本为基础制定转移价格不是最有效的激励方法。

选项 D 正确。在没有特殊情况的条件下，转移价格一般的原则就是按市场价，这样最能激励销售方。转移价格是发生在分散或分权管理的环境下，在这种环境下，各个部门经理都要对自己部门的利润负责，而且业绩考核也以此为基础，如果按成本计价，尤其按变动成本计价，经常会比按市场价小，在没有过剩产能时卖方不愿意；如果定价比市场价高，买方不愿意；如果和市场价一样，就是市场定价。

27.【答案】C

【解析】选项 A 不正确。销售单位定价一般与购买单位的产能无关。

选项 B 不正确。销售单位满负荷运营时应用市场定价。

选项 C 正确。如果发生低价卖给内部，往往有两个原因：①卖方有剩余产能而不是买方；②内部销售省去很多营销费用如广告，收款等。本题中 C 符合②项，因此是正确的。

选项 D 不正确。按营业利润考核时应该按照较高的市价来定价以增加营业利润指标。

28.【答案】A

【解析】选项 A 正确。只有 $21 是相关的变动成本，$5 是只有卖给外面客户时才产生，因此不计算。

选项 B 不正确。$5 是只有卖给外面客户时才产生，因此不计算。

选项 C 不正确。有剩余产能时应按照增量成本来定价。

选项 D 不正确。有剩余产能时应按照增量成本来定价，不考虑固定制造成本。

29.【答案】D

【解析】选项 A 不正确。外部售价高于内部转移定价，应尽量卖给外部。

选项 B 不正确。在完全满足外部需求后可以对内出售。

选项 C 不正确。如果满负荷运营，则全部满足外部，无剩余产能对内销售。

选项 D 正确。从题干中可知，外部售价高于内部转移定价，因此，对于 Green 分部来说，在不牺牲对外销售的基础上可以卖给内部。

30.【答案】D

【解析】选项 A 不正确。Ⅱ、Ⅲ和Ⅳ也是平衡记分卡的维度。

选项 B 不正确。Ⅲ和Ⅳ也是平衡记分卡的维度。

选项 C 不正确。Ⅰ和Ⅳ也是平衡记分卡的维度。

选项 D 正确。题干中的四点体现了平衡记分卡的四个维度，都可以用来考核该经理。

二、简答题

【答案】

1. 请计算部门 1 和部门 3 的投资回报率和剩余收益。

投资回报率 = 利润/投入资产

部门 1：投资回报率 = $960 000/$6 400 000 = 15%

部门 3：投资回报率 = $175 000/$760 000 = 23%

剩余收益 = 利润 − 目标利润

部门 1：剩余收益 = \$960 000 − \$6 400 000 × 12% = \$192 000

部门 3：剩余收益 = \$175 000 − \$760 000 × 12% = \$83 800

2. 假设该公司使用现值而非账面价值来确定每个部门的投资额，请指出并解释部门 1 和部门 3 的投资回报率和剩余收益计算结果会受哪些因素影响。

资产"现值"的变化将在多方面影响投资回报率和剩余收益：

• 对于资产较老的部门，其资产将会升值，以反映重置成本或清偿成本。资产较新的部门不会受很大影响，因为他们的资产所提折旧还不多，资产原值接近于现值。由于资产升值，资产较老的部门其投资回报率和剩余收益会下降。

• 由于 Frantana 以资产价值为基础分摊非直接成本，资产升值最大的部门（由账面价值变为现值）所分摊到的非直接成本将更大。

3. a. 请指出并解释使用投资回报率来度量部门绩效可能会导致目标一致性问题的一个原因。

b. 请指出并解释为什么使用剩余收益来度量部门绩效能解决目标一致性问题。

a. 假设一个项目的 ROI 高于整个公司的投资回报率，但低于本部门投资回报率，该项投资将会被拒绝，因此，使用投资回报率来度量部门绩效，对整个公司不利。

b. 各部门使用整个公司规定的回报率来计算剩余收益。因此任何能够提高剩余收益的项目都会被部门接受，并对整个公司有利。

4. 请论述 Frantana 公司分摊非直接成本所使用的方法。请详细阐述为什么这种分摊方法可能无法体现与每个部门相关的成本。

Frantana 以各个部门使用资产的净账面价值为基础分摊非直接成本。在许多情况下，这个方法不能正确将成本与实际使用情况联系起来。在使用人力资源、会计、计算机支持、行政等职能时，也许资产价值与使用情况并无关联（或许是负关联）。非直接成本应该以实际使用情况为基础进行分摊。如果无法确定实际使用情况，则应选择与实际使用情况关联度更高的标准为基础。

第 四 章

成本管理

　　成本管理是企业经营决策者应掌握的最基本的管理会计技能。恰当的成本制度和管理不仅可以有效地帮助公司确定、监控和优化成本，还能更好地帮助企业管理层进行战略规划、预算管理和绩效评估。对于成本管理，企业管理者不能将其错误地等同于成本降低，而是应当利用管理会计中多种成本分类、成本评估和成本分析工具，系统、客观和科学地认识企业发生的成本增长的事实，并以理论结合实际的方式有针对性地管理和规划资源的利用，进而保证企业营运效率和总体业务绩效能长期维持并持续改善。

本章考情分析　●　●　●

　　本章主要内容：成本概念，流程和术语；替换成本目标；成本衡量概念；成本积累系统包括分批成本法、分步成本法和作业成本法；间接成本分摊；供应链管理和业务流程改进主题如精益生产、企业资源计划（ERP）、约束理论、价值链分析、作业管理（ABM）、持续改进以及高效的会计流程。

　　本章考试占比20%。

　　本章近年来的主要考点：①变动成本 VS. 固定成本；②产能管理；③标准成本计算；④产品生命周期成本法计算；⑤分步法与分批法；⑥边际贡献计算；⑦正常成本法与标准成本法差异分摊；⑧完全成本法和变动成本法的区别；⑨异常损耗；⑩及时生产的优点；⑪联产品成本的分配；⑫作业成本法优缺点；⑬质量成本的分类与判别；⑭约束理论的含义及要素等。

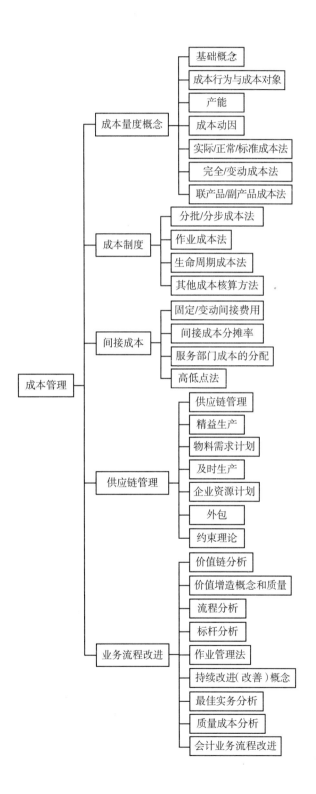

第一节 成本量度概念

一、基础概念

（一）产品成本基本分类

产品成本 = 原材料成本 + 人工成本 + 变动制造费用 + 固定制造费用，其组成部分如下：

（1）原材料成本（产品中各种原材料成本）。

（2）直接人工成本（生产投入的人工成本）。

（3）变动制造费用（机器用电费、用水费、机物料消耗等变动费用）。

（4）固定制造费用（生产设施的折旧、保险费，分摊制造费、生产主管或不直接参与生产的车间负责人的工资等）。

（二）几个成本概念的区分

1. 期间费用的定义与构成。

期间费用包括销售费用、管理费用和财务费用。销售费用是指企业在销售过程中发生的费用，包括：运输费、装卸费、包装费、销售佣金和销售服务费用；管理费用是指企业管理和组织生产经营活动所发生的各种费用，包括：企业管理人员工资、福利费、差旅费、办公费等；财务费用是指企业为进行资金筹集等理财活动而发生的费用，包括：利息净支出、汇兑净损失、金融机构手续费和其他因资金而发生的费用。

2. 生产成本与期间费用的区别。

生产成本是生产单位为生产产品或提供劳务而发生的各项生产费用，包括各项直接支出和制造费用，也就是说生产成本只包括服务于生产而发生的各种费用。

生产成本包括直接支出（直接材料：原材料、辅助材料；直接人工：生产人员的工资、补贴、福利费）以及变动和固定制造费用（燃料动力费、水费、分厂、车间管理人员工资、折旧费、维修费、修理费及其他制造费用，如车间办公费、差旅费、劳保费等）；不包括销售费用（企业在销售过程中发生的费用)、管理费用(企业为组织管理生产经营活动而发生的费用)、财务费用(为筹集资金而发生的费用)。

3. 期间费用与制造费用的区别。

期间费用是指企业本期发生的、不能直接或间接归入营业成本,而是直接计入当期损益的各项费用。包括销售费用、管理费用和财务费用等。期间费用不属于产品成本。失火损失一般计入营业外支出,是本期直接进入损益的项目,不归入营业成本,属于期间费用。

制造费用是企业为生产产品或提供劳务而发生的各项间接成本。制造费用须归集分配到产成品,销售后才结转成本。制造费用包括产品生产成本中除直接材料和直接工资以外的生产成本,主要包括企业各个生产单位(车间、分厂)为组织和管理生产所发生的一切费用。

4. 间接费用与制造费用的区别。

制造费用是组织和管理生产而耗用的机物料、车间管理人员、勤杂人员工资、折旧费、修理费、照明费等,包括变动制造费用和固定制造费用。

直接费用是直接可以归集到某个产品的费用,间接费用是需要分摊的费用。当企业生产两种以上产品时,制造费用是间接费用,要按一定比例分配到各种产品上;但是当企业生产一种产品时,则制造费用是直接费用。

(三)成本流转过程及等式

1. 制造业成本流转过程如图 4 - 1 所示。

图 4 - 1　制造业成本流转过程

2. 实物流转恒等式。

期初在产品 + 本期新投产 - 本期完工结转 = 期末在产品

其中,本期完工结转 = 上期投产本期完工 + 本期投产本期完工;一般情况下,上期投产本期完工 = 期初在制品。

3. 成本流转恒等式

产品随着原材料采购和投入生产,形成产成品,然后进入销售环节。任何生产性企业,应当具备以下三个成本库:原材料库、在制品库和产成品库。

(1)原材料库成本:

期初原材料成本 + 当期采购原材料成本 - 投入生产原材料成本 = 期末原材料成本

(2)在制品库成本:

期初在制品成本 + 投入生产成本 - 产成品制造成本 = 期末在制品成本

其中,投入生产成本 = 本期投入生产原材料 + 本期投入的人工 + 本期投入的变动制造费用 + 本期投入的固定制造费用

（3）成品库成本：

期初成品成本 + 产成品制造成本 - 销货成本 = 期末成品成本

注：原材料的采购运输成本和原材料整理成本属于原材料成本部分，计入产品成本；产成品运往客户的运输费用属于销售费用的一部分，不计入产品成本。

二、成本行为与成本对象

成本行为是指成本总额与作业（activity）、数量（volume）或其他成本动因（cost driver）之间的依存关系。相关范围：能够使成本性态的假设保持合理稳定的作业范围（range of activity），公司在此业务量范围计划其经营业务。

按照成本性态，即在一定条件下成本总额与特定业务量之间的依存关系，成本可以分为固定成本、变动成本和混合成本三大类。

（一）变动成本

在相关范围内，变动成本总额将随作业、数量或其他成本动因的变化而成正比例变化；单位变动成本则保持不变。

典型的变动成本包括直接材料成本和直接人工成本；某些间接成本，如果其成本总额同某个成本动因在相关范围内的数量变化成比例，也属于变动成本。

（二）固定成本

在相关范围内和在某个期间内，成本动因的数量发生变化时，固定成本总额将保持不变；单位固定成本则随着作业、数量或其他成本动因的变化而成反比例变化——产量增加，单位固定成本减少（固定成本的重要性下降）。

【提示】固定成本总额也许只在特定期间内保持不变，在其他期间（如下一个年度）则可能在一个更高的水平上保持不变。

固定成本包括很多间接成本，如折旧、税金、员工薪水、保险费和租赁成本等，无论产量处于相关范围内的哪个水平，这些成本都保持不变。

固定成本可分为酌定成本和既定成本。①酌定成本，也称可管理固定成本或可预算固定成本，可以包含在预算中也可以从预算中砍掉，主要取决于管理者的决定，例如广告费、培训费、间接制造人工成本和销管人工成本。②既定成本，基于战略优先或营运优先的考虑，在短期内不可省去的成本，一般同设施相关，源于先前的产能相关决策，例如先前购买设备的折旧成本。

（三）阶梯成本

阶梯成本是指在一个很窄的相关范围内的固定成本，即在短期内是固定成本，而在长期内会转化成变动成本如表4-1所示。

表 4 - 1　　　　　　　　　　　　　　　　阶梯成本类型

阶梯成本类型	类型说明	图示
阶梯式固定成本	阶梯成本的相关范围是阶梯式固定的，即成本动因每增加相等的数量，阶梯成本会增加相等的规模	阶梯式固定成本 （纵轴：总工厂间接成本；横轴：工厂数目）
阶梯式变动成本	阶梯成本的相关范围是阶梯式变动的，即成本动因增加幅度越来越大或越来越小时，阶梯成本会上升至一个更高的固定成本水平	阶梯式变动成本 （纵轴：工人数目；横轴：每日生产的产品数）

【提示】某些因素导致的阶梯式变动成本能以可预知的速率增加或减少，这些因素包括：递增的工人学习曲线学习率、递减的边际报酬或递减的规模经济效应。

（四）总成本与混合成本

总成本是某个成本对象的全部固定成本和变动成本；当总成本中既包含固定成本又包含变动成本时，总成本也称作混合成本。

给定产出水平下的单位总成本 = 单位固定成本 + 单位变动成本

产出增加时，固定成本被分摊到更多的产品中，导致单位固定成本降低，单位总成本下降。

【提示】①半变动成本属于混合成本的一种，是指总成本虽然受产量变动的影响，但是其变动的幅度并不同产量的变动保持严格的比例，其一般函数为 $Y = a + bX$。

【例题 4 - 1】 关于固定成本和可变成本，以下哪一项陈述不正确？

A. 每件产品的固定成本会随着产量减少而增加

B. 在一定时段内，总固定成本保持不变

C. 总可变成本会随着产量增加而降低

D. 总可变成本会按比例随着活动水平的变化而改变

【答案】 C

【解析】 选项 A 不正确。每件产品的固定成本 = 总固定成本/产量，会随着分母产量减少而增加。

选项 B 不正确。在相关范围内，总固定成本保持不变。

选项 C 正确。总可变成本会随着产量的增加而上升。

选项 D 不正确。总可变成本 = 单位变动成本 × 产量。

【例题 4 - 2】 某公司 1 月份销售 10 000 件产品时的销售和行政管理费用如下：

成本	每单位	总计
变动成本	$15	$150 000
阶梯成本	5	50 000
固定成本	8	80 000
销售和行政管理费用合计	$28	$280 000

变动成本是指占销售额 10% 的销售佣金，阶梯成本取决于公司雇佣的销售人员的数量。1 月份有 10 位销售人员，但在月末有两位提前退休了，估计这些空缺将会维持几个月。在相关范围 8 000 ~ 15 000 件/月，固定成本总额保持不变，公司正在计划削价 10%，预期会使每月销量增加到 12 000 件。如果公司真的削价 10%，请问 2 月份的销售和行政管理费用总额将是多少？

A. $180 000　　　　　　　　　　　B. $282 000

C. $120 000　　　　　　　　　　　D. $350 000

【答案】 B

【解析】 选项 B 正确。本题考查对成本性态的理解，具体如下：

成本	2月	备注
变动成本	$15 \times (1 - 10\%) \times 12\,000 = \$162\,000$	单位变动成本随售价下降相同幅度，总变动成本还受销量变化的影响
阶梯成本	$50\,000/10 \times (10 - 2) = \$40\,000$	按人员个数呈现阶梯变化
固定成本	$80 000	在相关范围内保持不变
销售和行政管理费用合计	$282 000	$162\,000 + 40\,000 + 80\,000 = \$282\,000$

②固定成本又可以分为酌量性固定成本和既定性固定成本。a. 酌量性固定成本也称作可管理固定成本或可预算固定成本；是否包括在预算中，完全取决于管理者的决定，例如广告费、培训费等；在预算年度中（通常为1年），按照实际经营情况，可以随时进行调整和变化。b. 既定性固定成本是基于战略和营运的考虑，短期内不可省去的成本；通常来说，在预算年度中（通常为1年）无法改变；源于先前的决策，一般同设施相关，例如折旧、税金、员工薪水、保险费、租赁成本等，在相关范围内，通常固定不变。

三、产能

产能衡量的是导致系统无法扩大产出或其他指标的约束条件或"瓶颈"。增加工厂数、员工数或设备数可提高制造产能；获得新的债务融资或权益融资可提高企业的财务承受能力。

产能与相关范围有关，产能的极限通常也是相关范围的上限；在接近产能极限的同时，营运效率会下降，成本会增加。

过去的产能决策决定了企业现期的固定成本。与产能选择相关的固定成本（既定成本）通常不能由部门经理控制，但部门经理应能认识到这些成本的影响。若产能过剩，则存在机会成本和过高的固定成本（对过剩产能的成本进行分离追踪，有助于揭示闲置资产的成本）；若产能太小，则企业面临其他成本如加班成本、脱销成本以及更高的设备磨损成本。

【提示】①应将管理者的激励机制与工厂的实际产能相匹配，以便任何增加产出的决策能考虑到与产出增加相关的成本以及存货持有成本等成本内容。

产能的类型如表4-2所示。

表4-2　　　　　　　　　　　　产能类型

产能类型	类型说明	主要关注点
理论产能	所有营运均全速进行、没有任何故障、没有节假日或其他干扰因素下的产出上限	● 理想情况下的产能，忽略现实因素
实际产能	考虑正常运营条件、平均故障和错误、节假日以及其他现实因素下的产能；是企业资源不因"瓶颈"而增加成本时所能达到的最高产出水平；当产出大于实际产能时，将导致边际成本高于边际收益	● 当产出大于实际产能时，将导致边际成本超过边际收益 ● 实际产能考虑了正常营运条件，如平均错误数或平均故障次数、节假日和其他现实因素
正常产能	满足某期间内的平均客户需求，包括需求的季节性和周期性变化的产能利用水平	● 正常产能利用是长期工具，通常在持续若干年的期间内使用，即应用于长期计划
总预算产能	用于当前预算期，如当年年度的正常产能利用	● 在短期计划中应采用总预算产能利用指标，否则期末成本会不准确

②产能利用是以产出的预期需求或预算需求来定义产能，不同的产能水平会得出不同的成本分配金额，选择合适的产能指标对成本分析、管理层激励以及绩效评估决策来说都很关键。

③在经济周期从低到高时，理论产能≥实际产能≥正常产能≥总预算产能。合理设计产能对企业的生产经营十分重要，对比如表4-3所示。

表4-3　　　　　　　　　　　　　　　产能设计的影响

产能如果设计过高	产能如果设计过低
• 固定成本投入过大 • 机会成本过高 • 生产单位产品的固定成本摊销过大	• 人工成本过高（需要加班进行生产） • 损失订单（无法满足需求） • 机器损耗过大（生产过于密集）

【例题4-3】当 Nash 玻璃器皿厂分配固定成本时，管理层会选择某一产能水平作为分母。下列除了哪项都是近似于实际产量的恰当的产能水平？

A. 正常产能　　　　　　　　　　B. 预计实际产能
C. 理论产能　　　　　　　　　　D. 预算产能

【答案】C

【解析】选项 A 不正确。正常产能是满足某期间内的平均客户需求，包括需求的季节性和周期性变化的产能利用水平。

选项 B 不正确。预计实际产能是考虑正常运营条件、平均故障和错误、节假日以及其他现实因素下的产能。

选项 C 正确。理论产能是指所有营运均全速进行、没有任何故障、没有节假日或其他干扰因素下的产出上限，这在实际生产过程中几乎是无法达到的。

选项 D 不正确。预算产能用于当前预算期，如当年年度的正常产能利用。

四、成本动因

成本动因是指任何与成本之间存在因果关系的因素，主要包括四种类型，如表4-4所示。

表4-4　　　　　　　　　　　　　　　成本动因类型

成本动因类型	类型说明	主要关注点
作业成本动因	关注于营运，包括生产或服务作业，如机器安装、机器使用、包装等	• 通过作业分析，可以把企业的流程分解成各个步骤即作业，每个步骤即作业成本动因，以便： 　◦ 确定这些步骤（作业）的变化会导致营运总成本产生怎样的变化 　◦ 帮助企业明确哪些作业能为客户增加价值（增值作业），而哪些作业不能带来增值（非增值作业） 　◦ 当某项作业成本高于预期时，作业成本动因会突出这个差异

成本动因类型	类型说明	主要关注点
数量成本动因	关注于产出，包括总量尺度，如产品数量或人工工时数	• 数量成本动因是建立在使用数量基础上的作业总数，如直接材料和直接人工 • 数量基础动因如直接人工与产出水平之间的关系表现为一条倾斜曲线 ○ 数量成本动因相当低时，学习曲线和资源的有效利用等因素能使成本的增加速度小于产量的增长（单位成本下降），称为边际生产率递增，因为递增的产出使投入得到更有效的利用 ○ 在一定水平上，总成本渐趋稳定且在相关范围内的数量增加会带来成本成比例的增加（单位成本不变），直到某一点上人力或设备的产能达到极限（相关范围的上限） ○ 随着产量趋向极限，成本也会因为维修、更多的加班及其他类似因素而显著增加（单位成本上升），称为边际产能递减规律
结构性成本动因	关注于企业战略，包括与规模、复杂性、某一领域的经验以及技术水平等相关的长期计划	• 结构性成本动因是长期成本动因，建立在公司全面战略的基础上，主要包括四种类型： ○ 规模：项目的规模或企业的成长速度会影响到整个企业的所有成本 ○ 经验水平：公司在实现特定战略方面所拥有的经验水平会影响达到该战略目标所需的总成本；公司拥有最多专门技能的领域，也是进一步发展所需成本最低的领域；但若市场不再需要这些专门技能，则开发新的专门技能在长期内更具成本效益 ○ 技术：改变流程的技术水平能使流程更有效率，从而使成本更低；对技术的投资也可以使产品质量提高，从而可用更质优价廉的产品扩大市场份额 ○ 复杂性：企业越复杂（更多产品、更多组织层级），维持复杂性的成本越高；减少复杂性将减少产品开发、分销和服务的成本；但产品太少或员工太少的企业也会错失市场机会
执行性成本动因	关注于短期营运，包括通过关注员工承诺与投入、生产设计以及供应商关系来降低成本	• 执行性成本动因属于短期决策，可用于降低营运成本，主要有三种类型： ○ 员工参与：员工承诺度越高，人工成本占完工工作量的比例越低；这可以通过创造性团队的建立以及强调一致意见和员工投入来实现 ○ 生产流程设计：可以消除供应链中的"瓶颈" ○ 供应商关系：与供应商的紧密联系可以减少总成本，特别是存货成本

【例题 4 - 4】 在采用作业成本法时，下面哪一部门的作业所发生的制造费用，将会采用机器小时作为成本动因把费用分配至产品？

A. 工厂职工餐厅　　　　　　　　　B. 设备调整

C. 材料装卸　　　　　　　　　　　D. 机器人喷漆

【答案】D

【解析】选项 A 不正确。A 中职工餐厅一般按照职工人数分配。

选项 B 不正确。B 中设备调整一般按照调整次数分配。

选项 C 不正确。C 中材料装卸一般按照装卸次数或装卸数量分配。

选项 D 正确。D 中机器人喷漆一般按照机器小时分配。

【例题 4 - 5】 某制造商生产多个系列产品，需要各种不同类型的零件组合。该制造商确定了各种成本池，其中一个是材料处理成本池。这一成本池包括收到材料、检查材料、储存材料及搬运材料的员工工资和福利，还包括装卸设备（如叉车）的折旧与维修成本。那么以下哪项最适合作为将材料处理成本分配到产品的成本动因？

A. 直接人工工时
B. 生产数量
C. 供应商数量
D. 使用零件数量

【答案】D

【解析】选项 A 不正确。题干中未给出直接人工工时相关信息。

选项 B 不正确。由于生产多个系列产品，需要各种不同类型的零件组合，因此用生产数量作为动因不合适。

选项 C 不正确。题干中未给出供应商数量相关信息。

选项 D 正确。该制造商生产多个系列产品，并且需要各种不同类型的零件组合，所以零件是主要的材料，因而，零件数量是材料处理成本的一个关键驱动因素。

五、实际成本法、正常成本法与标准成本法

实际成本法、正常成本法、标准成本法如表 4 - 5 所示。

表 4 - 5　　　　　实际成本法、正常成本法和标准成本法

成本	说明	优点	缺点	应用
实际成本法	● 所有成本都按照其实际发生数来记录 ● 实际成本直到会计期末才能确定	● 比其他成本制度都准确和可靠	● 信息滞后，在收到所有发票之前无法确定成本，而发票也许会在会计期末或更晚才能收到 ● 由于产量每期不同但固定成本不变，实际成本法会使不同期间生产的单位产品成本各不相同	● 规模较小、没有足够实力购买成本信息系统的企业
正常成本法	● 直接材料和直接人工采用实际成本 ● 间接成本按照预定的分摊率进行分摊	● 可以计算当期的产品成本 ● 消除了间接成本分摊率（因各期产量不同）在各期之间的波动，从而使各期之间的比较成为可能	● 直接材料和直接人工的实际成本仍面临信息滞后的问题	● 生产定制性强，人工和材料成本波动很大，但是制造费用发生比较稳定的企业
标准成本法	● 采用预定（标准）成本分配率分配所有产品成本，包括直接材料、直接人工和间接成本	● 标准成本中剔除了过去的无效因素 ● 标准成本可以作为新数据，解释预算期内的各种预期变化	● 可能会设定不合理的标准，比如标准的设定过程过于专断或隐秘，或缺乏沟通 ● 刚性标准或过于强调利润的标准也很可能失败	● 标准成本是营运的预期成本或目标成本 ● 标准可以是理想标准或当前可实现的标准，标准的设定取决于企业政策、作业分析、历史数据、市场预期、战略及标杆分析等因素

三种方法的成本处理的比较如表 4 - 6 所示。

表 4 - 6　　　　　　　　　　　　三种方法的成本处理比较

成本	直接材料	直接人工	间接费用
实际成本法	实际成本	实际成本	实际成本
正常成本法	实际成本	实际成本	已分配间接费用（使用预先确定的分配率）
标准成本法	标准成本	标准成本	标准成本

【例题 4 - 6】请问下面哪一项不是正常成本法的优点？

A. 计算批次和产品成本更加及时

B. 使得本期内的产品成本自始至终更加平滑、波动性不大

C. 是一种把制造费用分配至批次或者产品的更加经济的方法

D. 批次和产品成本计算的准确性提高了

【答案】D

【解析】选项 A 不正确。可以更快地核算和分配产品成本是优点。

选项 B 不正确。较平稳的产品成本是优点。

选项 C 不正确。更经济的分配成本是优点。

选项 D 正确。D 不是优点，正常成本法并不能提高产品成本的准确性。

在正常成本法和标准成本法下，间接费用是通过预定分配率来进行计算的，因为间接费用分摊率建立在预测成本动因基础上，故此必然会导致分摊不准确，即分摊不足（产量未到预测值）或过度分摊（产量超过预测值）。实际值与分摊值之间差异的处理方法是：若差异不重大，则直接调整销货成本；若差异重大，则需在在产品、存货和销货成本间按比例调整。

【例题 4 - 7】假定实际间接成本为 $ 1 530 000，且其中的 $ 1 490 000 已用正常成本法分配到产品中，则间接成本被少分摊了 $ 1 530 000 - $ 1 490 000 = $ 40 000。假设这个少分摊额度不重大，则该如何处理？

【答案】由于题干告知少分摊的额度不重大，则可以只调整销货成本，即销货成本增加（借记）$ 40 000。相关分录如下：

（1）记录实际发生的工厂间接成本：

借：工厂间接成本　　　　　　　　　　　　　　　$ 1 530 000

　　贷：应付账款或其他账户　　　　　　　　　　　　　$ 1 530 000

（2）按预定分摊率将分摊的工厂间接成本计入产品生产成本：

借：在产品　　　　　　　　　　　　　　　　　　$ 1 490 000

　　贷：工厂间接成本分摊　　　　　　　　　　　　　　$ 1 490 000

（3）记录对间接成本分摊不足的处理：

借：销货成本　　　　　　　　　　　　　　　　　$ 40 000

　　工厂间接成本分摊　　　　　　　　　　　　　$ 1 490 000

　　贷：工厂间接成本　　　　　　　　　　　　　　　　$ 1 530 000

上述分录结转了工厂间接成本分摊账户和工厂间接成本账户，且借记（增加）了销货成本。

【例题 4 – 8】若实际间接成本为 $1 530 000，而分摊的间接成本为 $1 600 000，则间接成本多分摊了 $70 000，假设该净差异影响不重大，则销货成本账户应调减（贷记），调整分录如下：

借：工厂间接成本分摊 $1 600 000
 贷：工厂间接成本 $1 530 000
   销货成本 $70 000

【例题 4 – 9】假设分摊的间接成本为 $1 500 000，每个账户分摊的间接成本如下所示：

	分摊的间接成本	间接成本分摊比例
期末在产品存货账户	$200 000	13.33%
期末成品存货账户	$300 000	20.00%
销货成本账户	$1 000 000	66.67%
合计	$1 500 000	100.00%

如果工厂间接成本实际发生额为 $1 600 000，则净差异为少分摊间接成本 $100 000，假设该净差异影响重大，则存货和销货成本各账户应按上述分摊比例调增（借记），数额如下：

	间接成本分摊比例	分摊的净差异
期末在产品存货账户	13.33%	$13 333
期末成品存货账户	20.00%	$20 000
销货成本账户	66.67%	$66 667
合计	100.00%	$100 000

调整分录如下：
借：工厂间接成本分摊 $1 500 000
  在产品存货 $13 333
  成品存货 $20 000
  销货成本 $66 667
 贷：工厂间接成本 $1 600 000

【例题 4 – 10】如果工厂间接成本实际发生额为 $1 400 000，则净差异为多分摊间接成本 $100 000，假设该净差异影响重大，则存货和销货成本各账户应按上述分摊比例调减（贷记），调整分录如下：

借：工厂间接成本分摊 $1 500 000

贷：在产品存货	$13 333
成品存货	$20 000
销货成本	$66 667
工厂间接成本	$1 400 000

六、吸纳（完全）成本法和变动（直接）成本法

吸纳成本法和变动成本法都属于存货成本制度（产品成本计算方法），二者唯一的区别是对固定间接费用（固定制造成本）处理不同：吸纳成本法计入存货成本（作为资产）；变动成本法计入期间费用（作为费用），二者比较如表 4 - 7 所示。

表 4 - 7　　　　　　　　　吸纳成本法与变动成本法

<table>
<tr><th colspan="2"></th><th>吸纳成本法</th><th>变动成本法</th></tr>
<tr><td rowspan="6">成本构成</td><td rowspan="4">生产/存货成本</td><td>● 变动制造成本
　○ 直接材料
　○ 直接人工
　○ 变动间接费用
● 固定制造成本
　○ 固定间接费用</td><td>● 变动制造成本
　○ 直接材料
　○ 直接人工
　○ 变动间接费用</td></tr>
<tr><td colspan="2"></td></tr>
<tr><td colspan="2"></td></tr>
<tr><td colspan="2"></td></tr>
<tr><td rowspan="2">期间费用</td><td>● 变动销管费用
● 固定销管费用</td><td>● 固定间接费用
● 变动销管费用
● 固定销管费用</td></tr>
<tr><td></td><td></td></tr>
<tr><td colspan="2">格式</td><td>● 毛利格式，突出了制造成本和非制造成本的区别
　○ 收入 - 销货成本 = 毛利
　　其中：销货成本 = 期初存货 + 本期发生的全部制造成本 - 期末存货 = 可供销售的商品成本 - 期末存货
　○ 毛利 - 全部销售及管理费用 = 营业收益</td><td>● 边际贡献格式，突出了固定成本和变动成本的区别
　○ 收入 - 变动销货成本 - 变动销售和管理费用 = 边际贡献
　○ 边际贡献 - 固定成本 = 营业收益
　　其中：固定成本 = 固定间接费用 + 固定销售及管理费用</td></tr>
<tr><td colspan="2">适用性</td><td>● 外部报表</td><td>● 内部报表和绩效评估</td></tr>
<tr><td colspan="2">主要区别</td><td>● 固定制造费用分摊到销货成本和存货中，反映在存货中的部分不会进入当期损益</td><td>● 固定制造费用作为期间费用，全部进入当期损益</td></tr>
<tr><td colspan="2">优点</td><td>● 符合美国公认会计原则和税法要求</td><td>● 变动成本法下的营业利润不受产量和存货量变动的影响，只与销量有关，避免管理层为单纯追求高利润而操纵产品/存货
● 关注那些可被追溯至责任中心，并可被其控制的项目——固定成本通常不在责任中心经理的控制范围之内，而大多数变动成本则是可控的，使管理层关注可控制的成本和领域
● 基于边际贡献的分析可以帮助企业内部决策
● 可用于进行本量利分析</td></tr>
</table>

续表

	吸纳成本法	变动成本法
缺点	• 管理者可以通过操纵存货来操纵利润 • 管理者可能选择固定制造费用高的产品来生产,而不考虑企业利益	• 不符合美国公认会计原则和税法

【提示】美国公认会计原则选择完全成本法的原因:在损益表中,完全成本法准确全面地定义了产品的成本结构,即由材料、人工、变动制造费用和固定制造费用构成,保证了损益表的最终利润符合生产经营的实际结果,准确地定义了会计利润。在资产负债表中,存货的价值因为产品全成本而准确地进行了估值,使得存货价值没有被低估,这充分地保证了企业的资产评估的准确性。

吸纳成本法和变动成本法产生损益差别的原因是对固定间接费用的处理不同,具体见表4-8所示。

表4-8　　　　　　　　　吸纳成本法和变动成本法的损益差别原因

存货成本制度	损益差别原因	损益差别计算公式推导
吸纳成本法	• 已售出的产品所包含的固定间接费用计入当期损益,未售出产品包含的固定间接费用保留在期末存货成本中(递延至未来售出期间再计入损益)	• 吸纳成本法下计入损益的固定间接费用 = 期初存货中的固定间接费用 + 本期发生的固定间接费用 − 期末存货中的固定间接费用 • 变动成本法下计入损益的固定间接费用 = 本期发生的固定间接费用
变动成本法	• 当期发生的全部固定间接费用直接计入发生当期损益	• 两种方法下的损益差异 = 期初存货中的固定间接费用 − 期末存货中的固定间接费用

不同产销量关系下的损益比较如表4-9所示。

表4-9　　　　　　　　　　不同产销量关系下的损益比较

成本	主要关注点
产量 = 销量; 期末存货 = 期初存货	• 当期生产的产品全部在当期售出,因此吸纳成本法下本期发生的全部固定间接费用均计入当期损益,则: 　吸纳成本法下计入当期损益的固定间接费用 = 当期固定间接费用发生额; 　吸纳成本法下的利润 = 变动成本法下的利润
产量 > 销量; 期末存货 > 期初存货	• 当期生产的产品有一部分未在当期售出,因此吸纳成本法下本期发生的固定间接费用有一部分计入了期末存货,则: 　吸纳成本法下计入当期损益的固定间接费用 < 当期固定间接费用发生额; 　吸纳成本法下的利润 > 变动成本法下的利润
产量 < 销量; 期末存货 < 期初存货	• 当期生产的产品以及一部分期初存货均在当期售出,因此吸纳成本法下期初存货中的固定间接费用有一部分计入当期损益,则: 　吸纳成本法下计入当期损益的固定间接费用 > 当期固定间接费用发生额; 　吸纳成本法下的利润 < 变动成本法下的利润

【提示】若产量大于销量，意味着产品没有销售出去进入库存，吸收了部分固定制造费用，故此进入损益表的固定制造费用较少，造成吸纳成本法下的利润较高；销量大于产量时情况相反；产销量相等时，利润相等。变动成本法不受此影响，一次性将固定制造费用当成期间费用来处理，利润则偏低。

【例题 4 - 11】某公司只生产和销售一种产品，其 2016 年的产销量及成本资料如下：

产销量信息		成本信息	
期初存货量	0 件	直接材料	$20 000
生产量	4 000 件	直接人工	$32 000
销售量	3 500 件	间接费用：	
单价	$46	单位变动费用	$6
		固定费用总额	$28 000
		销售及管理费用：	
		单位变动费用	$4
		固定费用总额	$21 000

分别按照吸纳成本法和变动成本法计算该产品的单位产品成本和期末产成品存货成本。

【答案】单位直接材料 = $20 000/4 000 = $5

单位直接人工 = $32 000/4 000 = $8

单位固定间接费用 = $28 000/4 000 = $7

期末产成品存货量 = 0 + 4 000 - 3 500 = 500 件

变动成本法下单位产品成本（单位变动制造成本）= $5 + $8 + $6 = $19

变动成本法下期末产成品存货成本 = 19 × 500 = $9 500

吸纳成本法下单位产品成本（单位完全成本）= $19 + $7 = $26

吸纳成本法下期末产成品存货成本 = $26 × 500 = $13 000

【例题 4 - 12】吸收成本法下，毛利格式的损益表如下：

收入：$46 × 3 500 件		$161 000
销货成本		
期初存货	0	
+ 变动制造成本：$19 × 4 000 件	+ $76 000	
+ 固定制造成本	+ $28 000	
= 可供销售的商品成本	$104 000	
- 期末存货：$26 × 500 件	- $13 000	
= 销货成本		- $91 000
= 毛利		$70 000

销售及管理费用		
变动销售及管理费用：$4×3 500 件	$14 000	
+固定销售及管理费用	+ $21 000	
=总销售及管理费用		− $35 000
=营业收益		$35 000

【例题 4 – 13】变动成本法下，边际贡献式的损益表如下：

收入：$46×3 500 件		$161 000
变动销货成本：$19×3 500 件		− $66 500
变动销售和管理费用：$4×3 500 件		− $14 000
边际贡献		$80 500
固定成本：		
固定间接费用	$28 000	
+固定销售及管理费用	$21 000	
=固定成本总额		− $49 000
=营业收益		$31 500

【例题 4 – 14】某公司去年生产 500 件，出售 480 件，和当初预算一致。没有期初、期末在产品存货，也没有期初产成品存货。预算的固定成本和实际发生额相等。所有的变动制造成本只受产量影响，所有的变动销售费用只受销量影响。预算的单价和成本数据如下：

售价	$200
直接材料	$60
直接人工	$40
变动制造成本	$20
固定制造成本	$10
变动销售费用	$24
固定销售费用（总额为 $7 200）	$8
固定管理费用（总额为 $3 600）	$4

若采用吸收成本法，则公司去年的营业利润是多少？

A. $11 280　　　　　　　　　　B. $14 200

C. $11 080　　　　　　　　　　D. $15 300

【答案】A

【解析】选项 A 正确。吸收成本法下营业利润为：

收入：$200×480 件		$96 000
销货成本		
直接材料：60×480 件	28 800	
+直接人工：40×480 件	+$19 200	
+变动制造成本：$20×480 件	+$9 600	
+固定制造成本：$10×480 件	$4 800	
=销货成本		-$62 400
=毛利		$33 600
销售及管理费用		
变动销售及管理费用：$24×480 件	$11 520	
+固定销售及管理费用：7 200+3 600	+$10 800	
=总销售及管理费用		-$22 320
=营业收益		$11 280

【例题4-15】当对吸收成本法和变动成本法进行比较时，应该如何解释二者营业利润的差额？

A. 期末、期初库存量差额乘以预算的单位固定制造成本

B. 产销量差额乘以单价

C. 期末、期初库存量差额乘以销售单价

D. 产销量差额乘以预算的单位变动成本

【答案】A

【解析】选项 A 正确。吸收成本法和变动成本法的利润差异=（生产量-销售量）×单位固定制造费用分摊率=（期末存货-期初存货）×单位固定制造费用分摊率。

选项 B 不正确。吸收成本法和变动成本法的利润差异在于固定制造费用而不是价格。

选项 C 不正确。吸收成本法和变动成本法的利润差异在于固定制造费用而不是价格。

选项 D 不正确。吸收成本法和变动成本法的利润差异在于固定制造费用而不是变动成本。

【例题4-16】8月份，某公司售出 2 000 件产品。单位成本数据见下表：

直接材料	$11.00
直接人工	$6.00
变动制造费用	$2.00
固定制造费用	$3.00
变动管理费用	$1.00
固定管理费用	$7.00
合计	$30.00

采用吸收成本法计算出 8 月份的利润为 $19 000。若采用变动成本法，则 8 月份的利润将为 $18 250。请问该公司 8 月份的产量是多少？

A. 1 500 件   B. 900 件   C. 1 000 件   D. 2 250 件

【答案】D

【解析】选项 D 正确。吸收成本法和变动成本法的利润差异 =（生产量 – 销售量 2 000）× 单位固定制造费用。故此，19 000 – 18 250 =（生产量 – 2 000）× 3，所以生产量 = 2 250。

七、联产品成本法和副产品成本法

联产品是共享一部分工序且拥有相对相同的销售价值的产品。副产品是与一种产品或联产品共享相同工序，但与主要产品相比拥有相对较小价值的产品。

联产品与副产品均共享至少某些相同的原材料和初始工序成本。分离点在产品分离且分别确认的点上；分离点不必是产品完工的时点。

联产品与副产品的成本计算包括发生在分离点以前及以后的所有制造成本。

（1）发生在分离点前的联合成本需分配到联产品中。分配方法有两种，一是使用市场基础数据分配（包括分离点销售价值法、毛利法、可变现净值法），二是使用物理指标基础数据分配。

（2）发生在分离点之后的附加工序成本（可分离的成本）可单独确认为某种产品成本。

联产品成本分配方法如表 4 – 10 所示。

表 4 – 10   联成本分配方法

联成本分配方法		说明	适用条件	优点	缺点
市场基础法	分离点销售价值法	根据分离点上各联产品的销售价值比例，对联合成本进行分配	只有当分离点上的销售价值可得时，才能使用销售价值法	• 易于计算且根据产品价值来分配成本，假设销售价格的估计值正确无误，且联产品不需要额外加工，可以为联产品提供相同的毛利率	• 不能用于在分离点后但在价值形成前需要额外加工的产品；对于市场价值变化频繁的产品而言不是很有用
	毛利法	分配联合成本以使各联产品拥有相同的毛利率	联产品存在额外加工成本时	• 考虑到了分离点前后发生的成本，因而不仅是联合成本的分配，也是一种利润分配方法——联合成本和总毛利都分配给联产品以保持不变的毛利率 • 即使存在额外加工成本时也可使用	• 分配给每种联产品的联合成本金额并不总是正数，一种联产品可能得到负的联合成本，以使毛利率与整个实体的平均水平相同，可能导致成本分配的扭曲

续表

联成本分配方法		说明	适用条件	优点	缺点
市场基础法	可变现净值法	根据各产品 NRV 占总 NRV 的比例分配联合成本 可变现净值 NRV = 最终销售价值 − 额外加工成本	当一种或多种联产品市场价格在分离点不能确定的情况，通常是因为需要额外加工	• 适用于各联产品/副产品的市场价格在分离点不能确定的情况，或额外加工成本存在的情况 • 形成可预知的边际利润	• 无明显缺陷
物理指标法		采用物理指标（重量、数量、体积等）将联合成本分配给联产品	物理指标既可基于对投入的计量，也可基于对产出的计量	• 用客观标准计量、容易使用	• 会扭曲实际利润结果，一些产量大价格低的产品会被分配过高的联合成本，导致利润过低甚至为负 • 加工过程不可能总是使用同样的计量单位 • 不符合美国公认会计原则

【提示】副产品是指伴随着联产品而出现，但价值微小的产品。绝大多数企业对副产品不进行联合成本的分摊，但也有一些企业将副产品视为价值小的联产品从而用上述的联产品分摊方法去分摊一部分联合成本到副产品上，这样的情况很少。因此，CMA 考试如果没有特殊说明，将视为冲减联合成本，联合成本不分摊到副产品上。

副产品的确认方法如表 4 – 11 所示。

表 4 – 11　　　　　　　　　　副产品确认方法

方法	适用条件	具体处理	说明
资产确认法	• 能确定副产品在分离点的存货性价值 • 量大价值大	在副产品产出期间，将副产品的可变现净值在资产负债表上作为存货计入，同时在利润表上作为总制造成本的抵减项，或者作为其他所得（或其他销售收入）	资产确认法将副产品的价值与其制造成本相配比，遵从了权责发生制的配比原则。因此，若金额重大时，在生产时进行确认更合理。副产品出售时，存货成本则转入销售成本
收入法	• 不能确定副产品在分离点的存货性价值 • 量小价值很少	在副产品出售时，将副产品的净销售收入作为其他所得（或其他销售收入）或者作为总制造成本的抵减项计入利润表	收入法更易于使用而且建立在收入确认概念上，但只能应用于非重大金额

【例题 4 –17】Atlas 食品厂在其精炼工艺过程中同时生产出 3 种附加食品产品，该加工过程的成本为 $93 000。在分离点后每个产品每磅增加 $2 的加

工成本后，联产品 Alfa 和 Betters 的最终销售价格分别为 $4/磅和 $10/磅。副产品 Morefeed 在分离点出售的价格为 $3/磅。

Alfa：产出 10 000 磅，它是一种很受欢迎但相当少见的谷物副产品，每磅含有 4 400 卡路里的热量；

Betters：产出 5 000 磅，它是一种富含碳水化合物的调味品，每磅含有 11 200 卡路里的热量；

Morefeed：产出 1 000 磅，用作牛的饲料副产品，每磅含有 1 000 卡路里的热量。

在可变现净值法下，分配到 Alfa 中的联合成本是多少？

A. $3 000　　　B. $30 000　　　C. $31 000　　　D. $60 000

【答案】B

【解析】选项 B 正确。必须要确认在分离点上每个联产品的可变现净值。假定，Alfa 在分离点上的售价为 $4，加工成本 $2，则在分离点上每磅的利润是 $2。在分离点上 10 000 磅的总利润就是 $20 000。Betters 的售价为 $10，加工成本 $2，因此分离点上的价值为 $8。5 000 磅的 Betters 产品的总价值为 $40 000。Morefeed 在分离点有 1 000 磅，每磅价值为 $3，总价值为 $3 000。Morefeed 作为副产品，其销售收入作为联合成本的减项，则可分配的联合成本为 $90 000（$93 000 – $3 000）。主产品的可变现净值的总额为 $60 000（$20 000 + $40 000），Alfa 分配到的成本为 $30 000 =（$20 000/ $60 000）× $90 000。

【例题 4 – 18】在生产流程中产生了联副产品时，区分联产品和副产品的主要因素是什么？

A. 各项产品销售的相对难易程度

B. 各项产品的相对总量

C. 各项产品的相对总售价

D. 分配联合成本所使用的会计方法

【答案】C

【解析】选项 A 不正确。主要区别是相对价值的大小，不是销售难易程度。

选项 B 不正确。主要区别是相对价值的大小，不是生产数量。

选项 C 正确。联产品：共享一部分工序且拥有相对相同的销售价值的产品。副产品：与一种产品或联产品共享相同工序，但与主要产品相比拥有相对较小价值的产品。

选项 D 不正确。主要区别是相对价值的大小，不是会计分配方法。

【例题 4 – 19】某公司把 A 加工成两种联产品，X 和 Y。购买 1 000 加仑的 A 要花费 $2 000。把 1 000 加仑加工成 800 加仑的 X 和 200 加仑的 Y 要花费 $3 000 的加工成本。X 和 Y 的单价分别是 $9/加仑和 $4/加仑。若再花费

$1 000 的额外加工成本，可以把 X 这一部分联产品加工成 600 加仑的 X1，X1 的单价为 $17/加仑。如果采用可实现净值法来把成本分配至联产品，请问生产 X1 的总成本将是多少？

A. $5 600　　　　B. $5 564　　　　C. $5 520　　　　D. $4 600

【答案】A

【解析】本题中，进行联成本的分配应使用最终产品 Y 和 X1 的可变现净值比例来进行。

Y 的可变现净值 = $4 × 200 = $800

X1 的可变现净值 = $17 × 600 − $1 000 = $9 200

分配给 X1 的成本 = ($3 000 + $2 000) × $9 200/($800 + $9 200) = $4 600

生产总成本为 $4 600 + $1 000 = $5 600

第二节　成本制度

一、分批成本法和分步成本法

（一）分批成本法和分步成本法

分批成本法和分步成本法是企业进行产品分析的最重要的两种方式，二者比较如表 4 - 12 所示。

表 4 - 12　　　　　　　　　分批成本法与分步成本法比较

比较项目	分批成本法	分步成本法
定义	● 将成本分配给具体的工作（单个产品、批次、单批产品或单批服务）	● 通过流程或部门来归集产品或服务成本，并用总成本除以总产量，从而将成本分配到大量近似产品中
适用性	● 产品/服务的成本能够并需要追踪和分配到具体工作或服务	● 用于多个近似的产品，没必要将成本追踪到具体的单个产品/服务
归集内容	● 多种不同的产品或服务	● 同质产品的大批量生产
归集方式	● 按批次	● 按部门
归集时间	● 具体工作结束时	● 会计期末，所有部门数据可得时
主要工具	● 工作单	● 生产成本报告
示例	● 制造行业的资本资产建设（建筑、船舶）； ● 服务行业的广告、研发和修理工作； ● 商业行业的定制商品邮购和特惠促销活动	● 制造行业的报纸、图书和软饮料； ● 服务行业的支票处理和邮递业务； ● 商业行业的杂志订购收款

续表

比较项目	分批成本法	分步成本法
计算步骤	• 确认批次（特定的批次通常用独一无二的代码或用级别索引加日期的方式来识别） • 追溯该批次的直接成本（直接材料、直接人工） • 确认和批次相关的间接成本集库（间接费用） • 选择成本分摊基础（成本动因） • 计算各成本分摊基础的单位分摊率 　○ 实际间接成本分摊率＝间接成本集库中的实际总成本/成本动因的实际总数量 • 加总所有直接成本和间接成本以得到总成本	• 确定当期投入成本（原材料成本和转换成本） • 确定当期约当产量（原材料成本和转换成本的约当产量） • 分别计算原材料单位成本和转换成本单位成本 • 确定当期生产产品的单位成本 • 确定转出成本（转出品包括：期初库存加工完毕成品成本＋期间生产并完成的数量） • 确定期末库存成本（本期投放至未完工品库存的原材料和转换成本）
优点	• 能够对特定批次或营运状况提供详细的结论，因此是特定批次理想的成本计算方法 • 能融合多种成本计算方法，如实际成本法、正常成本法、标准成本法，因而可以灵活地在更多类型的公司中得到应用 • 对企业具有战略价值，因为它对所有不同种类的成本都给出了详细的分解说明，毛利和毛利率能够用来比较不同批次下公司的盈利情况，并对盈利较差的批次进行进一步分析	• 对高度重复性的流水加工方式十分有用，比如大规模生产同质产品 • 按部门核算成本的方式为各部门管理人员在控制本部门的成本方面提供了方向的帮助
缺点	• 不适用于大规模生产，因为将单个成本分配到每日有大量生产的产品中去是不现实的	• 对于客户定制和其他个别订单的生产来说不太有用

【提示】大多数公司，尤其是兼有特制产品/服务和大规模生产的产品/服务时，均同时采用分批成本法和分步成本法。

（二）损耗/损失、返工及废料

损耗/损失、返工及废料的处理如表4－13所示。

表4－13　　　　　　损耗/损失、返工及废料的处理

项目	定义	与特定批次有关	与所有批次有关
损耗/损失	不可接受的材料或产品，将被丢弃或削价处理		
正常损耗/损失	在有效运营的条件下，在正常生产流程中产生的损耗	该批次的在制品存货	工厂间接费用
非正常损耗/损失	在有效、正常生产条件下不应该产生的损耗	期间费用	期间费用
返工	已完工产品必须增加工作量、返回修理才能作为合格品出售		

续表

项目	定义	与特定批次有关	与所有批次有关
正常返工	在有效运营的条件下，在正常生产流程中产生的返工	该批次的在制品存货	工厂间接费用
非正常返工	在有效、正常生产条件下不应该产生的返工	期间费用	期间费用
废料	是从生产工艺或生产周期中剩余的没有其他用途的原材料，通常情况在任何价格下都卖不出的，必须报废的 注：如果废料可以被出售，销售收入直接冲减在制品存货或间接成本	该批次的在制品存货	工厂间接费用

（三）先进先出法和加权平均法

出于财务报告的目的，持续性的生产流程需要人为划分成各个会计期间，因而在每个会计期末，由于持续性的生产流程不会中断，往往可能同时存在完工产品与部分完工产品（期末在产品），从而需要将当期的总制造成本（期初在产品存货以及当前发生的成本费用）在完工产品与期末在产品之间进行分配，以确定完工产品成本。

各部门进行完工产品与期末在产品之间的成本分配，需要针对各个成本项目（直接材料、转换成本、转入成本）计算单位成本（分配率），为此，需要将在产品存货换算为约当产量（equivalent unit，EU）。

约当产量是为生产部分完工产品会耗用一定的工作量，在该工作量下能够生产的完工产品数量。即在产品（按照工作量计算的）相当于完工产品的数量。约当产量＝在产品数量×估计完工率。

由于直接材料、转换成本和转入成本这三个成本项目的完工率可能会各不相同，因此往往需要针对直接材料、转换成本和转入成本分别计算约当产量。

分步成本法生产成本报告的编制方法包括先进先出法和加权平均法，如表4－14所示。

表4－14　　　　　　　　　　　先进先出法与加权平均法

比较项目	先进先出法	加权平均法
特点	• 假设期初在产品存货在当期首先制造完成，在期末时已经是成品 • 需要将本期完工的产量区分为：当期加工完毕的期初在产品存货、当期投入并完工数量 • 由于期初在产品本期全部完工，因此，期初在产品成本应全部计入完工产品成本 • 当期追加成本按照本期产品的约当产量（即新增的约当产量）进行分配，确定应计入完工产品成本和应计入期末在产品成本的相应份额	• 加权平均法不区分产品完工的先后顺序，而只关注期末时产品的状态——有多少全部完工的成品（无须区分当期加工完毕的期初在产品存货和当期投入并完工数量），有多少部分完工的在产品 • 当期的全部制造成本（期初在产品成本＋本期追加的成本）按照期末的全部约当产量（全部完工产品数量＋期末在产品的约当产量）进行分配，确定应计入完工产品成本和应计入期末在产品成本的相应份额

续表

比较项目	先进先出法	加权平均法
约当产量	约当产量 = 期初在产品 ×（1 - 完工率）+ 本期投产本期完工 + 期末在产品 × 完工率	约当产量 = 期初在产品 + 本期投产本期完工 + 期末在产品 × 完工率 = 本期完工结转 + 期末在产品 × 完工率
单位约当产量成本		
分子	本期投入成本（不包括期初在产品成本）	期初在产品成本 + 本期投入成本（包括期初在产品成本）
分母	本期新增的约当产量（不包括期初在产品在上期已完成的约当产量）	月末全部约当产量（包括期初在产品在上期已完成的约当产量）

【例题4-20】 当考虑正常和非正常损失时，分步成本法中对废品损失在理论上的最好会计处理方法是什么？

A. 正常和非正常废品损失都应该记入一个单独的费用账户

B. 正常的废品损失应该计入好产品的成本，非正常废品损失应该记入一个单独的费用账户

C. 正常和非正常废品损失都应该计入好产品的成本

D. 正常废品损失应该记入一个单独的费用账户，非正常废品损失应该计入好产品成本

【答案】B

【解析】 选项A不正确。正常损失计入产品成本。

选项B正确。正常损失计入产品成本，非正常损失计入期间费用。

选项C不正确。非正常损失计入期间费用。

选项D不正确。正常损失计入产品成本，非正常损失计入期间费用。

【例题4-21】 某制造企业生产一种汽油桶，该汽油桶由桶身和桶盖构成，工人将桶身和桶盖生产完毕后，将桶盖安装到桶身上，汽油桶成品即告完成。该汽油桶的原材料和转换成本的发生情况为：

原材料成本	转换成本
生产桶身：成品汽油桶原材料占比80% 生产桶盖：成品汽油桶原材料占比20%	生产桶身：成品汽油桶转换成本占比70% 生产桶盖：成品汽油桶转换成本占比20% 将桶盖安装到桶身：成品桶转换成本占比10%

在上期期末，该企业的车间已经做完三个桶身，桶盖和安装在本期处理完毕。期初在制品库存上期投放了$40，包括原材料成本$12，转换成本$28。在本期，车间生产并完成了12个成品桶，期末车间已经完成了三个桶盖，桶身和安装将在下期进行处理。

问题：

请分别用先进先出法和加权平均法，计算本期生产的约当产量、转出成本和期末存货成本。

【答案】

在先进先出法下，汽油桶的约当产量为：

原材料成本：

上期末库存本期完成	20% ×3 = 0.6
本期生产并完工	12
期末库存	20% ×3 = 0.6
原材料成本约当产量	13.2 个

转换成本：

上期末库存本期完成	(20% + 10%) ×3 = 0.9
本期生产并完工	12
期末库存	20% ×3 = 0.6
转换成本约当产量	13.5 个

汽油桶的单位成本为：

原材料成本：

原材料总成本	$132（给定）
原材料约当产量	13.2（来自约当产量计算）
原材料单位成本	$10

转换成本：

总转换成本	$270（给定）
转换成本约当产量	13.5（来自约当产量计算）
转换成本单位成本	$20
汽油桶的单位总成本	$10 + $20 = $30

本期成品汽油桶的转出成本为：

（1）本期生产的 12 个成品桶成本。

12 个成品桶成本：12 × $30 = $360

（2）期初在制品库存的三个本期完成的成品桶。

本期添加的桶盖的原材料成本：0.6 × $10 = $6

本期添加的桶盖的转换成本：$0.9 \times \$20 = \$18$

期初的在制品库存成本：$\$40$（给定）

期初在制品库存的三个本期完成的成品桶的成本：$\$64$

当期成品桶转出成本（1）+（2）：$\$360 + \$64 = \$424$

注意：先进先出法必须要区分本期生产的 12 个成品桶和上期期末库存本期进行加工生产完毕的 3 个桶。仅有本期完成的部分才适用于本期计算的产品单位成本。

期末库存成本：

桶前盖原材料成本	$0.6 \times \$10 = 6$
桶前盖转换成本	$0.6 \times \$20 = 12$
期末库存成本	$\$18$

在加权平均法下，汽油桶的约当产量为：

原材料成本：	
上期末库存	3
本期生产并完工	12
期末库存	$20\% \times 3 = 0.6$
原材料成本约当产量	15.6 个

转换成本：

期初库存	3
本期生产并完工	12
期末库存	$20\% \times 3 = 0.6$
转换成本约当产量	15.6 个

汽油桶单位成本：

原材料成本：

原材料本期投入总成本	$\$132$（给定）
原材料期初库存成本	$\$12$（给定）
原材料总成本	$\$144$
原材料约当产量	15.6（来自约当产量计算）
原材料单位成本	$\$9.23$

转换成本：

本期投入的转换成本	$270（给定）
期初投入的转换成本	$28（给定）
转换成本总成本	$298
转换成本约当产量	15.6（来自上页计算）
转换成本单位成本	$19.1
单位总成本	$9.23 + $19.1 = $28.33

当期成品桶转出成本：

本期处理完工的 15 个成品桶成本：

15 个成品桶成本：15 × 28.33 = $424.95

注意：加权平均法不区分本期生产的 12 个成品桶和期初在制品库存本期进行加工生产完毕的 3 个桶。所有本期处理完成的成品桶才适用于本期计算的产品单位成本。

期末库存成本：

桶前盖原材料成本	0.6 × 9.23 = $5.53
桶前盖转换成本	0.6 × 19.1 = $11.46
期末库存成本	$16.998

【例题 4 - 22】某公司采用加权平均分步成本法，直接材料和加工成本在生产工序上均匀发生。2 月份，发生了如下的成本：

直接材料	$40 000
加工成本	60 000

2 月 1 日期初在产品为 15 000 件，价值 $20 000，完工率 20%；在 2 月份完工转出 20 000 件，月末存货 10 000 件，完工率 40%。请问在 2 月份每件完工产品的加权平均成本是多少？

A. $3.50　　　　B. $3.00　　　　C. $5.00　　　　D. $4.00

【答案】C

【解析】选项 C 正确。本题特殊在直接材料和加工成本都是均匀发生，所以两者的约当产量是相等的。（20 000 + 40 000 + 60 000）/（20 000 + 10 000 × 40%）= $5。

【例题 4 - 23】Oster 公司采用加权平均分步成本法来计算产品成本，10 月份的成本和业务的资料如下：

材料	$40 000
加工成本	32 500
期初在产品存货总计	$72 500
材料	$700 000
加工成本	617 500
10 月份生产成本总计	$1 317 500
完工	60 000 件
10 月末在产品	20 000 件

所有的材料在开工时一次投入，加工成本在生产期间均匀发生。通过和工厂职工交谈发现：平均而言，月末在产品存货的完工率为 25%。假设没有发生废品，公司 10 月份的制造成本应该怎样分配？

完工产品	在产品
A. $1 042 500	$347 500
B. $1 095 000	$222 500
C. $1 155 000	$235 000
D. $1 283 077	$106 923

【答案】C

【解析】选项 C 正确。先算单位约当产量原材料成本，然后再算单位约当产量转换成本，之后相加，再乘以 60 000 就是完工转出的，即：

($700 000 + $40 000)/(60 000 + 20 000 × 100%) + ($32 500 + $617 500)/(60 000 + 20 000 × 25%) = $9.25 + $10 = $19.25，$19.25 × 60 000 = $1 155 000

期末存货成本 = ($1 317 500 + $72 500) - $1 155 000 = $235 000（或者 20 000 × $9.25 + $10 × 20 000 × 0.25 = $235 000）

二、作业成本法

作业成本法基于作业消耗资源这一假设来将成本分派给客户、服务和产品。

1. 作业成本法与传统成本法的差异如表 4 - 15 所示。

表 4 - 15   作业成本法 VS. 传统成本法

比较项目	作业成本法	传统成本法
成本动因	多个成本动因：作业基础动因和数量基础动因（视何者最能准确计算成本而选用）	成本动因少，主要依赖数量基础动因
间接费用	间接费用先分配到各项作业中，然后再分配给产品或服务	间接费用先分配到各部门，再分配给产品或服务
重心	解决部门间的成本计算和流程问题	让各部门经理负责其部门内的各项成本和流程改进

2. 资源成本动因和作业成本动因。

资源不仅包括原材料和其他直接成本，还包括各种间接成本如客户服务、质量控制和监管成本。

作业可以是实体完成的任何一种行为、工作或活动；作业中心是作业、行为、活动或一系列工作具有逻辑的组合。

资源成本动因和作业成本动因比较如表 4 - 16 所示。

表 4 - 16　　　　　　　　资源成本动因 VS. 作业成本动因

成本动因	含义	示例
资源成本动因	衡量一项作业消耗的资源量，在作业中耗用的资源成本通过资源成本动因被分派到成本集库中	生产一批网球需要的橡胶数量；工程师为设计、建造和维护某个工程计划所花费的小时数
作业成本动因	衡量成本对象需要的作业量，用于将成本集库中的成本分派给成本对象	为生产特定产品，及其安装调试所需要的人工工时数

3. 作业成本法采用两阶段法来分摊成本。

一是采用合适的资源成本动因将资源成本（间接成本）归集给作业成本集库或作业中心；二是采用合适的作业成本动因（作业成本动因用于度量成本对象对作业的耗用情况）将作业成本分配给成本对象。

如图 4 - 2 所示。

图 4 - 2　两阶段法

4. 作业成本法的主要步骤。

（1）确认作业和资源成本。如表 4 - 17 所示。

表 4 - 17　　　　　　　　　　　作业类型

作业类型	含义	示例
产品级作业	为生产每一单位产品所履行的作业，这些作业以产量为基础或以产品为基础（作业成本与产品数量成正比）	直接材料、直接人工工时
批次级作业	为生产每一批次产品而实行的作业（作业成本与产品的批次数量成正比）	生产前的机器调试、采购订单、分批检查、分批混合或生产调度
生产存续作业	为支持生产流程而实施的作业	产品设计、产品加速完成和实施工程改变

续表

作业类型	含义	示例
设施存续作业	为支持生产而对整个设施实施的作业	环境的健康性和安全性、安全检查程序、工厂管理、折旧、财产税和保险
客户级作业	为满足客户需要而发生的作业	客户服务、电话银行或客户定制订单

（2）使用资源成本动因将资源成本归集到作业。

常见资源成本动因和相关作业如表4-18所示。

表4-18   常见资源成本动因和相关作业

资源成本动因	作业
雇员数量	人事作业
工作时间	人事作业
安装小时	安装或机器作业
搬运的次数或距离	材料处理作业
仪表测量	公用事业作业（流量仪表、电表等）
机器工时	机器运行作业
订单量	生产订单作业
平方英尺	清洁作业
价值增量	一般管理作业

（3）使用作业成本动因将作业成本分配给成本对象。

5. 作业成本法的适用情况。

作业成本法特别适合于生产多种产品和/或产品生产中耗用的资源数量经常变化的公司。当各种产品或产品线以不同的消耗率耗用成本的时候，"一刀切"式的或统一的成本分摊（如单纯以产量或工时为基础的成本分配）就会扭曲产品的实际获利能力。

作业成本法对两类公司特别重要，一是产品极为多样化，流程极其复杂，或产量相当高的公司；二是极易发生成本扭曲的公司，如既采用大批量生产也采用客户定制生产的公司、既有成熟产品也有新产品的公司以及既有定制分销渠道也有标准分销渠道的公司等。

从战略角度而言，如果因不准确的成本信息导致的决策制定成本，大于搜集更多信息同时实施作业成本制度导致的额外费用，这种情况下就应采用作业成本法。

作业成本法可应用于放弃或新增某个产品线的决策、产品定价决策、流程改进方面的资金分配决策等。

作业成本法最初由制造行业的公司采用，现已扩展到服务业，如医院、银行以及保险公司等。

6. 作业成本法的优点和局限性如表4-19所示。

表 4 - 19   作业成本法的优点和局限性

优点	局限性
● 减少了由传统成本分配造成的失真。作业成本法给经理提供了一个了解相关成本的途径（明确成本动因），从而使得他们能更好地参与市场竞争 ● 作业成本法计量作业动因成本，允许管理层在改变产品设计和作业设计的同时，了解这些改变对总成本和价值的影响 ● 对于产量较低的产品，作业成本法通常会报告比传统产品成本法高得多的单位成本，这意味着在增加或舍弃某条产品线的问题上可以制定更好的决策	● 并不是所有的间接成本都和特定的成本动因相关联，有些可能需要主观分配间接成本，尤其是为追踪相关动因，所导致的成本大于从中能获得的效益时 ● 即使有现成的软件可用，作业成本法仍然需要大量的开发和维护时间。作业成本法改变了经理人员的既定规则，而经理人员常常会拒绝这种改变。如果没有高层管理者的支持，经理们可能会寻求变通方法 ● 如果仅将作业成本法视为一项会计创新，很可能会导致失败 ● 作业成本法下产生了大量的信息，过多的信息可能误导经理将精力集中于不必要的数据上 ● 作业成本法不符合公认会计原则（GAAP），而重新披露财务数据将导致额外的费用，同时会造成混淆

【例题 4 - 24】某公司生产 A、B 两种产品，A、B 两种产品的基本资料如下：

产品名称	年产量（台）	单位产品机器工时（小时）	直接材料单位成本	直接人工单位成本
A	10 000	10	$50	$20
B	40 000	10	$30	$20

该公司每年制造费用总额为 $2 000 000。A、B 两种产品的复杂程度不一样，所耗用的作业量也不一样。依据作业动因设置五个成本库。有关资料如下：

作业名称	成本动因	作业成本	A 产品	B 产品	合计
机器调整	调整次数	$600 000	3 000	2 000	5 000
质量检验	检验次数	$480 000	4 000	4 000	8 000
生产订单	订单份数	$120 000	200	400	600
机器维修	维修次数	$600 000	400	600	1 000
材料验收	验收次数	$200 000	100	300	400
合计		$2 000 000			

（表头"作业动因数"横跨 A 产品、B 产品、合计三列）

请分别用作业成本计算法与传统成本计算法计算上述两种产品的单位成本？

【答案】作业成本法下：

首先，用作业成本法计算各项作业的成本动因分配率如下：

作业名称	成本动因	作业成本	作业动因数			分配率 = 作业成本/作业动因数合计
			A 产品	B 产品	合计	
机器调整	调整次数	$600 000	3 000	2 000	5 000	$120
质量检验	检验次数	$480 000	4 000	4 000	8 000	$60
生产订单	订单份数	$120 000	200	400	600	$200
机器维修	维修次数	$600 000	400	600	1 000	$600
材料验收	验收次数	$200 000	100	300	400	$500
合计		$2 000 000				

然后，计算作业成本计算法下两种产品的制造费用：

作业名称	作业成本	作业量		分配率	分配的制造费用 = 作业量 × 分配率	
		A 产品	B 产品		A 产品	B 产品
机器调整	$600 000	3 000	2 000	$120	$360 000	$240 000
质量检验	$480 000	4 000	4 000	$60	$240 000	$240 000
生产订单	$120 000	200	400	$200	$40 000	$80 000
机器维修	$600 000	400	600	$600	$240 000	$360 000
材料验收	$200 000	100	300	$500	$50 000	$150 000
合计	$2 000 000				$930 000	$1 070 000

传统成本法下：

A、B 两种产品的机器工时合计 = 10 000 × 10 + 40 000 × 10 = 100 000 + 400 000 = 500 000 小时

制造费用分配率 = $2 000 000/500 000 = $4/小时

A 产品制造费用 = 100 000 × $4 = $400 000

B 产品制造费用 = 400 000 × $4 = $1 600 000

【例题 4 – 25】比较两种成本计算法下制造费用分配的结果如下。

A 产品（产量 10 000 台）对比结果：

项目	总成本		单位成本	
	传统成本法	作业成本法	传统成本法	作业成本法
直接材料	$500 000	$500 000	$50	$50
直接人工	$200 000	$200 000	$20	$20
制造费用	$400 000	$930 000	$40	$93
合计	$1 100 000	$1 630 000	$110	$163

B 产品（产量 40 000 台）对比结果：

项目	总成本		单位成本	
	传统成本法	作业成本法	传统成本法	作业成本法
直接材料	$1 200 000	$1 200 000	$30	$30
直接人工	$800 000	$800 000	$20	$20
制造费用	$1 600 000	$1 070 000	$40	$26.75
合计	$3 600 000	$3 070 000	$90	$76.75

通过对比可以发现，A产品属于产量小、技术要求高、作业耗用量比较大的产品，在传统成本方法下的成本计算结果明显低于作业成本法，表明传统成本方法低估了其成本；而B产品属于产量大、技术要求低（耗用作业较少）的产品，在传统成本方法下的成本计算结果明显高于作业成本法，表明传统成本方法高估了其成本。

三、生命周期成本法

生命周期成本法考虑到了产品或服务的整个生命周期，从提出概念直至完成销售和保修服务，可以提供比其他成本计算方法（其计算期通常为一年）更长的视角。例如，药品的生命周期始于研发、经历多个阶段的临床测试和审批，经过产品设计、生产、市场营销和分销等阶段，最后是客户服务，这里的"周期"可以被定义为产品专利权的使用期限或产品适销期限。

生命周期成本法有时可作为成本计划和产品定价的战略基础，它使公司将重心放在产品或服务的综合成本上。

产品生命周期的总成本一共划分为三个阶段如表4-20所示。

表4-20　　　　　　　　　　产品生命周期的成本三阶段

成本三阶段	含义	示例	战略目标
上游成本	发生在产品生产或服务出售之前的成本	如研发成本和设计成本（原型、测试和工程）	改善产品设计是上游阶段的关键
制造成本	为生产产品或服务而消耗的成本	如采购、直接和间接制造成本	改善生产流程和供应商关系是制造阶段所着重强调的
下游成本	是在生产成本之后（或同时）发生的成本	如市场营销、分销（包装、运输、装卸、促销和广告宣传）、服务成本和保修成本（残次品的召回、销售退回和责任承担）	改善前两个阶段是降低下游成本的关键——管理层应在早期阶段采取积极的应对措施，从而不必在下游阶段消极应付

【例题4-26】以下是在预计产品生命周期为三年的情况下就这款新产品得出的预算成本：

	第 1 年	第 2 年	第 3 年
生产和销售数量		225 000	
直接制造成本		$1 250 000	
设计成本	$45 000	$5 000	
市场营销和分销成本	125 000	325 000	
客户服务成本		$15 000	$60 000
已分摊企业成本		$125 000	

市场营销研究表明，该产品的售价不能超过每件 $8。如果该公司使用生命周期成本法，则应该：

　　A. 通过销售该产品使营业收益增加 $205 000

　　B. 通过销售该产品使营业收益增加 $80 000

　　C. 不销售该产品以避免 $150 000 的营业亏损

　　D. 不销售该产品以避免 $25 000 的营业亏损

【答案】D

【解析】选项 A 不正确。销售该产品会增加 $25 000 的营业亏损。

选项 B 不正确。销售该产品会增加 $25 000 的营业亏损。

选项 C 不正确。不销售该产品可避免 $25 000 的营业亏损。

选项 D 正确。已分摊企业成本属于共同成本的分摊，无论是否销售该产品均会发生，属于决策无关成本。销售该产品的生命周期法下的营业收益为：

销售收入	225 000 × $8 = $1 800 000
减：直接制造成本	$1 250 000
设计成本	$45 000 + $5 000 = $50 000
市场营销和分销成本	$125 000 + $325 000 = $450 000
客户服务成本	$15 000 + $60 000 = $75 000
营业收益	（$25 000）

四、其他成本核算方法

（一）营运成本法

营运成本法是分批成本法和分步成本法的结合。直接材料的分配方式与分批法类似——将直接材料分配给各批次或批量；直接人工和间接成本（加工成本）按照类似分步成本法的方式进行分配。

营运成本法适合于拥有类似流程、作业量较高，并且不同批次需要使用不同材料的生产商，如服装生产商、纺织业、金属加工业、家具业、制鞋业、电子设备业。

（二）后推成本法

后推成本法是专门应用于及时生产制（JIT）的成本计算制度。采用及时生产制（JIT）的组织，存货极少，并且成本流直接流入销货成本中，所以存货计价方法（如先进先出法和加权平均法）和存货成本计算方法（如吸纳成本法和变动成本法）的选择均不再相关。

1. 后推成本法与传统成本计算制度的区别。

传统成本计算制度采用连续追踪，即按发生顺序记录采购以及成本在存货和各账户之间的流转，涉及四个阶段周期，如图4-3所示。

图4-3　传统成本计算制度

后推成本法忽略生产周期中的部分或全部会计分录，而是用正常和标准成本逆向追溯发生成本，揭示出成本差异所占同时对省略的步骤编制分录。例如，后推成本法跳过了在产品存货分录，因为及时生产制减少了材料在这一阶段停留的时间。

2. 后推成本法的特点及适用性。

（1）后推成本法并不严格遵循美国公认会计原则。例如，即使在产品存货实际上存在并且应记录为一项资产，后推成本法仍会忽略在产品存货分录。如果在产品存货很重要，应估计在产品存货的金额并调整入账。

（2）后推成本法可以节省公司的会计成本，但由于缺失明确的审计跟踪而带来风险，因为后推成本法无法给生产流程中的各个阶段实施精确的资源定位。

（3）除采用及时生产制的公司之外，具有快速生产交货周期和/或十分稳定的存货水平的企业都能够使用后推成本法。

第三节　间接成本

一、固定和变动间接费用

固定和变动间接费用如表4-21所示。

表 4 – 21   固定和变动间接费用

项目	固定间接成本（FOH）	变动间接成本（VOH）
特点	• 针对某个期间而设立，不受日常营运的影响 • 在产量不超出相关范围时均保持不变	• 随特定成本动因的变化而成比例变化
常见形式	• 设备租赁成本、机器折旧成本、工厂管理人员薪水等	• 间接材料、间接人工、公用事业成本、维护成本、工程支持等
分摊基础	• 机器工时、人工工时、人工费用	
成本规划两阶段	• 第一阶段：设定优先级 ○ 哪些成本应该或必须承担 ○ 哪些成本不会创造增值而应予以消除 ○ 哪些成本最为重要 • 第二阶段：有效履行优先级（持续过程）	
分摊率预算四步骤	• 确定适当的会计期间 • 确定间接成本的分摊基础（成本动因） • 确定与成本分摊基础相关的间接成本 • 计算成本分摊基础的单位分摊率，将间接成本分摊到成本对象	

【例题 4 – 27】某产品制造商使用机器工时数作为固定成本动因。为生产 200 000 件产品，公司预算每年耗用 40 000 机器工时。与机器工时相关的年度固定间接成本预算是 1 000 000，则单位分摊率如何计算？

A. 20   B. 15   C. 25   D. 10

【答案】C

【解析】选项 C 正确。固定间接成本单位分摊率 = 1 000 000/40 000 = 25/机器工时。

二、间接成本分摊率

间接成本分摊率包括全厂分配率、部门分配率和作业成本分配率三种，具体如表 4 – 22 所示。

表 4 – 22   间接成本分摊方法

分摊方法	类型说明	适用范围	优点	缺点	计算公式
全厂间接成本分摊率	采用全厂单一分摊比率，适用于发生在生产设施上的所有间接成本	适用于生产设施有明显的单一成本动因，而该成本动因与所有生产均相关的时候	• 计算简单	• 基于单一分摊比率，对于成本的分摊不够准确 • 如果不同部门的成本动因不同，则不适用	• 全厂间接成本分摊率 = 全厂总间接成本/全厂所有作业共用的成本动因（分摊基础）的总数量

续表

分摊方法	类型说明	适用范围	优点	缺点	计算公式
部门间接成本分摊率	将整个制造费用细分几个常规车间或部门及相应的成本池,每个部门预算此部门的制造费用及选择成本动因的数量	多个不同的产品存在;制造费用较大而且受多个不同的数量成本动因影响;每个细分的常规生产部门里只有一个或一个主导的成本动因	● 相比全厂分摊率能更准确的计算不同产品的成本; ● 成本池细分能因此更好更细致深刻的分析、控制成本	● 相对全厂分摊率较复杂、费时,因此不太适合对外财务报告;而且如果细分的常规生产部门的成本池受多个成本动因影响,这样不同产品的产品成本可能会不准确(解决方案:作业基础成本法)	● 部门间接成本分摊率=部门总间接成本/部门所有作业共用的成本动因(分摊基础)的总数量
作业成本法下的间接成本分摊	使用多个成本集库和多种成本动因来将间接成本分摊到产品和服务	多成本集库和多成本动因	● 在间接成本由两项或多项工作或产品共同分摊的情况下,分摊结果最为准确	● 开发和维护作业成本系统需要大量的时间和成本	● 作业间接成本分摊率=作业总间接成本/作业所耗的成本动因(分摊基础)的总数量

【提示】分摊率的计算。①确定适当的会计期间:通常以年为基础。②确定分摊基础,即成本动因:按机器工时、重量、次数等。③确定与成本动因相关的间接成本。将间接成本按成本动因归入若干个成本集库,例如,公共事业、材料处理、安装等。④计算单位分摊率,并分摊到成本对象。

固定和变动间接成本分摊率=成本集库中的总成本/分摊基础的总数量

【提示】制造间接费用的作业成本法成本动因如表4-23所示。

表4-23　　　　　　　　　制造间接费用的作业成本法成本动因

作业范围	成本动因	备注
制造车间	机器小时	
组装车间	直接人工小时	很少有车间是完全机器小时(即整个车间都是机器)或完全人工小时(即整个车间都是人工),考试中一个车间可能列出两种成本动因让你去选择,一般的规律是哪种成本动因占主导就选哪种成本动因作为成本分摊基础,除非题中没答案从而需选择另外一种成本动因……)
工程设计部门	工艺流程改变次数/生产订单个数(每批次都需要工程师进行磨具等的调整)	
机器调试(团队)成本	批次数量	
材料整理(团队)成本	零部件的数量或生产批次数量	材料整理是指材料的整理、码放、搬运等

【例题 4 - 28】Huntley 公司有两个部门：加工部和装配部。工厂本年度的预算包括以下信息：

	加工	装配
制造间接费用	$4 000 000	$2 000 000
直接人工工时	100 000	200 000
机器工时	40 000	40 000

如果工厂根据直接人工工时使用全厂间接费用分摊率进行计算，则分摊率应是多少？

A. 每小时 $10
B. 每小时 $20
C. 每小时 $40
D. 每小时 $75

【答案】B

【解析】选项 B 正确。本题考查全厂所有作业共用成本动因（分摊基础）的确定及总数计算。全厂间接成本分摊率 = 全厂总间接成本/全厂所有作业共用的成本动因（分摊基础）的总数量 = (4 000 000 + 2 000 000)/(100 000 + 200 000) = $20。

【例题 4 - 29】Starlet 公司的成本会计员 John Sheng 正在为公司的工模具部门和组装部门制定部门制造费用分配率。两个部门的制造费用和某批产品的数据见下表：

部门	工模具	装配
物料	$850	$200
生产主管工资	1 500	2 000
间接人工	1 200	4 880
折旧	1 000	5 500
修理费	4 075	3 540
制造费用预算总额	$8 625	$16 120
直接人工小时总计	460	620
231 号批次直接人工	12	3

若采用部门制造费用分配率分配制造费用，且以直接人工为基数分配制造费用，则在这两个部门对 231 号批次产品分配的制造费用总计为多少？

A. $225
B. $303
C. $537
D. $671

【答案】B

【解析】选项 B 正确。($8 625/460) × 12 + ($16 120/620) × 3 = $303，部门分摊率是将制造费用先分成几个常规的部门如工具部门、修剪部门，然后每个部门找个成本动因（如工具部是直接人工小时），最后计算单位成本动因成本。

【例题4－30】某公司生产三种产品：T，V 和 B。在粗加工部门采用营运成本计算法，以每一类型产品所需要的粗加工的标准时间为基数，把成本分至个别产品。下面是三种类型产品粗加工的标准时间：T 需 4 小时/个，V 需 4 小时/个，B 需 2 小时/个。公司在 4 月份产销 T 产品 5 000 个，V 产品 3 000 个，B 产品 2 000 个。如果 5 月份粗加工车间发生的费用为 $90 000，则每个 T 产品的粗加工成本应该是多少？

A.　$10　　　　B.　$15　　　　C.　$5　　　　D.　$20

【答案】A

【解析】选项 A 正确。[$90 000/(5 000 ×4 +3 000 ×4 +2 000 ×2)] ×4 = $10。

【例题4－31】下面哪一种分配方法将能确保生产部门在预算期开始就不会少估它们的辅助服务计划需要量，还能使得辅助部门发生的成本效率更高？

A.　对固定和变动成本，都使用实际的费率和实际的小时数

B.　对变动成本使用预算的费率和标准小时数（按达到的产量制订的）；对固定成本使用预算的费率和预算的现有产能数

C.　对固定和变动成本都使用根据长期历史平均水平确定的费率和数量

D.　对固定和变动成本都使用根据生产部门估计的一笔总额数字

【答案】B

【解析】选项 A 不正确。A 不对，因为 A 是指用实际的成本。

选项 B 正确。间接成本分摊既可以用一个分摊率，也可以用双分摊率；双分摊率一般是变动成本按预算的或原来设定的单位成本乘以实际的用量来分摊，而固定成本一般是用预计的总固定成本通过不同成本对象标准的产能用量的或实际产能用量来分配。

例如：计算机服务部门 $300 000 的预算固定制造费用，总产能是 1 500 个人工小时，每个人工小时预计单位变动成本 $1 000，计算机部门向 A 和 B 两个部门提供服务，预计 A 部门用 800 个小时，而 B 部门用 400 个小时，实际 A 部门用了 900 个小时而 B 部门用了 300 个小时分摊如下：A 部门的变动成本为 900 × $1 000，B 部门的变动成本为 300 × $1 000；部门 A 分摊的固定成本为 $300 000 ×800/(800 +400)，B 部门分摊的固定成本为 $300 000 × 400/(800 +400)，也可以用实际的 900/300。

用预计或预算的信息分摊有利于各部门做计划安排，另外，相比实报实销而言，预算的指标有利于服务部门提高工作效率，节省服务成本。因此，B 是最符合题干要求的。

选项 C 不正确。C 不好，因为 C 是指用过去较长时间的信息，这些信息和预测将来不太相关。

选项 D 不正确。因为 D 是指将变动成本和固定成本和在一起，这样只是简单，但会造成很多问题。

【例题 4 – 32】Alyssa Manufacturing 在 Trumbull 工厂生产两种产品：Tuff Stuff 和 Ruff Stuff。自成立以来，Alyssa 一直使用同一制造间接成本归集来累积成本。制造间接成本按直接工时分摊到产品中。

之前，Alyssa 一直是 Ruff Stuff 的唯一生产商，可指定售价。但去年 Marvella Products 也开始销售同类产品，其价格甚至低于 Alyssa 的标准成本。Alyssa 的市场占有率随即大幅下跌，公司必须决定是否针对竞争对手价格进行调整还是停产 Ruff Stuff。在意识到 Ruff Stuff 停产后将对 Tuff Stuff 带来更大的负担后，Alyssa 决定采用作业成本法确定两种产品是否拥有不同的成本结构。

制造过程中两大主要间接成本包括：电力成本和生产准备成本。绝大部分用电源于加工过程，而绝大部分生产准备成本来自组装。生产准备成本主要产生于 Tuff Stuff 产品线。公司决定将制造部成本分成两个作业中心：①加工，使用机时作为成本动因（作业基础），和②组装，使用设备数量作为成本动因（作业基础）。

制造部在间接成本分离前的年度预算如下：

项目	总计	产品线	
		Tuff Stuff	Ruff Stuff
单位数量		20 000	20 000
直接人工*		2 小时/单位	3 小时/单位
总直接人工	$800 000		
直接材料		$5.00/单位	$3.00/单位
间接成本预算：			
间接人工	$24 000		
附加福利	5 000		
间接材料	31 000		
电力	180 000		
设备	75 000		
质保	10 000		
其他设施	10 000		
折旧	15 000		

注：*两个部门的直接人工小时费率相同。

制造部在间接成本分为作业归集后的成本结构如下：

	加工	组装
直接人工	75%	25%
直接材料	100%	0%
间接人工	75%	25%
附加福利	80%	20%
间接材料	$20 000	$11 000

续表

	加工	组装
电力	$160 000	$20 000
设备	$5 000	$70 000
质保	80%	20%
其他设施	50%	50%
折旧	80%	20%

作业归集	Tuff Stuff	Ruff Stuff
单位产品机器小时	4.4	6.0
设备数量	1 000	272

问题:

A. 按直接工时分摊间接成本,计算:

1. 制造部门的总预算成本。

2. Tuff Stuff 单位产品标准成本。

3. Ruff Stuff 单位产品标准成本。

B. 间接成本分为作业归集后,计算以下部门的总预算成本:

1. 加工部门。

2. 组装部门。

C. 使用作业成本法分别计算两种产品的单位标准成本。

1. Tuff Stuff。

2. Ruff Stuff。

D. 讨论 C 题的计算结果将如何影响 Alyssa Manufacturing 的继续生产 Ruff Stuff 的决定。

【答案】

A. 1. Alyssa Manufacturing 制造部总预算成本如下:

直接材料

Tuff Stuff ($5.00/单位 ×20 000 单位)	$100 000
Ruff Stuff ($3.00/单位 ×20 000 单位)	60 000
直接材料总计	$160 000
直接人工	$800 000
间接成本	
间接人工	$24 000
附加福利	5 000
间接材料	31 000
电力	180 000
设备	75 000

质保		10 000
其他设施		10 000
折旧		15 000
总间接成本		$350 000
总预算成本		$1 310 000

A. 2&3 Tuff Stuff 和 Ruff Stuff 的单位标准成本，含按直接工时分摊的间接成本，计算如下。

Tuff Stuff：

直接材料	$5.00
直接人工（$8.00/小时×2 小时）×16.00	
间接成本（$3.50/小时×2 小时）×7.00	
Tuff Stuff 单位标准成本	$28.00

Ruff Stuff：

直接材料	$3.00
直接人工（$8.00/小时×3 小时）×24.00	
间接成本（$3.50/小时×3 小时）×10.50	
Ruff Stuff 单位标准成本	$37.50
×预算的直接工时	
Tuff Stuff（20 000 单位×2 小时）	40 000
Ruff Stuff（20 000 单位×3 小时）	60 000
预算的总直接工时	100 000

直接人工费率：$800 000÷100 000 小时 = $8.00/小时

间接成本费率：$350 000÷100 000 小时 = $3.50/小时

B. 1&2 间接成本分为作业归集后，加工部和组装部的总预算成本计算如下：

项目	总计	加工		组装	
		比例	金额	比例	金额
直接人工	$800 000	75%	$600 000	25%	$200 000
直接材料	160 000	100%	160 000	0%	0
间接人工	24 000	75%	18 000	25%	6 000
附加福利	5 000	80%	4 000	20%	1 000
间接材料	31 000	$20 000	20 000	$11 000	11 000
电力	180 000		160 000		20 000
设备	75 000		5 000		70 000
质保	10 000	80%	8 000	20%	2 000
其他设施	10 000	50%	5 000	50%	5 000
折旧	15 000	80%	12 000	20%	3 000
总间接成本	350 000		232 000		118 000
总预算	$1 310 000		$992 000		$318 000

C. 1&2 使用作业成本法计算的两种产品的单位标准成本如下。

加工部：

总成本	$992 000
减去：直接材料	160 000
减去：直接人工	600 000
分摊的间接成本归集	$232 000
小时：Tuff Stuff（4.4 小时 × 20 000 单位）	88 000
Ruff Stuff（6.0 小时 × 20 000 单位）	120 000
总机时	208 000

间接成本/机时：$232 000 ÷ 208 000 = $1.1154/小时

每单位加工成本：Tuff Stuff　$1.1154 × 4.4 小时 = $4.91/单位

　　　　　　　　　　Ruff Stuff　$1.1154 × 6.0 小时 = $6.69/单位

组装部：

总成本 - 直接人工 = 分摊的间接成本归集

$318 000 - $200 000 = $118 000

设备 = 1 000（Tuff Stuff）+ 272（Ruff Stuff）= 1 272

成本/设备：$118 000 ÷ 1 272 = $92.77/设备

每单位设备成本：

Tuff Stuff：（$92.77 × 1 000）/20 000 单位 = $4.64/单位

Ruff Stuff：（$92.77 × 272）/20 000 单位 = $1.26/单位

Tuff Stuff 标准作业成本：

直接材料	$5.00
直接人工	16.00
加工部间接成本分摊额	4.91
装配部间接成本分摊额	4.64
总成本	$30.55

Ruff Stuff 标准作业成本：

直接材料	$3.00
直接人工	24.00
加工部间接成本分摊额	6.69
装配部间接成本分摊额	1.26
总成本	$34.95

D. 相比之前的标准成本（$37.50），作业成本法计算得到的 Ruff Stuff 标准成本为 $34.95；因此该公司应考虑降低 Ruff Stuff 的价格，以提高其竞争力，并继续生产该产品。使用作业成本法计算间接成本分摊额可得到更准确的产品生产成本；Alyssa 应能在此基础上做出更明智的定价和生产决策。

三、服务部门成本的分配

公司中存在两种基本的部门类型，即生产部门和服务部门。服务部门并不直接参与营运活动，而是作为生产和销售的辅助工作的部门，如日常维护、财务、人力资源、信息技术、采购、后勤等部门。服务部门不产生直接成本，它们的特定的成本应当被分配到生产部门或者其他服务部门。

【提示】如果服务部门有收入，则将收入冲抵成本后，再将净成本进行分配。

服务部门成本分配涉及三个阶段。阶段1：追踪所有直接成本并将间接成本分摊到所有部门；阶段2：将特定服务部门的成本分配到生产部门或其他服务部门；阶段3：将生产部门的成本分摊到产品中。

服务部门成本分配的三种方式，如表4-24所示。

表4-24 服务部门成本分配的三种方式

分配方法	说明	计算方法	优点	缺点
直接分配法	直接将所有成本分配至生产部门，不考虑服务部门之间是否互相提供了服务	直接将服务成本分配给生产部门	最简单、最直接，只将服务成本分配给生产部门	没有考虑服务部门间交叉服务的情况，使分配结果不准确
按步向下分配法	将一个服务部门的成本分摊到其他服务部门和生产部门先分摊向其他服务部门提供最多服务的部门，然后逐级分摊，最后分摊为其他部门提供服务最少的部门	逐个分配服务部门成本，最先分提供服务最多的部门，只向前分不向后分	在一定程度上考虑了服务部门之间分配，分配结果比直接法准确，计算过程不复杂	只分摊了部门之间单向的服务，没有考虑相互的服务，所以分配结果不足够准确
交叉分配法	使用数学方程组对部门间的服务费用进行全面确认，充分考虑了部门间相互提供的服务	1 联立方程；2 将解出值分别分配到其他所有部门；3 最终所有成本全部分入生产部门	最真实和精确的分配方法	计算过程复杂，通常需要软件支持。考虑成本和效益的对比，在实务中不如按步向下分配法常用

【例题4-33】Cotton公司有两个辅助部门和三个经营部门。在把辅助部门的成本向经营部门分配的过程中，三种方法（直接分配法、顺序分配法和交互分配法）中哪些方法将会使得无论辅助部门之间成本分配的顺序如何，分到每一经营部门的辅助部门成本都不会发生改变？

A. 只有直接分配法和交互分配法

B. 只有顺序分配法和交互分配法

C. 只有直接分配法和顺序分配法

D. 只有直接分配法

【答案】A

【解析】选项 A 正确。只有在阶梯法（也叫顺序分配法/按步向下分配法）下，服务部门是需要特定的顺序，规则是按照哪个服务部门给其他服务部门提供的服务最多就先分配哪个。

选项 B 不正确。顺序分配法下，服务部门需要特定的分配顺序。

选项 C 不正确。顺序分配法下，服务部门需要特定的分配顺序。

选项 D 不正确。交互分配法不区分顺序。

【提示】交叉分配法（也叫交互分配法）下成本分配不存在重复。交叉分配法与其他分配方法的目的是一样的，都是要将服务部门的所有成本最终都分配到生产部门，服务部门本身不留任何成本。论证过程如下：

假设服务部门 1 和服务部门 2 自身的成本分别为 A 和 B，服务部门 1 收到服务部门 2 分来的成本为 b，服务部门 2 收到服务部门 1 分来的成本为 a。现需证明通过交叉分配法将成本 A + B 全部分配到生产部门 3 和生产部门 4 中。

由假设条件可知：

服务部门 1 可用于向服务部门 2、生产部门 3 和生产部门 4 分配的总成本 = A + b。该成本分配给服务部门 2 的成本为 a，分配给生产部门 3 和生产部门 4 的总成本为 A + b − a。

服务部门 2 可用于向服务部门 1、生产部门 3 和生产部门 4 分配的总成本 = B + a。该成本分配给服务部门 1 的成本为 b，分配给生产部门 3 和生产部门 4 的总成本为 B + a − b。

因此，服务部门 1 和服务部门 2 分配给生产部门 3 和生产部门 4 的总成本 = (A + b − a) + (B + a − b) = A + B。

【例题 4 − 34】某公司有两个生产部门（粗加工和精加工）和两个服务部门（人力资源和清洁）的成本状况和成本动因如下：

	人力资源	清洁	粗加工	精加工
分摊前部门归集成本	$200 000	$80 000	$400 000	$100 000
分摊基础：				
人工工时（小时）		5 000	20 000	5 000
占用面积（平尺）	15 000		60 000	20 000

1. 请使用直接分配法来分配服务部门的费用。

2. 请使用按步向下分配法来分配服务部门的费用。

3. 请使用交叉分配法来分配服务部门的费用。

【答案】1. 由于服务部门的成本一定不会分配给本部门自身，所以从表中可以看出，人力资源的分配基础是人工工时，清洁的分配基础是占用面积。

人力资源按人工工时作为分配基础，因此：

人力资源直接分配给粗加工的成本 = $200\ 000 \times 20\ 000/(20\ 000 + 5\ 000) = \$160\ 000$

人力资源直接分配给精加工的成本 = $200\ 000 \times 5\ 000/(20\ 000 + 5\ 000) = \$40\ 000$

清洁按占用面积作为分配基础，因此：

清洁直接分配给粗加工的成本 = $80\ 000 \times 60\ 000/(60\ 000 + 20\ 000) = \$60\ 000$

清洁直接分配给精加工的成本 = $80\ 000 \times 20\ 000/(60\ 000 + 20\ 000) = \$20\ 000$

所以：

粗加工部门分配后的总成本 = $\$400\ 000 + 160\ 000 + 60\ 000 = \$620\ 000$

精加工部门分配后的总成本 = $\$100\ 000 + 40\ 000 + 20\ 000 = \$160\ 000$

2. 从表中可以看出，人力资源提供的服务量最大，所以首先进行分配：

人力资源分配给清洁的成本 = $200\ 000 \times 5\ 000/(5\ 000 + 20\ 000 + 5\ 000) = \$33\ 333$

人力资源分配给粗加工的成本 = $200\ 000 \times 20\ 000/(5\ 000 + 20\ 000 + 5\ 000) = \$133\ 334$

人力资源分配给精加工的成本 = $200\ 000 \times 5\ 000/(5\ 000 + 20\ 000 + 5\ 000) = \$33\ 333$

然后，清洁将自身的间接成本加上人力资源分配过来的间接成本一起再进行分配：

清洁分配给粗加工的成本 = $(\$80\ 000 + \$33\ 333) \times 60\ 000/(60\ 000 + 20\ 000) = \$85\ 000$

清洁分配给精加工的成本 = $(\$80\ 000 + \$33\ 333) \times 20\ 000/(60\ 000 + 20\ 000) = \$28\ 333$

所以：

粗加工部门分配后的总成本 = $\$400\ 000 + \$133\ 334 + \$85\ 000 = \$618\ 334$

精加工部门分配后的总成本 = $\$100\ 000 + \$33\ 333 + \$28\ 333 = \$161\ 666$

3. 假设包含从清洁分配过来的成本后人力资源的总成本为 HR，包含从人力资源分配过来的成本后清洁的总成本为 C，则：

$HR = \$200\ 000 + C \times 15\ 000/(15\ 000 + 60\ 000 + 20\ 000)$

$C = \$80\ 000 + HR \times 5\ 000/(5\ 000 + 20\ 000 + 5\ 000)$

解方程组可得：

$HR = \$218\ 379$

$C = \$116\ 397$

然后：

人力资源分配给粗加工的成本 = $\$218\ 379 \times 20\ 000/(5\ 000 + 20\ 000 + 5\ 000) = \$145\ 586$

人力资源分配给精加工的成本 = $218 379 × 5 000/(5 000 + 20 000 + 5 000) = $36 397

清洁分配给粗加工的成本 = $116 397 × 60 000/(15 000 + 60 000 + 20 000) = $73 514

清洁分配给精加工的成本 = $116 397 × 20 000/(15 000 + 60 000 + 20 000) = $24 505

所以：

粗加工部门分配后的总成本 = $400 000 + $145 586 + $73 514 = $619 100

精加工部门分配后的总成本 = $100 000 + $36 397 + $24 505 = $160 902

【例题4-35】Wilcox 公司有两个辅助部门，信息系统部和人事部；两个制造部门，机加工部和组装部。辅助部门向生产部门提供服务，但是它们相互也提供服务。公司经研究发现，人事部提供服务的数量远远多于信息系统部。若公司采用直接分配法分配辅助部门成本，则下面哪一种情形将会发生？

A. 人事部的部分成本将会分配至信息系统部

B. 制造部的部门成本将会分配至信息系统部

C. 信息系统部的部分成本将会分配至组装部

D. 组装部的部分成本将会分配至机加工部

【答案】C

【解析】选项 A 不正确。直接法下，辅助部门的成本不会在辅助部门之间分配。

选项 B 不正确。直接法是用来分配辅助部门成本的，不分配制造部门的成本。

选项 C 正确。直接分配法直接将所有成本分配至制造部门，不考虑服务部门之间是否互相提供了服务；辅助部门的成本会直接分配到制造部门，不会在辅助部门之间分配。

选项 D 不正确。直接法是用来分配辅助部门成本的，不分配制造部门的成本。

第四节　供应链管理

一、供应链管理

供应链管理是指对产品流转的管理，包括原材料、在产品以及完工产品从取得到耗用时的流转和储存情况。

在供应链管理中，供应商、中间商、第三方和客户相互协调和合作是非常重要的。

供应链管理的目标在于通过关键流程和作业链创造价值的同时，整合采购、营运管理、物流和信息技术。

二、精益生产

现代企业重要的生产管理理念，目的是要实现"拉动生产"，强调降低浪费（无论是时间、空间还是成本），并致力于达到"零次品、零损耗、零返工、零废料"。精益生产（精益企业、精益制造）关注对终端客户的价值创造，任何不产生客户价值的其他目标发生的费用支出均被认定为浪费，应该被消除。

精益生产的主要优势在于减少浪费和改善生产流程（或提高产出量），以便减少成本。

三、物料需求计划（MRP）

物料需求计划（MRP）是指通过生产计划来确定对产成品的数量和时间需求，确认相关物料清单，并结合实际库存情况以安排物料采购数量和时间。传统上，制造业的物料需求计划系统往往将产品从原材料开始直至完工交付的整个过程视作一系列离散事件，其理念在于，"推动"产品完成从生产到进入市场的整个过程。

MRP推动系统的基本前提：需求预测、材料订货单、生产通知单。

材料清单（BOM）是物料需求计划中重要的一个组成部分。它确认了每一产成品所需要的材料、部件、组件和前置期的材料清单。

在MRP系统里，主生产计划明确了将生产的各个部件的数量和时间安排。一旦安排好的生产运行开始启动，不管产出是否被需要，各部门都在整个系统中推动产出。

MRP系统的优缺点如表4-25所示。

表4-25　　　　　　　　MRP系统的优缺点

优点	缺点
• 对各职能领域之间的协调性要求不是那么高；所有人只需遵照物料清单 • 有计划地改善；即使需求不确定或相对不可预测时，产能也能达到均衡 • 可预测的原材料需求；可以利用大宗购买或者梯度价格 • 更有效的存货控制；可以规划用完原材料或生产最终产品 • 一旦产品在向客户运输过程中受损或丢失，手头仍然有多余的存货来满足订单要求 • 能快速应对新的客户需求；可以直接向新客户供应现有存货，而不必等接到订单后才开始生产产品 • 更优的生产过程控制；使工具替换和机器准备的时间最小化	• 可能造成存货积压 • 各工作站可能会收到尚未准备加工的部件

【例题4-36】某挂饰制造厂需要在12月份生产100个节日花环，以满足

客户的需求。该制造厂的产能是 120 个花环。1 个节日花环的物料清单如下所示：

材料	数量	11 月 1 日库存水平
构架	1	100
松带	3 英尺	15 英尺
松果	6	24

要生产一英尺的松带，Bauer 需要四件 TRX 和两件 RBX。在 11 月 1 日，Bauer 有 80 件 TRX 和 110 件 RBX 现货。使用材料需求计划，Bauer 需要在 11 月购买多少件 TRX 才能完成节日花环的订单？

A. 1 020　　　　B. 1 200　　　　C. 1 060　　　　D. 1 360

【答案】C

【解析】选项 C 正确。生产 100 个节日花环，需要松带共 100 × 3 = 300 英尺，扣除月初库存 15 英尺，需要当期生产 300 − 15 = 285 英尺。生产 285 英尺松带，需要 TRX 共 285 × 4 = 1 140 个，扣除月初库存 80 件，需要当期生产 1 140 − 80 = 1 060 个。

【例题 4 − 37】某公司生产成套销售的庭院家具，每套家具包括一张桌子、一把遮阳伞和四把椅子。每把椅子配一个坐垫，每个坐垫需要两个泡沫填充垫。该公司获得了一份 500 套庭院家具的订单，以下是其现有库存：

成套庭院家具成品	10 套
椅子成品	30 把
坐垫成品	20 个
泡沫填充垫	150 个

如果该公司使用材料需求计划编制，那么为了满足该订单需求，该公司需要购买的泡沫填充垫数量是多少？

A. 4 000　　　　B. 3 920　　　　C. 3 610　　　　D. 3 670

【答案】D

【解析】选项 D 正确。

500 套庭院家具的订单，扣除月初库存 10 套，共需要生产 490 套。

生产 490 套庭院家具，需要椅子共 490 × 4 = 1 960 把，扣除月初库存 30 把，需要当期生产 1 960 − 30 = 1 930 把。

生产 1 930 把椅子，需要坐垫共 1 930 × 1 = 1 930 个，扣除月初库存 20 个，需要当期生产 1 930 − 20 = 1 910 个。

生产 1 910 个坐垫，需要泡沫填充垫共 1 910 × 2 = 3 820 个，扣除月初库存 150 个，需要当期生产 3 820 − 150 = 3 670 个。

四、及时生产（JIT）

（一）及时生产制概述

及时生产是指只有在有实际销售需求时才进行一列的生产和材料采购行为。平时不备或少备存货，又称为牵引式/拉动式系统，而区别于过去的推动系统。传统的推动系统根据销售预测进行排产，销售预测经常不准，累积的销售预测不准可能会造成大量存货积压。

及时生产制是一种综合性的生产和存货控制方法，即在每个生产阶段，需要多少材料就购进多少。

及时生产主要起因：①传统做法因销售预测不准造成存货大量积压，及时生产可以对此有效地减少或避免；②很多科技产品变更太快造成大量的存货积压和浪费，存货的成本是巨大的，包括常规成本及机会成本，及时生产也可以对此有效地避免或减少。

及时生产的目标是通过减少乃至消除资源浪费，以进行精益生产，即按照需要量生产生产线零件，而不是持有大量安全存货。只有在需要时才生产产品。在及时生产制中，需要来自对某产品的需求。

及时生产基本流程：接到客户订单；及时排产；及时采购原料；及时生产；及时发货交付订单。及时生产属于精益生产的一种，精益生产是一种理念，及时生产是具体的工具或经营模式。

（二）及时生产制的特征

"需求拉动"：及时生产是实际需求出现后拉动生产。按市场需求量决定生产量和生产计划；在每个生产阶段，需要多少材料就购进多少；把存货压到最低，甚至是0存货；要求各参与方密切协作，确保生产和运营的流畅。

【提示】物料需求计划是预算计划确定之后，下达生产计划，是"推动"生产。及时生产制的主要特征有：①生产过程被分成各个制造单元。替代传统生产线，提高生产效率，降低废品率，提高员工技能。②技能丰富的工人。工人技能丰富，小批量多品种生产才成为可能。③减少准备时间。准备时间减少带动批成本降低，小批量多品种生产从成本管理方面才有意义。④减少生产前置期。生产前置期降低，小批量多品种生产的成本才可能降低。⑤可靠的供应商。是及时生产最重要的前提，否则缺货成本奇高。

（三）及时生产制中"看板"的使用

看板（kanban）是指可视的记录或卡片，上面记载了部件、所需数量、交货地点等信息。在JIT环境下，工人使用看板在各个工作单元或部门之间有序传达确定数量的材料或部件的需求信号。工人只有在收到看板以后才会作出反应。一个生产过程完成以后，工人将看板贴在已完成的订单上，然后一起传递到下游工作单元。

【提示】制造单元改变了流水线的生产现场布局，适应于小批量，客户定制生产的要求。工人要求技能更丰富，产品生产每个要求阶段在制造单元完成，然后转到下一工序。这提高了生产效率，促进了生产协同，降低了废品率。也改变了工人以前枯燥的单一处理，提高了工人的技能和水平。

（四）及时生产制的优点与局限性

及时生产制的优点与局限性如表 4 - 26 所示。

表 4 - 26 及时生产制的优点与局限性

优点	局限性
• 一般优点 　○ 明显的生产优先权 　○ 减少了准备时间和生产的前置期 　○ 不会发生生产过剩的情况 　○ 得到改善的质量控制（更快的反馈）和更少的物料浪费 　○ 更为简易的存货控制（低存货甚至零存货） 　○ 更少的书面工作 　○ 与供应商关系密切 • 财务方面的具体优点 　○ 更低的存货投入 　○ 持有和处理存货的成本降低 　○ 存货发生过时、破坏或减损的风险降低 　○ 更少的空间投入（生产和存货所需的空间） 　○ 可以对客户要求作出更快的反应，从而带来更大收入 　○ 可以直接追踪一些可能会被归入间接费用的成本项目。人工、装运和其他一些使用其他方法随意分摊的成本可能是可追踪的	• 没有缓冲存货；如果生产过程需要待料就可能增加停工时间 • 依赖供应商来维持足够的存货以满足难以预料的需求；对供应链的高度依赖 • 可能发生供应商某产品缺货情况；重要部件的缺乏可能会使整条生产线瘫痪 • 收到非预期订单时的潜在加班费用

【提示】及时生产对企业成本和管理的影响有：

对成本和管理的降低和减少。①企业的库存减少，库存成本降低；②企业的库存过期损坏情况减少，库存面积减少；③企业的供应商数量减少，供应商单次送货数量减少；④企业的订货检验成本降低；⑤企业因为供应商减少的原因，长期的订单总成本降低。

对成本和管理的上升和提高。①企业与供应商交流增多，供应商送货频次增多，企业与供应商信息系统联动更紧密；②企业的库存周转率上升；③企业如果出现缺货，则缺货成本上升；④企业由于单位订货量减少，采购成本将短期上升，短期的订单总成本也将上升。

【例题 4 - 38】某公司最近实行适时制生产并且购买了相应的系统。如果该公司的经历和其他公司相似，那么其将有可能：

A. 增加单笔原材料订单的规模

B. 减少交易的供应商数量

C. 增加完工产品存货的美元投资

D. 减小对销售订单作为"启动"生产机制的依赖

【答案】B

【解析】选项 A 不正确。适时制生产下会减少单笔原材料订单的规模，需要用多少订多少。

选项 B 正确。适时制生产的好处：减少库存；维持一个稳定的供应商团队，即减少供应商的数量；协助柔性制造。

选项 C 不正确。适时制生产下库存基本为零，对完工品存货的投资很小。

选项 D 不正确。适时制生产下有订单才生产，没订单不生产。

【例题 4 - 39】采用及时生产法的公司通常具有以下哪个特点？

A. 供应商减少

B. 供应商送货次数减少

C. 更多的材料库存

D. 不需要向供应商提供材料库存数据

【答案】A

【解析】选项 A 正确。及时生产下会与固定的几个优质供应商形成战略合作关系，供应商数量减少，但对所选供应商的稳定性、供货及时性以及产品质量要求都比较高。

选项 B 不正确。供应商送货次数会增加。

选项 C 不正确。材料库存很少，几乎维持在零。

选项 D 不正确。需要向供应商提供材料库存数据，与供应商合作更紧密。

【例题 4 - 40】以下哪一项最准确地定义了看板（kanban）系统？

A. 一种决策流程，将相似零件分组归类，安排必要流程将零件归入专门的工作单元。

B. 一种以受决策影响的所有各方所达成的共识为基础的决策流程。

C. 一种库存或生产控制体系，使用信号装置来管理流量。

D. 一种生产控制体系，让工厂工人个人负责其产品质量。

【答案】C

【解析】选项 A 不正确。看板是在及时生产制中使用的一种库存或生产控制体系，而不是工作单元。

选项 B 不正确。看板是在及时生产制中使用的一种库存或生产控制体系，而不是决策流程。

选项 C 正确。看板（kanban）是在及时生产制中使用的一种库存或生产控制体系，是一种信息卡片，记载部件、所需数量、交货地点等信息，工人们使用看板在各工作单元或部门之间有序传达确定数量的材料和部件的需求信号。

选项 D 不正确。看板是在及时生产制中使用的一种库存或生产控制体系，而不是员工负责制。

【例题 4 - 41】某公司从传统生产方法向及时生产法转变后，可以预期仓库面积和仓库成本有怎样的变化？

	仓库面积	仓库成本
A.	下降	上升
B.	上升	下降
C.	上升	上升
D.	下降	下降

【答案】D

【解析】选项 A 不正确。仓库成本应下降。

选项 B 不正确。仓库面积应下降。

选项 C 不正确。仓库面积和仓库成本应下降。

选项 D 正确。及时生产对成本和管理的降低和减少包括：①库存减少，库存成本降低；②库存过期损坏情况减少，库存面积减少。

五、企业资源计划（ERP）

ERP 是在物料需求计划（MRP）基础上演变而来，通常包括会计、人力资源、供应链和存货，以及生产制造系统等要素。ERP 的优势与不足如表 4 - 27 所示。

表 4 - 27   ERP 的优势与不足

ERP	说明
目的	便于组织内部不同部门的信息流转，以及便于与外部利益相关者分享数据的管理，例如与供应商、客户和监管机构等
主要优势	整合主要业务流程，节约时间和降低费用，具体好处包括： • 预测销售实现最佳存货量，将采购订单与收到存货和供应商账单相匹配 • 从收到订单到完成订单全程跟踪记录订单 • 从开出账单到收到现金全程跟踪记录收入 整合业务流程实现的营业收益包括： • 提高业务的效益和效率 • 做出更加明智和及时的决策 • 让组织成为一个更好适应变化的更加灵活主体 • 改善数据的整合性和安全性 • 提高组织各职能部门之间的协调性
不足	• 定制问题、更少的综合的解决方案和更高的成本、强度的培训、克服部门之间分享敏感性信息的困难、分散与业务流程再造主要作业相适应的 ERP 系统

六、外包

外包是指公司向外部厂商购买而不是在公司内部自行生产商品或服务的过程，需要比较公司内部自行生产和外包给外部厂商的相关成本——自制或外购决策。

外包理念可延伸为"契约式生产"，即另一家公司实际上负责生产第一家企业的一部分产品。例如，一个企业生产能力过剩或拥有专业知识，而另一家企业生产能力不足或缺乏专业知识，这种契约式生产就是一种双赢的合作关系。

外包的优点与局限性如表 4 - 28 所示。

表 4 - 28   外包的优点与局限性

优点	局限性
• 使管理层和员工可以将精力集中于核心竞争力和产生收入的战略性活动 • 通过获取外部的专业知识和生产规模，能改善效率和效益 • 能以合理的成本获取新技术，而且没有过时风险 • 在不发生间接费用（如与员工、福利、空间等相关的间接成本）的情况下，获得某项能力从而降低了费用 • 可能改善产品或服务的质量和/或及时性	• 在企业之外寻找专门技能可能花费更多 • 会使公司内部的专业知识和能力遭到荒废 • 会降低流程控制 • 可能会降低对质量的控制 • 可能导致灵活性下降（依赖于外部供应商） • 可能会导致服务缺少个性 • 产生隐私和保密问题 • 会导致"知识泄密"，使竞争者获得专业知识、生产规模、客户等 • 存在员工道德和忠诚度问题

七、约束理论（TOC）

（一）约束理论概述

约束理论（theory of constraint）由以色列管理学家古德拉特博士创造，主要针对企业的持续改善突破和流程再造。

约束理论强调企业在生产经营中存在着约束，这样无法能够达到理想的生产经营结果。例如，企业生产某环节的约束使生产量无法提高；或者企业在产品运输的某环节的约束使产品运输量无法提高。

企业应当找到约束的因素，并对其进行分析，改变约束因素。随后再去找其他约束因素，进行改善突破。

约束理论的首要目标就是通过优化生产能力而非简单地量度产出，以求改进制造过程的速度。约束理论假设所有系统均在努力实现某项目标，而每项目标都受到一个制约因素（限制因素、"瓶颈"、障碍）的约束。约束管理是识别这些制约因素、分析并排除障碍的过程，目的是降低周期时间、优化系统效率。

在任何给定时刻，一个系统里只存在一个约束因素，制约了整个系统的产出。强调关注约束因素，暂时忽略非约束因素。

约束理论将宝贵的时间、精力和资源投向约束因素，而不是将有限的时间、精力和资源投向整个系统，分散的投入不一定能产生实质结果。

随着约束因素得到强化和克服，原来的约束因素将转变为非约束因素，其他某个因素将成为新的"瓶颈"或障碍。

约束理论对约束的定义：系统中必定有约束制约因素影响目标的实现；强调关注约束因素，暂时忽略非约束因素；无论约束因素有多少，只假设有一个约束因素制约系统，先解决这个约束因素；解决约束因素可以降低周期时间，提高系统效率；解决该约束因素后，其他因素变成约束因素，再进行解决；周而复始，提高系统的效率，达到改善突破的目的。

(二) 约束理论的基本原理

约束理论度量的三项指标是存货（投资）、营业费用和产出贡献（如表4 – 29所示）。约束理论试图在减少存货、营业费用和其他投资的同时最大化产出。

表4 – 29　　　　　　　　　　　约束理论度量的三项指标

基本元素	释义	备注
存货	系统在采购项目上投入的资金，所购入的项目公司还有意再转售出去。一般意义上，"存货"是指所有实物存货项目，但现在"存货"的定义已包含所有资产	存货 =（直接材料、在产品和成品存货中的材料成本）+（研发成本）+（设备与建筑成本）
营业费用	将存货转变为产出所花费的资金，包括直接和间接人工、低值易耗品（supplies）、外部承包人、利息支付和折旧等方面的支出	营业费用 = 所有营运成本，不包括直接材料成本
产出贡献（throughput margin）	亦称产出边际或产出，是指整个系统通过产品和/或服务销售获取资金的水平，用于度量产品获利能力	产出贡献 = 销售收入 – 直接材料成本。产出贡献假设材料成本包含所有购进的零部件的成本和材料处理成本。约束理论假设人工是固定成本，不是直接变动成本——直接材料成本法
生产流程系统（"鼓—缓冲—绳子"系统)	"鼓"表示制约因素；"绳子"是先于并且包含制约因素的流程序列；"缓冲"是指使鼓运转所必需的在产品投入量的最小值	生产流程系统的目标是通过对流程进行周密的时间和日程安排，为制约因素做好准备，从而使流程流顺畅通过制约因素

【提示】①约束理论的产量成本法：产量成本法是一种内部报告工具，亦称直接材料成本法或超级变动成本法，是变动成本法的一种形式，由于约束理论对于企业产成品的成本仅仅认定为直接材料成本，故此，产量成本法下，产品数量生产越多，成本必然会越高，但是产品的成本仅包括直接材料成本。而其他所有成本都归为期间成本。②约束理论下的营运指标和财务指标的关系：产出增加或营运费用减少时，净利润增加；通过增加销售收入或减少生产变动

成本可以增加利润；只要存货保持不变，增加净利润的措施也可以增加投资回报率；如果存货减少，即使净利润没有增加，投资回报率也会增加；当产出增加或者创造产出的时间减少时，如果节省的时间被用于生成更多的产出，现金流量将增加。

（三）约束理论的分析步骤

（1）识别系统中的约束因素。

（2）决定如何"开发"约束因素——在无须增加开支的情况下，改变对约束因素的利用方式。如减少安装次数，可以改善效率并优化经营活动。

（3）次要处理其他东西。

（4）提升约束因素（意味着步骤2和步骤3未能有效消除约束因素）——通过资金投入来提高约束资源的产能。如另外再购买一项设备或将某项活动外包。

（5）回到步骤1，但要小心惯性。也就是说，要注意已经消除了的约束因素是否会受到随后新约束因素变化的影响。

【提示】举例说明：企业发现在生产某种机器过程中，安装速度过慢，影响了机器成品的完成数量；企业经过研究发现，如果半成品的传送改变一下位置，工人可以节省安装时间，这样提高安装的效率，因为这种安排是不需要花财务资源的，这就是对"瓶颈"环节进行"开发"；企业随后又发现在安装速度提高的基础上，半成品的制造速度跟不上。但是这是机器的原因，不更新机器无法提高半成品的生产速度。故此决定购买新设备，这就是对"瓶颈"环节投入财务资源进行"提升"；企业在完成此提升之后，再继续寻找能够改善的约束，不断提高自身的效率。

（四）约束理论报告

约束理论关注于消除约束因素以及缩短周期时间或交货时间。组织通常会编制约束理论报告，以强调相关营运数据和边际产出。约束理论报告在确认获利能力和关键绩效指标（KPI）方面也很有用。

（五）约束理论与作业成本法

约束理论的短期视角与作业成本法的长期视角互为补充，二者关系如表4-30所示。

表4-30   约束理论与作业成本法

约束理论	作业成本法
在分析获利能力时采用的是短期视角，强调与材料相关的成本	审视长期成本，包括所有产品成本
通过关注生产约束因素和看似合理的短期产品组合调整，寻求改善短期获利能力	不考虑资源约束和流程的产能，它分析成本动因和精确的单位成本，以便进行长期战略定价和利润规划决策，通常用作计划和控制工具

（六）约束理论与产量成本法

产量成本法认为存货中只应包含直接材料成本，而将其他所有成本都归为期间成本。

约束理论采用的是短期视角，其假设前提之一是所有营运成本在短期内保持固定不变，因此将营运成本归入固定成本类别，在短期内，直接人工更像是既定的固定成本，而不是变动成本。

直接材料成本法的目标是在最大化产出贡献的同时，降低投资和营运成本。

【例题4-42】根据约束理论，以下作业中除了哪一项之外，都可以帮助缓解经营过程中的"瓶颈"问题？

A. 剔除经营"瓶颈"环节上的空闲时间

B. 减少经营"瓶颈"环节上的启动时间

C. 提高非经营"瓶颈"环节上机器的运作效率

D. 将那些不必在经营"瓶颈"环节上的机器生产的产品转移到非经营"瓶颈"机器上进行生产

【答案】C

【解析】选项A不正确。剔除经营"瓶颈"环节上的空闲时间可以帮助缓解经营过程中的"瓶颈"问题。

选项B不正确。减少经营"瓶颈"环节上的启动时间可以帮助缓解经营过程中的"瓶颈"问题。

选项C正确。运营"瓶颈"问题主要是体现在约束情况限制了生产，因此在非"瓶颈"工序处提高效率是无法缓解"瓶颈"问题，反而会增加约束工序的负担。

选项D不正确。将那些不必在经营"瓶颈"环节上的机器生产的产品转移到非经营"瓶颈"机器上进行生产可以帮助缓解经营过程中的"瓶颈"问题。

【例题4-43】某公司销售ABC产品，单位价格为\$180。间接费用根据直接人工工时进行分摊。该公司估计每月的间接费用为\$600 000，其中40%为变动费用，60%为固定费用。预算整个工厂每月直接人工工时总计是100 000小时，每小时直接人工费率是\$9。产品ABC的直接材料每件\$64，需要2小时工时。该公司已开始使用产量成本法。如果该公司本月生产并销售20 000件XRP，则总产出贡献是：

A. \$3 240 000　　　　　　B. \$1 960 000

C. \$2 320 000　　　　　　D. \$1 864 000

【答案】C

【解析】选项A不正确。约束理论下的超级变动成本法认为只有直接材料是变动成本，其他成本（包括直接人工、变动制造费用等）均为固定成本。

选项B不正确。约束理论下的超级变动成本法认为只有直接材料是变动成本，其他成本（包括直接人工、变动制造费用等）均为固定成本。

选项 C 正确。总产量贡献 = 销售收入 − 直接材料成本 = 20 000 × ($180 − $64) = $2 320 000。

选项 D 不正确。约束理论下的超级变动成本法认为只有直接材料是变动成本，其他成本（包括直接人工、变动制造费用等）均为固定成本。

第五节　业务流程改进

一、价值链分析

价值链分析是指收集、评价和传递信息的一个持续流程，其基本意图是帮助管理者洞察组织的未来并执行商业决策以获得和保持竞争优势。相关概念如表 4 −31 所示。

表 4 −31　　　　　　　　　　　价值链分析相关概念

概念	释义
价值	一般指特定资产的价值、希求或效用；"价值"概念可以应用于所提供的单个产品或单项服务、一组资产或整个业务部门
价值活动	描述了在既定行业里，组织必须实施的从原材料加工（在制造行业中）到最终产品的生产和维修的一系列活动
成本动因	引起作业成本发生改变的任何因素，如直接人工工时、机器工时、计算机时间以及医院占用的床位等。除了分析每一个价值创造活动的总成本外，还需要弄清引起重要成本的原因，为此，企业应审查结构性成本动因（长期决策）和执行性成本动因（短期营运决策）
供应链	参与到生产、设计、销售、交付和使用公司产品或服务过程中的分销商、运输商、储存机构和供应商的延伸网络。在价值链分析中，组织会审视整条供应链
价值链	是一些相互依存的活动组成的系统，每一项活动都意图为最终产品或服务增加价值，价值链的发展取决于各个行业

价值链分析从研究和开发开始，贯穿产品设计、采购、生产、营销和销售、客户服务并最终回到研究与开发过程的始终。价值链分析的独特好处在于它关注整个价值链，而不只是组织会参与的哪些活动。

价值链分析的目的在于关注产品或服务的总价值链，并确定价值链中的哪一部分或哪几部分能支持企业的竞争优势和战略。理论上讲，竞争优势和竞争战略不可能在整个组织层面或业务部门层面进行有意义的审视。价值链将企业分成若干截然不同的战略活动，组织能够使用价值链分析来决定从设计到分销到客户服务这些操作中，哪个环节可以提升客户价值、降低成本。

价值链分析要求有一个战略性框架作为起点，分析的一般步骤为：

（1）内部成本分析/成本领先（确定盈利来源及内部流程和活动的相关成本）。分析企业的价值创造过程；确定各个价值创造过程应分摊的成本；识别每一个价值创造过程的成本动因；识别价值创造过程之间的联系；评估获得相对成本优势的机会。

（2）内部差异分析/差异化（检查用于创造和维持出众差异的来源）。分析客户价值创造过程；评估用于提升客户价值的差异化战略；确定可持续的差异化战略。

（3）垂直链接分析（包括行业中所有上游和下游价值创造过程，可以识别对竞争优势/劣势的关键和非关键活动）。分析行业价值链并对价值创造过程分摊成本、收入和资产；识别每个价值创造过程的成本动因；评估获得可持续竞争优势的机会。

【提示】价值链分析不存在标准的分析流程，不同公司的价值链分析实务会有很大差异。

【例题4－44】某公司正编制两套财务报表，一是常规财务报表，二是价值链分析财务报表。顾客服务成本在两套财务报表中如何处理？

	常规财务报表	价值链财务报表
A.	可列入存货的成本	产品成本
B.	可列入存货的成本	非产品成本
C.	不可列入存货的成本	产品成本
D.	不可列入存货的成本	非产品成本

【答案】C

【解析】选项A不正确。顾客服务成本在常规财务报表不可列入存货的成本。

选项B不正确。顾客服务成本在常规财务报表不可列入存货的成本，但在价值链财务报表应列入产品成本。

选项C正确。可列入存货的成本通常被认定为是企业为存货所发生的一切支出，因此在财务会计报表上"客服成本"不应列示为此类成本，而在价值链的分析上，作为从要素投入到将产品送至终端用户的整个过程，"客服成本"应为产品的成本。

选项D不正确。顾客服务成本在价值链财务报表应列入产品成本。

二、价值增造概念和质量

在质量范畴内，客户是受组织流程、产品和服务影响的任何个体，包括内部客户与外部客户：

（1）内部客户：可以是一个员工、部门或业务单位，该员工、部门或业务单位会从其他员工、部门或业务单位接受信息、产品或服务等产出形式。甚至同一工作流程中的下一位员工也是内部客户。在内部客户的理念下，所有与工作有关的活动都可以认为是员工之间或内部客户与内部供应商之间的一系列交易。

（2）外部客户：在组织之外接受信息、产品或服务的个人或实体。外部客户一般被认为是组织之外的终端用户。

增值活动（价值增造）是指那些把资源转化成符合外部客户要求的产品和服务的活动。例如，在向客户出售前，对产品或服务实施额外的加工处理或进行客户定制，或者随同销售提供更多的相关服务。非增值活动可以被消除，同时在终端用户看来，产品或服务的功能、绩效或质量并未发生退化。常见的增值与非增值活动如表4-32所示。

表4-32 常见的增值与非增值活动

活动/作业	增值	非增值
产品设计	√	
调整准备		√
等待		√
移动		√
加工	√	
返工		√
修理		√
存储		√
检查		√
产品交付	√	

【例题4-45】以下的制造相关作业能够被归为增值作业的是：

Ⅰ. 将木材家具最后组装起来

Ⅱ. 将完工产品移动到成品仓库

Ⅲ. 为新生产的汽车喷漆

Ⅳ. 为新生产批次调整机器

Ⅴ. 将残次品返工以符合质量标准

A. 只有Ⅱ、Ⅲ、Ⅳ、Ⅴ   B. 只有Ⅰ、Ⅳ、Ⅴ

C. 只有Ⅰ、Ⅲ   D. 只有Ⅰ、Ⅲ、Ⅴ

【答案】C

【解析】选项A不正确。将完工产品移动到成品仓库、为新生产批次调整机器、将残次品返工以符合质量标准均为非增值作业。

选项B不正确。为新生产批次调整机器、将残次品返工以符合质量标准均为非增值作业。

选项C正确。附加值的活动是指，如果省去的话，将会减少消费者从产品或服务中所获得的价值或效用。题干中与附加值活动相关的包括：Ⅰ. 木制家具最后的装配，Ⅲ. 给新造的车上漆。

选项D不正确。将残次品返工以符合质量标准是非增值作业。

三、流程分析

流程是指投入材料和/或资源、增加价值并为内部或外部客户提供产出的一项或一组相互关联的活动。流程分析是一系列分析方法的集合，用于审视并量度流程运作的基本元素。流程分析也能识别最需要改进的流程。

好的流程应同时具备三个特征：

（1）效益：流程产出预想结果并达到或超过客户要求。

（2）效率：流程以最小的浪费、费用和/或周期时间达成结果，有效率的流程具备很高的产出投入比。

（3）适应性：流程很有弹性并能针对不断变化的要求或新的竞争条件做出快速反应。

流程再造会详细地描绘流程图，评估和质疑流程，然后彻底重新设计流程以消除不必要的步骤，减少错误机会并降低成本。所有非增值活动都被消除。

业务流程重组（BPR）是实施基础分析，彻底地在企业内部和企业之间重新设计业务流程以获得巨大的绩效改进（如成本、质量、速度和服务）。业务流程重组所带来的改变具有以下特点：

（1）改变是基础的——促使人们重新审视当前业务中不成文的规则和假设。

（2）改变是彻底的——BPR是彻底改造，而不是改进或修正。

（3）改变是剧烈的——"重磅炸弹"式的，用于缓解紧急情况，而不是对流程稍加改进。

（4）改变的是流程——格外重视那些能将投入转化为客户价值的一连串活动。

业务流程重组常用工具和策略（业务流程重组的基础）如表4-33所示。

表4-33　　　　　　　　　业务流程重组常用工具和策略

工具/策略	释义
流程定位	组织关注的是横跨组织边界的整个流程，而不是按照事先定义的组织边界所狭义界定的任务
目标	公司的目标是实现突破，而不是稍作改进
打破陈规	旧的传统和假设被慎重抛弃
创造性地使用技术	当前的/最新的技术能促成组织彻底改变工作方式

流程分析会审视质量、生产率和流程改进三者之间的联系：生产率表明需要努力改进现存状况；提高生产率要求持续改进质量；持续改进要求组织不断学习，实施流程改进和再造。

四、标杆分析

标杆分析用于描述一个持续、系统化的量度过程，该过程旨在根据最佳绩效水平量度产品、服务和各项实务。标杆分析可以和流程分析配合使用，以确立用于评估组织效益、效率和适应性的各项指标。

【提示】①以同类最优水平作为标杆，评估哪些领域需要发生改变，强调可比性；②同类最优水平可以是财务标准也可以是非财务标准；③同类最优水平既可以是内部标杆也可以是外部标杆。

针对流程绩效实施标杆分析的步骤包含以下六步：①选择标杆分析项目并确立这些项目的优先级；②组建标杆分析团队；③记录自身的工作流程；④研究并确认同类最优绩效；⑤分析标杆数据，确认绩效促成因素；⑥实施标杆分析，研究相关建议，以及重新设定标杆。

战略性标杆分析是指将标杆分析结果融合进战略规划流程，从而在业务战略层次上应用流程标杆分析，有助于解决以下战略性业务问题：①构建核心竞争力以维持竞争优势；②开发一条新的业务线；③实施战略转移（例如，进入新市场或开发新服务）；④进行一项收购；⑤使组织能快速应对不确定性。

【例题4-46】在标杆分析中，下列哪个步骤应该最先开始？

A. 建立标杆分析团队

B. 研究与标杆分析相关的内部流程

C. 选择标杆分析项目并确定优先级

D. 确认将作为标杆的组织

【答案】C

【解析】选项A不正确。建立标杆分析团队是第二步。

选项B不正确。研究与标杆分析相关的内部流程是第三步。

选项C正确。针对流程绩效实施标杆分析的第一步是选择标杆分析项目并确立这些项目的优先级。

选项D不正确。确认将作为标杆的组织是第四步。

五、作业管理法

（一）作业成本法（ABC）与作业管理法（ABM）的关系

作业成本法（ABC）是一种成本核算方法。旨在度量作业、资源和成本对象的成本与绩效。作业成本法将资源分派给作业，又将作业分派给成本对象，关注成本动因与作业之间的关系。

作业管理法（ABM）是一种成本管理方法。作业成本法为其提供用于成本动因分析、作业分析及绩效评估的相关数据。

作业成本法（ABC）与作业管理法（ABM）的关系如表 4-34 所示。

表 4-34　　　　作业成本法（ABC）与作业管理法（ABM）

作业成本法 ABC	作业管理法 ABM
• 作业成本法关注的是成本分配的合理性 • 作业成本法旨在量度作业、资源和成本对象的成本与绩效，将资源分派给作业，再将作业分派给成本对象 • 作业成本法关注于成本动因与作业之间的因果关系 • 作业成本法为作业管理法提供用于成本动因分析、作业分析及绩效评估的相关数据	• 作业管理法关注的是价值：即流程的合理性和某个流程的增值和不增值行为 • 作业管理法关注于作业管理，并将作业管理视为提升客户价值的途径，同时也能提高从提供客户价值中所能获得的利润 • 作业管理法在界定导致作业成本的根本原因时，会进一步分析这些成本动因的效益 • 作业管理法使得绩效评估指标与被评估元素背后的推动因素（成本动因与收入动因）紧密相关 • 作业管理法中所采用的绩效评估指标包括收入、制造成本、非制造成本、利润以及非财务指标

（二）作业管理法的原理与流程改进

基于作业管理信息，组织通常能够：①制定更好的决策；②改善绩效；③提高总资源的使用收益。

作业管理法支持流程再造和业务流程重组。作业管理法对组织的流程展开分析，帮助度量流程再造/重组努力所具有的影响，因此能增加资源耗用所创造的价值。

组织在不同发展阶段采用作业管理法的受益情况如表 4-35 所示。

表 4-35　　　　不同发展阶段采用作业管理法的受益情况

企业所处阶段	作业管理法的应用
成长期	• 重新部署非增值工作 • 改善流程和作业
平稳期	• 识别非增值成本 • 分离/消除成本动因 • 改进流程 • 优化产品/服务成本
萎缩期	• 削减成本 • 精简机构和裁员
受产能限制期	• 分析成本 • 识别"瓶颈" • "开发"或"提升"约束因素 • 制定并完善产品/服务决策

（三）作业管理法与质量改进

作业管理法通过提供一个整合的信息系统，以支持质量管理和其他创新：

①确立责任；②便于量度结果；③能够设立优先次序。

作业管理法通过以下途径推动了质量管理的实施：①确定作业成本；②增加质量相关成本的可见性；③提供容易包含在质量成本报告里的质量成本量度标准。

（四）作业管理法的优点与缺点

作业管理法的优点与缺点如表 4 - 36 所示。

表 4 - 36　　　　　　　　　　作业管理法的优点与缺点

优点	缺点
• 使用持续改进以维持公司的竞争优势 • 将更多的资源分配给能带来更多增值的作业、产品和客户，因此从战略上改变了管理层的关注重心 • 消除了非增值作业 • 量度流程效益，确认可以降低成本的领域以及可以增加客户价值的领域 • 可与及时生产制（JIT）配合实施 • 将绩效评估与作业成本法相挂钩，给组织采用作业成本法提供了始终如一的激励机制	• 转而采用作业成本法/作业管理法，公司的定价、流程设计、制造技术以及产品设计决策等都要做出改变，并且公司还必须准备支持那些接受作业成本法/作业管理法的管理者，同时打击那些继续沿用旧的传统成本管理方法的管理者 • 作业成本法/作业管理法不能用于对外财务报告，为此公司需要采用传统方法专门编制对外财务报表，这可能会影响管理层的决策，这一缺陷可能足以抵消作业成本法/作业管理法所具备的相关优势 • 实施作业成本法/作业管理法耗费巨大且极费时间，因此应履行成本—效益分析以确认所有隐藏成本和隐藏利益

【例题 4 - 47】关于作业成本核算法（ABC）和作业管理法（ABM），以下哪一项陈述是正确的？

A. 作业成本法专注于改善商品和服务的成本核算，而作业管理法专注于流程改进。

B. 作业管理法和作业成本法都专注于流程改进。

C. 作业管理法专注于改善商品和服务的成本核算，而作业成本法专注于流程改进。

D. 作业管理法和作业成本法都专注于改善商品和服务的成本核算。

【答案】A

【解析】选项 A 正确。作业成本法旨在量度作业、资源和成本对象的成本与绩效，即专注于改善商品和服务的成本核算；作业管理法对组织的流程展开分析，帮助度量流程再造/重组努力所具有的影响，因此能增加资源耗用所创造的价值。

选项 B 不正确。作业成本法专注于改善商品和服务的成本核算。

选项 C 不正确。作业成本法专注于改善商品和服务的成本核算，而作业管理法专注于流程改进。

选项 D 不正确。作业管理法专注于流程改进。

六、持续改进（改善）概念

改善（kaizen）源于日语，用于描述组织所有层面上的持续改进。具体如表 4 – 37 所示。

表 4 – 37　　　　　　　　　　　　持续改进概念要点

要点	释义
改善的假设前提	每一流程——从最重要的开始——被检查、执行、改进时，整个企业也在改善
改善的过程	"改进的楼梯"——组织采用持续的过程：实施改进，保持改进，实施改进，保持改进等
持续改进的标准	持续改进通常基于若干标准，作为组织的绩效预期和目标。组织可以基于以下信息来设立标准：①作业分析；②历史数据；③标杆分析；④市场预期；⑤战略决策

【例题 4 – 48】某公司正在施行一种成本改进体系，即用持续改进（kaizen）成本计算方法作为编制所有制造活动预算的基础；为了提高企业盈利，打算以后四年都用这种方法。固定制造费用的目标降低率定为 10%，今年的总的固定制造费用为 \$1 000 000。请问如果采用 Kaizen 成本计算方法，明后两年的固定制造费用预算额度应该为多少？

	明年	后年
A.	\$900 000	不能确定
B.	\$900 000	\$812 250
C.	\$900 000	\$810 000
D.	\$1 000 000	\$855 000

【答案】C

【解析】选项 A 不正确。基于持续改进，后年可以确定。

选项 B 不正确。后年应在明年的基础上下降 10%。

选项 C 正确。明年固定制造费用的预算额度 = \$1 000 000 × (1 – 10%) = \$900 000；后年固定制造费用的预算额度 = \$900 000 × (1 – 10%) = \$810 000。

选项 D 不正确。明年应在今年的基础上下降 10%。

七、最佳实务分析

最佳实务一般指在一种情况下可以产生显著结果的流程或技术，并且该流程或技术可以应用于和/或适用于另一种情况，用以改善效益、效率、质量、安全、创新和/或其他绩效指标。

最佳实务分析是差距分析中的集合性步骤。差距分析一般指当前状态（当前实务）和理想状态（最佳实务）之间的差距，或者"组织现在什么样与希望是什么样之间的差距"。

最佳实务分析中的典型活动包括：①确定差距（通过与内部营运数据相比较）；②确定引起差距的原因；③检查对最佳实务的存在有贡献的因素；④形成建议和实施最佳实务的途径。

实施最佳实务分析可以采用多种技巧和工具，定性工具和定量工具都可以使用。

最佳实务分析工具包括价值链分析、流程分析、业务流程再造、标杆分析、全面质量管理和渐进改善。

【例题4-49】以下哪项属于最佳实务分析的工具？
A. 行业杂志   B. 客户调查   C. 员工建议   D. 标杆分析
【答案】D
【解析】选项A不正确。行业杂志不是最佳实务分析的工具。
选项B不正确。客户调查不是最佳实务分析的工具。
选项C不正确。员工建议不是最佳实务分析的工具。
选项D正确。价值链分析、流程分析、业务流程再造、标杆分析、全面质量管理等都是最佳实务分析的工具。

八、质量成本分析

质量成本包括预防成本、评估成本、内部损失成本和外部损失成本四类，相关构成如表4-38所示。

表4-38 质量成本分类

质量成本		含义	实例
相符成本	预防成本	质量体系设计、实施和维持的成本，包括对质量体系本身进行审计的成本	• 质量计划、新产品审查、供应商能力调查、召开团队质量会议，以及为质量而发生的培训 • 与产品质量保证或质量改进相关的成本，如市场调研、产品测试和产品设计
	评估成本/鉴定成本	质量的审计过程所发生的成本，包括对质量水平正式和非正式的衡量与评估，以及设定质量标准和绩效要求	• 对原材料、在产品的检查和测试，对成品的测试，校准设备，以及对营运或服务的审计 • 外向型活动的成本，如监控市场反应以及监控竞争对手的产品
不相符成本	内部损失成本（内部失败成本）	在向客户交货前因发现不合格产品和部件所发生的成本	• 废料、返工、损耗、复验和重新检查的成本 • 与系统问题相关的成本，如不符合产品设计要求、不符合制造要求以及不符合服务标准的成本
	外部损失成本（外部失败成本）	在向客户交货后由于产品质量问题而发生的成本	• 客户投诉、退货、产品收回以及保修责任 • 外部损失成本与未能满足客户对产品质量和服务的感知相关

【例题 4 - 50】 某公司的质量成本报告提供了如下的信息:

预防成本	10%
评估成本	15%
内部失败成本	20%
外部失败成本	55%
质量成本总计	100%

为了能有效改善公司总体质量成本水平,公司应该重点做好下面哪一项活动?

A. 返工　　　　　B. 质量检验　　　C. 质量培训　　　D. 客户支持

【答案】 C

【解析】 选项 A 不正确。返工属于内部失败成本。

选项 B 不正确。质量检验属于检测成本。

选项 C 正确。质量控制要从源头抓起,对预防成本的投入成本低,效果大。因此,培训最重要,预防最重要。

选项 D 不正确。客户支持属于外部失败成本。

【例题 4 - 51】 某公司 20×6 年质量方面的财务数据见下表:

返工成本	$100 000
保修成本	150 000
产品线质检	50 000
工艺设计	320 000
对供应商的评估	120 000
职工培训	55 000
产品测试	220 000
故障维修	30 000
产品废料	80 000
退货成本	350 000
客户支持	20 000
产品质量索赔	600 000

请问公司该年质量成本报告上列示的预防成本总额应该是多少?

A. $495 000　　　　　　　B. $715 000

C. $545 000　　　　　　　D. $765 000

【答案】 B

【解析】 选项 B 正确。预防成本 = 工艺设计 + 供应商评估 + 职工培训 + 产

品测试 = \$320 000 + \$120 000 + \$55 000 + \$220 000 = \$715 000。（注：在研发和质量改进过程中，需要对研发和改进后的产品进行测试，产品测试为预防成本；对产品线批量产出的产品进行质检，属于检测/评估成本。）

【例题4 – 52】在评估某家企业的质量成本时，请问下面哪一项可以归为内部失败成本？

　　A. 产品测试　　　　　　　　　　　B. 检验成品发生的成本

　　C. 保修成本　　　　　　　　　　　D. 返工瑕疵品发生的成本

【答案】D

【解析】选项 A 不正确。产品测试属于预防成本。

选项 B 不正确。检验成品发生的成本属于检测/评估成本。

选项 C 不正确。保修成本属于外部失败成本。

选项 D 正确。内部失败成本指在向客户交货前因发现不合格产品和部件所发生的成本。比如废料、返工、损耗、复验、重新检查，以及不符合产品要求、不符合制造要求、不符合服务标准的成本。

【例题4 – 53】史密斯公司是一家制造公司，为了避免产品质量问题，发生了一系列成本，其中包括对供应商进行能力调查成本和对原材料进行检测的成本。史密斯公司希望能够进一步分析自身质量成本的问题和提高方向，采取了和其他竞争企业相比的标杆分析方法。史密斯公司在绩效评估过程中，主要采取税前利润的考核方式。咨询顾问也向史密斯公司表示，以财务为基础的绩效考核方式有自己的缺陷。

1. 请列举质量成本的分类，并指出对供应商进行能力调查成本和对原材料进行检测的成本属于哪类？

2. 请指出史密斯公司进行标杆分析法的流程。并指出标杆分析法的缺点。

【答案】

1. 请列举质量成本的分类，并指出对供应商进行能力调查成本和对原材料进行检测的成本属于哪类？

质量成本分为：预防成本、评估成本、内部损失成本、外部损失成本。

对供应商进行能力调查的成本为预防成本，对原材料进行检测的成本属于评估成本。

2. 请指出史密斯公司进行标杆分析法的流程。并指出标杆分析法的缺点。

标杆分析的流程为：①选择项目，并确定优先级；②组建团队；③记录自身工作流程；④研究并确定同类最优绩效；⑤实施分析，找到差距；⑥提出建议并实施，重新设定标杆。

标杆分析法的缺点是：进行标杆分析的企业和自己的规模行业不同，所获得的数据未必能够给本企业的实际生产经营情况进行有效的指导。

九、会计业务流程改进

会计业务流程改进具体内容如表4-39所示。

表4-39 会计业务流程改进具体内容

流程改进	详细说明
流程梳理	与流程所有者会面,并且理解他们是如何工作的,进而发现改善的机会
流程培训	完成流程梳理后,应该对员工培训进行评估,通过适当的培训,生产率能够得到很大提高
缩短会计结算期,实现"快速结算"	通过识别缩短会计周期和实现更快速的结账的方式,也能够创造效率;组织应该重点关注降低或消除实施核心结算业务所花费的时间和精力
在合适的地方实施服务共享	组织可以考虑实施日常服务共享,实施更低水平的会计任务和活动,例如,开出账单、收账、应付账款,以及工资流程。这要求组织按照实施这些任务和活动的业务功能对员工进行分类,而不是按照业务单位对员工进行分类

【出题方向1】 实际成本法、正常成本法、标准成本法的相关计算及优缺点比较。

解题要点：在解答相关计算时的一个难点在于对分摊不足（产量未达到预测值）和过度分摊（产量超过预测值）的处理。如果差异不重大，则直接调整销货成本；如果差异重大，则应将差异在在产品、存货和销货成本三者之间进行分摊。差异是否重大应先根据题目的条件来判断，如果没有特殊说明，一般认为差异大于或等于10%属于重大差异。

掌握实际成本法、正常成本法、标准成本法的相关概念及主要优缺点。实际成本法下，所有成本按实际发生额记录，最准确，但信息滞后；正常成本法下，直接材料和直接人工采用实际值，间接成本采用分摊值，可以消除各期成本的波动，但直接材料和直接人工的成本仍然滞后；标准成本法下，所有成本均采用标准值，有利于开展差异分析。

【出题方向2】 按照吸收成本法编制毛利格式报表，按照变动成本法编制边际贡献格式报表，并计算两种方法下的营业利润差异。

解题要点：掌握毛利格式的报表编制步骤（营业利润＝销售收入－销货成本－期间费用），突出制造成本与非制造成本的区别；掌握边际贡献格式报表的编制步骤（营业利润＝销售收入－变动成本和费用－固定成本和费用），突出成本和费用的变动部分与成本和费用的固定部分的区别。

理解吸收成本法和变动成本法的主要区别，即对于固定制造费用的处理不同。吸收成本法下，固定制造费用计入产品成本，随着产销量的不同会在存货和销货成本之间流转；而变动成本法下，固定制造费用计入期间费用，全部计入当期损益，与产销量无关。两种方法下的损益差异＝期初存货中的固定间接费用－期末存货中的固定间接费用。

产销量关系	变动成本法	完全成本法
销量大于产量	利润高	利润低
销量等于产量	利润一致	利润一致
销量小于产量	利润低	利润高

【出题方向3】 分析变动成本法为什么能帮助企业改善生产经营行为。

解题要点：变动成本法下，生产经理不会盲目进行生产，因为固定制造费用一次性的计入当期损益；生产经理不会去选择固定制造费用分摊率比较高的产品进行生产。

【出题方向4】联产品成本不同分配方法的计算及比较。

解题要点：掌握分离点销售价值法、毛利法、可变现净值法和物理指标法的计算原理及主要优缺点。分离点销售价值法下，根据分离点上各联产品的销售价值比例分配联合成本，此法不适用于在分离点后、价值形成前需要额外加工的产品；毛利法下，各联产品拥有相同的毛利率，此法考虑了分离点前后发生的成本，但可能会扭曲成本分配；可变现净值法下，根据净变现价值分配联合成本，适用于市场价格在分离点不确定的情况；物理指标法下，采用重量、数量、体积等物理指标分配联合成本，容易计量，但可能会扭曲成本分配结果。

【出题方向5】比较分批成本法和分步成本法的适用范围，并比较其各自优缺点。

解题思路：分批成本法的主要特点是客户定制、产品明显不同、不共享生产线和直接人工团队、标准化程度低；分步成本法的主要特点是大量同质或近似产品的生产流程、高度自动化的流程或重复流程。分批成本法对特定批次或营运状况提供了详细的成本状况和盈利分析，能够融合多种成本计算方法；分步成本法为各部门管理人员在控制本部门的成本方面提供了帮助。

【出题方向6】使用先进先出法和加权平均法计算约当产量及单位约当产量成本。

解题思路：先进先出法下，期初在制品首先被制造完成，约当产量＝期初在制品未做完的比例＋期间生产完全完成的数额＋期末在制品做完的比例，成本是当期投放的数额，无论是直接材料还是转换成本；加权平均法下，求解先前期间和当期的平均成本，不将期初存货成本和当期生产成本割裂，约当产量＝所有的期初库存＋期间生产完全完成的数额＋期末库存做完的比例，成本是当期投放的再加上上期没有完成的数额，无论是直接材料还是转换成本。

【出题方向7】作业成本法的基本原理以及相关成本计算。

解题思路：作业成本法下，首先采用合适的资源成本动因将资源成本（间接成本）分配给作业成本集库或作业中心，然后采用合适的作业成本动因（作业成本动因用于度量成本对象对作业的耗用情况）将作业成本分配给成本对象。作业成本法适用于作业产品多样化、流程复杂或产量相当高的公司。作业成本法减少了由传统成本分配造成的成本失真，能更好地了解相关成本，优化成本结构。

【出题方向8】三种间接成本分摊率的计算、优缺点比较及适用条件。

解题思路：理解并掌握全厂分摊率、部门分摊率和作业基础分摊率。全厂分摊率＝全厂总间接成本/全厂所有作业共同的成本动因总数量，计算简单，但不够准确；部门分摊率是将整个制造费用细分到几个常规车间或部门及相应成本池，部门分摊率＝部门预算的制造费用/部门预算的成本动因数量，相对于全厂分配率更准确，但计算也相对更复杂费时；作业基础分摊率使用多个成本集库和多种成本动因来将间接成本分摊到产品或服务，分摊结果最为准确，但需要耗费大量的时间和成本。

【出题方向 9】 三种服务部门成本分配方法的基本原理、相关计算及优缺点比较。

解题思路：理解并掌握直接分配法、按步向下分配法和交叉分配法三种服务部门成本的分配方法。直接分配法直接将所有成本分配至生产部门，不考虑服务部门之间互相提供服务；按步向下分配法将一个服务部门的成本分摊到其他服务部门和生产部门，先分摊向其他部门提供服务最多的服务部门，然后逐级分摊，最后分摊为其他部门提供服务量最少的部门；交叉分配法适用数学联立方程对部门间的服务进行确认，考虑了服务部门之间互相提供服务。

【出题方向 10】 给定情景，要求判断与情景相关的是哪种供应链管理理论、解释相关概念及原理并分析其优缺点，一般会作为一道大题中的某一个小问来进行知识点的考察。

解题思路：理解并掌握供应链管理、精益生产、物料需求计划、及时生产、企业资源计划、外包、约束理论的基本概念、主要原理以及相关优缺点。

【出题方向 11】 给定情景，要求分析企业实行及时生产法之后，企业与供应商的关系以及生产经营方面发生的变化。

解题思路：及时生产（JIT）的定性内容需要理解并记忆。企业与供应商的关系主要有以下变化：①企业与供应商的关系更紧密；②企业选择的供应商数量更少；③企业和供应商的信息系统联系更紧密；④供应商为企业送货的单次数量减少，但次数更频繁。及时生产对企业生产经营的影响主要有：①存货周转率上升；②存货破损、过期情况减少；③库房面积减小；④库存成本降低。

【出题方向 12】 给定情景，要求判断与情景相关的是哪种业务流程改进理论、解释相关概念及原理并分析其优缺点，一般会作为一道大题中的某一个小问来进行知识点的考察。

解题思路：理解并掌握价值链分析、价值增造、标杆分析、作业管理法、持续改进等基本概念、主要原理以及相关优缺点。

【出题方向 13】 题干给定情景，要求阐述价值链分析的内容。

解题思路：价值链分析是企业进行战略经营分析的重要内容，包括：①企业对自身生产进行分析，了解产品的成本结构，知晓自身成本的优势或者劣势；②企业了解自身产品的差异性，发现自身产品与竞争对手产品相比，差异在哪些方面；③企业在外部价值链环节上进行分析，发现自身在价值链环节所处的位置，了解是否能够有收购和兼并的机会来进行价值链的延伸，获得更好的收益。

【出题方向 14】题干给定情景，要求判断并计算不同类别的质量成本。

解题思路：理解并掌握四类质量成本的概念及包含内容，并能准确区分不同类别的质量成本。预防成本：质量体系设计、实施和维持的成本，包括对质量体系本身进行审计的成本，如产品原型设计、定期设备检修等；评估成本/鉴定成本：质量的审计过程所发生的成本，包括对质量水平正式和非正式的衡量与评估，以及设定质量标准和绩效要求，如对批量生产出来的产品进行检测等；内部损失成本：在向客户交货前因发现不合格产品和部件所发生的成本，如返工、耗损等；外部损失成本：在向客户交货后由于产品质量问题而发生的成本，如退货、客户投诉、产品保修等。

一、单选题

【经典试题1】某公司为了编制来年的预算正在确定几个成本项目的成本习性。过去的经验表明在三种不同的产量水平上，各成本项目的金额如下表所示：

产量水平	1 000	2 000	3 000
成本 A	$3 000	$5 000	$7 000
成本 B	8 000	12 000	12 000
成本 C	5 000	10 000	15 000

在编制产量水平为 2 500 件的预算时，公司应该分别如何处理成本 A、B 和 C？

A. 变动成本，固定成本，变动成本

B. 半变动成本，固定成本，变动成本

C. 半变动成本，半变动成本，半变动成本

D. 变动成本，半变动成本，半变动成本

【答案】B

【解析】选项 A 不正确。第一种成本是半变动成本，不是成正比同步变动。

选项 B 正确。严格意义上来讲，只有正比例同步变动才是变动成本，因此只有第三种成本 y = 5x 是纯变动成本；第二种成本是固定成本，因为在一定范围内它是不变的，即在 2 000 ~ 3 000 件时 y = 12 000，此题问的是 2 500 件，正好在此范围；第一种成本是半变动成本，不是成正比同步变动，y = 1 000 + 2x。

选项 C 不正确。第二种成本是固定成本，因为在一定范围内它是不变的。第三种成本 y = 5x 是纯变动成本。

选项 D 不正确。第一种成本是半变动成本，不是成正比同步变动。第二种成本是固定成本，因为在一定范围内它是不变的。第三种成本 y = 5x 是纯变动成本。

【经典试题2】间接和共同的成本往往占到产品成本的很大一部分。下面哪一项不是分配间接成本至成本对象的原因？

A. 出于对外编制报告的目的需要去计量收益和资产

B. 减少归属到各该产品的总成本

C. 出于成本补偿目的而去合理计算成本

D. 为经济决策提供信息

【答案】B

【解析】选项 A 不正确。出于对外编制报告的目的需要去计量收益和资产是分配间接成本至成本对象的原因。

选项 B 正确。分配间接成本并不能减少总成本，总成本减少只能通过控制费用科目或减少生产等。成本分配、分摊的目的有：①为做决策提供信息：如决定是否要增加一个新产品线；决定一个客户定制产品的价格等；②激励经理和员工：知晓成本后；③鼓励（在不影响产品价值的基础上）设计生产流程简单、节省成本的产品；④鼓励销售人员推高毛利的产品；⑤用来确定存货价值以及损益以符合对外报表的需求；⑥为某些项目计算发生的成本，如政府合同等。

选项 C 不正确。出于成本补偿目的而去合理计算成本是分配间接成本至成本对象的原因。

选项 D 不正确。为经济决策提供信息是分配间接成本至成本对象的原因。

【经典试题3】某公司去年生产 500 件，出售 480 件，和当初预算一致。没有期初、期末在产品存货，也没有期初产成品存货。预算的固定成本和实际发生额相等。所有的变动制造成本只受产量影响，所有的变动销售费用只受销量影响。预算的单价和成本数据如下：

售价	$200
直接材料	60
直接人工	40
变动制造成本	20
固定制造成本	10
变动销售费用	24
固定销售费用（总额为 $7 200）	8
固定管理费用（总额为 $3 600）	4

若采用变动成本法，则公司去年的营业利润是多少？

A. $11 280　　　　　　　　　　B. $14 200

C. $11 080　　　　　　　　　　D. $15 300

【答案】C

【解析】选项 C 正确。因为预算的固定成本和实际发生额相等，所以实际固定制造费用 = $10 × 500 = $5 000。变动成本法下营业利润 = 480 × ($200 − $60 − $40 − $20 − $24) − $10 × 500 − $7 200 − $3 600 = $11 080。

【经典试题4】某公司在一道联合工序上生产三种产品。因为在分离点任何一种产品都没有市价，三种产品需进一步加工后才能出售。每批的联合成本为 $23 000。其他信息如下所示：

产品	A 产品	B 产品	C 产品
每批产量	1 000	2 000	5 000
每件进一步加工和市场推广费	$1.00	$3.00	$3.00
每件最终单位售价	6.00	7.00	5.00

若公司采用可变现净值法来分配联合成本，则会分配多少联合成本至每件 C 产品？

　　A. $2.10　　　　B. $2.00　　　　C. $3.15　　　　D. $3.55

【答案】B

【解析】选项 B 正确。

A 产品可变现净值 = ($6 − $1) × 1 000 = $5 000

B 产品可变现净值 = ($7 − $3) × 2 000 = $8 000

C 产品可变现净值 = ($5 − $3) × 5 000 = $10 000

D 分配的联合成本 = $10 000/($5 000 + $8 000 + $10 000) × $23 000 = $10 000

每件 C 产品分配的联合成本 = $10 000/5 000 = $2。

【经典试题5】Krause 化学公司有关产品 Xyzine（一种工业用清洁剂）的 12 月份的数据如下：

生产流	实物量
完工并转向下一个部门	100
加：期末在产品存货	10（加工成本完工40%）
需要分析说明的数量总计	110
减：期初在产品存货	20（加工成本完工60%）
12 月份内开始投产数量	90

这个部门所有的材料均是开工时一次性投入，而加工成本则在生产工程中均匀发生。期初在产品存货的原材料和加工成本分别为 $120 和 $180，12 月份发生的原材料费用和加工费用分别为 $540 和 $1 484。公司采用加权平均分步法计算产品成本，那么 12 月份期末在产品的原材料成本总计是多少？

　　A. $120　　　　B. $72　　　　C. $60　　　　D. $36

【答案】C

【解析】选项 C 正确。加权平均法下，原材料约当产量需要包括期初在制品中上期投入本期完工的部分，又"这个部门所有的材料均是开工时一次性投入"，所以，原材料约当产量 = 本期完工并转向下一个部门的数量 + 期末在产品存货 × 完工比例 = 100 + 10 × 100% = 110。

约当产量所对应的原材料总成本 = 期初在产品存货的原材料成本 + 12 月份发生的原材料费用 = 120 + 540 = 660。

原材料单位约当产量成本 = 660/110 = 6。

所以，12 月份期末在产品的原材料成本 = 12 月份期末在产品的原材料约当产量 × 原材料单位约当产量成本 = 10 × 100% × 6 = 60。

【经典试题 6】在 12 月份，Krause 化学公司有关生产工业用清洁剂的数据见下表：

生产流	实物量
完工并转向下一个部门	100
加：期末在产品存货	10（加工成本完工 40%）
需要分析说明的数量总计	110
减：期初在产品存货	20（加工成本完工 60%）
12 月份内开始投产数量	90

这个部门所有的材料均是开工时一次性投入，而加工成本则在生产工程中均匀发生。期初在产品存货的原材料和加工成本分别为 \$120 和 \$180，12 月份发生的原材料费用和加工费用分别为 \$540 和 \$1 484。公司采用加权平均分步法计算产品成本，请问 12 月份分配给转到下一个部门产品的加工成本是多少？

A. \$1 664　　　　　　　　　　B. \$1 600

C. \$1 513　　　　　　　　　　D. \$1 484

【答案】B

【解析】选项 B 正确。加权平均法下，加工成本约当产量需要包括期初在制品中上期投入本期完工的部分，又"加工成本则在生产工程中均匀发生"，所以，加工成本约当产量 = 本期完工并转向下一个部门的数量 + 期末在产品存货 × 完工比例 = 100 + 10 × 40% = 104。

约当产量所对应的加工总成本 = 期初在产品存货的加工成本 + 12 月份发生的加工成本 = \$180 + \$1 484 = \$1 664。

加工成本单位约当产量成本 = \$1 664/104 = \$16。

所以，12 月份分配给转到下一个部门产品的加工成本 = 本期完工并转向下一个部门的约当产量 × 加工成本单位约当产量成本 = 100 × \$16 = \$1 600。

【经典试题 7】在 12 月份，Krause 化学公司有关生产工业用清洁剂的数据见下表：

生产流	实物量
完工并转向下一个部门	100
加：期末在产品存货	10（加工成本完工40%）
需要分析说明的数量总计	110
减：期初在产品存货	20（加工成本完工60%）
12月份内开始投产数量	90

　　这个部门所有的材料在开工时一次性投入，而加工成本则在生产过程中均匀发生。期初在产品存货的原材料和加工成本分别为 $120 和 $180，12 月份发生的原材料费用和加工费用分别为 $540 和 $1 484。公司采用先进先出分步法计算产品成本，请问 12 月份用来计算加工成本的约当产量是多少？

　　A. 110 件　　　　B. 104 件　　　　C. 100 件　　　　D. 92 件

　　【答案】D

　　【解析】选项 D 正确。先进先出法下，加工成本约当产量不包括期初在制品中上期投入本期完工的部分，又"加工成本则在生产工程中均匀发生"，所以，加工成本约当产量 = 期初在产品存货 ×（1 – 完工比例）+ 本期投入本期完工数量 + 期末在产品存货 × 完工比例 = 20 ×（1 – 60%）+（100 – 20）+ 10 × 40% = 8 + 80 + 4 = 92。

　　【经典试题 8】Jones 税务公司有三家分部：法规部、税务筹划部和财务咨询部。基于下面列出的各分部的资料，采用哪一个分配基础来分配公司的共同费用对财务咨询部最有利？

部门	法规部	税务筹划部	财务咨询部
收入	$4 500 000	$6 000 000	$4 500 000
变动费用	1 500 000	3 750 000	2 250 000
职工人数	68	76	56

　　A. 收入　　　　　　　　　　　　B. 贡献毛益

　　C. 平均分担　　　　　　　　　　D. 职工人数

　　【答案】D

　　【解析】选项 A 不正确。按照收入的分配基础来分配，对财务咨询部不是最有利的。

　　选项 B 不正确。按照贡献毛益的分配基础来分配，对财务咨询部不是最有利的。

　　选项 C 不正确。按照平均分担的分配基础来分配，对财务咨询部不是最有利的。

　　选项 D 正确。财务部的人数很明显是最少的，如果按照人数来分摊费用，毫无疑问分到的费用也是最少的，这对财务咨询部是有利的。

【经典试题9】Logo 公司有两个数据服务部门（系统部和设施部）向三个生产部门（机加工部、组装部和精整部）提供服务，系统部的间接成本按电脑使用小时来向其他部门分配，设施部的间接成本按占用的平方英尺（以千平方英尺为单位）来分配，Logo 公司的其他资料见下表：

部门	间接费用	电脑耗时	占用面积
系统	$200 000	300	1 000
设施	100 000	900	600
机加工	400 000	3 600	2 000
组装	550 000	1 800	3 000
精整	620 000	2 700	5 000
		9 300	11 600

若公司采用直接分配法分配辅助部门成本，请问分配系统部的间接费用时分母是多少小时？

A. 1 200 小时
B. 8 100 小时
C. 9 000 小时
D. 9 300 小时

【答案】B

【解析】选项 A 不正确。1 200 小时是服务部门的电脑耗时，不是直接法的分配基础。

选项 B 正确。直接分配法直接将所有成本分配至生产部门，不考虑服务部门之间是否互相提供了服务。因此分配系统部的间接费用时分母是 3 600 + 1 800 + 2 700 = 8 100。

选项 C 不正确。9 000 小时包含了设施部门的 900 小时，不是直接法的分配基础。

选项 D 不正确。9 300 小时包含了所有服务部门和生产部门的电脑耗时，不是直接法的分配基础。

【经典试题10】Logo 公司有两个数据服务部门（系统部和设施部）向三个生产部门提供服务（机加工部、组装部和精整部），系统部的间接成本按电脑使用小时来向其他部门分配，设施部的间接成本按占用的平方英尺（以千平方英尺为单位）来分配，Logo 公司的其他资料见下表：

部门	间接费用	电脑耗时	占用面积
系统	$200 000	300	1 000
设施	100 000	900	600
机加工	400 000	3 600	2 000
组装	550 000	1 800	3 000
精整	620 000	2 700	5 000
		9 300	11 600

Logo 公司采用顺序法分配辅助部门的成本，从系统部开始。请问系统部分配到设施部、设施部分配到机加工部的间接成本分别是多少？

	系统部到设施部	设施部到机加工部
A.	$0	$20 000
B.	$19 355	$20 578
C.	$20 000	$20 000
D.	$20 000	$24 000

【答案】D

【解析】选项 D 正确。系统部分配到设施部的成本 = $200 000 × 900/(900 + 3 600 + 1 800 + 2 700) = $20 000，本题中设施部分配到机加工部的间接成本 = ($100 000 + $20 000) × 2 000/(2 000 + 3 000 + 5 000) = $24 000。

【经典试题 11】下列各项都是标杆标准成本的实例，但有一项不是，是哪一项？

A. 该单位以前年度的业绩

B. 以前可比期间的好业绩

C. 与同一公司相似部门的比较

D. 经营相似业务的竞争对手的好业绩

【答案】A

【解析】选项 A 正确。标杆标准成本，是指同类最优标准成本。只有 A 项不是最优标准成本，A 选项少了两个关键字：可比；例如，现如今的诺基亚和 10 年前的诺基亚的业绩是没有可比性的。

选项 B 不正确。以前可比期间的好业绩可以作为标杆。

选项 C 不正确。与同一公司相似部门的比较可以作为标杆，例如，宝洁公司是多品牌战略的创始者，旗下有许多同类产品，比如海飞丝和飘柔洗发露。如果这两个部门的规模、销量等都具有可比性，那这两个部门之间的项目比较也未尝不可，其产品都是面向同样客户群的，行业也一样。

选项 D 不正确。经营相似业务的竞争对手的好业绩可以作为标杆。

【经典试题 12】在核算质量成本时，对购买进来的原材料进行质检发生的成本应该归为：

A. 预防成本   B. 评估成本

C. 内部失败成本   D. 外部失败成本

【答案】B

【解析】选项 A 不正确。预防成本是质量体系设计、实施和维持的成本，包括对质量体系本身进行审计的成本。

选项 B 正确。评估成本包括以下范畴：对质量进行审查所发生的成本，包括正式和非正式的衡量和评估，以及对市场和竞争对手的监控。比如，对原料、在制品和成品的测试、检查，为实施检测而进行的设备校准，对营运和服务的审计，监控市场反应和竞争对手产品的成本。

选项 C 不正确。内部失败成本是在向客户交货前因发现不合格产品和部件所发生的成本。

选项 D 不正确。外部失败成本是在向客户交货后由于产品质量问题而发生的成本。

【经典试题 13】David Burke 是大陆健康保健公司（Continental Health Care System）的索赔处理部门的经理，对他进行考核的指标有多项，这些指标要事先得到总经理 Diane Lewis 的认可，Lewis 叫 Burke 推荐几个指标对其下一年度的业绩进行考核。请问下面哪一个指标不能很好地激励 Burke 的积极性和业绩？

　　A. 每笔索赔的处理成本

　　B. 每笔索赔的平均处理时间

　　C. 正确处理第一次索赔所占的比例

　　D. 每个月处理索赔的总金额

【答案】D

【解析】选项 A 不正确。每笔索赔的处理成本是投诉处理部门可控的。

选项 B 不正确。每笔索赔的平均处理时间是投诉处理部门可控的。

选项 C 不正确。正确处理第一次索赔所占的比例是投诉处理部门可控的。

选项 D 正确。因为投诉的总金额是投诉处理部门不可控的，而且和投诉处理部门的业绩无关，投诉发生的来源主要是产品不好或销售服务不好。

【经典试题 14】Paul Cooper 是 DFG 经销公司的运输经理，负责管理下属人员和相关的运输设备，从当地零售商接受面包产品的订货，并向这些零售商供货。请问下面哪三个业绩考核指标有可能使该公司的目标与零售商的目标，达到最大程度的一致性？

　　A. 每份订单的人工成本；每份订单的运输成本；每天完成的订单数量

　　B. 准时送货订单所占比例；准确送货订单所占比例；交付和运送订货的每份订单的平均成本

　　C. 客户满意度；完成一份订单所需时间；准确交付所订货物的订单所占比例

　　D. 每天每位职工完成的订单数量；每工时的职工工伤数；每年的交通事故的次数

【答案】B

【解析】选项 A 不正确。A 中太注重成本，运输是业务部门的工作，应该更多注重的是业务做得好坏。

选项 B 正确。目标一致性是指考核的指标和工作的主要内容相符，能提高工作积极性，因此，B 是相对最合适的选项。

选项 C 不正确。C 中客户满意度主要是销售部门的工作，与整个公司的产品有关系，和运输部门关系不大。

选项 D 不正确。D 中考核了很多工伤，安全的事，不是主要工作。

【经典试题 15】 Vincent 医院安装了一套新的电脑系统。医院各部门的负责人对各自部门使用该系统的时间作出预计，该系统就是根据这些预计的时间来设计和组成的；实际上该系统的所有营运成本都是固定的。请问在把该新系统的成本分配给医院各部门时，下面哪一种方法是最有系统也是最合理的？

A. 各部门等分

B. 根据各部门预计使用的小时数来分配

C. 根据各部门实际使用的小时数分配

D. 根据各部门的收入来分配

【答案】 B

【解析】 选项 A 不正确。平均分配不能体现不同部门之间的差异，因此 A 是不合适的。

选项 B 正确。根据预计使用小时来分配可以体现不同部门间的差异，不会因为实际使用小时数而发生较大出入，且使用小时数是系统成本的合理动因，因此，B 是最合适的。

选项 C 不正确。C 也不合适，因为固定成本不应该跟实际量变化而变化，否则可能出入会很大。

选项 D 不正确。D 是收益原则，相对于 B 的因果关系分配原则，D 不太可取，而且医院不是所有部门都有收入，如财务部、行政部等。

二、简答题

某公司只生产一种产品并采用标准成本制度。该公司根据其每年 11 000 件的正常产能制定了其第一个运营年度的生产成本预算。生产预算包括以下成本。

直接材料	每件成品 \$4.00
直接人工	每件成品 \$3.25
变动制造间接费用	每件成品 \$1.15
固定制造间接费用	每件成品 \$2.85

此外，每件产品的变动销售费用和管理费用为 \$5，总固定销售费用和管理费用为 \$81 000。

本年度，公司生产了 11 000 件产品，销售了其中 10 000 件，每件售价为 \$32。所有变动成本与预期的单位变动成本完全相同，所有固定成本也与预期的总固定成本完全相同。公司的总裁要求主计长分别根据吸收成本法和变动成本法编制一份损益表。

问题：

1. 说明吸收成本法与变动成本法对以下各类成本的处理有何不同：

a. 直接材料。

b. 直接人工。

c. 变动间接费用。

d. 固定间接费用。

e. 变动销售和管理费用。

f. 固定销售和管理费用。

2. a. 计算吸收成本法下期末存货的单位成本。请列出计算过程。

b. 计算变动成本法下期末存货的单位成本。请列出计算过程。

3. a. 计算吸收成本法下的营业收益。请列出计算过程。

b. 计算变动成本法下的营业收益。请列出计算过程。

4. 解释为何吸收成本法下的营业收益与变动成本法下的营业收益不同。

5. a. 解释为什么美国公认会计原则要求采用吸收成本法。

b. 解释为什么变动成本法更适合管理层决策。

【答案】

1. 说明吸收成本法与变动成本法对以下各类成本的处理有何不同：

a. 直接材料——均将其作为存货成本。

b. 直接人工——均将其作为存货成本。

c. 变动间接费用——均将其作为存货成本。

d. 固定间接费用：

吸收成本法下将其作为存货成本。

变动成本法下将其费用化。

e. 变动销售和管理费用——均将其费用化。

f. 固定销售和管理费用——均将其费用化。

2. a. 计算吸收成本法下期末存货的单位成本。请列出计算过程。

直接材料	$4.00
直接人工	$3.25
变动间接费用	$1.15
固定间接费用	$2.85
合计	$11.25

b. 计算变动成本法下期末存货的单位成本。请列出计算过程。

直接材料	$4.00
直接人工	$3.25
变动间接费用	$1.15
合计	$8.40

3. a. 计算吸收成本法下的营业收益。请列出计算过程。

收入（10 000 × $32）	$320 000
销货成本（10 000 × $11.25）	$112 500

毛利	$207 500
销售和管理费用	
变动（10 000 × $5.00）	$50 000
固定	$81 000
营业收益	$76 500

b. 计算变动成本法下的营业收益。请列出计算过程。

收入（10 000 × $32）	$320 000
变动销货成本（10 000 × $8.40）	$84 000
制造边际贡献	$236 000
变动销售和管理费用（10 000 × 5.00）	$50 000
边际贡献	$186 000
固定成本：	
固定间接费用（11 000 × $2.85）	$31 350
销售和管理费用	$81 000
营业收益	$73 650

4. 解释为何吸收成本法下的营业收益与变动成本法下的营业收益不同。

当产量大于销量时，吸收成本法下的营业收益高于变动成本法下的营业收益。因为吸收成本法下部分固定间接费用被分摊在存货中，是资产。而变动成本法下所有固定间接费用均被费用化。

5. a. 解释为什么美国公认会计原则要求采用吸收成本法。

美国公认会计原则选择完全成本法的原因：在损益表中，完全成本法准确全面地定义了产品的成本结构，即由材料、人工、变动制造费用和固定制造费用构成，保证了损益表的最终利润符合生产经营的实际结果，准确地定义了会计利润。在资产负债表中，存货的价值因为产品全成本而准确地进行了估值，使得存货价值没有被低估，这充分地保证了企业的资产评估的准确性。

b. 解释为什么变动成本法更适合管理层决策。

（1）在吸收成本法下，营业收益可受产量的控制。而变动成本法下，营业收益不会受产量的控制。只与销量有关，避免管理层为单纯追求高利润而操纵产品/存货。

（2）变动成本法有助于管理层关注变动成本发生的变化，因为他们是可控的。

（3）变动成本法基于边际贡献的分析可以帮助企业进行本量利分析，确定产品生产和销售的盈亏平衡点。

同步测试题 ● ● ●

一、单选题

1. 某公司的数据资料如下，则公司产品销货成本是多少？

期初产成品库存	$150 000
产品的制造成本	500 000
期末产成品库存	200 000
期初在产品库存	250 000
期末在产品库存	100 000

A. ＄450 000　　　　　　　　B. ＄500 000

C. ＄350 000　　　　　　　　D. ＄100 000

2. 某公司今年的单位成本数据如下所示：

原材料	$10.00
直接人工	20.00
变动制造费用	5.00
固定制造费用	5.00
单位成本总计	$40.00

固定制造费用是以年产量 1 000 件为基数计算而得。基于上述资料，若今年的产量是 1 200 件时，则预计发生的制造成本总额将会是多少？

A. ＄47 000　　　　　　　　B. ＄48 000

C. ＄50 000　　　　　　　　D. ＄52 000

3. 下面哪一项可能不会归入生产成本？

A. 冰淇淋制造厂商用的奶油　　B. 冰淇淋制造厂商的厂房财产税

C. 汽车制造商支付的销售佣金　　D. 汽车制造商的轮胎成本

4. 下面哪一种成本在相关范围内当产量降低时仍维持不变？

A. 单位变动成本　　　　　　B. 单位平均成本

C. 单位固定成本　　　　　　D. 变动成本总额

5. 相关范围指的是在某个业务量水平上，

A. 发生相关成本　　　　　　　　　B. 成本波动

C. 产量变化　　　　　　　　　　　D. 成本关系保持不变

6. 如果一家制造公司采用变动成本法计算存货成本，则下列各项成本中，哪些项目应该计入存货成本？

A. 只包括原材料和直接人工成本

B. 只包括原材料，直接人工和变动、固定制造费用

C. 只包括原材料，直接人工和变动制造费用以及变动销售和管理费用

D. 只包括原材料，直接人工和变动制造费用

7. 下面哪一种方法不是用来把联合成本分配至联产品的？

A. 物理计量法　　　　　　　　　　B. 可实现净值法

C. 售价总额法　　　　　　　　　　D. 可分离生产成本法

8. Fashion 公司用棉和涤纶生产女式服装，鉴于同一款式的服装都用这两种布料，公司采用营运成本法。6 月份生产完工 1 000 件棉质的，6 月份还投产 1 500 件涤纶的，材料在生产伊始一次性投入。该月份完工 700 件，剩下的在月末的完工程度为 25%。6 月份期初没有在产品，6 月份发生的成本数据如下：

棉	$10 000
涤纶	22 500
加工成本	13 300

请问该月生产的每件女式涤纶服装的成本是多少？

A. $18.32　　　B. $20.32　　　C. $22.00　　　D. $32.00

9. Southwood 公司采用分步成本法，制造完工时对其产品进行质检。6 月 30 日检测发现 6 月份如下的信息：

完工产品	16 000 件
正常的废品	300 件
非正常的废品	100 件

单位成本：原料，$3.50；加工成本，$6.00。请问公司将要转入产成品存货的件数及转入的相关成本？

	转入存货的件数	成本
A.	16 000	$152 000
B.	16 000	$154 850

C.　　　16 000　　　　　　　　$155 800

D.　　　16 300　　　　　　　　$154 850

10. Colt 公司采用加权平均分步成本法来处理生产一种化合物发生的成本。在生产过程中，当产品完工 80% 时投入材料 B。当月期初在产品存货为 20 000 件，完工率 90%。当月新投产 70 000 件，其中完工 65 000 件，没有发生废品损失。如果期末存货的完工率为 60%，请问该月材料 B 的约当量总计是多少？

A. 65 000 件　　　　　　　　　　B. 70 000 件

C. 85 000 件　　　　　　　　　　D. 90 000 件

11. San Jose 公司采用加权平均分步法。所有材料在开工时一次性投入，加工成本在生产期间均匀发生。公司 5 月份新投产 70 000 件，期初、期末在产品存货资料如下：

5 月 1 日 30 000 件，完工率 40%

5 月 31 日 24 000 件，完工率 25%

假设没有残次品，请问 5 月份用于成本分配的约当产量总计为多少？

　　　材料　　　　　　　加工成本

A. 70 000　　　　　　　　70 000

B. 82 000　　　　　　　　82 000

C. 100 000　　　　　　　70 000

D. 100 000　　　　　　　82 000

12. 某公司只生产一种产品，请利用下面所列的资料计算出变动制造费用的预计分配率：

生产件数	10 000
待销售件数	9 000
间接材料，随产量变动	$2 000
间接人工，随产量变动	8 000
车间主任工资，和产量无关	10 000
机器厂房折旧	20 000
维持机器运转的水电气等费用	5 000
工厂安全照明	6 000
销售及一般行政管理费用	1 000

A. $2　　　　B. $3　　　　C. $1.5　　　　D. $1

13. 某公司管理层希望鼓励其他所有部门，当情况需要时，要把法律部利用起来。为此，法律部发生的成本应该：

A. 按照耗用时间的实际成本，分配给使用其服务的部门

B. 按照实际耗时的预算成本，分配给使用其服务的部门

C. 根据提供的各种服务类型发生的成本，分配给使用其服务的部门

D. 计作公司的一项费用

14. Boston 家具公司生产几种钢质的产品。公司有三个生产部门：锻造部、组装部和精整加工部，辅助部门包括维修部、材料装卸部和设计部；目前公司并未把辅助部门发生的成本分配至生产部门。公司新来的成本会计员 John Baker 认为应该算出各辅助部门的分配率，并按照提供服务的量计进生产部门。若公司采用此新方法，生产部门的经理们最不可能：

A. 要求过多的服务   B. 取代过时和无效的设备

C. 抑制必要服务的使用   D. 更加积极的控制成本

15. Wilcox 公司有两个辅助部门，信息系统部和人事部；两个制造部门，机加工部和组装部；辅助部门之间互相提供服务以及为生产部门提供服务。公司经研究发现，人事部提供服务的部门数量多于信息系统部。若公司采用交互分配法，则将会出现下面哪一种情形？

A. 组装部门的成本分配到信息系统部和人事部

B. 信息系统部的成本分配到机加工部以及机加工部的成本分配到组装部

C. 人事部的成本只分配给信息系统部

D. 信息系统部的成本分配给人事部、机加工部和组装部

16. Wilcox 公司有两个辅助部门，信息系统部和人事部；两个制造部门，机加工部和组装部；辅助部门之间互相提供服务以及为生产部门提供服务。公司经研究发现，人事部提供服务的部门数量远远多于信息系统部。若公司采用顺序分配法，则下面哪一种情形将不会出现？

A. 人事部的部分成本将会分配给信息系统部

B. 信息系统部的部分成本将会分配给人事部

C. 人事部的部分成本将会分配给组装部

D. 人事部的部分成本将会分配给组装部和机加工部

17. Render 公司有四个辅助部门，分别是维修、电力、人力资源和法律部门，以及三个经营部门。辅助部门为经营部门提供服务，他们相互之间也提供服务。下面哪一种辅助部门成本分配方法能最好地识别出辅助部门之间互相提供的服务？

A. 直接分配法   B. 双重比率分配法

C. 顺序分配法   D. 交互分配法

18. 如果一种产品或者几种产品的需求超过了该产品的生产能力，经理人

首先采取以下哪一步骤？
A. 花钱来消除这个"瓶颈"问题
B. 应用作业管理（ABM）来解决这个问题
C. 改变销售拉动型运营
D. 集中精力识别限制生产的因素

19. 在分析质量成本时，要衡量顾客满意度，请问把顾客满意度这一非财务指标包括在内的一个主要原因是什么？
A. 财务指标经常不可靠
B. 非财务指标通常是会计业务流程里面的一部分
C. 在没有数据趋势预测的情况下，非财务指标是有用的
D. 从财务指标中，我们并不能看出哪些具体的地方需要改进

20. 在核算质量成本时，下面哪一项可以归为评估成本？
A. 返工成本   B. 保修成本
C. 产品质检成本   D. 设备维修成本

21. 下面哪一项和外部失败成本不相关？
A. 丧失的销售和顾客   B. 产品现场测试
C. 产品质量诉讼   D. 保修责任

22. 下列选项中，哪一项所列出的功能正确地排列了价值链的顺序？
A. 生产设计、配运、营销   B. 生产、营销、生产设计
C. 研发、营销、客户服务   D. 研发、客户服务、配运

23. Adam 公司从事电脑桌的生产制造，该公司下一年度预算的间接制造费用信息见下表：

部门	辅助部门		生产部门		
	维修部	系统部	机加工部	组装部	总计
预算间接费用	$360 000	$95 000	$200 000	$300 000	$955 000
提供的辅助服务					
来自维修部		10%	50%	40%	100%
来自系统部	5%		45%	50%	100%

若 Adam 公司采用顺序法，从维修部开始把辅助部门发生的成本分配至生产部门。则分配到机加工部的间接费用总计是多少？（结果近似到整数）
A. $415 526   B. $422 750
C. $442 053   D. $445 000

24. Adam 公司从事电脑桌的生产制造，该公司下一年度预算的间接制造费用信息见下表：

部门	辅助部门		生产部门		
	维修部	系统部	机加工部	组装部	总计
预算间接费用	$360 000	$95 000	$200 000	$300 000	$955 000
提供的辅助服务					
来自维修部		10%	50%	40%	100%
来自系统部	5%		45%	50%	100%

若 Adam 公司采用直接分配法将辅助部门的成本分配至生产部门，则分配至机加工部的间接成本将是多少？（结果近似到整数）

A. $418 000

B. $422 750

C. $442 053

D. $445 000

25. 某公司正在考虑采用作业成本法和作业管理法，则：

A. 应该重点关注制造性质的作业，而不要在辅助性质的职能部门施行

B. 这家公司很可能发现在市场上缺乏软件来辅助相关的记录职能

C. 和比较传统的会计方法相比，公司可能会使用更少的成本库

D. 通常公司可能会对发生成本的原因的理解更具洞察力

二、简答题

ACE 是一家生产制造企业。CFO 正在考虑从传统的制造方式转向及时生产的方式，其中一个很重要的部分就是对其向原材料运输和客户运输的运营环节以及时生产的角度来进行优化和评估。CFO 同时也在评估，运输部门业务是否可以通过外包的方式让其他运输公司来进行，这样做和自己进行运输相比有什么优点和缺点。CFO 的助理也在评估自己进行客户运输，未来要进行卡车的购买或者租赁的方式。卡车的售价是 $100 000，每年租赁费是 $20 000，租赁时间为 6 年，而卡车的寿命一般都是 6 年。

问题：

1. 请说明及时生产（JIT）系统的三大优势。

2. 请说明外包的两项优势和劣势。

3. 请指出题目中原材料运输的关键绩效指标。

4. 请说明表外融资的一种形式。

5. 请说明经营租赁和融资租赁在会计上如何处理。

6. 以下三项如何影响投资回报率，这三项分别是：

a. 购买设备；

b. 租赁设备；

c. 外包原材料的运输。

同步测试题答案及解析

一、单选题

1.【答案】 A

【解析】选项 A 正确。根据公式：期初产成品库存 + 产品的制造成本 - 产品销货成本 = 期末产成品库存，可得，产品销货成本 = 期初产成品库存 + 产品的制造成本 - 期末产成品库存 = ＄150 000 + ＄500 000 - ＄200 000 = ＄450 000。

2.【答案】 A

【解析】选项 A 正确。单位固定制造费用＄5 是以年产量 1 000 件为基数计算而得，因此，固定制造费用 = ＄5 × 1 000 = ＄5 000。总制造成本 = (＄10 + ＄20 + ＄5) × 1 200 + ＄5 000 = ＄47 000。

3.【答案】 C

【解析】选项 A 不正确。冰淇淋制造厂商用的奶油应计入直接材料成本。

选项 B 不正确。冰淇淋制造厂商的厂房财产税应计入制造费用。

选项 C 正确。汽车制造商支付的销售佣金不属于生产成本，属于销售费用，其他三项都属于生产成本。

选项 D 不正确。汽车制造商的轮胎成本应计入直接材料成本。

4.【答案】 A

【解析】选项 A 正确。在相关范围内，单位变动成本在产量降低时是不变的。

选项 B 不正确。由于固定成本的存在，单位平均成本随产量降低而增加。

选项 C 不正确。单位固定成本随产量降低而增加。

选项 D 不正确。变动成本总额随产量降低而降低。

5.【答案】 D

【解析】选项 A 不正确。相关成本是财务决策的概念。

选项 B 不正确。不在相关范围内，成本也会发生波动。

选项 C 不正确。不在相关范围内，产量也会发生变化。

选项 D 正确。在相关范围内，成本关系是不变的，具体是指：单位变动成本和总固定成本是不随着量的变化而变化等。

6.【答案】 D

【解析】选项 A 不正确。应该包括变动制造费用。

选项 B 不正确。不包括固定制造费用。

选项 C 不正确。不包括变动销售和管理费用。

选项 D 正确。采用变动成本法时，存货成本包括原材料、直接人工和变动制造费用。

7.【答案】D

【解析】选项 A 不正确。物理计量法是联产品成本分配方法。

选项 B 不正确。可实现净值法是联产品成本分配方法。

选项 C 不正确。售价总额法是联产品成本分配方法。

选项 D 正确。D 项不是分配联产品成本的方法。

8.【答案】C

【解析】选项 C 正确。因为是完全不同的产品（全棉面料和涤纶面料的两种衣服），而且每种衣服都是批量生产，因此使用混合成本法或工序成本法。先计算原材料成本，约当产量是 $700 + 800 \times 100\% = 1\,500$，$\$22\,500/1\,500 = \$15$；转换成本 $\$13\,300$ 是整个公司的，因为是同一款式，假设单位加工成本相同，转换成本的约当产量一个是 $1\,000$，一个是 900（即 $700 + 800 \times 25\%$），因此单位加工成本是 $\$13\,300/(1\,000 + 900) = \$7$，因此涤纶服装的单位总成本为 $\$15 + \$7 = \$22$。

9.【答案】B

【解析】选项 B 正确。首先，非正常废品是不进入存货的，而是直接计入期间费用；然后，只有正常完工的产品才会转入存货中，因此，16 000 件产品转出；转出成本 $= 16\,000 \times \$9.5 + 300 \times \$9.5 = \$154\,850$。

10.【答案】C

【解析】选项 C 正确。本题使用的是加权平均法，因此，期初在制品和本期完工品都是要计入约当产量的，$20\,000 + 65\,000 = 85\,000$ 件；期末的在产品仅仅完成了 60%，不到添加材料 B 的时候，故此不计；材料 B 的约当产量为 85 000 件。

11.【答案】D

【解析】选项 D 正确。首先整理实物流：$30\,000 + 70\,000 = 76\,000 + 24\,000$；此题表明原材料都是 100% 完成，因为原材料最开始就一次性投入，所以只要在产品出现就意味着原材料已经全部投入了，题中的百分比都是指转换成本的，因此，原材料的约当产量 $= 76\,000 + 24\,000 \times 100\% = 100\,000$ 件；转换成本的约当产量 $= 76\,000 + 24\,000 \times 25\% = 82\,000$ 件。

12.【答案】C

【解析】选项 C 正确。题中维持机器运转的水电气等费用、间接材料和间接人工属于变动制造费用，安全照明不是变动的，因此答案是（＄5 000 + ＄2 000 + ＄8 000)/10 000 = ＄1.5。

13. 【答案】D

【解析】选项 A 不正确。按照耗用时间的实际成本分配给使用其服务的部门会使得服务部门在使用时会有所顾忌。

选项 B 不正确。按照实际耗时的预算成本分配给使用其服务的部门会使得服务部门在使用时会有所顾忌。

选项 C 不正确。根据提供的各种服务类型发生的成本分配给使用其服务的部门会使得服务部门在使用时会有所顾忌。

选项 D 正确。公司管理层既然希望法律部门被利用起来，那么不由各部门承担其费用，而是由总部承担费用效果最好，因此将法律费用计入公司的期间费用。

14. 【答案】A

【解析】选项 A 正确。A 是最不可能发生的，因为收费。

选项 B 不正确。B 可能发生，因为要收费，如设备维修费，所以赶紧把旧设备换成新设备。

选项 C 不正确。C 很可能发生，因为收费了，尽可能少用服务，即使有时候是需要的。

选项 D 不正确。D 可能发生，要控制成本是因为现在收费了。

15. 【答案】D

【解析】选项 A 不正确。制造部门的成本不分配到服务部门。

选项 B 不正确。交互分配法下，信息系统部的成本会分配到人事部、机加工部和组装部。

选项 C 不正确。交互分配法下，人事部的成本会分配到信息系统部、机加工部和组装部。

选项 D 正确。交互分配法在分配服务部门的成本时考虑服务部门之间相互提供的服务，引入方程式对交互服务费用进行全面确认。

16. 【答案】B

【解析】选项 A 不正确。因为人事部提供服务的部门数量远远多于信息系统部，所以首先将人事部的成本会分配到信息系统部、机加工部和组装部。

选项 B 正确。采用按步向下分配法时，在多个服务部门，按顺序分摊成本到其他服务部门和生产部门，先分摊向其他服务部门提供最多服务的部门，然后继续分摊次多的，最后分摊服务最少的部门。这种方法仅分摊服务部门单向服务，不考虑相互的服务。分的服务部门任何信息都和继续分配的无关。在本题中，人事部服务最多，应该先分配人事部成本，人事部成本分配完成以后，在分配其他服务部门成本时，人事部不参与分配。因此，信息系统部的成本不会分配到人事部。

选项 C 不正确。因为人事部提供服务的部门数量远远多于信息系统部，所以首先将人事部的成本会分配到信息系统部、机加工部和组装部。

选项 D 不正确。因为人事部提供服务的部门数量远远多于信息系统部，所以首先将人事部的成本会分配到信息系统部、机加工部和组装部。

17.【答案】D

【解析】选项 A 不正确。直接分配法不考虑辅助部门相互间提供的服务。

选项 B 不正确。双重比率分配法不是辅助部门成本分配方法。

选项 C 不正确。顺序分配法只考虑了辅助部门间单向提供服务，没有考虑相互间提供的服务。

选项 D 正确。交互分配法能最准确的分配辅助部门相互间提供的服务。

18.【答案】D

【解析】选项 A 不正确。需要先识别出"瓶颈"，然后再考虑消除这个"瓶颈"问题。

选项 B 不正确。需要先识别出"瓶颈"，然后再考虑作业管理（ABM）来解决这个问题。

选项 C 不正确。需要先识别出"瓶颈"，然后再考虑改变销售拉动型运营。

选项 D 正确。当销量超过产能时，企业必须首先了解使其产能受到约束的原因，即找出约束因素，然后才是增加投资解决"瓶颈"问题。

19.【答案】D

【解析】选项 A 不正确。财务指标通常是可靠的。

选项 B 不正确。非财务指标不是会计业务流程的一部分。

选项 C 不正确。非财务指标的使用与数据趋势没有必然联系。

选项 D 正确。公司往往需要通过非财务指标才能发现需要改进的地方。

20.【答案】C

【解析】选项 A 不正确。返工成本属于内部失败成本。

选项 B 不正确。保修成本属于外部失败成本。

选项 C 正确。评估成本包括以下范畴：对质量进行审查所发生的成本，包括正式和非正式的衡量和评估，以及对市场和竞争对手的监控。比如，对原料、在制品和成品的测试，检查，为实施检测而进行的设备校准，对营运和服务的审计，监控市场反应和竞争对手产品的成本。

选项 D 不正确。设备故障维修成本属于内部失败成本。

21.【答案】B

【解析】选项 A 不正确。丧失的销售和顾客属于外部失败成本。

选项 B 正确。外部失败成本指在向客户交货后，由于质量问题而发生的成本。比如客户投诉，退货，产品收回以及保修责任。产品现场测试属于检测/评估成本。

选项 C 不正确。产品质量诉讼属于外部失败成本。

选项 D 不正确。保修责任属于外部失败成本。

22.【答案】C

【解析】选项 A 不正确。营销应在配运之前。

选项 B 不正确。生产设计应在生产之前。

选项 C 正确。一般意义上，价值链中基本活动包括研发、生产、营销与销售、客服。

选项 D 不正确。配运应在客户服务之前。

23.【答案】C

【解析】选项 C 正确。200 000（本身的）+ 360 000 × 50% +（360 000 × 10% + 95 000）× 45/95 = \$442 053。注意百分比需要时要及时进行调整，不能直接使用，如 45/（45 + 50）而不是直接 45%。

24.【答案】D

【解析】选项 D 正确。分配给机加工部的维修部辅助成本 = 360 000 × 50%/（50% + 40%）= \$200 000；

分配给机加工部的系统部成本 = 95 000 × 45%/（50% + 45%）= \$45 000；

分配至机加工部的总成本 = 200 000 + 45 000 + 200 000 = \$445 000。

25.【答案】D

【解析】选项 A 不正确。作业成本法可用于将辅助部门的成本分配到生产部门。

选项 B 不正确。当前市场上有很多成熟软件可用于作业成本法的实施。

选项 C 不正确。作业成本法与传统方法相比，会使用到更多的成本库。

选项 D 正确。作业成本法会使用到更多的成本动因，对发生成本的原因的理解更具洞察力。

二、简答题

【答案】

1. 请说明及时生产（JIT）系统的三大优势。

（1）存货占用的营运资金低，资金流动率高；存货发生过期、破坏或减损的风险降低。

（2）生产和存货所需空间降低，降低制造成本。

（3）对客户要求作出更快的反应，从而提高收入。

2. 请说明外包的两项优势和劣势。

优点：①使管理层和员工可以将精力集中于核心竞争力和产生收入的战略性活动；②通过获取外部的专业知识和生产规模，改善效率和效益；③避免了间接费用（如员工工资、设备折旧等）。

缺点：①会降低运输这个运营环节的流程控制；②过于依赖外部运输供应商时，可能导致灵活性下降；③如果没有合理运输管理控制和检测，运输的质量可能反而下降。

3. 请指出题目中原材料运输的关键绩效指标。

原材料运输的两个关键绩效指标：①原材料运输的准时率；②原材料运输的损耗或者破损率。

4. 请说明表外融资的一种形式。

在案例中，经营性租赁就是表外融资的一种形式。因为经营性租赁帮助企业能够应用资产（在本案例上，是卡车），但是，该资产可以不在企业的资产负债表中显示，故此，经营性租赁就是典型的表外融资的方式。

5. 请说明经营租赁和融资租赁在会计上如何处理。

经营性租赁从会计角度处理比较简单，在损益表每期记录租赁费为企业的费用，而在资产负债表中资产项记录现金减少（当时现金偿付），或者在负债项中记录应付租金增多（当时未现金偿付）。

融资租赁在会计处理比较复杂，首先要判定该租赁是否为融资租赁。判定标准为：

（1）所有权转移。租赁期满时租赁资产的所有权转移给承租人。

（2）优惠购买权。租赁合同中包含优惠购买的选择权，并且约定的购买价款远低于租赁期满时租赁资产的公允价值。

（3）占尚可使用年限的75%。租赁期在租赁资产尚可使用年限的75%或以上。

（4）公允价值的90%。最低租赁付款额的现值（PV）计划相当于租赁开始时租赁资产的公允价值（FV），即占到公允价值的90%或以上。

满足上述任何一个条件，就被定义为融资租赁。若一项租赁属于融资租赁，承租人应在资产负债中同时反映一项租赁资产和一项租赁负债。

（1）租赁资产的金额按照最低租赁付款额（不含或有租金或履约成本，如保险费或维修费）的现值与租赁资产公允价值两者中较低者列示。

（2）承租人同时列示与不动产、厂房和设备相关的折旧。

（3）租金支付减少融资租赁负债。融资租赁负债是未来租金付款额的现值。未来现金支付分为利息费用和租赁负债的偿还（与普通贷款本金的偿还类似）。

（4）利息费用按照实际利率法核算。

6. 以下三项如何影响投资回报率，这三项分别是：

a. 购买设备；

b. 租赁设备；

c. 外包原材料的运输。

a. 如果购买设备，企业的资产大幅增多。在其他保持恒定的情况下这是会较大降低投资回报率的。

b. 如果租赁设备，在该案例中是融资租赁，企业资产也会大幅增多，这也同样会降低投资回报率。

c. 如果外包原材料的运输，意味着每年付出运输费，而资产项会下降相应的现金。这样会使投资回报率有一定程度的下降。

第 五 章

内部控制

　　内部控制是企业有效实现其经营目标的重要保证。在企业运营过程中，不少管理者往往会因为追求业绩的原因，忽视内部控制的建立和维护，造成了非常惨痛的企业财务损失。从管理会计层面，内部控制从组织的高层出发，引导企业客观认识风险和收益的动态关系，帮助企业建立有效的公司治理结构，并引领下属切实履行管理层指示，并实时检查组织行动、政策和决策的有效性，有力地保证企业经营增长和业绩提高。

本章主要内容：公司管理；内部控制风险；内部控制环境，程序及标准；内部审计的责任与权力；审计类型；会计信息系统控制充分性评估；以及业务连续性计划。

本章占比 15%。

本章近年来的主要考点：①审计的三种风险类型；②内部控制优缺点；③COSO 内部控制整合框架；④职责分离的应用；⑤美国海外贪腐防治法、萨班斯—奥克斯利法案（SOX）；⑥内部审计的类型与应用；⑦一般性控制；⑧输入、处理和输出控制；⑨灾难恢复计划与程序；⑩加密和防火墙的定义等。

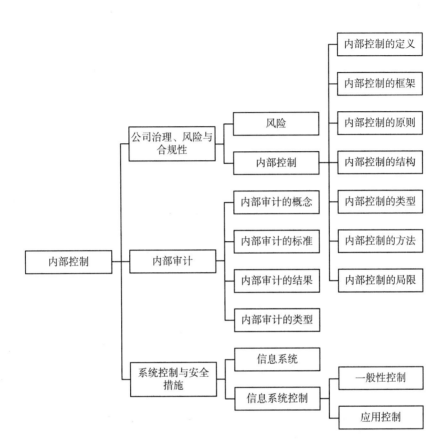

第一节　公司治理、风险与合规性

一、风险

风险是各种带来损失的可能性。任何企业都面临风险，风险可以通过各种形式来损害企业利益。风险既可以来自外部（如黑客入侵系统、政局不稳影响企业经营等），也可以来自内部（如员工串通贪污、员工监守自盗等）。

企业应当对风险进行评估。企业内控系统需要考虑成本效益原则，成本不可能无限大。风险只能降低弱化，不能消除。风险管理是企业对内部控制不断的设计和运营，达到削弱风险评估中发现风险的目的。

风险可以被定性化，也可以被量化。从定性化的角度来看，风险可被分为大、中、小或者被分为重、中、轻。企业有的风险无法量化，只能定性，如员工离职对企业的风险等。

从量化的角度来看，风险是指暴露在各种可能增加损失可能性的条件下的敞口。有的风险必须量化，例如财务风险，只有这样企业才能够准备财务资源进行应对。

风险 = P(t) × P(f) × 该威胁造成的损失额

其中，P(t)：某项威胁发生的概率；P(f)：控制无效的概率。

根据公式中的因子，管理层最小化风险的手段有：防止威胁发生；增大系统控制力度；购买保险或采取其他措施以降低可能的损失规模。

影响风险的五个主要因素：

（1）独立绩效检查的频率。定时严格进行绩效检查，可以有效地降低风险。例如，生产部门进行生产安全的频繁检查，可以让生产部员工注意生产安全，避免出现风险。再如，仓储部进行严格的绩效检查，包括货物盘点、员工考勤，工作纪律等，有利于避免存货风险等。

（2）组织控制方法的充分性。组织控制方法全面、充分，风险就会被降低。①财务方面：企业进行严格的预算，控制企业的生产成本，避免浪费，使各部门在预定的财务资源分配基础中进行运营。②非财务方面：企业经常进行视察，定时开会，要求员工定时提交工作报告，了解各部门和员工的情况，使企业各种运营风险降低。③信息系统方面：企业设置先进的信息系统，员工工作需要在信息系统上进行操作，如 ERP、OA 等，加强企业对员工的操作了解，降低各种风险发生的可能性。

（3）权责相匹配的充分性。权责匹配，经营人员权责对应，风险就会被降低。企业经营者和工作人员的权利义务明确，不越权进行工作，在被赋予了某项权利的同时，也要承担相应的责任。

（4）执行控制措施的连续性。企业要长期监控各部门的控制流程，不能忽紧忽松，只有这样才能降低风险出现的概率。例如，生产部要长期严格执行安全生产，在任何情况下不能违背生产纪律。再如，行政部门要坚决执行授权批准制度，事务超过一定权限必须经授权后才能处理，不能因为某些原因就不执行。

（5）资产、记录、软件或者数据的物理控制的充分性，以及限制其使用权方面系统控制的充分性。

例如，企业对于资产（例如库存）等进行严格的保管制度，无关人员无法进行库管操作；企业敏感的信息、数据等，由专人保管，无关人员无法进行操作；企业对于信息系统，由专人进行管理，不经过允许，不能进行修改、添加或者删除。

从外部审计角度，审计师将风险划分为三种类型：固有风险（inherent risk，IR）、控制风险（control risk，CR）和失侦风险（detection risk，DR）。

（1）固有风险（IR），是指在内部控制缺位时，财务报表中存在重大虚报的可能性，是错误或不正当行为（欺诈）发生的可能性。例如，零售企业销售日常接触现金较为频繁，贪污自盗机会较多，风险较大；反之，批发企业一般采用支票，固有风险就相对较小。

（2）控制风险（CR），是指在何种程度上公司的内部控制可能无法预防或发现超出可接受程度的虚报，是控制无效发生的可能性。例如，公司内部人员串通进行欺诈、管理者不执行内部控制政策、管理者采用不合理的会计原则进行财务预测或者财务报表编制等。

（3）失侦风险（DR）或称检查风险，是指审计证据未能发现超出可接受审计风险的虚报，是某项错误或欺诈未被审计程序察觉，并且审计师也愿意接受这一事实。例如，年底的销售回款在下年一月份，但是企业却将销售回款放入了当年的现金资产中，而审计员没有查出。

如果财务报表存在重大虚报，审计师要承担巨大的责任。审计师签发无保留意见审计报告时，要承担审计失败的风险。可接受的审计风险（acceptable audit risk，AAR）是指审计失灵发生的可能性，取决于管理层诚信、财务报表使用者的数目以及被审单位的财务状况。

$$AAR = IR \times CR \times DR$$

其中，AAR：可接受的审计风险；IR：固有风险；CR：控制风险；DR：失侦风险。

当一个企业固有风险和控制风险越高时，审计师可接受的失侦风险越低，故此审计师要求的审计支持证据越多。由于可接受审计风险是指审计师愿意承担的审计失败风险，故此可接受审计风险越低，表示审计师对风险的宽容度越低，即审计时越严格。

可接受审计风险取决于三个方面的因素如表5-1所示。

表5-1 可接受审计风险的取决因素

因素	关系	说明
管理者诚信	正比关系	• 管理者素质越高，诚信度越高，可接受审计风险就越高 • 审计师认为管理者可以信赖，故此可接受审计风险就可以高一些
被审计单位的财务状况	正比关系	• 财务状况越好，企业就越健康，固有风险越低，财务作假的可能性就越小，故此可接受审计风险就高一些
财务报表使用者数量	反比关系	• 财务报表使用人数越多，对财务报表依赖度就越高。审计师就要在审计过程中更加审慎，审计失败意味着责任巨大。故此，可接受审计风险就越低

【提示】1. 财务报表外部审计的审计意见的类型分为5种，分别是：①标准的无保留意见；②带强调事项段的无保留意见；③保留意见；④否定意见；⑤无法表示意见。

2. 风险应对的措施主要有：规避风险、接受风险、降低风险和分担风险。

（1）规避风险。通过避免受未来可能发生事件的影响而规避风险。规避风险的办法有：通过公司政策、限制性制度和标准，阻止高风险的经营活动、交易行为、财务损失和资产风险的发生；通过重新定义目标，调整战略及政策，或重新分配资源，停止某些特殊的经营活动；在确定业务发展和市场扩张目标时，避免追逐"偏离战略"的机会；审查投资方案，避免采取导致低回报、偏离战略，以及承担不可接受的高风险的行动；通过撤出现有市场或区域，或者通过出售、清算、剥离某个产品组合或业务，规避风险。

（2）接受风险。维持现有的风险水平。做法是：不采取任何行动，将风险保持在现有水平；根据市场情况许可等因素，对产品和服务进行重新定价，从而补偿风险成本；通过合理设计的组合工具，抵销风险。

（3）降低风险。利用政策或措施将风险降低到可接受的水平。方法有：将金融资产、实物资产或信息资产分散放置在不同地方，以降低遭受灾难性损失的风险；借助内部流程或行动，将不良事件发生的可能性降低到可接受程度，以控制风险；通过给计划提供支持性的证明文件并授权合适的人做决策，应对偶发事件，必要时，可定期对计划进行检查，边检查边执行。

（4）分担风险。将风险转移给资金雄厚的独立机构。例如：利用保险产品，在明确的风险战略的指导下，与资金雄厚的独立机构签订保险合同，以减少和转移投资风险。

【提示】风险评估方法包括定性方法和定量方法。常用的风险评估定性方法包括：访谈、集体讨论、专家咨询、问卷调查、标杆分析等。常用的风险评估定量方法包括：概率技术（风险模型、损失事项评估和事后检验）、情景分析、压力测试、敏感性分析等。

【例题 5 - 1】 某公司正在建立风险分析以定量其数据中心对不同威胁的风险。下列哪种情况代表在调整保险收入之后最高的年度损失风险?

发生频率 （年）	损失金额 （$）	保险 （覆盖率%）
A. 1	15 000	85
B. 8	75 000	80
C. 20	200 000	80
D. 100	400 000	50

【答案】 A

【解析】 选项 A 正确。发生频率的含义是每 n 年发生一次，因此，每年发生的概率是 1/n。A 的损失风险 = 1 × \$15 000 × (1 - 85%) = \$2 250，最高的年度损失风险是 A。

选项 B 不正确。B 的损失风险 = 1/8 × \$75 000 × (1 - 80%) = \$1 875

选项 C 不正确。C 的损失风险 = 1/20 × \$200 000 × (1 - 80%) = \$2 000

选项 D 不正确。D 的损失风险 = 1/100 × \$400 000 × (1 - 50%) = \$2 000

【例题 5 - 2】 以下哪项不是一种风险类型?

A. 固有风险　　　　　　　　　B. 失侦风险

C. 安全风险　　　　　　　　　D. 控制风险

【答案】 C

【解析】 选项 A 不正确。固有风险是风险类型中的一种。

选项 B 不正确。失侦风险是风险类型中的一种。

选项 C 正确。安全风险不属于风险类型中的一种。

选项 D 不正确。控制风险是风险类型中的一种。

二、内部控制

（一）内部控制的定义

内部控制是公司管理与控制的一个重要工具，是为实现公司的经营目标，由董事会及公司高层管理者等发起并支持而设计的一套用来为实现有效运营、资产保护、合法合规、财报可靠、完成目标（五大目的）提供合理保障的系统。

（二）内部控制的框架

COSO 是全国反虚假财务报告委员会下属的发起人委员会（The Committee of Sponsoring Organizations of the Treadway Commission） 的英文缩写。1985 年，由美国管理会计师协会、美国注册会计师协会、美国会计协会、财务经理人协会和内部审计师协会联合创建了反虚假财务报告委员会，旨在探讨财务报告中的舞弊产生的原因，并寻找解决之道。

COSO 内控的五要素主要用于指导内控设计和评估，由 COSO 建立，广泛被接受和使用，包括控制环境、风险评估、控制活动、信息与交流、审查和监控。

（1）控制环境。良好的控制环境包括董事会及高层管理者对内控的支持；组织结构体现内控的职责分离以及给予内控及内审人员充分的独立；有相应的内控制度和程序；企业制定的经营目标要合理；管理层的经营方式和风格要廉洁奉公，高标准的职业操守，以身作则支持和执行内控制度。

（2）风险评估。公司应定期或适时做风险评估，全面准确实施内控。风险分为固有风险和剩余风险。固有风险是组织所面临的风险，除非管理层主动采取措施进行规避或缓解，否则固有风险不会消失。固有风险是应首先进行评估的风险。剩余风险就是在管理层采取措施处理固有风险之后所残留的风险。

（3）控制活动。公司应制定和实施有助于确保风险反应得到有效执行的政策和程序，主要控制活动包括职责分离、业务交易审批、独立核对核查、审批权限授权、资产保护等。

其中，职责分离是企业进行内控最重要的内容。四种职责务必要分开，这四种职责分别是业务批准人或业务执行人（如销售、生产、采购，人事等）、记账人（会计人员）、资产保管人（如出纳保管现金及银行存款、仓库保管员保管存货、固定资产保管员保管固定资产等）、账务核对人（如存货盘点、固定资产盘点等）。

（4）信息与交流。相关信息必须以某种形式，在某个时间框架内进行确认、捕捉和交流。这里假设数据交流具有安全性和准确性。业务部门的数据和财务部门的数据要有一定的交流和共享。这样业务部门可以了解企业的财务情况，更好地进行工作。

（5）审查和监控。通过持续的管理行为、独立的评估或者两者相结合的方式实施。内部审计人员、审计委员会、披露委员会和管理层都需参与到监控中，表现形式有员工评估、内审、外审、经理会、公司治理等。

COSO 内部控制整合框架中的五要素总结如表 5-2 所示。

表 5-2 COSO 内部控制整合框架中的五要素

控制类型	主要关注点
控制环境	• 控制环境是指组织的管理理念和风险偏好，包括诚信、道德价值观以及组织所处的营运环境 • 对控制环境影响最大的是管理层理念和经营风格
风险评估	• 风险评估旨在确定风险发生的概率及其重要性程度 • 风险可分为固有风险和剩余风险

控制活动	• 制定和实施有助于确保风险反应得到有效执行的政策和程序，主要包括六项控制活动
	  ○ 权责的划分（工作描述）：董事会的主要责任是董事会必须以股东利益最大化来行动，并不要求建立审计委员会
	  ○ 交易授权系统：规避重复和虚假支付；批准签名、对账以及记录这些行为的表格
	  ○ 充分的文件和记录：文件编号
	  ○ 资产安全：良好的授权系统与职责分离制度
	  ○ 独立验证：由内部人员（内审）和外部人员（独立 CPA 或监督人员）来履行
	  ○ 职责分离：交易的授权与交易的执行、交易的记录以及由交易导致的资产保管相分离

续表

控制类型	主要关注点
信息与交流	• 相关信息必须以某种形式并在某个事件框架内进行确认、捕捉和交流
审查和监控	• 持续的管理行为、独立的评估或者两者相结合 • 内审、审计委员会、披露委员会和管理层都可能参与到监控中来

【提示】COSO – 企业风险管理框架（COSO – ERM）由四类目标、八大要素和四个企业内部的不同层次的单元构成了三维视角的企业全面风险管理模型。其中，四大目标包括：战略、经营、报告与合规目标；八大要素包括：内部环境、目标设定、事项识别、风险评估、风险应对、控制活动、信息沟通和监控；四大层面包括：主体层次、分部、业务单位、子公司。

（三）内部控制的原则

设计有效内部控制的四个原则：①控制原则（提供内控特征）；②兼容性原则（与企业的组织因素和人员因素保持一致）；③灵活性原则（允许交易量的增长和组织结构的变化）；④成本效益原则（关注投入产出比）。

【提示】①无论内部控制设计的多么完善，都不能完全防止故意的欺诈行为。②设计内控双重风险：过于松懈；非常复杂和琐碎。

（四）内部控制的结构

公司章程是设立公司的股东编制的，规定了公司实施经营活动的范围。公司章程是公司实现其职能的宪章。公司章程的内容包括：公司名称和住所；股东名称；公司取得资产的性质；经营范围；公司权力；公司制度以及资本或发行股本数量。

公司规章制度是指股东制定的规则，界定公司实施经营的方法。公司规章制度包括：股东和董事会议；经理人员的任命和职责；发行和转换股票；会计年度；审计人员任命；以及公司规章制度如何修订。

公司政策和流程包括公司的日常经营活动，以及遵循公司的规章制度。

内部控制结构包括三个要素环境如表 5 – 3 所示。

表 5 – 3　　　　　　　　　　　　　　　　内部控制结构

要素环境	主要关注点
控制环境	• 管理层理念和经营风格、诚信和道德价值观 • 股东选举董事会成员，董事会对营运和成果负有最终责任，负责公司的管理、制定公司政策并聘任主要管理层，董事会还负责监督和检查 　○ 设置董事会的主要目的在于指导公司经营决策，确保公司营运符合股东利益最大化 　○ CEO 是董事会代表，负责公司的日常管理活动 • 首席审计官在组织中发挥动态的角色，首席审计官的角色是有效地管理内部审计活动，确保它对组织产生价值，直接向 CEO 报告，并对董事会的审计委员会负责 　○ 其主要责任包括：建立风险为基础的计划；与高层管理者和董事会沟通计划；确保有足够的资源来执行计划；建立指导审计活动的政策和流程；协调活动和分享信息；定期向管理层和董事会报告相关信息；定义工作的本质等

续表

要素环境	主要关注点
信息系统 （会计系统）	• 财务会计系统和营运信息系统 • 可靠性和完整性
控制程序	• 一般控制与具体控制 　○ 一般控制环境可能抵销这些控制的潜在有效性或者导致这些控制潜在无效 　○ 每个一般控制都至少具有一个相应的具体控制 • 内部控制的目的是为实体目标的实现提供合理的保证，实体目标包括 5 个方面（"SCARE"） 　○ 资产的保护（safeguarding）：门锁、安全系统、计算机密码和对重要资产的双重控制、分离交易处理职能、多重接达控制等 　○ 合规性（compliance）：符合现有法律和法规的要求 　○ 组织目标和使命的实现（accomplishment） 　○ 财务报告记录的可靠性（reliability）：预算编制的控制程序、内部绩效报告、交易记账时的会计分类、对账户余额的控制等 　○ 营运效率（efficiency）

　　从美国企业和财务视角来看，企业内部控制的要求来自于《美国海外贪腐防治法》（FCPA）和《萨班斯—奥克斯利法案》（SOX）两部法案。

　　《美国海外贪腐防治法》（FCPA）于 1977 年推出，针对在美国上市的公司，由美国证券交易委员会（SEC）监管，包括两个部分：

　　（1）禁止向海外政府和官员行贿。《美国海外贪腐防治法》禁止在海外从事业务的美国公司为了获得合同或业务而向外国政府支付贿赂。违反的公司及高层管理者会被处以刑事和民事处罚，但适当的催办费除外。催办费是指审批实质上已完成，只是希望最终文件拿到手稍快一些。

　　（2）制作保存账目、记录和账户，并设计和维护一个内部会计控制系统。《美国海外贪腐防治法》要求上市公司制作和保存账目和记录，并以合理的详细程度，公允地反映其资产和交易。同时，上市公司需要设计和维护一个内部会计控制系统，为以下方面提供合理保证：按照管理层的一般或具体授权来执行交易和处理资产并记录交易，使财务报表符合美国公认会计原则；按合理频率将记录的资产与实有资产相比较，对于差异采取适当措施；而企业相关人员接触资产必须能够在管理层的一般或具体授权的允许下进行。

　　21 世纪初的安然等公司的财务作假丑闻，促成了《萨班斯—奥克斯利法案》（SOX）于 2002 年 7 月 30 日后正式签署实施，它包含了影响上市公司及其高管以及审计师的有深远意义的条款，同时美国证监会成立了上市公司会计督察机构（Public Company Accounting Oversight Board，PCAOB）对上市公司和为上市公司进行审计的会计师事务所进行监管和督察。

　　《萨班斯—奥克斯利法案》（SOX）对审计师事务所的要求主要包括：

　　（1）禁止审计师事务所同时为接受审计的客户提供非审计的业务，以此保持审计的独立性。非审计的业务包括记账、会计系统设计、公司内审外包等。

　　（2）会计师事务所的主审计师、主审合伙人或复核审计项目的合伙人，为同一客户连续提供审计服务不得超过 5 年，否则将被视为非法。审计师直接向被审计公司的审计委员会汇报，而不是公司管理层。

（3）避免利益冲突，若公司的总裁、财务总监、主任会计师等高级管理人员等在一年以内刚从某审计师事务所过来任职，则该审计师事务所不能为此公司进行审计。

（4）审计要同时对与公司财务相关的内部控制和对外财务报告发表意见。

（5）审计师事务所应保存审计档案底稿七年。

《萨班斯—奥克斯利法案》（SOX）301 条款对审计委员会的主要要求包括：①审计委员会的每个成员都是报告发布公司董事会的独立董事，并至少要有一名财务专家，如果审计委员会不包括财务专家，必须对此进行披露。成员不能接受与审计实务有关的任何咨询费、顾问费或其他报酬。成员不能与被审计公司或其分公司具有任何附属关系。②审计委员会直接负责选择和监督审计事务所及制定审计费，审计事务所直接向审计委员会汇报。③审计委员会要有相应职权和资金，如需要可聘请独立的咨询和顾问协助审计事务所进行审计。④审计委员会要使用书面程序进行接待及解答关于会计、内控及审计方面的抱怨和投诉，以及包括维护检举者权益和信息保密方面的程序。

《萨班斯—奥克斯利法案》（SOX）302 条款对公司对财务报告责任的主要要求包括：①证监会要求上市公司定期发布报告，一般是季报和年报，要求公司相关主要管理人员，一般是总裁和财务总监，要在对外财务报告中核实确认：在报告上签字的人员已经审阅了报告；此报告不包括重大不真实的内容或没有遗漏重大事实，此报告公允实质地反映了公司的财务状况及经营结果。②管理层负责建立和维护内控系统以保证可靠的财务报告，并在报告前评估了公司财务报告相关的内控系统，并向公司审计委员会及外审通报了重大内控缺陷或欺诈及评估后是否有重大的控制改变。

《萨班斯—奥克斯利法案》（SOX）404 条款对内控的主要要求包括：①公司管理层建立并维护内控程序，并在对外披露的财务年报中有财务报告相关内控的报告，此报告包括：管理层负责建立和维护内控系统的声明；管理层对最近财务年度关于财务报告相关的内控效果的评估以及叙述用于进行内控评估的框架；关于评估后是否有控制方面的重大改变，包括纠正措施的声明。②外审必须要鉴定并报告管理层的内控评估，叙述任何内控方面的重大薄弱事项；外审对内控的评估不是另外单独的一次审计，而是和财务报表审计一起进行，只是需发表两方面的意见。

上市公司会计监督委员会（PCAOB）第 5 号审计准则的主要要求包括：①外部审计师在执行《萨班斯—奥克斯利法案》（SOX）404 条款要求的审计时，须采用以风险基础审计方法（固有风险、控制风险、失侦风险），要求外部审计师对客户进行风险调查、评估，并执行审计。②审计活动要与被审计组织的规模相符。

相关法案条款的规范内容如表 5-4 所示。

表 5 − 4   相关法案条款的规范内容

规范对象	相关条款	主要内容
管理层的责任	《萨班斯—奥克斯利法案》（SOX）203 条款	● 要求公司至少 5 年更换一次负责审计的审计合伙人
	《萨班斯—奥克斯利法案》（SOX）302 条款	● 要求上市公司的 CEO 和 CFO 核实公司的季度和年度财务报告，并要求公司管理层设计和实施内部控制，确保可靠财务报告的编制 ● 要求公众公司主要经理人对公司财务报告的准确性和完整性做出保证，进而保证财务报告的真实性
	《萨班斯—奥克斯利法案》（SOX）404 条款	● 要求制定和实施内部控制制度，并由外部审计师进行审计 ● 管理层必须在文件中证明他们评估内部控制结构和流程的效果符合要求 ● 要求管理层每年都要证明：管理层负责内部控制；内部控制已设计到位，并能对财务活动提供充分的披露；已就内部控制的有效性进行评估 ● 要求会计年报中必须包含内部控制自评报告和管理层提供建立和维护内部控制结构的充分性的责任声明
审计师的责任	《萨班斯—奥克斯利法案》（SOX）201 条款	● 禁止外部审计人员提供非审计服务，例如，记账、内部审计职能、咨询、系统设计等
	《萨班斯—奥克斯利法案》（SOX）404 条款	● 要求外部审计师就财务报告与内部控制的充分性提供证明并提交报告
	第 5 号 PCAOB 审计准则	● 要求审计师在建立审计流程和执行 404 条款审计时遵循以风险为基础的方法。它同时要求按照被审计组织的规模来设定审计的规模，并遵循以原则为基础的方法来确定何时或何种程度上他/她可以依靠其他人的工作（审计测试程度） ● 要求审计师在履行其内部控制评估责任时，采用自上而下的风险评估方法 TDRA——层次化、基于原则的方法
审计委员会	《萨班斯—奥克斯利法案》（SOX）301 条款	● 发行人的董事会必须任命一个审计委员会 ● 审计委员会必须完全由独立于所审计事务的董事组成，意味着审计委员会成员不能接受与审计事务有关的任何咨询费、顾问费或其他报酬，或者与被审计公司或其分公司具有任何附属关系。 ● 要求审计委员会完全由独立于发行人的董事组成，意味着他们不能接受发行人的任何咨询、建议或其他报酬或隶属于发行人或其任何子公司。 ● 至少一名审计委员会成员应该具备 SEC（证券交易委员会）所认可的财务专家资格

公众公司的内部控制	《美国海外贪腐防治法》（FCPA）	● 上市公司必须登记并保存账目、记录和账户，并且在合理的详细程度上，准确并公允地反映公司资产的交易和处置事项
		● 上市公司应设计和维护一个内部会计控制系统，该系统应合理保证：
		  ○ 按管理层的一般授权或具体授权来执行交易
		  ○ 记录交易
		  ○ 只有获得管理层的授权，才可以获得资产
		  ○ 将记录的资产与实有资产相比较，两次比较之间的时间间隔要合理；并采取适当的措施处理二者之间的差额

　　审计财务报告和内部控制时，须进行自上而下的风险评估。自上而下的风险评估需要了解客户的商业环境、了解客户的商业情况、了解客户面临的风

险、了解客户对风险的理解、了解客户的内部控制等。

自上而下的风险评估的 5 个步骤：

（1）确认重要账户或重大披露。找到财务报告中非常重要的账户或者披露因素，例如原材料库存账户、销售账户、应付账款账户、应计费用、工资账户等。

（2）确认上述账户或披露中的重大虚报风险如表 5 – 5 所示。

表 5 – 5 重要账户或重大披露中的重大虚报风险

重要账户	可能存在问题	涉及风险
原材料库存账户	库存过期，无法销售，无法应用	价值（valuation）
销售账户	已经出具的销售单据没有计入账户	完整性（completeness）
应计费用	为客户提供的保修费用没有计算或者计提	权利和责任（rights and obligation）
工资账户	未付的工资没有计入工资账户	完整性（completeness）

（3）确定哪些公司层控制足以处理上述重大虚报风险。公司层控制可能是间接的也可能是直接的。间接的包括控制环境、管理层的道德标准、举报系统等，虽然不能够直接发现和制止虚报风险，但会震慑虚报风险。审计员也需要关心直接的公司层控制，因为这可以直接处理虚报风险。例如，定期检查会计分录，避免交易记录错误；定期进行分账和总账核对，确认交易记录无误。

（4）确立一旦公司层控制失败，哪些以交易为基础的控制可以作为补充。例如，库存管理是否严格；单据是否进行交互检查（给供应商付款前将收到的发票和收货记录进行核对，再进行付款）等。

（5）确定未完成对内部控制的评估，所需的证据收集的性质、范围和时间。评估要考虑相关风险因素，例如，相关交易多、复杂的金融衍生工具交易多、海外交易多等。风险越高，需要搜集的证据就越多，进行样本分析的范围也越大，进行工作的时间就越长。

（五）内部控制的类型

内部控制的五种类型如表 5 – 6 所示。

表 5 – 6 内部控制的五种类型

控制类型	主要关注点
预防性控制	• 防止错误的出现和对资产的不当使用 • 形式：设置进入障碍或门槛、职责分离、监督审查、双重控制（两个人授权）、准确度检查（发票与仓库收据核对）、合理性检查（信用额度验证交易总额）、完整性检查（所有必要内容填完才进入下一步）
检测性控制	• 事后检查所发生的错误，以对预防性控制提供支持 • 形式：全面检查、随机检查，如银行对账单、存货盘点等

续表

控制类型	主要关注点
改正性控制	● 纠正检测性控制所识别出来的问题
指向性控制	● 通过明确的指向性选择，使营运产生正面结果，提高企业的商业形象
补充性控制/ 缓和性控制	● 对控制结构中某些方面的缺陷进行弥补

（六）内部控制的方法

五项控制方法如表5-7所示。

表5-7　　　　　　　　　　　　　　　　五项控制方法对比

控制方法	主要关注点
组织控制	● 确定公司的组织架构；每个部门的目的、职权、责任；各部门授权范围的控制以及报告责任的控制 ● 最主要的组织控制是适度的职责分离
营运控制	● 包括会计和信息系统方面的计划、预算、文档及其控制 　○ 计划和预算也属于营运控制的范畴 ● 交易控制至关重要 ● 组织应具备交易控制系统，以合理保证所有交易均得到授权，并能及时、准确地履行 　○ 所有交易应当被授权，完整，准确和及时
人事管理 控制	● 招聘和选择合适的人员（人事部独立招聘，减少利益冲突） ● 定位、培训和发展（工作定位应在招聘流程刚开始时就进行） ● 监督（对工作流程进行评估并检查工作的产出） ● 人事约束和控制实务（职责轮换、岗位轮调、定期休假）
审查控制或 监控控制	● 正式、连续的方式 ● 定期的审查和审计 　○ 内部审计 　○ 管理层审查 　○ 审计委员会审查：负责编制SEC要求提供的报告；充当董事会和独立审计师之间的桥梁；确保财报真实性以及与现行法律和法规的一致性 　○ 披露委员会：与《萨班斯—奥克斯利法案》一致；披露信息的完整性和准确性 　○ 外部审计
设施和设 备控制	● 主要针对固定资产的控制 ● 维持设备和设施标准的控制：设计、清洗、修理、维护 ● 防止资产被盗或被损害的控制：安全系统、火灾和烟雾警报、防盗门、设备永久编码

【提示】职责分离是指遵循不相容职责相分离的原则，实现合理的组织分工。例如一个公司的授权、签发、核准、执行、记录工作，不应该由一个人担任。所谓不相容职责是指企业里某些相互关联的职责，如果集中于一个人身上，就会增加发生差错和舞弊的可能性，或者增加了发生差错或舞弊以后进行掩饰的可能性。通常对于以下一些不相容的职责必须进行分离：①某项经济业

务授权批准的职责与执行该项经济业务的职责必须进行分离；②执行某项经济业务的职责与审核该项经济业务的职责必须进行分离；③执行某项经济业务的职责与记录该项经济业务的职责必须进行分离；④保管某项资产的职责与记录该项资产的职责必须进行分离；⑤保管某项资产的职责与清查该项资产的职责必须进行分离；⑥记录总账的职责与记录明细账、日记账的职责必须进行分离。

（七）内部控制的局限

内部控制的局限性包括：管理层不执行相关的控制；员工之间、员工与外部人之间的共谋；员工的粗心、误解；控制的成本效益特征。

管理层不执行相关的控制对任何控制系统来说都是一种威胁。如果一个设计良好的控制结构可以任由管理层恣意妄为，所产生的风险敞口就可能与没有控制时一样。

利益冲突对于任何企业来说也是一种威胁。例如，如果某服装零售商的采购代理与某家服装设计制造公司存在财务利益关系，那么在选择供应商时该采购代理与服装零售商之间就存在利益冲突，即对采购代理最为有利的供应商不一定对该服装零售商最有利。

【例题 5 - 3】在内部控制的要素中，管理者相对更看重：
A. 控制环境　　　B. 控制活动　　　C. 风险评估　　　D. 信息与沟通
【答案】A
【解析】选项 A 正确。COSO 内控模型的五大要素中最为重要的是控制环境，它是其他要素的基础。

选项 B 不正确。控制活动不是基础。

选项 C 不正确。风险评估不是基础。

选项 D 不正确。信息与沟通不是基础。

【例题 5 - 4】下列哪一项不是《萨班斯—奥克斯利法案》（SOX）的要求？
A. 审计委员会必须完全由独立于所审计事务的董事组成
B. 上市公司的 CEO 和 CFO 要证实公司季度财务报告和年度财务报告的真实可信度
C. 外部审计师必须就管理层对内部控制结构和程序的评估提供证明和报告
D. 禁止在海外从事业务的美国公司为了获得合同或业务而向外国政府支付贿赂
【答案】D
【解析】选项 A 不正确。《萨班斯—奥克斯利法案》（SOX）301 条款要求审计委员会必须完全由独立于所审计事务的董事组成。

选项 B 不正确。《萨班斯—奥克斯利法案》（SOX）302 条款要求上市公司的 CEO 和 CFO 要证实公司季度财务报告和年度财务报告的真实可信度。

选项 C 不正确。《萨班斯—奥克斯利法案》（SOX）404 条款要求外部审计师必须就管理层对内部控制结构和程序的评估提供证明和报告。

选项 D 正确。禁止在海外从事业务的美国公司为了获得合同或业务而向外国政府支付贿赂是《美国海外贪腐防治法》（FCPA）的要求。

【例题 5 - 5】下列哪一项措施不属于预防性控制？
A. 超过一定金额的交易需要两个经理授权
B. 采购、销售等程序中需要实行职责分离
C. 对于订单抽查发现的错误进行修改
D. 在输入订单时系统自动进行完整性检查
【答案】C
【解析】选项 A 不正确。A 是双重控制（两个人授权），属于预防性控制。
选项 B 不正确。B 是职责分离，属于预防性控制。
选项 C 正确。C 是改正已经识别出来的问题，属于改正性控制。
选项 D 不正确。D 是完整性检查（所有必要内容填完才下进入一步），属于预防性控制。

【例题 5 - 6】Ace Contractors 是一家大型区域性总承包商。随着业务不断增长，该公司聘用 Eddie Li 来担任主计长一职，他负责分析每月的利润表以及核对以前由唯一的会计助理 Susan Zhao 处理的所有账户。Li 注意到，尽管在过去几个月未启动任何新项目，但二月份发生了数额很大的拆除费用。由于 Li 并未预计到会有如此庞大的一笔拆除费用，而且预算中也没有任何此类费用，因此 Li 进行了一些深入调查。他发现，所有这些费用都是向另一个银行账户进行的银行转账。经过进一步的调查后，他终于查清 Zhao 一直在从公司的银行账户向她自己的账户转移资金并记录虚假开支，使银行账户对账不会出现任何问题。虽然总裁在使用支票前会将预先编号的支票锁起来，并且亲自签发所有的付款支票，但他并不知道可以通过互联网进行转账。Li 还复核了由办公室经理编制的银行对账单，由于期末余额合理，因此这种欺诈行为并不明显也未被发现。
问题：
1. a. 请指出并说明应适当分离的四项职责。
b. 请指出并说明 Zhao 拥有的使她得以窃取公司资金的两种本不相容的职责。
2. 请指出并说明该公司为保护其资产已经采取的两种措施并推荐两种可以加强这方面控制的措施。
3. 请参考 COSO 的内部控制框架来回答以下问题。
a. 请指出并描述内部控制的三个目标。
b. 请指出并描述内部控制的五个要素。

4. 请指出并解释能为公司提供合理保证的三种内部控制措施。

【答案】

1. a. 四项职责：

- 授权执行某项业务的职责。
- 记录该项业务的职责。
- 保管某项资产的职责。
- 定期清查该项资产的职责。

b. Zhao 可以转账，同时可以记录这笔业务。Zhao 执行业务，记录业务的职责不应该相容。

2. 已经采取的措施：

- 对支票进行管理。
- 总裁亲自签发所有的付款支票。
- 支票预先编号。
- 制定预算，并与实际进行比较，确认差异。

可以加强的控制：

- 限制互联网转账功能。
- 定期随机抽取费用科目的业务进行审计。
- 分离不兼容职责。

3. a. 三个目标：

- 促进运营的效率和效益。运营应该尽可能有效。
- 符合适用的法律法规。遵守符合一切适用的法律法规。
- 财务报告的可靠性。财务数据应该可靠及时，能够帮助管理层或外部使用者制定决策。

b. 五个要素：

- 控制环境。控制环境提供企业纪律与架构，塑造企业文化，并影响企业员工的控制意识，是所有其他内部控制组成要素的基础。
- 风险评估。辨认和分析可能发生的风险。
- 控制活动。确保管理阶层的指令得以执行的政策及程序。
- 信息与沟通。按某种形式辨识、取得确切的信息，并及时进行沟通，以使员工能够履行其职责。
- 监控。适时评估控制的设计和运作情况的过程。

4. 三种内部控制措施：

- 职责分离。
- 盘点资产，并与记录核对。
- 对资产设置授权，仅获得授权的人员可以访问。

【例题 5－7】下列哪一项是内部控制系统的局限性？

A. 内部审计师一项主要职能是发现错误和欺诈行为

B. 审计委员会由独立董事构成

C. 内部控制系统的成本超过其带来的效益

D. 管理层须对内部控制系统负责

【答案】C

【解析】选项 A 不正确。内部审计师一项主要职能是发现错误和欺诈行为不是局限性。

选项 B 不正确。审计委员会由独立董事构成不是局限性。

选项 C 正确。当内部控制系统的成本超过其带来的效益时，实行该内部控制系统的压力和阻力是较大的。

选项 D 不正确。管理层须对内部控制系统负责不是局限性。

第二节　内部审计

一、内部审计的概念

《美国海外贪腐防治法》要求上市企业有合理的内部会计控制；SOX 要求上市企业管理层对建立和维护内部控制负责；有些证券交易所要求在该所上市的公司都必须有内审机构等背景环境要求下，内部审计越来越被认为是现代公司治理很重要的因素。

内部审计是独立、客观的运作，可以给企业其他部门提供咨询，可以给企业增值、帮助企业改善运营，其在机构上独立、态度上客观。

内部审计的主要目的包括：①内部控制——评估内部控制政策和程序的设计、有效性和执行情况，并评估公司的绩效质量；②风险管理——确保企业的风险都能得以应对，以具有效率和效益的方式实现企业的目标和使命。

内部审计的主要职能包括：①帮助公司高层维护公司的内控系统；②帮助公司高层改善企业运营；③协助外审进行相关审计。

内部审计的管理架构包括：①内部审计部门向首席审计官（Chief Audit Executive，CAE 或称内部审计总监）汇报；②首席审计官向首席执行官（CEO）汇报，也可直接同时向董事会汇报；③如果是上市公司，首席审计官则直接向审计委员会汇报，审计委员会是董事会的一个分支。

内部审计总监负责管理审计部门，包括建立以下控制：①确立内部审计部门的目的、职权以及责任；②制订执行部门职责的计划；③确定用以指导审计人员的书面政策和程序；④制订选择和开发审计部门人力资源的方案；⑤协调内外部审计；⑥制订质量保证方案以评估内部审计部门的运营情况。

二、内部审计的标准

国际内部审计师协会（IIA）的三类标准：

1. 属性标准是实施内部审计活动的组织和人员特征，即内审人员和内审活动应当是什么样的。属性标准为以下几方面提供指导：目的、职权和责任；独立性和客观性；熟练程度与职业谨慎；质量保证和改善方案。

（1）目的、职权和责任——参照国际内部审计师协会（IIA）具体标准设定，由董事会批准。

（2）独立性——内审的活动不应被别的部门干预，也不能偏袒某部门，应能汇报到最高层。主要包括以下方面：①最高审计官应有足够高的汇报链，如董事会，如果汇报链短，则内审会受到各部门的牵制；②内审工作的履行不应偏袒组织内的任一领域和职能，内审不应当因为某个部门重要或者地位高而迁就；③内审工作的范围、执行和结果不应受任何干预，内审工作独立，任何部门都应当尊重配合其工作。

（3）客观性——内审人员应避免利益冲突，审计范围需定期轮换，内审职能需要被监督。主要包括以下方面：①内审人员应避免利益冲突。内审人员和部门工作人员不应当是同样的人。②内审人员的审计范围应该定期轮换。内审不应当固定在一个审计范围，这样审查就客观。③由一个内审工作之外的人员监督首席审计官所负责的职能和审计。首席审计官同样需要监督和管理，由非内审人员监督首席审计官，有助于其工作结果客观公正。

（4）熟练程度——内审人员应具备相应专业能力，并且接受持续教育。主要包括以下方面：①内部审计部门应具有履行其职责所需的专业知识，但不需达到该领域专业人员的程度。例如，计算机部门的内审应当了解计算机技术，而不能完全不懂。②内部审计人员应设立持续的专业发展计划。应当给内审人员经常性的专业培训，提高其专业水平。

（5）谨慎性——内审人员应具备合理的谨慎，维护公司的利益。内部审计人员在审计工作中应具有合理的谨慎。内审在从事审计工作中所进行的分析应当审慎、进行专业交流应当审慎、在专业机密的保守上要审慎。

（6）质量保证和改善方案——实际上是对内审本身活动进行监督、检查和提高。这个方案必须长期、定期和持续进行，以保证并提高内审的质量。质量保证和改善方案的核心是保证：内审活动合规（符合企业的章程、内审协会的要求和道德标准）；内审活动有效益和效率；内审活动为企业和其利益方带来价值。内审职能应当五年进行一次外部评估，方案应当提高内审对组织的价值，高管应当对此有所沟通和了解。

2. 绩效标准描述内部审计行为的性质，提供评估审计服务绩效的质量标准，即内审工作流程和内容。主要内容包括：

（1）内审活动的管理——内审活动由首席审计官负责。首席审计官的作用是有效的管理内部审计活动，以确保内部审计活动可以增加组织的价值，职责有：制订计划；与高管和董事会沟通计划；确保资源执行计划；制定政策和程序指导审计；协调并共享信息；定期向高管和董事会报告。

（2）定义内审工作的性质——内审方法应当系统、科学和规范，有效对企业进行内审。使用系统性和规范化的方法评估和改善风险管理、控制以及公司治理，以使审计活动目标与组织整体目标相一致。

（3）内审活动的计划——内审活动应当明确目标，找到经营活动的风险和控制风险，改善其风险管理和风险控制机会；活动的目标和绩效控制；该活动面临的重大风险及风险控制方法；与相关模型相比，该活动的风险管理和控制系统的充分性和有效性；改善该活动的风险管理和控制的机会。

（4）执行审计活动——执行内审时，内审员需要记录和评估信息，内审管理者应当对信息披露权限有所规定。内审人员应确认、分析、评估并记录充分的信息；首席审计官控制对记录的访问并制定记录保留要求和政策。

（5）结果的沟通——内审结果应当被有效地进行沟通，帮助管理者形成未来的行动计划。沟通审计目标、范围、结论、推荐建议和行动计划。

（6）监控进度——内审应当监控管理者对内审意见相应的行动计划的执行情况。跟踪流程，确保实施建议或接受风险。

（7）管理层接受风险的决定——内审应向董事会报告组织可能接受了不可承受的高风险。确定剩余风险，如果首席审计官认为高管接受了组织不可承受的高水平风险，首席审计官和高管应向董事会报告。

3. 实施标准是内审针对不同的业务活动实施相应的标准，就如何在不同业务活动中使用特定的属性或绩效标准提供具体指导。

【例题5-8】下列哪项不属于对内部审计人员独立性的要求？
A. 最高审计官应有足够高的汇报链
B. 内审工作的履行不应偏袒组织内的任一领域和职能
C. 内审人员的审计范围应该定期轮换
D. 内审工作的范围、执行和结果不应受任何干预
【答案】C
【解析】选项A不正确。最高审计官应有足够高的汇报链是独立性的要求。

选项B不正确。内审工作的履行不应偏袒组织内的任一领域和职能是独立性的要求。

选项C正确。内审独立性主要针对内审职能，内审客观性主要针对内审人员。C强调的是客观性，而非独立性。

选项D不正确。内审工作的范围、执行和结果不应受任何干预是独立性的要求。

【例题5-9】下列哪项不属于IIA规定的内部审计标准类型？
A. 属性标准　　　　　　　　　B. 特征标准
C. 绩效标准　　　　　　　　　D. 实施标准
【答案】B
【解析】选项A不正确。属性标准属于IIA规定的内部审计标准类型。
选项B正确。IIA的三类标准包括属性标准、绩效标准和实施标准。特征

标准不属于 IIA 规定的内部审计标准类型。

选项 C 不正确。绩效标准属于 IIA 规定的内部审计标准类型。

选项 D 不正确。实施标准属于 IIA 规定的内部审计标准类型。

三、内部审计的结果

审计报告的潜在受众包括分部经理、营运经理（内审结果可以使分部经理和运营经理了解自己部门的运营控制有效性和自己的绩效，有利于做出改进）、高级管理层、董事会（高级管理层和董事会了解内审的结果，能够发现问题，通过调配资源解决问题，提高企业运营）以及外部审计人员（如果外审人员认为企业的固有风险和控制风险低，则会用内审的结果和资料作为审计的参考，高度敏感性信息的处理方式应咨询法律人士）。

根据 IIA 标准，如果法律、监管规定或者法规没有强制性要求，在向组织之外各方披露审计报告结果前，首席审计官应：①评估对组织的潜在风险；②适当时咨询高级管理层和/或法律人员；③通过限制对审计结果的使用，控制报告的传播。

审计报告可能包含若干个发现或者需要解决和认识到的问题，每个发现都可能是正面的或负面的，应在独立的总结表中记录。负面发现称为例外情况。审计发现可以根据相关内外的要求，以及面临的风险，度量公司绩效并采取相应的行动。

审计过程中的发现包括：

（1）一般发现（包括控制程序不充分、控制程序未能遵守、资产保护措施不充分、资源无效分配等）。

（2）具体发现（每个一般发现都应具有具体发现和坚实的证据提供支持）。

（3）总结表（记录每个发现，包括具体发现、政策/法律标准和预期、发生原因、影响及推荐建议）。

审计报告中发现总结表的内容包括：

（1）发现的状况（是什么）。

（2）政策、法律标准或预期（应该是什么）。

（3）该状况的影响。

（4）发生这些状况的原因。

（5）与具体控制目标相关的推荐建议。

推荐建议应符合的要求包括：

（1）确认内部控制细节，以及所涉及的相关风险。

（2）建议应确定改变所要实现的目标（具体的战略和战术问题留给管理层解决）。

（3）建议应简洁明确，但又要足够全面。

（4）建议应有充分的证据支持。

（5）建议应便于实施，即解决问题所需的支出、时间及人员配备要求都很容易达到。

审计建议类型包括：

（1）不进行改变（如果审计人员认为没有重大问题，将推荐不采取任何变化，重大问题包括不符合监管的规定、对资产的安全保护不够以及交易控制不充分等）。

（2）修改内部控制政策和/或程序。

（3）为在审计过程中发现的潜在风险增加保险或者保障（审计人员必须确定保险的适当性符合成本效益原则。依据风险的性质，考虑是否涉及道德问题或者实际操作因素）。

（4）根据相关风险调整规定回报率（相对于风险来说，是否存在预期回报率过低或过高）。

【提示】如何实施是管理层的责任，不是内审的责任。

审计证据的形式包括：

（1）主要证据（审计人员所收集的证据，作为直接证据）。

（2）次要证据（审计对象或第三方所收集和提交的证据）。

（3）文件证据（支票、采购单、考勤卡等，验证主要和次要证据）。

（4）专家意见（技术专业的领域需要专家帮助和参与）。

（5）情况证据（一些导致审计人员怀疑特定问题存在的条件和情况）。

（6）分析性证据（包括财务比率、对财务报表的纵向与横向分析等内容）。

【例题 5 - 10】下列哪项不是首席审计官在对外公布审计结果前所要履行的事项？

A. 向外部审计师提供总结报告

B. 评估对组织的潜在风险

C. 限制对审计结果的使用

D. 适当时咨询高级管理层和/或法律人员

【答案】A

【解析】选项 A 正确。由于保密问题，内部审计的有些报告是不需要提供给外部审计师的。

选项 B 不正确。评估对组织的潜在风险是首席审计官在对外公布审计结果前所要履行的事项。

选项 C 不正确。限制对审计结果的使用是首席审计官在对外公布审计结果前所要履行的事项。

选项 D 不正确。适当时咨询高级管理层和/或法律人员是首席审计官在对外公布审计结果前所要履行的事项。

四、内部审计的类型

内部审计包括以下四类，如表 5 - 8 所示。

表 5 - 8   内部审计的类型

类型	目标	主要关注点

财务审计	确定整体财务报表是否可以公允地反映公司的营运状况和财务状况	• 范围：财务报表
		• 受众：董事会和高级管理层
		• 内部财务审计 vs 外部财务审计
		  ○ 内部财务审计具有前瞻性，发现问题，进行查处，改进
		  ○ 外部审计具有回溯性

经营/营运审计	向董事会和高级管理层确保公司目标和使命可以实现，并识别进一步改善的机会	• 营运审计是内部审计最关注的部分
		• 根据公司和行业标准、公司目标以及现行法律法规，对公司效益进行常规性和系统性评估的工具
		• 方式：
		  ○ 在全公司范围内查找与改善营运效率和效益有关的问题
		  ○ 通常以建设性批评的形式进行

合规性审计	确定公司是否遵守了现行法律和法规、专业和行业标准，或合同责任的要求	• 方式：
		  ○ 可能是财务审计或营运审计的一部分，也可以作为单独的审计过程
		  ○ 可以由管理层发起，也可以由法律或法规要求进行
		• 步骤：
		  ○ 确定管理层是否有一个识别现行政策、程序、标准、法律、法规的制度
		  ○ 评估控制措施是否得当，以及是否被遵循

向管理层提供内部审计帮助	向营运管理层和董事会高级管理层提供内部审计帮助	• 营运管理层面
		  ○ 向营运管理层建议需要改善的领域以及提供合适的激励机制
		  ○ 通过内部审计对董事会和高层管理者的影响力，帮助营运管理层获得上层支持，以解决问题、实现改善
		• 董事会和高级管理层面
		  ○ 审计报告帮助董事会和高管确定风险程度和类型
		  ○ 审计报告向董事会和高管提供营运及控制细节方面的信息，辅助决策

【例题 5 - 11】 与外部审计相比，内部审计更关注的领域是：

A. 财务审计   B. 营运审计

C. 合规性审计   D. 付款流程审计

【答案】B

【解析】选项 A 不正确。财务审计不是内部审计最关注的部分。

选项 B 正确。内部审计更关注的是营运审计。

选项 C 不正确。合规性审计不是内部审计最关注的部分。

选项 D 不正确。付款流程审计不是内部审计最关注的部分。

【例题5-12】 下列哪种审计最有可能强调有关资源的经济和有效使用目标?

A. 合规审计

B. 信息系统审计

C. 独立审计

D. 营运审计

【答案】 D

【解析】 选项A不正确。合规审计主要是确定公司是否遵守了现行法律和法规、专业和行业标准,或合同责任的要求。

选项B不正确。B不是内部审计的类型。

选项C不正确。C不是内部审计的类型。

选项D正确。营运审计的目的是评估公司或其分支,部门或流程的效率和效益;关注资源利用的经济性和有效性。

第三节　系统控制与安全措施

一、信息系统

信息系统按职能划分可分为财务会计信息系统和营运信息系统。财务会计信息系统生成财务报表、预算以及提交管理者的成本报告;营运信息系统收集与各项营运活动相关的信息并生成供管理者使用的报告。

信息系统面临的威胁主要包括:

(1) 输入操纵(输入错误数据)。

(2) 程序变更(通过天窗绕过安全系统变更程序)。

(3) 直接修改文件;数据被盗;蓄意破坏。

(4) 病毒(将一种恶意软件复制植入电脑程序、数据文件中,当执行该恶意软件时,它会对电脑程序、数据文件或电脑硬盘产生破坏作用)。

(5) 木马程序(在一些明显无害程序或数据中包含恶意或有害代码的程序,进而控制或对它选择的文件产生破坏作用)。

(6) 钓鱼软件(通常以精心设计的虚假网页引诱用户上当,达到盗取用户名、密码、信用卡信息或社会安全号码等目的)。

二、信息系统控制

信息系统控制主要分为一般性控制和应用控制。具体如表5-9所示。

表 5 – 9　　　　　　　　　　　　　　　　　信息系统控制

类型	组成部分	主要关注点
一般性控制（与计算机、技术或信息技术职能相关的控制）	组织控制、人事控制和营运控制	• 职责分离 　○ IT 职能与组织的其他职能相分离 　○ IT 职能内的系统开发（应用程序员、分析师）、IT 操作（计算机操作员、输入/输出操作员）和技术支持（网络管理员、数据库管理员、安全管理员、系统程序员）相互分离 • 休假规定 　○ 要求特定职位的人员定期休假一定时间 　○ 在这种机制下，任何账户欺诈行为都很快会被发现 • 计算机访问控制 　○ 用户授权 　○ 访问权限 　○ 实施跟踪异常访问或异常使用
	系统开发控制	• 系统开发生命周期四阶段： 　○ 分析：了解系统本身、确立合适的设计规格（注：内审不能参与系统分析） 　○ 设计：确立系统规格用书面形式详细记录各项规格要求 　　■ 设计流程：①原型设计（便于修改）；②编程/开发（至少两个程序员进行开发）；③编程小组测试；④最终用户测试（注：③、④项属于质量保证，要求兼容可靠；先导测试——评估单部门的使用稳定性；平行测试——保证全公司系统稳定性） 　○ 实施：系统通过测试，得到用户接受并批准对外发布后，由原有系统向新系统转换 　○ 维护：监控新系统的运行，确保其达到设计目的（定期在应用低峰的时段维护）
	网络控制、硬件控制和设施控制	• 设施控制与硬件控制 　○ 物理接触、环境威胁、人为破坏、电涌或停电、高峰处理、单个用户密码 　○ 网络控制：使经过授权的员工可以访问和使用公司的数据和程序 　○ 数据的加密和传输（①数据加密——数据从一种易于以本地语言读取的形式转化为只能使用密钥读取的秘密代码；②路由验证——双重传输和回送检查；③信息确认——降低数据在传输过程中被拦截和在传输中出错或被改变的风险） 　○ 病毒防护与防火墙（阻止非授权访问） 　○ 入侵检测系统（安全事件日志）
	备份控制和灾难恢复控制	• 确保数据不会因为病毒、自然灾害、偷窃、删除、硬件故障以及软件故障方面的问题而丢失 • 形式：定期备份；归档；灾难恢复计划 　○ 灾难恢复计划（企业持续计划 BCP）要素：详细的文字说明；场外备份；灾后数据恢复小组；高层支持；风险评估；优先排序；灾后恢复流程和程序；员工沟通；软硬件支持 • 热站：计算机系统配置与公司现有系统类似；双重系统同时运作，一旦主系统崩溃，可以自动转至备份系统 　○ 恢复速度很快，适用于数据非常敏感的企业 • 冷站：公司在该站点须临时安装设备和配备人员，并使用备份文件开始运营 　○ 仅有硬件，需要安装设备之后才能数据恢复，适用于数据并不非常敏感的企业
	会计控制	• 确认或质疑会计分录和财务报表所记录数据的可靠性 • 批次总数、控制账户、核销或取消、反馈控制（事后行为）、前馈和预防性控制（概率预测）

续表

类型	组成部分	主要关注点
应用控制（与信息系统具体应用相关的控制）	输入控制	• 目的：在操作人员输入数据时进行检查，及时改正错误，以确保报告数据的准确性和可靠性 • 常用方法： ○ 手工方法：批控制（批号、记录数目、控制总额、数字总和）；审批机制（审批后才能输入）；双重观测（双人监督下输入）；监督程序（获得授权后输入） ○ 自动方法：冗余数据检查（重复数据）；对未发现的记录进行测试（有效性测试、主文件检查—实时处理和批处理）；预见检查（条件关系合理性）；预见格式化屏幕（仅有某些选项可用时、单选多选）；交互编辑（字符检查、完整性检查、上下限、范围或合理性检查、通过所有编辑检查）；校验数位（所有数字运算）
	处理控制	• 目的：确保系统按规定对数据进行处理，包括能够对经济业务进行正常处理；业务数据在处理过程中没有丢失、增加、重复或不恰当的改变 • 常用方法：机器处理；标准化；默认选项；批余额；运行到运行的总计（上一个输出与下一个输入一致）；余额（总账和明细账）；配比（三单匹配）；暂记待结转账户（中转科目为0）；备忘录（按时间顺序排列待处理）；冗余处理（两个人分别计算同一数据比较是否相等）；尾部标记（顺序编号的最后一个号表示记录总数）；自动错误修正（支付额超过账户余额时会自动生成付款通知）
	输出控制	• 目的：保证系统生成的数据文件和报告准确和可靠 • 常用方法：与确认处理结果相关的控制（活动报告和例外报告）；与输出结果的分发和处理相关的控制（表格控制、如何分发、分发形式、密码、访问限制） • 具体形式：对账（总额与明细）；时效（账龄）；挂起文件（未处理完成的项目）；暂记账户；定期审计（供应商确认函）；差异报告

（一）一般性控制

1. 组织控制与人事政策。

（1）职责分离。

与信息系统控制相关的职责分离主要包括以下几个方面：

①将 IT 职能与组织的其他职能相分离。首席信息官或首席技术官应向总裁报告工作。

②IT 职能内的系统开发、IT 操作和技术支持也应相互分离。其中，系统开发涉及应用程序员、分析师；IT 操作涉及计算机操作员、数据库管理员；技术支持涉及网络管理员、数据库管理员、安全管理员、系统程序员。

③信息系统控制应明确界定与会计子系统和营业子系统相关的责任，并确保恰当的分离。对所有交易的授权应在 IT 职能之外进行。IT 职能只负责处理、储存以及信息和数据的传达。信息和数据的所有权完全归于用户。在更改主文件或交易文件之前应由合适的会计人员进行授权，使用更改申请表格或日志。

④职责分离方面的控制应包括信息处理部门的职责分离：从事信息系统设计、开发及维护的人员不能参与日常交易的处理；从事数据录入的人员不能访问程序文件或源代码；数据库由数据管理员负责；网络管理员负责所有数据通

信软硬件以及这些软硬件的应用；安全管理员负责用户访问权限的分配与控制。

应用软件应包含跟踪程序变化的功能，包含对程序维护和程序修改实施监督审查。

（2）休假规定。

很多欺诈图谋需要持续地采取行动，经常地篡改账目。公司设置了一定的控制措施，要求特定职位的人员休假一定时间，任何账户欺诈行为都能很快得以发现，使得员工没有时间掩盖欺诈行为。

（3）计算机访问控制。

计算机访问控制包括如下三要素：①用户授权。只有获得授权的用户才能访问系统。②访问权限。管理员可以控制单个用户的访问权限以及各个用户对系统信息的访问。③实施跟踪异常访问。对系统的使用可以按访问日期、访问持续时间以及访问地点来实施跟踪，以发现异常访问或异常使用。

2. 系统开发控制。

系统开发控制开始于制定合适的系统开发标准，标准应能涵盖系统开发生命周期的四个阶段，包括：分析、设计、实施、维护。

（1）分析。

分析具有双重目的：了解系统本身以及确立合适的设计规格。

设计包括总设计（总体设计或概念设计）和细节设计（软件选择或软件开发）。

组建一个小组监督新系统的设计、开发（或选择）以及实施。该小组应由信息系统部门以及其他部门的员工组成，还应包括新系统的管理人员和最终用户。

对新信息系统开发、安装及测试实施审计的审计人员不能参与对会计系统和相关职能领域的审计工作。

（2）设计。

实施系统开发工作之前，应确立系统规格并用文字的形式详细记录各项规格要求。

应研究当前系统的功能，确定当前无法满足的需要，及新系统必须具有或应当具有的其他特征。

小组中应包含不同领域的人员，以确保新系统的设计能兼具实用性、合适的报告能力和内部控制等方面的需要。

设计阶段包括：原型设计、编程/开发、质量保证等。

①原型设计。原型就是新系统的雏形，它可以向最终用户和设计者展示该系统如何进行操作和处理。原型展示了系统的界面设计和一般特征。原型只包括执行系统功能所需的最少编码。原型开发阶段，通常需要大量的修改。

原型设计的目的：避免系统开发完成后才发现重大设计缺陷。

②编程/开发。原型设计被批准后，就可以开始系统的开发。控制政策应当确保没有任何一个程序员或系统分析师能全盘负责整个信息系统的设计或开

发。以防止程序员植入恶意子程序——比如特洛伊木马程序。审计人员应采用多种方式进行控制测试，以防止特洛伊木马程序。

编程/开发阶段还应该关注：编码错误将导致不准确的数据；系统符合设计要求但是不能满足数据存储和处理需要。

③质量保证。首先，必须保证新系统与其他现有的程序和硬件可以兼容。其次，必须使用可靠数据对系统进行彻底的测试，旨在确认系统漏洞和系统可用性。在对整个系统进行测试之前应首先进行单元测试。对系统的最终用户测试可分为两种类型：a. 先导测试也称为贝塔测试，它是由一个经过遴选的小组对系统进行的最初测试，而大部分公司部门仍继续使用原来的系统软件。b. 平行测试涉及在新系统和原有系统中输入和处理相同信息，并比较输出结果。成功完成测试后，应使用正式文件记录用户对该系统的接受，文件中应有相关用户管理者的签名。

（3）实施。

在系统经过测试、得到用户接受并批准对外发布后，编程人员就会将系统文件和程序说明书提交给系统管理员，该管理员负责新系统的发布（负责从原有系统向新系统的数据转换）。

（4）维护。

随着时间监控系统的运行，以确保将绩效维持在想要的水平上。可视控制软件能跟踪程序的所有变化以及对程序进行维护。系统维护和升级通常会避开高峰时段。

3. 硬件控制与设施控制、网络控制。

为保护系统中的信息，必须安排合适的控制以保护系统硬件和设施。硬件和设施是系统赖以存在的物理装备。

（1）硬件控制与设施控制。

硬件控制与设施控制主要考虑：数据中心应安排在远离公共场所的地方；只有得到授权的相关人员才被允许进入数据中心；数据中心使用密码或生物辨识系统来控制对数据设施的访问；防范计算机设备可能遭遇的环境威胁，如火灾、水灾；环境控制，包括空气调节和湿度调节，是必备条件；防范人为的蓄意破坏和攻击；保护计算机设备免于遭受电涌或停电的影响（电涌保护器或备用电源）；在设计系统和支持网络时，应考虑到高峰期间的处理量；应有备用部件，硬件崩溃时可依赖备用元件提供系统支持；实施软件控制时，要求用户使用安全级别较高的密码并经常更换密码；用户须自己承担起保护其设备和设备中信息的责任，并考虑到便携式电脑和智能电话的日益普遍。

（2）网络控制。

网络控制的目的是使经过授权的员工可以访问和使用公司的数据和程序。组织可以使用局域网 LAN 或广域网 WAN，以及虚拟私人网络 VPN，可以是有线或无线网络，以共享数据、应用软件和其他网络资源。

互联网威胁危害较大的是非授权访问——黑客攻击。互联网还使系统面临各种病毒威胁：恶意代码、蠕虫病毒、间谍软件、垃圾邮件和木马病毒。

公司必须采用各种控制来保护其系统和数据，最基本的也是最初级的控制就是设置密码。额外采用的控制步骤是对数据加密。

①数据加密。数据加密是指将数据从一种易于以本地语言读取的形式转化为只能使用密钥读取的秘密代码。数据在输入或传输阶段进行加密，在输出阶段，有授权的人在接收数据时解密。为降低数据在传输中被拦截和在传输中出错或被改变的风险，采取另外两种控制：路由验证和信息确认。

数据加密——路由验证：路由验证程序可以保证将交易传递到正确的计算机地址。通过网络传输的交易应该包含一个表明其目的地的标题，当交易被接收时，发送系统将验证接收计算机的身份，并与交易的目的地编码相对照。通过双重传输和回送检查，可对路由验证提供进一步的支持。回送检查是由接收节点实施的一种验证，以确认发送节点发出的信息与接收节点收到的信息完全一致。

数据加密——信息确认：信息确认程序要求发送一个验证信息，接收计算机使用这个信息就可以验证已经接收的全部信息。接收计算机向发送计算机发送一个已经成功完成传输的信号。如果接收计算机发现出现了错误，数据就会进行再次传输。

②病毒防护与防火墙。

反病毒软件会扫描计算机中的所有文件以检测病毒和恶意代码。很多公司禁止员工安装未获得信息系统部门批准的任何程序。

防火墙是软件和硬件的结合，它可以阻止来自互联网的非授权访问。用于阻止对特定系统，如工资系统和人事系统的非授权访问。为确保安全，建议安装多个防火墙。如果用户密码输错达到一定的次数，防火墙可能会自动断开连接。

修改控制软件可以提供审计线索，揭示文件修改的来源。网络或防火墙软件可能生成一个网络控制日志，列出了某个计算机发出或接收到的所有传输。网络控制日志可用于确定错误的来源或者未经授权的访问。

③入侵检测系统。如果某人在未获授权的情况下访问公司网络，入侵检测系统能分析网络活动以发现反常行为或未经授权的行为。

入侵检测系统将保持一个集中的安全事件日志：日志包含服务器和工作站的事件日志，并且可以警告管理员安全性受到攻击的情况。日志也可用于检测公司内部对网络的滥用。

4. 企业持续计划BCP。

企业持续计划（business continuity planning，BCP）是指公司在面临重大不利事件，甚至是灾难事件时，公司识别面临的内外部风险并且将其重要资源和资产组合起来以保护这些资源，同时确保持续经营和有效恢复的一种战略。为实施企业持续计划必须建立两种层次的政策和程序：数据备份政策与程序；灾难恢复政策与程序。

数据备份政策与程序是确保数据不会因为病毒、自然灾害、硬盘故障、偷窃、删除以及软件故障方面的问题而丢失。

备份通常是通过将文件拷贝到磁带或其他离线介质上进行，保存在数据处理中心或在其他地方进行存储。备份文件还可以通过电子方式传送到其他地方进行存储，即电子链接。

通过安装祖父——父亲——儿子（GFS）方法的程序，以使得最近连续三代的备份文件保持安全。

一些使用主文件和交易文件的公司通常会安装检查点程序，在全天间歇地运行，并且有利于从系统崩溃中恢复过来。控制政策还应提供系统配置方面的备份。

灾难恢复政策与程序是用于确保企业在发生紧急事件时能够持续经营，紧急事件包括自然灾难和正常运行的中断。

灾后数据恢复的政策与程序主要包括以下几个方面：

（1）企业必须要有灾难恢复计划，该计划需要有详细的文字说明。

（2）文件已经做好了良好的场外备份。

（3）确定灾后数据恢复小组及其领导，灾难恢复计划应界定灾难恢复小组中所有成员的作用，任命两个领导，即一个主要领导和一个备用领导。

（4）获取最高领导支持，参与者明确其所要负责的事项及责任。

（5）进行风险评估，分析灾难对企业运营的影响、数据恢复的成本及数据恢复速度对企业的影响等。

（6）遇到灾难，很可能临时组织的资源是有限的，因此要分出任务的轻重缓急、优先次序，先做最重要的。

（7）确定灾后数据恢复的流程和程序，需要时对相关人员进行紧急培训。

（8）应及时、透明地和员工交流，如需要也要做好公共关系方面的工作。

（9）确定数据恢复所需的设备包括硬件和软件、技术支持等，必要时寻求热站或冷站。热站通常称作"双重系统"。同时运作，一旦主系统崩溃，自动转至备份。冷站是临时安装设备和配备人员，并使用备份文件开始运营。为了获得与崩溃系统配置要求相一致的计算机设备，还必须做好其他的安排。

（10）搜集备份的数据以进行恢复。

（11）对灾难恢复计划应予测试、记录、定期检查并在必要时进行更新。

5. 会计控制。

会计系统控制包括的类型：

（1）批次总数。即输入人员以批量形式报告总量，金额数字可能是记录的总量或所录入交易的总金额。

（2）控制账户。只允许经过授权的人员进入系统中的特定账户。

（3）核销或取消。涉及在支付之后对发票和支持文件的恰当取消或核销。

（4）反馈控制。反馈控制可以提供系统绩效方面的信息，尤其是用以判断该系统或模型是否如期履行其功能的信息。反馈的形式：可能包含书面或口头报告，或是自动生成的反馈信息。反馈信息必须快速传递。反馈只能诊断问题的所在，它是一种事后行为。从某种意义上来说，所有的监控控制都是反馈控制。

（5）前馈和预防性控制。是基于对未来事件的预测，不太常见，管理比反馈性控制更为复杂。是以一定的概率对未来的事件进行预测。其设计目的是为了防止预期的问题。

（6）应用控制与交易控制。是为了防止、检测以及改正会计系统处理交易时的错误或不规范行为。

（二）应用控制

应用控制分为三个主要方面：输入控制、处理控制和输出控制。应用控制的目的：确保所有处理均得到授权、均处理完毕，以及均得到及时处理。

1. 输入控制。

目的：在输入数据或交易时进行检查和平衡，预防和检查输入的时间信息错误和数据错误，涉及转换为机器可读格式，确保数据的准确性和可靠性。

提高输入准确性的手工方法，包括：

（1）批控制（batch controls）。包括批号、记录数目、控制总额和数字总和（数字总和用于检测某个批次中的删减或插入）。例如，人为划定批号或者数字进行输入。

（2）审批机制。例如，签字批准后方能输入。

（3）双重观测，用以在输入前检查数据。例如，双人监督下输入。

（4）监督程序，用以在输入前确定员工所收集数据的准确性。例如，获得授权后输入。

设计完善的源文件是一种重要的输入控制。会计系统可包含计算机执行的编辑校验程序。例如，会计输入控制要求借方等于贷方。

其他输入控制程序，包括：

冗余数据检查：可以对交易记录中的重复数据进行编码，并在随后进行处理测试以比较这两个数据的兼容性。例如，一家杂货店的计算机系统可以比较产品的条形码与该产品的简要描述，如果二者不匹配，就会生成一个例外报告。

对未发现的记录进行测试（也称作"有效性测试"或"主文件检查"）：在数据输入之时进行，不在主文件中的交易都将被拒绝。计算机处理数据有两种不同的时间安排，即实时处理和批处理。

预见检查：是依赖性检查或一致性检查，以明确某两项或某两种条件之间的关系。例如，美国企业在对非营利机构或政府组织的销售中，由于免销售税，故此销售税将不包括在内。

预先格式化屏幕：是指在线表单的样式和实际表单保持一致。例如在线银行汇款表单和在银行大堂实际填写表单样式完全一致，这有助于汇款人信息输入的效率和准确性。

交互编辑：在输入数据时实施，以检查特定输入域的数据是否满足具体的要求，例如：

字符检查：特定输入域中的字符必须是字母、数字或某种特殊符号。

完整性检查：所有需要填入字符的输入域均已完成输入。

上下限、范围或合理性检查：例如，工资支付额不能超过一定的额度，采购额或装运数量不能大于某个数值。

校验数位：例如对所有数字进行求和。如果账户数字为5678，则其数字之和就是26，而校验数位就是"和"的最后一个数字，即6。

2. 处理控制。

处理控制通常与输入控制和输出控制相互依赖。处理控制涉及：重新编辑数据以及随后的错误修正和重新录入程序。

常见的处理控制类型包括：

机器处理。可以保证一致性。例如现金存款由加法器或计算器进行求和。

标准化。为所有处理制定统一程序。例如使用会计科目表来识别账户的借贷方。

默认选项。为某些空白的输入项事先设定可自动选用的默认数值。

批余额。将实际已处理的项目或文件与事先设定的控制总额进行比较。例如，某出纳比较存款单的余额与汇款单的控制总额。

运行到运行的总计（run-to-run totals）。将上一流程的输出控制总计作为接下来的处理流程的输入控制总计，有助于确保上一个应用程序的输出与下一个应用程序的输入完全一致，其中下一个应用程序的输入来自上一个应用程序的输出。例如，期初余额加本期增加，减去本期减少，应等于期末余额。

余额。测试某组项目与某控制总计的值是否相等。例如，确认明细分类账余额与总分类账余额是否相等。

配比。将各自具有独立来源的两类项目进行配比，以控制账项的处理。例如，某位负责付账的员工将供应商发票与收货报告和采购订单进行配比。

暂记待结转账户。例如，在所有员工薪水兑现后，工资预付款的检验余额应为零。

备忘录。包含按时间顺序排列的待处理或待后续跟进的若干项目。例如，按支付先后顺序，将发票归档。

冗余处理。指重复处理并比较单个结果，确定其是否相等。例如，由两个职员分别计算每个员工的工资总额和实付工资，并加以比较。

尾部标记。是一种记录形式，旨在提供一个控制总额，从而可与已处理记录的累计数或累计值相比较。例如，某应收账款文件的最后一笔记录包含记录数目信息，该信息揭示了本文件中共有多少笔记录。

自动错误修正。指对违反侦测控制的交易或记录，进行自动错误修正。例如，当客户的支付额超过其账户余额时，会自动生成通知。

3. 输出控制。

目的：输入和处理过程能产生准确且可靠的输出结果。

需要建立两种类型的输出控制：与确认处理结果相关的控制；与输出结果的分发和处理相关的控制。

（1）与确认处理结果相关的控制。会计系统输出结果的有效性、准确性和完整性可以通过生成的活动报告进行验证。活动报告就主文件的所有变化提供了详细的信息。通过活动报告，可以验证信息的准确性和完整性。在大型公司里，使用例外报告更具成本效益，例外报告可以显示文件的重大变化。

（2）与输出结果的分发和处理相关的控制。计算机输出结果的控制有很多考虑因素。表格控制可用于打印好的输出结果，比如在材料如何分发、储存和处理以及由谁分发、储存和处理方面，可以采用表格控制以防万一。对电子分发形式制定合适的控制，包括对文件设置密码保护、加密、有控制的分发名单以及设置访问限制。

其他具体的输出控制包含以下几种形式：

对账。旨在确认和分析明细文件中各数值与控制总额间的差异。对账的目的是识别错误。例如，对支票账户进行月度对账。

时效。旨在根据项目发生的日期，通常是交易日，来确认文件中未处理的项目或保留项目。例如，根据逾期时间的长短来识别逾期未收账款。

挂起文件。包含尚未处理或已得到部分处理、尚需进一步行动的项目。例如，将等待收货的延期交付原材料订单编成专门的文件。

暂记账户。例如，应付账款明细分类账的总额应等于总分类账控制账户。

定期审计。指定期验证某个文件或某个流程，以检查控制问题。例如，向客户和供应商发送确认函，以验证账户余额。

差异报告。旨在列示已违反某种控制且需要进一步检查的项目。例如，列示已超出加班时间上限的员工名单。

（三）控制流程图

使用流程图来记录组织的信息系统和相关控制程序往往最为有效。流程图形象地描述了从发起交易到储存交易数据的整个交易流程。流程图有助于揭示控制中的缺陷和不足。

流程图不仅可用于汇总内部审计人员关于流程方面的信息，而且对于新会计信息系统或新控制程序的设计、开发和实施也非常重要。标准的流程图符号已得到美国国家标准学会 ANSI 和国际标准化组织 ISO 的认可。

流程图可以帮助审计人员和管理层分析内部控制并明确内部控制的优、缺点，然后据此提出改正建议。

【例题 5-13】计算机病毒与"特洛伊木马"不同，因为病毒可以：

A. 损坏数据　　　　　　　　　B. 更改程序指令
C. 自我复制　　　　　　　　　D. 删除可执行文件

【答案】C

【解析】选项 A 不正确。损坏数据是病毒和"特洛伊木马"都可以做到的破坏。

选项 B 不正确。更改程序指令是病毒和"特洛伊木马"都可以做到的破坏。

选项 C 正确。自我复制是病毒独有的,而损坏数据、更改程序指令和删除可执行文件是病毒和"特洛伊木马"都可以做到的破坏。

选项 D 不正确。删除可执行文件是病毒和"特洛伊木马"都可以做到的破坏。

【例题 5 – 14】信息系统包括控制,控制可以划分为一般控制和应用控制。在评估信息系统的内部控制时,下列哪种控制不是一般控制:

A. 记录　　　　　B. 数据安全　　　C. 输出　　　　D. 物理设备

【答案】C

【解析】选项 A 不正确。记录属于一般控制。

选项 B 不正确。数据安全属于一般控制。

选项 C 正确。一般控制/普通控制是指计算机、技术或信息技术职能相关的控制;应用控制是指防止、检测和改正,包括输入、处理、输出。所以,C选项输出属于应用控制。

选项 D 不正确。物理设备属于一般控制。

简答题出题方向分析 ● ● ●

【出题方向 1】 题干给出情景，要求找出相关风险点，计算风险敞口，并给出风险应对措施建议。

解题思路：理解并掌握风险的相关概念，根据实际情景分析可能存在的风险点。量化风险敞口的计算，使用基本计算公式：风险＝某项威胁发生的概率 $P(t)$×控制无效的概率 $P(f)$×该威胁造成的损失额。风险应对的措施主要有：规避风险（通过避免受未来可能发生事件的影响而规避风险）、接受风险（维持现有的风险水平）、降低风险（利用政策或措施将风险降低到可接受的水平）和分担风险（将风险转移给资金雄厚的独立机构）。

【出题方向 2】 题干给出情景，要求解释固有风险、控制风险和检查风险，并结合情景进行相关分析。

解题思路：理解并掌握三种类型的风险，在解释定义的同时能够结合情景中的相关点进行简单分析。固有风险是假设没有相关的内部控制政策，一种内部固有的发生重大错误的风险；控制风险是内部控制的结构、政策或程序无法阻止或检测到重大错误发生的风险；检查风险是审计员无法检测到重大错误的风险。

【出题方向 3】 题干给出情景，要求说明内部控制的作用，并结合 COSO 内部控制框架进行内部控制五个主要方面的相关分析。

解题思路：理解并掌握内部控制的概念。内控是公司管理与控制的一个重要工具，是为实现公司的经营目标，由董事会及公司高层管理等发起并支持而设计的一套用来为实现有效运营、资产保护、合法合规、财报可靠、完成目标（五大目的）提供合理保障的系统。COSO 内部控制框架下内控的五个方面：①控制环境（控制环境提供企业纪律与架构，塑造企业文化，并影响企业员工的控制意识，是所有其他内部控制组成要素的基础）；②风险评估（辨认和分析可能发生的风险）；③控制活动（确保管理阶层的指令得以执行的政策及程序）；④信息与沟通（按某种形式辨识、取得确切的信息，并及时进行沟通，以使员工能够履行其职责）；⑤监控（适时评估控制的设计和运作情况的过程）。

【出题方向 4】 题干给出情景，要求判断并解释相关的内部控制类型。

解题思路：理解并掌握内部控制的五种主要类型：预防性控制、检测性控制、改正性控制、指向性控制、补充性控制/缓和性控制。

【出题方向5】结合题干情景给出内部控制的建议。

解题思路：针对题干情景，给出相应的内部控制方法建议。内部控制的方法主要有：组织控制（职责分离是比较常考的考点）、营运控制、人事管理控制、审查控制或监控控制、设施和设备控制。

【出题方向6】根据题干给出情景，说明内部审计能够帮助企业达到什么目的，判断并描述相关内部审计类型。

解题思路：理解并掌握相关内部审计的作用和类型。内部审计对于企业的作用是提高内部控制和进行风险管理。内部审计包括四类：经营审计、合规性审计、财务审计和向管理层提供内部审计帮助，其中经营审计是重要的内容。经营审计是针对企业的各种功能对其运营的效率和效果的全面评价和审查；合规性审计是审核财务，营运和交易是否符合相应的法律、标准、法规和程序；财务审计是确定整体财务报表是否可以公允地反映公司的营运状况和财务状况；向管理层提供内部审计帮助是指向营运管理层面和董事会高级管理层面提供内部审计帮助。

【出题方向7】题干给出情景，要求结合情景分析并阐述内部审计的独立性和客观性。

解题思路：内部审计的独立性和客观性是需要理解和记忆的内容，出题相对灵活。独立性是指内审的活动不应被别的部门干预，也不能偏袒某部门，应能汇报到最高层。最高审计官应有足够高的汇报链，如董事会（如果汇报链短，则内审会受到各部门的牵制）；内审工作的履行不应偏袒组织内的任一领域和职能（内审不应当因为某个部门重要或者层级高而迁就）；内审工作的范围、执行和结果不应受任何干预（内审工作独立，任何部门都应当尊重配合其工作）。客观性是指内审人员应避免利益冲突，审计范围需定期轮换，内审职能需要被监督。内审人员应避免利益冲突（内审人员和部门工作人员不应当是同样的人）；内审人员的审计范围应该定期轮换（内审不应当固定在一个审计范围，这样审查客观）；由一个内审工作之外的人员监督首席审计官所负责的职能和审计（首席审计官同样需要监督和管理，由非内审人员监督首席审计官，有助于其工作结果客观公正）。

【出题方向8】题干给出情景，要求结合情景分析并阐述在进行内部审计时采集了什么样的证据。

解题思路：理解并掌握内部审计的证据，包括主要证据、次要证据、文件证据、专家意见、情况证据和分析性证据。①主要证据是由审计人员通过观察、调查、访谈、文件查阅或其他形式所收集的证据，作为直接证据；②次要证据是审计对象或第三方所收集和提交的证据，审计人员须确定其可靠性；③文件证据包括支票、采购单、考勤卡等，用于验证主要和次要证据；④专家意见是指在技术专业的领域需要专家帮助和参与；⑤情况证据是指一些导致审计人员怀疑特定问题存在的条件和情况；⑥分析性证据包括财务比率、对财务报表的纵向与横向分析等内容。

【出题方向9】根据题干给出情景，判断并描述相关的一般性控制类型，结合情景给出一般性控制的建议做法。

解题思路：理解并掌握一般性控制的基本概念（与计算机、技术或信息技术职能相关的控制）及主要类型（组织控制、人事控制和营运控制；系统开发控制；网络控制、硬件控制和设施控制；备份控制和灾难恢复控制；会计控制），同时结合不同类型给出相关的建议做法。

【出题方向10】结合题干情景，要求给出企业计算机系统访问控制的建议，或良好的计算机访问控制体现在哪些方面。

解题思路：理解并记忆良好访问控制的几个要点：①访问人员应当得到授权后才能访问；②管理人员可以限制访问人员的访问权限、内容和时间；③管理人员可以按照访问的时间、地点和内容发现或者判别非授权访问或者非法访问的情况。

【出题方向11】结合题干情景，要求阐述应如何进行灾难恢复计划。

解题思路：理解并掌握灾难恢复计划的相关概念及主要步骤：①确定灾后数据恢复小组及其领导，获取最高领导的支持，参与者明确其所要负责的事项及责任；②进行风险评估，分析灾难对企业运营的影响、数据恢复的成本及数据恢复速度对企业的影响；③遇到灾难，很可能临时组织的资源是有限的，因此要分出任务的轻重缓急、优先次序，先做最重要的；④确定灾后数据恢复的流程和程序，需要时对相关人员进行紧急培训；⑤应及时、透明地和员工交流，如需要也要做好公共关系方面的工作；⑥确定数据恢复所需的设备，包括硬件和软件、技术支持等，必要时寻求热站或冷站；⑦搜集备份的数据以进行恢复。

【出题方向12】根据题干给出情景，判断并描述相关的应用控制类型，结合情景给出应用控制的建议做法。

解题思路：理解并掌握应用控制的基本概念（与信息系统具体应用相关的控制）及主要类型（输入控制、处理控制、输出控制），同时结合不同类型给出相关的建议做法。

一、单选题

【经典试题1】一家在美国上市的公司完成了其年度审计和内部控制评估。某位外部审计人员通过给出审计意见鉴证了财务报表，但并未报告管理层对内部控制的评估结果。该公司是否违反了《萨班斯—奥克斯利法案》（SOX）的第404条款？

　　A. 未违反，根据"安全港"规定，该公司仍然是合规的

　　B. 违反了，因为该公司未提供首席财务官和首席执行官的证明

　　C. 未违反，但该公司违反了《萨班斯—奥克斯利法案》（SOX）的第302款

　　D. 违反了，因为该公司未安排审计人员鉴证并报告对其内部控制的评估结果

【答案】D

【解析】选项A不正确。未报告管理层对内部控制的评估结果是违反《萨班斯—奥克斯利法案》（SOX）第404条款要求的。

选项B不正确。《萨班斯—奥克斯利法案》（SOX）第404条款要求外部审计师对客户的财务报表和内部控制均发表意见。

选项C不正确。未报告管理层对内部控制的评估结果是违反《萨班斯—奥克斯利法案》（SOX）第404条款要求的。

选项D正确。《萨班斯—奥克斯利法案》（SOX）第404条款要求外部审计师对客户的财务报表和内部控制均发表意见。

【经典试题2】健全的内部控制系统最容易发现和防止下列哪一类人的错误或欺诈行为？

　　A. 一组员工共谋　　　　　　　　B. 一个员工

　　C. 一组经理共谋　　　　　　　　D. 一个高层管理者

【答案】B

【解析】选项A不正确。员工之间的共谋属于内部控制的局限性。

选项B正确。内部控制的设计目的是为了有效避免员工在经营过程中的错误或欺诈行为，一个员工的错误或欺诈行为最容易被发现。

选项C不正确。经理之间的共谋属于内部控制的局限性。

选项D不正确。管理层不执行相关的控制属于内部控制的局限性。

【经典试题 3】 检测性控制：

A. 可以作为对改正性控制的支持

B. 是内部审计人员检测控制流程缺陷时所使用的程序

C. 可以作为对预防性控制的支持

D. 是外部审计人员怀疑存在欺诈行为时所遵循的程序

【答案】 C

【解析】 选项 A 不正确。检测性控制是事后检查所发生的错误，以对预防性控制提供支持，而不是对改正性控制。

选项 B 不正确。检测性控制是内部控制的类型，不是审计程序。

选项 C 正确。检测性控制是指采取事后检查方式的一些控制措施，以对预防性控制提供支持。

选项 D 不正确。检测性控制是内部控制的类型，不是审计程序。

【经典试题 4】 下列哪种会计和管理技术最不可能帮助内部审计人员评价各个利润中心使用资源的经济性和效率？

A. 成本差异分析　　　　　　　　　B. 弹性预算

C. 作业管理法　　　　　　　　　　D. 联合成本分摊

【答案】 D

【解析】 选项 A 不正确。成本差异分析可用于检验成本的效率和经济性。

选项 B 不正确。弹性预算可用于检验成本的效率和经济性。

选项 C 不正确。作业管理法（基于活动的管理）可用于检验成本的效率和经济性。

选项 D 正确。根据题干，我们推断，题目所讲的内审方法为营运性审计（经济性和效率），开展营运审计是已发生的业绩和预算的业绩之间进行一个评价。联合成本分摊属于成本核算的方法，即会计核算领域内的方法，是将联合成本在产品中分配，不能帮助内审人员检验成本的效率和经济性。

【经典试题 5】 如果公司可能违反了关于环境问题的联邦和州的法律，下列哪种审计会帮助确定这种情况是否存在？

A. 营运审计　　　B. 合规审计　　　C. 财务审计　　　D. 管理审计

【答案】 B

【解析】 选项 A 不正确。营运审计是向董事会和高级管理层确保公司目标和使命可以实现，并识别进一步改善的机会。

选项 B 正确。检查是否违反法律的审计是合规性审计。在合规审计中，审计人员确定公司是否遵守了现行法律和法规，专业和行业标准以及合同责任的要求。

选项 C 不正确。财务审计是确定整体财务报表是否可以公允地反映公司的营运状况和财务状况。

选项 D 不正确。向管理层提供内部审计帮助是向营运管理层面和董事会高级管理层面提供内部审计帮助。

【经典试题 6】 当一审计人员对公司活动的有效性和效率表达意见并做出改进建议时，该审计人员正在进行：

A. 公开公司的财务报表审计　　　　B. 市政府的财务报表审计

C. 合规性审计　　　　　　　　　　D. 营运审计

【答案】 D

【解析】 选项 A 不正确。公开公司的财务报表审计就是外部审计，也就是事务所和 CPA 干的最多的工作，目的是对财务报表发表意见。

选项 B 不正确。政府审计，仍然是外部审计，并非以有效性和效率为审计目的。

选项 C 不正确。合规性审计，是审查企业的运营是不是符合企业现有的规章制度。

选项 D 正确。营运审计，目的是评估公司或其分支，部门或流程的效率和效益。所以审计人员对公司活动的有效性和效率表达意见并做出改进建议是在进行营运审计。

【经典试题 7】 美国证监会上市公司（SEC）的会计督查委员会（PCAOB）第 5 号准则要求审计师在履行其内部控制评估责任时，应采用：

A. 自上而下审计原则　　　　　　　B. 自下而上审计原则

C. 通过内部审计协助　　　　　　　D. 均衡审计原则

【答案】 A

【解析】 选项 A 正确。第 5 号 PCAOB 审计准则要求审计师在履行其内部控制评估责任时，采用自上而下的风险评估方法 TDRA。

选项 B 不正确。自下而上审计原则不符合第 5 号准则要求。

选项 C 不正确。通过内部审计协助不符合第 5 号准则要求。

选项 D 不正确。均衡审计原则不符合第 5 号准则要求。

【经典试题 8】 为了最小化预算/绩效报告中出现的严重偏差问题，很多组织已经实施了：

A. 前馈控制系统　　　　　　　　　B. 同期控制系统

C. 反馈控制系统　　　　　　　　　D. 内部审计系统

【答案】 A

【解析】 选项 A 正确。前馈控制是在企业生产经营活动开始之前进行的控制。管理过程理论认为，只有当管理者能够对即将出现的偏差有所觉察并及时预先提出某些措施时，才能进行有效的控制，因此前馈控制具有重要的意义。前馈控制采用的普遍方式，是利用所能得到的最新信息，进行认真、反复的预测，把计划所要达到的目标同预测相比较，并采取措施修改计划，以使预测与计划目标相吻合。前馈控制基于对未来事件的预测，其目的是防止预期问题的出现，使预算/绩效报告中出现的严重偏差问题最小化，是防止未来预期问题，属于前馈控制。

选项 B 不正确。同期控制系统不是最小化偏差最好的方法。

选项 C 不正确。反馈控制系统不是最小化偏差最好的方法。

选项 D 不正确。内部审计系统不是最小化偏差最好的方法。

【经典试题9】灾难过后当试图在另一地点储存计算机设备时，应最先储存下列哪项？

A. 网上系统　　　　　　　　　　B. 间歇式系统

C. 操作系统　　　　　　　　　　D. 决策支持系统

【答案】C

【解析】选项 A 不正确。网上系统不是最基础的，应最先恢复基础的营运系统。

选项 B 不正确。间歇式系统不是最基础的，应最先恢复基础的营运系统。

选项 C 正确。灾难过后应首先恢复操作系统，尽快让企业的营运恢复正常运转。

选项 D 不正确。决策支持系统不是最基础的，应最先恢复基础的营运系统。

【经典试题10】一位会计主管，制作了一个会计信息系统，大家都可以看这个系统，请问存在以下哪个缺陷？

A. 容易被复制备份　　　　　　　B. 未将系统放置在办公楼以外地方

C. 没有设置访问权限　　　　　　D. 没有开启热站

【答案】C

【解析】选项 A 不正确。题干中无容易被复制备份的相关信息。

选项 B 不正确。题干中无未将系统放置在办公楼以外地方的相关信息。

选项 C 正确。需要设置访问权限，不能让大家都看到这个系统。良好访问控制三要素包括用户授权、访问权限以及实施跟踪异常访问。

选项 D 不正确。热站是计算机系统配置与公司现有系统类似，双重系统同时运作，一旦主系统崩溃，可以自动转至备份系统。

【经典试题11】以下哪项是物理法处理内部控制的例子？

A. 给每个员工配门禁密码卡

B. 进行内部审计

C. 在工作中进行职责分离

D. 在判断项目时按照风险进行详细评估

【答案】A

【解析】选项 A 正确。门禁密码卡是物理控制的例子。

选项 B 不正确。内部审计属于会计控制。

选项 C 不正确。职责分离属于组织控制、人事控制和营运控制。

选项 D 不正确。在判断项目时按照风险进行详细评估属于项目的风险控制。

【经典试题 12】 下列哪项不是输入控制？

A. 密码　　　　　　　　　　　　　B. 安全保管

C. 序列检查　　　　　　　　　　　D. 文档控制总量

【答案】 B

【解析】 选项 A 不正确。密码属于输入控制。

选项 B 正确。安全保管不属于输入控制。

选项 C 不正确。序列检查属于输入控制。

选项 D 不正确。文档控制总量属于输入控制。

【经典试题 13】 A 公司在灾难恢复计划中，要求计算机硬件供应商按照现有系统准备一套配置相同且同时运作的系统，作为备用站点。这种安排被称作：

A. 热站　　　　　B. 暖站　　　　　C. 冷站　　　　　D. 备用电力系统

【答案】 A

【解析】 选项 A 正确。热站的特点是：计算机系统配置与公司现有系统类似，双重系统同时运作，一旦主系统崩溃，可以自动转至备份系统。

选项 B 不正确。暖站有备份站点、现成的硬件和软件，能在短时间内启动运营。

选项 C 不正确。冷站仅有硬件，需要安装设备之后才能数据恢复，适用于数据并不非常敏感的企业。

选项 D 不正确。备用电力系统仅供电力恢复。

【经典试题 14】 防火墙的设置主要为防范下列哪种情况？

A. 计算机病毒　　　　　　　　　　B. 非授权进入系统

C. 内部人士泄露机密信息　　　　　D. 特洛伊木马程序的安装

【答案】 B

【解析】 选项 A 不正确。计算机病毒是通过反病毒软件来检测的。

选项 B 正确。防火墙是软件和硬件的结合，它可以阻止来自互联网的非授权访问。用于阻止对特定系统，如工资系统和人事系统的非授权访问。

选项 C 不正确。防火墙不能防止内部人士泄露机密信息。

选项 D 不正确。特洛伊木马程序是通过反病毒软件来检测的。

【经典试题 15】 下列哪一项不属于信息系统的应用控制？

A. 输入控制　　　B. 输出控制　　　C. 组织控制　　　D. 处理控制

【答案】 C

【解析】选项 A 不正确。输入控制属于应用控制。

选项 B 不正确。输出控制属于应用控制。

选项 C 正确。组织控制属于一般控制。

选项 D 不正确。处理控制属于应用控制。

二、简答题

American Restaurants Inc. 是一家大型连锁餐厅（以下简称 American 公司），成立至今已有 30 多年，拥有一系列完备的公司政策和操作规范，这在保证其为客户提供卓越服务的同时，在成本控制方面也游刃有余。该公司收购了一家私营餐厅 Family Diner。在 Family Diner 适应了 American 公司的政策和规程后，American 公司在其内部审计部门开展了若干审计项目。

首先，American 公司希望确定其新收购的餐厅是否正确地填写了薪资表，并将正确的金额提交至州政府和联邦政府。American 公司审计的第二项内容涉及餐厅的现金收入过程，因为 Family Diner 绝大部分的收入都是现金而非刷卡消费。公司内部审计员完成审计后发现，Family Diner 尚未建立严格的现金内控制度。他们发现 Family Diner 将大量现金存放在附近一个办公室内，该办公室经常不上锁。同时，Family Diner 每周进行一次现金存款，但未综合考虑存款情况、每日现金收入总和和预计的现金开销。审计人员还发现，Family Diner 公司负责现金对账的人员离职了，导致其所有对账工作延后了几个月。此外，Family Diner 未要求其服务生按照法律规定上报小费数量，同时 Family Diner 的食物废弃量超过公司指导原则要求。

问题：

1. a. 确定和描述两种主要的内部审计类型。

b. 确定场景中所描述的审计类型。

2. a. 确定和描述三种内部控制目标。

b. Family Diner 是否达到了上述控制目标？请解释您的回答。

3. a. 定义预防性控制和检查性控制。

b. 为 Family Diner 推荐一种预防性控制和检查性控制改革方案，从而降低现金收入过程中存在的风险。

4. a. 分别解释固有风险、控制风险和检查风险。

b. 说明每个风险对 Family Diner 现金收入过程有何相关影响。

【答案】

1. a. 确定和描述两种主要的内部审计类型。

b. 确定场景中所描述的审计类型。

a. 两种主要类型的内部审计是合规性审计和经营审计。合规性审计是审核财务、营运和交易是否符合相应的法律、标准、法规和程序。经营审计是针对企业的各种功能对其运营的效率和效果的全面评价和审查。

b. 薪资的审计程序是用以确定薪资处理是否符合法律及规则。这是一个合规性审计。现金收入的审核过程是一种经营审计。

2. a. 确定和描述三种内部控制目标。

b. Family Diner 是否达到了上述控制目标？请解释您的回答。

a. 内部控制目标

- 信息的可靠性和完整性——现金存款与销售不吻合，所以这样的信息是不可靠的。

- 遵守政策、计划、程序、法律和规则——他们没有正确地要求他们的雇员申报小费所得，这不符合法规。

- 保护资产——现金没有适当的保护，现金经常长时间被留在没有上锁的办公室。

- 对资源的经济有效利用——审计员注意到餐厅扔掉大量的食物，看起来资源没有很好地利用。

b. 完成行动和计划的既定目标。餐厅没有遵循该有的程序也没有达到提供优质客户服务及节约的目标。

3. a. 定义预防性控制和检查性控制。

b. 为 Family Diner 推荐一种预防性控制和检查性控制改革方案，从而降低现金收入过程中存在的风险。

a. 预防控制可以防止事件的发生。检测控制在事后揭示问题，以便采取行动。

b. 预防控制：公司应将现金上锁且每天存入银行。检测控制：现金对账可以发现问题，也可以根据每天的销售报告与每天的现金收入核对。

4. a. 分别解释固有风险、控制风险和检查风险。

b. 说明每个风险对 Family Diner 现金收入过程有何相关影响。

a. 解释如下：

- 固有风险——假设没有相关的内部控制政策，一种内部固有的发生重大错误的风险。例如，现金比较容易被偷。

- 控制风险——内部控制的结构，政策或程序无法阻止或检测到重大错误发生的风险。

- 检测风险——审计员无法检测到重大错误的风险。

b. 由于餐厅收取大量的现金，使得现金收入过程中存有内在固有风险。在这种情况下，如果缺乏现金保护及控制，将提高控制风险。在现金收入流程中还有不容易被审计员发现的问题，从而导致检测风险。

一、单选题

1. 下列哪种方法会为公司分发员工工资提供最好的内部控制？

A. 将工资交给每个部门监督人员，再由他/她直接分发给其部门的员工

B. 直接存到每个员工的个人银行账户里

C. 直接由人力资源部门的代表向员工分发工资

D. 直接由工资经理向每个员工分发工资

2. 下列哪项对防止欺诈最为有效？

A. 严格的内部控制政策，职责分开，要求员工休假

B. 严格的内部控制政策，惩罚不道德的行为

C. 员工培训，职责分开，惩罚不道德的行为

D. 雇佣道德高尚的员工，员工培训和职责分开

3. 必须遵守 1977 年《美国海外贪腐防治法》（FCPA）制定的公开公司应建立的程序不包括下列哪项？

A. 授权并正式签署的协议，声明它将遵守该法案

B. 公司的现有内部会计控制系统文件

C. 控制的成本/收益和最小化的风险分析

D. 数量检查系统，以评估内部会计控制系统

4. 实施美国国会通过的《美国海外贪腐防治法》的主要目的是：

A. 防止美国公司雇佣的外国人的不道德行为

B. 推动联合国关于其盟国间全球贸易颁布的法令

C. 防止美国公司为了在国外经营而贿赂国外官员

D. 要求独立审计人员强制记录对内部控制的评估

5. 围绕营业收入的内部控制应提供以下保证，除了：

A. 对所有有效销售准确记录记账和汇票

B. 在对所有赊销交易处理后再进行准确核对

C. 对所有销售退货和折扣交易进行授权

D. 准确记录客户账户和成品存货

6. 某财务助理通过网络指令仓库管理员负责供应商的款项支付与记账。请问，这违反了什么职责分离？

A. 授权与记账　　B. 保管与记账　　C. 采购与记账　　D. 授权与保管

7. 以下最贴切的体现职责分离的是：
A. 公司资产的保管功能从核查功能中分离出来
B. 现金保管与银行对账单分离
C. 防止员工相互串通
D. 结构化员工的工作以便相互核查

8. 制造流程质量中，内部审计关注的重点是什么：
A. 当前和历史的产出　　　　　　　B. 生产配额数量
C. 材料采购成本　　　　　　　　　D. 返工和废品

9. 以下哪项不是内部审计人员所提出建议的类型？
A. 为确保交易不会由未经授权的人员进行而增加一个程序
B. 为了确保未经授权的人员无法接触工资文件，应实施相关控制
C. 为了确保提高生产经理的薪酬，应实施相关控制
D. 为了确保重要文件不会从计算机系统中意外删除，应增加一个程序

10. 下列哪项审计证据属于分析性证据？
A. 员工的考勤卡　　　　　　　　　B. 由部门经理和财务签字的付款申请
C. 专家意见　　　　　　　　　　　D. 财务比率与行业平均水平的比较

11. 一个医院的内控委员会，审核该院是否遵循当地的隐私法规，这属于什么类型的审计？
A. 合规性审计　　B. 经营性审计　　C. 财务审计　　D. 舞弊审计

12. 公司担心海外子公司违反《美国海外贪腐防治法》（FCPA）的规定，准备进行审计，此类审计属于？
A. 运营审计　　B. 财务审计　　C. 合规性审计　　D. 审计建议

13. 从管理会计的角度，下列哪项是企业流程再造的主要缺点？
A. 在很大程度上，重点放在了短期结果上
B. 经常造成中央数据库的使用减少
C. 内部控制机制经常崩溃
D. 加重保留系统的维护

14. 验证用户有权进行具体网上交易的最有效的控制方法是：
A. 密码　　　　　　　　　　　　　B. 挑战/响应机制
C. 兼容性检查　　　　　　　　　　D. 闭路验证

误

15. 机密数据可以安全地通过互联网传递，通过使用：

A. 单一密码　　　B. 防火墙　　　　C. 加密　　　　D. 数字签名

二、简答题

Helena 公司是从事外汇实时交易的公司。在接受年度外部审计时，审计师事务所对该公司的风险进行了评估。审计师事务所发现：该公司现在正在应用的计算机交易系统是由一个程序员进行设计并研发的，在上线时已经进行了平行测试和先导测试。Helena 公司要求该程序员同时兼任操作员，以此来降低人力成本。在进行外部审计过程中，审计师事务所也调用了 Helena 公司内审的一些文件，并发现，Helena 公司计算机系统访问控制的要求是口头的，没有准备书面的文件。此外，Helena 公司的高级管理层进行交流中，灾难性和非预期情况出现的可能性极小，企业运营将会非常平稳。

问题：

1. 请指出 Helena 公司的信息系统内部控制的缺陷？
2. 请帮助外部审计对 Helena 公司进行审计风险评估。
3. 企业如何保证和维护计算机系统访问控制，请至少列举出两点。
4. Helena 公司应当如何应对未来可能发生的灾难性情况？
5. 计算机应用控制应当包括哪几种？

同步测试题答案及解析

一、单选题

1.【答案】B

【解析】选项 A 不正确。经过每个部门监督人员转发会增加风险。

选项 B 正确。把工资汇入账户是最安全的。

选项 C 不正确。经过人力资源部门的代表转发会增加风险。

选项 D 不正确。经过工资经理转发会增加风险。

2.【答案】A

【解析】选项 A 正确。A 是防止欺诈发生最有效的方法。

选项 B 不正确。B 中的惩罚不道德的行为虽然可以起到威慑作用，但主要是针对已经发现的欺诈行为的事后处置。

选项 C 不正确。C 中的惩罚不道德的行为虽然可以起到威慑作用，但主要是针对已经发现的欺诈行为的事后处置。

选项 D 不正确。D 中的雇佣道德高尚的员工是比较理想的状态，但不能仅仅依赖员工的自觉，必要的控制手段还是必需的。

3.【答案】A

【解析】选项 A 正确。上市公司必须符合《美国海外贪腐防治法》中会计条款的内容，该会计条款主要要求企业建立和维护一套内部财务控制体系。A 中企业授权并正确签订符合该法案要求的合约，不是会计条款的内容。

选项 B 不正确。公司的现有内部会计控制系统文件是《美国海外贪腐防治法》要求的内容。

选项 C 不正确。控制的成本/收益和最小化的风险分析是《美国海外贪腐防治法》要求的内容。

选项 D 不正确。通过数量检查系统评估内部会计控制系统是《美国海外贪腐防治法》要求的内容。

4.【答案】C

【解析】选项 A 不正确。防止美国公司雇佣的外国人的不道德行为不是《美国海外贪腐防治法》的主要目的。

选项 B 不正确。推动联合国关于其盟国间全球贸易颁布的法令不是《美国海外贪腐防治法》的主要目的。

选项 C 正确。《美国海外贪腐防治法》是禁止美国企业向外国官员行贿。

选项 D 不正确。要求独立审计人员强制记录对内部控制的评估不是《美国海外贪腐防治法》的主要目的。

5.【答案】D

【解析】选项 A 不正确。对所有有效销售准确记录记账和汇票属于围绕营业收入的内部控制。

选项 B 不正确。在对所有赊销交易处理后再进行准确核对属于围绕营业收入的内部控制。

选项 C 不正确。对所有销售退货和折扣交易进行授权属于围绕营业收入的内部控制。

选项 D 正确。准确记录客户账户和成品存货不是围绕营业收入的内部控制，而是针对应收账款及存货的内部控制。

6.【答案】B

【解析】选项 A 不正确。题干没有提到授权。

选项 B 正确。对资产的保管（支付供应商款项）与记录（记账）不能由同一人完成。

选项 C 不正确。题干没有提到采购。

选项 D 不正确。题干没有提到授权。

7.【答案】A

【解析】选项 A 正确。公司资产的保管功能应与核查功能相分离。

选项 B 不正确。现金保管与银行对账单均由出纳负责。

选项 C 不正确。员工串通是内部控制的局限性。

选项 D 不正确。结构化工作不能确保职责分离。

8.【答案】D

【解析】选项 A 不正确。产出主要受到经营决策的影响。

选项 B 不正确。生产配额数量主要受到经营决策的影响。

选项 C 不正确。材料采购成本主要受到采购决策的影响。

选项 D 正确。返工和废品越多说明在制造工艺上或者是原材料采购环节有问题。

9.【答案】C

【解析】选项 A 不正确。A 是增加内部控制的建议。

选项 B 不正确。B 是增加内部控制的建议。

选项 C 正确。C 不是内部审计人员所提出建议的类型。

选项 D 不正确。D 是增加信息系统控制的建议。

10.【答案】D

【解析】选项 A 不正确。考勤卡属于文件证据。

选项 B 不正确。付款申请属于文件证据。

选项 C 不正确。专家意见指的是技术专业的领域需要专家帮助和参与。

选项 D 正确。分析性证据包括财务比率、对财务报表的纵向与横向分析等内容。

11.【答案】A

【解析】选项 A 正确。内部审计主要有财务审计、合规审计和经营审计等。审核机构是否符合法律法规属于合规性审计。

选项 B 不正确。经营性审计是向董事会和高级管理层确保公司目标和使命可以实现，并识别进一步改善的机会。

选项 C 不正确。财务审计是确定整体财务报表是否可以公允地反映公司的营运状况和财务状况。

选项 D 不正确。没有这个审计类型。

12.【答案】C

【解析】选项 A 不正确。经营性审计是向董事会和高级管理层确保公司目标和使命可以实现，并识别进一步改善的机会。

选项 B 不正确。财务审计是确定整体财务报表是否可以公允地反映公司的营运状况和财务状况。

选项 C 正确。对海外子公司是否违反《美国海外贪腐防治法》（FCPA）

规定的审计属于合规性审计。

选项 D 不正确。审计建议是根据审计结果给出的建议。

13.【答案】C
【解析】 选项 A 不正确。重点放在了短期结果上不是管理会计角度最主要的缺点。

选项 B 不正确。经常造成中央数据库的使用减少不是管理会计角度最主要的缺点。

选项 C 正确。商业流程再造对于内控最大的影响就在于，一旦新的流程确立，原先的内控机制就需要根据新的流程重新设立。

选项 D 不正确。加重保留系统的维护不是管理会计角度最主要的缺点。

14.【答案】A
【解析】 选项 A 正确。网上交易可以淘宝为例，上淘宝交易需要的就是密码，至于其他三个，从登录淘宝开始，到交易结束，都接触不到。

选项 B 不正确。验证用户有权进行具体网上交易一般不涉及挑战/响应机制。

选项 C 不正确。验证用户有权进行具体网上交易一般不涉及兼容性检查。

选项 D 不正确。验证用户有权进行具体网上交易一般不涉及闭路验证。

15.【答案】C
【解析】 选项 A 不正确。单一密码用于权限管理。

选项 B 不正确。防火墙用于阻止非授权访问。

选项 C 正确。数据加密是指数据从一种易于以本地语言读取的形式转化为只能使用密匙读取的秘密代码。通过使用加密的方法，数据可安全的通过互联网传递，防止未授权人员的使用。

选项 D 不正确。数字签名用于权限管理。

二、简答题

【答案】

1. 请指出 Helena 公司的信息系统内部控制的缺陷？
Helena 公司的内部控制的缺陷包括：

- Helena 公司的计算机系统由一个程序员进行研发，而该程序员又兼任操作员，职责没有分离。
- 计算机访问控制仅有口头说明，没有书面文件。
- 企业没有准备灾难恢复程序。如果未来灾难一旦发生，企业将面临无法持续经营问题。

2. 请帮助外部审计对 Helena 公司进行审计风险评估。
从审计师角度，风险的类型主要有以下几类：

- 固有风险：在假设没有内部控制时，错误或欺诈发生的可能性。
- 控制风险：公司的内部控制存在，但控制无效的可能性。
- 失侦风险：某项错误或欺诈未被审计程序所察觉的可能性。

外部审计在对 Helena 公司进行风险评估时，要考察该公司的固有风险和控制风险。Helena 公司的两个风险都很大，原因是：

- 固有风险：该企业有大量外汇交易，这样会存在外汇转换风险，固有风险很大
- 控制风险：该企业的内部控制有各种问题，例如计算机操作员和程序员没有分离，访问控制没有书面文件，而且没有准备灾难恢复程序，这些都反映出该公司的控制风险也非常大。

鉴于 Helena 公司的固有风险和控制风险都很大，审计师事务所应当调低其失侦风险，延长审计时间和更加细致地对 Helena 公司进行审计。

3. 企业如何保证和维护计算机系统访问控制，请至少列举出两点。
良好的访问控制包括：

- 访问人员应当得到授权后才能访问。
- 管理人员可以限制访问人员的访问权限，内容和时间。
- 管理人员可以按照访问的时间，地点和内容发现或者判别非授权访问或者非法访问的情况。

4. Helena 公司应当如何应对未来可能发生的灾难性情况？
Helena 公司首先应当做好文件备份，并以书面形式确定灾难恢复程序。当出现灾难情况时，Helena 公司应当按以下情况来进行自身信息系统的挽救工作。

- 确定灾后数据恢复小组及其领导，获取最高领导支持，参与者明确其所要负责的事项及责任。
- 进行风险评估，分析灾难对企业运营的影响、数据恢复的成本及数据恢复速度对企业的影响等。
- 遇到灾难，很可能临时组织的资源是有限的，因此要分出任务的轻重缓急、优先次序，先做最重要的。
- 确定灾后数据恢复的流程和程序，需要时对相关人进行紧急培训。
- 应及时、透明的和员工交流，如需要也要做好公共关系方面的工作。
- 确定数据恢复所需要的设备包括硬件和软件、技术支持等，必要时寻求热站或冷站。
- 搜集备份的数据以进行尽快恢复。

5. 计算机应用控制应当包括哪几种？
计算机的应用控制目的是设计用来合理地保证系统在特定的应用方面能够正确地完成数据的记录、处理和报告功能。它是计算机被应用过程中出现的控制行为。应用控制包括输入控制、处理控制和输出控制。

附　录

附录一　同步辅导课程二维码使用
汇总（"码"上听课）

1. 财务报表

2. 存货

3. 波士顿产品矩阵

4. 例外管理

5. 财务绩效指标和非财务绩效指标

6. 成本的基本结构

7. 完全成本法和变动成本法

8. 标杆分析

9. 美国海外贪腐防治法

10. 内部控制类型

附录二　公式汇总

第一章　对外财务报告决策

1. 直接法下经营活动现金流：

现金流入：
收到顾客的现金（＋）
应收票据的利息收入（＋）
投资于股票的股息收入（＋）
总的现金流入：
现金支出：
向供应商的支付（－）
向员工的支付（－）
利息支付（－）
税费支付（－）
营业费用的支付（－）
总的现金支出：
经营活动的净现金流：（总的现金流入－总的现金支出）

2. 间接法下经营活动现金流

净收益
将净收益调整为经营活动净现金流：
＋折旧/折耗/摊销费用
＋投资或者筹资活动的损失（往往是出售长期资产的损失）
－投资或者筹资活动的利得（出售长期资产的利得）
－除了现金以外的流动资产的增加
＋除了现金以外的流动资产的减少
＋流动负债的增加
－流动负债的减少
＋应付债券的折价摊销
－应付债券的溢价摊销
＋递延所得税的增加
－递延所得税的减少
＝经营活动的净现金流

- 投资活动现金流

现金流入
出售财产、厂房和设备
出售其他实体的债务和权益性证券
收回对其他实体贷出的本金
现金流出
购买财产、厂房和设备
购买其他实体的债务和权益性证券
对其他实体发放贷款

- 筹资活动现金流

现金流入
出售权益性证券
发行债务（债券和票据）
现金流出
向股东发放现金股利
赎回长期债务或回购股本

3. 预期使用量（工作量法）

$$折旧额 = \frac{折旧基础 \times 产品产出量或耗用的小时数}{产品总产量或有效使用寿命内的工作小时数}$$

4. 直线折旧法

$$每年的折旧额 = \frac{折旧基础}{预期使用寿命}$$

5. 年数总和法

$$折旧率 = \frac{剩余有效使用年限}{全部使用寿命的年数总和}，折旧费用 = 折旧基础（成本减去残值）\times$$

逐年递减的折旧率。

6. 余额递减法

$$折旧率 = \frac{每项资产的直线折旧率求和}{资产成本总和}$$

折旧额 = 折旧率 × 分组资产或混合资产成本总额

7. 存货的记录方式：

永续盘存制：期初存货余额 + 购入存货（净额）- 销货成本 = 期末存货余额

定期盘存制：期初存货余额 + 购入存货（净额）- 期末存货余额 = 销货成本

8. 销货成本的计算：期初成品库成本 + 当期产成品制造成本（或者购入产品的成本）- 期末成品库成本 = 本年销货成本

9. 基本的每股收益 =（净利润 - 优先股股利）/ 流通在外的加权平均普通股股数

10. 折价或溢价摊销额的计算可以表述如下：

摊销额 =（债券期初账面价值 × 实际利率）−（面值 × 票面利率）

在折价情况下，现金支付利息费用小于财务利息费用，两者差额提高债券账面价值。

在溢价情况下，现金支付利息费用大于财务利息费用，两者差额降低账面价值。

11. 流通在外的加权平均普通股股数 = 在外流通的股数 ×（在外流通的月份/12 个月）

12. 稀释的每股收益 = 基本的每股收益 + 可转换证券的影响 + 认股权证的影响

13. 完工百分比法：完工成本比例 =（到目前为止已经发生的成本/总成本的最近估计数）

第二章　规划、预算编制与预测

14. 回归分析（线性回归）基本公式：$Y = a + b_1x_1 + b_2x_2 + + b_3x_3 + \cdots + b_nx_n$

公式：$Y = a + bx$

- Y：因变量
- x：自变量
- a：截距，当 x = 0 时，Y = a
- b：斜率/回归系数（变化系数），x 每变化 1 个单位，Y 变化 b 个单位

15. 期望值（EV）= $\sum x(Px)$

其中，EV：期望值

$\sum$：求和符号

X：某种情景下的具体预测值

Px：相应情景发生的概率

16. 生产预算产量 = 预算销售量 +（预期期末存货 − 期初存货）

17. 直接材料预算：直接材料数量表现为单位成本 × 生产数量

18. 直接材料预算有两种：

- 采购的直接材料（需要考虑库存）
- 生产需求的直接材料（不需要考虑库存）

生产量（材料采购的上游需求）

× 每件产品需要的原材料数量（BoM）

= 生产需求的原材料数量

+ 要求的期末原材料库存

= 总的需求的原材料数量

− 原材料的期初存货

= 需要采购的原材料数量

19. 直接人工预算：所需的直接人工工时数 × 单位人工成本

20. 生产所需的直接人工工时数 = 预期产量 × 单位产品所需直接人工工时

第三章　绩效管理

21. 差异＝实际收益－计划收益或者（实际成本－计划成本）

    有利差异：

    实际收益大于计划收益

    实际成本低于计划成本

    不利差异：

    实际收益小于计划收益

    实际成本高于计划成本

22. 直接材料差异：

    价格差异＝实际投入量×（实际价格－预算价格）

    数量（效率）差异＝预算价格×（实际投入－预算投入）

23. 直接人工差异：

    价格差异＝实际工时×（实际工资－预算工资）

    效率差异＝预算工资×（实际工时－预算工时）

24. 材料或者人工组合差异建立在实际生产数量上（AQ）

    成本的组合包括

    各种直接材料或者直接人工建立在预算比例上的预算成本组合（WSPN）

    各种直接材料或者直接人工建立在实际比例上的预算成本组合（ASPN）

    组合差异为：

    每种成本的组合差异为（ASPN－WSPN）×AQ

    所有成本的组合差异为 $\sum$（ASPN－WSPN）×AQ

25. 材料或者人工产出差异建立在各种材料或者人工的预算成本组合上（WSPN）

    产出差异为

    每种成本的产出差异为（AQ－SQ）×WSPN

    所有成本的组合差异为 $\sum$（AQ－SQ）×WSPN

26. 变动间接费用开支（价格）差异＝实际间接变动费用－成本动因实际数量×标准间接费用分摊率

27. 变动间接费用效率差异＝成本动因实际数量×标准间接费用分摊率－成本动因标准数量×标准间接费用分摊率

28. 弹性预算差异＝开支差异＋效率差异

29. 固定间接费用差异公式：

    固定间接费用总差异＝固定间接费用实际值－分摊的固定间接费用

    开支差异＝固定间接费用实际值－预算固定间接费用

    产量差异＝预算固定间接费用－分摊的固定间接费用

30. 间接费用四差异法：

    可变间接费用：开支差异＋效率差异

    固定间接费用：开支差异＋产量差异

31. 间接费用三差异法：

    开支差异：可变间接费用开支差异 + 固定间接费用开支差异

    可变间接费用效率差异

    固定间接费用产量差异

32. 销售收入弹性预算差异 = 销售收入价格差异 = 实际销售量 × (实际价格 − 预算价格)

33. 销售量差异 = 预算价格 × (实际销售量 − 预算销售量)

34. 销售组合差异：(ASP − WSP) × AQ

    其中，ASP：加权平均实际组合预算销售价；

    WSP：加权平均预计组合预算销售价格；

    AQ：实际销量；

    SQ：预算销量。

35. 销售数量差异：(AQ − SQ) × WSP

    其中，WSP：加权平均预计组合预算销售价格；

    AQ：实际销量；

    SQ：预算销量。

36. 多产品组合差异：(ASPN − WSPN) × AQ

    其中，ASPN：各种产品的加权平均实际情况预算标准价格；

    WSPN：各种产品的加权平均预算情况预算标准价格；

    AQ：实际销量；

    SQ：预算销量。

37. 多产品销售数量差异：(AQ − SQ) × WSPN

    其中，WSPN：各种产品的加权平均预算标准价格。

38. 净资产回报率/权益回报率/股东权益回报率/权益资本报酬率/普通股权益回报率/ROE = (净利润 − 优先股股利)/(权益 − 优先股) = 销售利润率 × 资产周转率 × 权益乘数(财务杠杆率)

39. 投资回报率 = 业务部门的利润/业务部门的资产

40. 剩余所得 = 业务部门的利润 − 业务部门的资产 × 必要报酬率

第四章 成本管理

41. 约束理论下的存货 = 直接材料、在制品和产成品存货中的材料成本 + 研发成本 + 设备与建筑成本

42. 约束理论下的营运费用 = 所有营运成本 − 直接材料成本

43. 约束理论下的产出贡献/产出边际 = 销售收入 − 直接材料成本

44. 净变现价值法 (NRV)：NRV = 销售价值 − 额外加工成本

45. 实际间接成本分摊率 = 间接成本集库中的实际总成本/成本动因的实际总数量

46. 总损耗 = 期初存货 + 投入数量 − 完工并结转至合格品的数量 − 期末存货

47. 分步成本法先进先出下的约当产量 = 期初在制品未做完的比例 + 期间生产

完全完成的数额 + 期末在制品做完的比例。生产成本只与当期投放量有关。

48. 分步成本法加权平均下的约当产量 = 期初在制品所有 + 期间生产完全完成的数额 + 期末在制品做完的比例。生产成本等于期初在制品完成成本和当期投放成本之和

49. 变动间接成本分摊率 = 变动间接成本集库中的总成本/分摊基础的总数量

50. 固定间接费用分摊率 = 固定间接费用集库中的总成本/分摊基础的总数量

51. 直接分配法下，特定服务部门成本的分配 = 某生产部门耗用的成本动因数量/所有生产部门耗用的成本动因总数量 × 该服务部门的成本

第五章　内部控制

52. 风险 = 某项威胁发生的概率 × 控制无效的概率 × 该威胁造成的损失额

53. 可接受审计风险（AAR）= 固有风险 × 控制风险 × 检查风险

附录三　美国注册管理会计师（CMA）学习成果说明

Institute of Management Accountants

Certified Management Accountant

Learning Outcome Statements

（Content Specification Outline effective January 2015）

美国管理会计师协会

注册管理会计师

学习成果公告

（内容大纲 2015 年 1 月生效）

Part 1 – Financial Reporting，Planning，Performance，and Control
第一部分　财务报告、规划、绩效与控制

Section A. External Financial Reporting Decisions

（15% – Levels A，B，and C）

第 A 节　外部财务报告决策（15%　A 级、B 级和 C 级）

Part 1 – Section A. 1. Financial statements
第一部分　第 A.1 节　财务报表

For the balance sheet，income statement，statement of changes in equity，and the statement of cash flows，the candidate should be able to：

对资产负债表、利润表、所有者权益变动表和现金流量表，考生应能：

a. identify the users of these financial statements and their needs 识别这些财务报表的使用者及他们的需求

b. demonstrate an understanding of the purposes and uses of each statement 理解每一种财务报表的目的及用途

c. identify the major components and classifications of each statement 识别每一种财务报表的主要组成部分及分类

d. identify the limitations of each financial statement 识别每一种财务报表的

局限性

e. identify how various financial transactions affect the elements of each of the financial statements and determine the proper classification of the transaction 识别不同财务事项如何影响每一种财务报表的各要素，确定对财务事项的正确分类

f. identify the basic disclosures related to each of the statements (footnotes, supplementary schedules, etc.) 识别与每一种财务报表相关的基本披露（例如脚注，补充报表等）

g. demonstrate an understanding of the relationship among the financial statements 理解财务报表之间的关系

h. prepare a balance sheet, an income statement, a statement of changes in equity, and a statement of cash flows (indirect method) 编制资产负债表、利润表、所有者权益变动表和现金流量表（间接法）

Part 1 – Section A. 2. Recognition, measurement, valuation, and disclosure
第一部分　第 A. 2 节　确认、计量、计价和披露

Asset valuation

资产计价

a. identify issues related to the valuation of accounts receivable, including timing of recognition and estimation of uncollectible accounts 识别应收账款计价的相关问题，包括确认坏账的时间及对坏账的估算

b. determine the financial statement effect of using the percentage-of-sales (income statement) approach as opposed to the percentage-of-receivables (balance sheet) approach in calculating the allowance for uncollectible accounts 确定使用销售百分比（利润表）法与应收账百分比（资产负债表）法计算备抵坏账时对财务报表的影响

c. distinguish between receivables sold (factoring) on a with-recourse basis and those sold on a without-recourse basis, and determine the effect on the balance sheet 区分有追索权的方式销售（出让）应收账款和无追索权的方式销售应收账款，并确定其对资产负债表的影响

d. identify issues in inventory valuation, including which goods to include, what costs to include, and which cost assumption to use 识别存货计价的相关问题，包括哪些货物可计入存货，哪些成本可计入存货，及使用哪种成本假设

e. identify and compare cost flow assumptions used in accounting for inventories 识别与比较存货的成本流转假设

f. demonstrate an understanding of the lower of cost or market rule for inventories 理解在存货计价时使用成本与市价孰低法

g. calculate the effect on income and on assets of using different inventory methods 计算使用不同存货计价方法对利润与资产的影响

h. analyze the effects of inventory errors 分析存货计价错误的影响

i. identify advantages and disadvantages of the different inventory methods 识别不同存货计价方法的利弊

j. recommend the inventory method and cost flow assumption that should be used for a firm given a set of facts 在给定条件下为公司推荐存货计价方法和存货的成本流转假设

k. demonstrate an understanding of the following security types: trading, available-for-sale, and held-to-maturity 理解以下证券类型：交易性证券，可供出售证券，以及持有至到期证券

l. demonstrate an understanding of the fair value method, equity method, and consolidated method for equity securities 理解权益证券的核算方法，包括公允价值法，权益法以及合并法

m. determine the effect on the financial statements of using different depreciation methods 确定使用不同折旧方法对财务报表产生的影响

n. recommend a depreciation method for a given a set of data 在给定数据下推荐一种折旧方法

o. demonstrate an understanding of the accounting for impairment of long-term assets 理解长期资产减值的会计处理方法

p. demonstrate an understanding of the accounting for impairment of intangible assets, including goodwill 理解无形资产包括商誉减值的会计处理方法

Valuation of liabilities
负债计价

q. identify the classification issues of short-term debt expected to be refinanced 识别短期负债再融资的分类问题

r. compare the effect on financial statements when using either the expense warranty approach or the sales warranty approach for accounting for warranties 比较使用费用计提法或销售额计提法记录质保费用对财务报表的影响

s. define off-balance sheet financing and identify different forms of this type of borrowing 定义资产负债表外融资并识别不同的资产负债表外融资方式

Income taxes (applies to Assets and Liabilities subtopics)
所得税（适用于资产与负债的子课题）

t. demonstrate an understanding of interperiod tax allocation/deferred income taxes 理解所得税的跨期分摊/递延所得税

u. define and analyze temporary differences, operating loss carrybacks, and operating loss carryforwards 定义并分析暂时性差异及营业亏损的抵免

v. distinguish between deferred tax liabilities and deferred tax assets 区分递延所得税负债和递延所得税资产

w. differentiate between temporary differences and permanent differences and identify examples of each 区别暂时性差异和永久性差异，并分别举例

x. indicate the proper income statement and balance sheet presentation of income tax expense and deferred taxes 在利润表和资产负债表中正确列报所得税费用和递延所得税

y. explain the issues involved in determining the amount and classification of tax assets and liabilities 解释与确认所得税资产和所得税负债金额及分类问题

Leases（applies to Assets and Liabilities subtopics）
租赁（适用于资产与负债的子课题）

z. distinguish between an operating lease and a capital lease 区分经营性租赁和融资租赁

aa. explain why an operating lease is a form of off-balance sheet financing 解释为什么经营性租赁是资产负债表外融资的一种形式

bb. demonstrate an understanding of why lessees may prefer the accounting for a lease as an operating lease as opposed to a capital lease 理解为什么承租人偏向于将租赁记录为经营性租赁而非融资租赁

cc. recognize the correct financial statement presentation of operating and capital lease 识别经营性租赁和融资租赁的正确财务报表列报

Equity transactions
权益性交易

dd. identify transactions that affect paid-in capital and those that affect retained earnings 识别影响实缴资本和留存收益的交易

ee. determine the effect on shareholders' equity of large and small stock dividends, and stock splits 确认大额股票股利、小额股票股利以及股份分割对股东权益的影响

ff. identify reasons for the appropriation of retained earnings 识别留存收益拨付的理由

Revenue recognition
收入确认

gg. apply revenue recognition principles to various types of transactions 将收入确认原则应用于不同类型的交易

hh. identify issues involved with revenue recognition at point of sale, including sales with buyback agreements, sales when right of return exists, and trade loading（or channel stuffing）识别在销售时点与收入确认相关的问题，包括附回购协议的销售，附退货权利的销售，填塞分销渠道

ii. identify instances where revenue is recognized before delivery and when it is recognized after delivery 识别在发货前确认收入与在发货后确认收入的各种情况

jj. distinguish between percentage-of-completion and completed-contract methods for recognizing revenue 区别完工百分比法和合同完工法在收入确认方面的不同

kk. compare and contrast the recognition of costs of construction, progress billings, collections, and gross profit under the two long-term contract accounting methods 比较和对比两种长期合同会计处理方法下,对工程成本,按工程进度付款、收款以及毛利润的不同确认

ll. identify the situations in which each of the following revenue recognition methods would be used: installment sales method, cost recovery method, and deposit method 识别以下收入确认方法所适用的情景:分期付款销售法,成本回收法及保证金法

mm. discuss the issues and concerns that have been identified with respect to revenue recognition practices 讨论在收入确认实践中相关的问题与焦点

nn. demonstrate an understanding of the matching principle with respect to revenues and expenses and be able to apply it to a specific situation 理解收入与费用配比原则并能将该原则应用于某特定情景

Income measurement
收益计量

oo. define gains and losses and indicate the proper financial statement presentation 定义利得与损失并说明其正确的财务报表列报

pp. demonstrate an understanding of the proper accounting for losses on long-term contracts 理解处理长期合同损失的正确会计方法

qq. demonstrate an understanding of the treatment of gain or loss on the disposal of fixed assets 理解处置固定资产损益的会计方法

rr. demonstrate an understanding of expense recognition practices 理解费用确认惯例

ss. define and calculate comprehensive income 定义并计算全面收益

tt. identify correct treatment of extraordinary items and discontinued operations 识别正确处置非经常项目及终止经营的会计方法

GAAP - IFRS differences
美国公认会计原则与国际财务报告准则的差异

Major differences in reported financial results when using GAAP vs. IFRS and the impact on analysis 对比采用美国公认会计原则(GAAP)与采用国际财务报告准则(IFRS)对报告的财务结果带来的主要差别,以及对分析带来的影响

uu. identify and describe the following differences between U. S. GAAP and IF-RS: (i) revenue recognition, with respect to the sale of goods, services, deferred receipts and construction contracts; (ii) expense recognition, with respect to share-based payments and employee benefits; (iii) intangible assets, with respect to development costs and revaluation; (iv) inventories, with respect to costing methods, valuation and write-downs (e. g. , LIFO); (v) leases, with respect to leases of land and buildings; (vi) long-lived assets, with respect to revaluation, deprecia-tion, and capitalization of borrowing costs; (vii) impairment of assets, with re-spect to determination, calculation and reversal of loss; and (viii) financial state-ment presentation, with respect to extraordinary items and changes in equity 识别并描述美国 GAAP 与 IFRS 之间的下列差异：(i) 与货物销售、劳务销售、递延收款和建筑合同相关的收入确认方面的差异；(ii) 以股份为基础支付和员工福利费用确认方面的差异；(iii) 与无形资产的开发成本和重新估价相关的差异；(iv) 存货的成本计算、估价和减记方法（例如后进先出）方面的差异；(v) 土地和建筑物的租赁方面的差异；(vi) 长期资产的重新估价、折旧和借款成本资本化方面的差异；(vii) 资产减值的确定、计算和损失转回方面的差异；(viii) 非经常项目和权益变化而引起的财务报表列报方面的差异

Section B. Planning, Budgeting and Forecasting (30% – Levels A, B, and C)
第 B 节　规划、预算和预测（30%　A 级、B 级和 C 级）

Part 1 – Section B. 1. Strategic planning
第一部分　第 B.1 节　战略规划

The candidate should be able to:

考生应能：

a. discuss how strategic planning determines the path an organization chooses for attaining its long-term goals, vision, and mission; and distinguish between vision and mission 讨论战略规划如何决定一个组织为达到其长期目标，愿景，及使命所选择的途径；区别愿景和使命

b. identify the time frame appropriate for a strategic plan 识别战略规划的适当时限

c. identify the external factors that should be analyzed during the strategic plan-ning process and understand how this analysis leads to recognition of organizational opportunities, limitations, and threats 识别在战略规划制定过程中应分析的外部因素，理解这项分析如何有助于识别组织所面临的机会、局限以及威胁

d. identify the internal factors that should be analyzed during the strategic plan-ning process and explain how this analysis leads to recognition of organizational strengths, weaknesses, and competitive advantages 识别在战略规划制定过程中应分析的内部因素，解释这项分析如何有助于识别组织的优势、劣势以及竞争优势

e. demonstrate an understanding of how mission leads to the formulation of long-term business objectives such as business diversification, the addition or deletion of product lines, or the penetration of new markets 理解公司使命如何有助于长期业

务目标的形成，例如多种经营，增加或删除产品线或渗透新市场

f. explain why short-term objectives, tactics for achieving these objectives, and operational planning (master budget) must be congruent with the strategic plan and contribute to the achievement of long-term strategic goals 解释为什么短期目标以及达到这些目标所用的策略和经营性规划（总预算）必须与战略规划相符合，并有助于长期战略目标的实现

g. identify the characteristics of successful strategic plans 识别成功的战略规划的特点

h. describe Porter's generic strategies, including cost leadership, differentiation, and focus 描述波特的一般竞争战略，包括低成本战略，差异化战略和重点集中战略

i. demonstrate an understanding of the following planning tools and techniques: SWOT analysis, Porter's 5 forces, situational analysis, PEST analysis, scenario planning, competitive analysis, contingency planning, and the BCG Growth – Share Matrix 理解以下规划工具和技术：强弱危机分析（SWOT analysis），波特五力（Porter's 5 forces），形势分析，政治、经济、社会和技术（PEST）分析，情境规划，竞争力分析，应急规划以及波士顿咨询公司成长占有率矩阵（BCG Growth – Share Matrix）

Part 1 – Section B. 2. Budgeting concepts
第一部分　第 B. 2 节　预算概念

The candidate should be able to:
考生应能：

a. describe the role that budgeting plays in the overall planning and performance evaluation process of an organization 描述一个组织的预算编制在整体规划和绩效评价过程中的角色

b. explain the interrelationships between economic conditions, industry situation, and a firm's plans and budgets 解释经济情况、行业形势和企业规划及预算之间的相互关系

c. identify the role that budgeting plays in formulating short-term objectives and planning and controlling operations to meet those objectives 识别预算编制在制定短期目标和规划及控制营运状况以达到这些目标中所起的作用

d. demonstrate an understanding of the role that budgets play in measuring performance against established goals 理解预算在衡量绩效是否达标中所起的作用

e. identify the characteristics that define successful budgeting processes 识别成功的预算编制过程的特点

f. explain how the budgeting process facilitates communication among organizational units and enhances coordination of organizational activities 解释编制预算的流程如何促进组织的各单位之间相互沟通，并提高组织的各项作业之间的协调

g. describe the concept of a controllable cost as it relates to both budgeting and performance evaluation 描述可控成本的概念及其相关的预算编制和绩效评价

h. explain how the efficient allocation of organizational resources are planned during the budgeting process 解释在预算编制过程中，如何规划组织资源的有效分配

i. identify the appropriate time frame for various types of budgets 识别对不同种类的预算应如何确定其不同的时限

j. identify who should participate in the budgeting process for optimum success 识别谁应该参与预算的编制过程，以使预算达到最佳的结果

k. describe the role of top management in successful budgeting 描述最高管理层在编制成功的预算中所起的作用

l. identify best practice guidelines for the budget process 识别预算流程的最佳实践指南

m. demonstrate an understanding of the use of cost standards in budgeting 理解在编制预算中标准成本的运用

n. differentiate between ideal（theoretical）standards and currently attainable（practical）standards 区分理想（理论）标准和当前可以达到（可行）的标准

o. differentiate between authoritative standards and participative standards 区分主管决定的标准和群众参与制订的标准

p. identify the steps to be taken in developing standards for both direct material and direct labor 识别在制订直接材料和直接人工的标准时应该采取的步骤

q. demonstrate an understanding of the techniques that are used to develop standards such as activity analysis and the use of historical data 理解制定标准所采用的技术，诸如作业分析和采用历史数据

r. discuss the importance of a policy that allows budget revisions that accommodate the impact of significant changes in budget assumptions 讨论在原定预算假设发生重大变化时，为适应变化造成的影响，要对预算进行修改的重要性

s. explain the role of budgets in monitoring and controlling expenditures to meet strategic objectives 解释预算在监督和控制费用开支以达到战略目标中所起的作用

t. define budgetary slack and discuss its impact on goal congruence 定义预算松弛，并讨论它对目标一致性的影响

Part 1 – Section B. 3. Forecasting techniques
第一部分　第 B. 3 节　预测技术

The candidate should be able to：
考生应能：

a. demonstrate an understanding of a simple regression equation 理解简单回归方程

b. define a multiple regression equation and recognize when multiple regression is an appropriate tool to use for forecasting 定义多元回归，并识别在何种情况下多元回归适用于预测

c. calculate the result of a simple regression equation 计算简单回归方程

d. demonstrate an understanding of learning curve analysis 理解学习曲线分析

e. calculate the results under a cumulative average-time learning model 计算累积平均时间学习模式

f. list the benefits and shortcomings of regression analysis and learning curve analysis 列示回归分析和学习曲线分析的优点与缺点

g. calculate the expected value of random variables 计算随机变量的期望值

h. identify the benefits and shortcomings of expected value techniques 识别期望值技术的优点与缺点

i. use probability values to estimate future cash flows 应用概率值对未来的现金流量作出估计

Part 1 – Section B. 4. Budget methodologies
第一部分　第 B. 4 节　预算方法

For each of the budget systems identified ［annual/master budgets, project budgeting, activity-based budgeting, zero-based budgeting, continuous (rolling) budgets, and flexible budgeting］, the candidate should be able to：

对各项不同的预算 ［年度/总预算、项目预算编制、作业预算编制、零基预算编制、连续（滚动）预算和弹性预算］，考生应能：

a. define its purpose, appropriate use, and time frame 定义其目的、适当的用途和时限

b. identify the budget components and explain the interrelationships among the components 识别预算的组成，并解释各组成部分的相互关系

c. demonstrate an understanding of how the budget is developed 理解如何制定预算

d. compare and contrast the benefits and limitations of the budget system 比较并对比预算制度的优点及局限性

e. evaluate a business situation and recommend the appropriate budget solution 评价企业的状况，并推荐适用的预算方法

f. prepare budgets on the basis of information presented 按所提供的信息编制各项预算

g. calculate the impact of incremental changes to budgets 计算预算发生增量变化的影响

Part 1 – Section B. 5. Annual profit plan and supporting schedules
第一部分　第 B. 5 节　年度利润计划和附表

The candidate should be able to：

考生应能：

a. explain the role of the sales budget in the development of an annual profit plan 解释销售预算在制订年度利润计划中所起的作用

b. identify the factors that should be considered when preparing a sales forecast 识别在编制销售预算中应考虑的因素

c. identify the components of a sales budget and prepare a sales budget 识别销售预算的组成部分，并编制销售预算

d. explain the relationship between the sales budget and the production budget 解释销售预算和生产预算之间的关系

e. identify the role that inventory levels play in the preparation of a production budget and define other factors that should be considered when preparing a production budget 识别存货水平在编制生产预算中所起的作用，并定义在编制生产预算时应该考虑的其他因素

f. prepare a production budget 编制生产预算

g. demonstrate an understanding of the relationship between the direct materials budget, the direct labor budget, and the production budget 理解直接材料预算、直接人工预算和生产预算之间的关系

h. explain how inventory levels and procurement policies affect the direct materials budget 解释存货水平和采购政策如何影响直接材料预算

i. prepare direct materials and direct labor budgets based on relevant information and evaluate the feasibility of achieving production goals on the basis of these budgets 根据相关信息编制直接材料和直接人工预算，并根据这些预算对达成生产目标的可行性作出评价

j. demonstrate an understanding of the relationship between the overhead budget and the production budget 理解间接费用预算和生产预算之间的关系

k. separate costs into their fixed and variable components 把成本分离为固定和变动两个组成部分

l. prepare an overhead budget 编制间接费用预算

m. identify the components of the cost of goods sold budget and prepare a cost of goods sold budget 识别销货成本预算的组成部分，并编制销货成本预算

n. demonstrate an understanding of contribution margin per unit and total contribution margin, identify the appropriate use of these concepts, and calculate both unit and total contribution margin 理解单位边际贡献和边际贡献总额；识别对这些概念的适当应用，并计算单位边际贡献和边际贡献总额

o. identify the components of the selling and administrative expense budget 识别销售与管理费用预算的组成部分

p. explain how specific components of the selling and administrative expense budget may affect the contribution margin 解释销售与管理费用预算的一些特定的组成部分如何影响边际贡献

q.　prepare an operational（operating）budget 编制业务（营业）预算

r.　prepare a capital expenditure budget 编制资本支出预算

s.　demonstrate an understanding of the relationship between the capital expenditure budget, the cash budget, and the pro forma financial statements 理解资本支出预算、现金预算和预计财务报表之间的关系

t.　define the purposes of the cash budget and describe the relationship between the cash budget and all other budgets 定义现金预算的目的，并描述现金预算与其他各项预算之间的关系

u.　demonstrate an understanding of the relationship between credit policies and purchasing（payables）policies and the cash budget 理解信贷政策及采购（应付账款）政策与现金预算之间的关系

v.　prepare a cash budget 编制现金预算

Part 1 – Section B. 6. Top-level planning and analysis
第一部分　第 B. 6 节　顶层规划与分析

The candidate should be able to：

考生应能：

a.　define the purpose of a pro forma income statement, a pro forma balance sheet, and a pro forma statement of cash flows; and demonstrate an understanding of the relationship among these statements and all other budgets 定义预计利润表、预计资产负债表和预计现金流量表的目的；理解这些报表与其他预算之间的关系

b.　prepare pro forma income statements based on several revenue and cost assumptions 根据若干项收入和成本的假定数字，编制预计利润表

c.　evaluate whether a company has achieved strategic objectives based on pro forma income statements 根据预计利润表，评价一个公司是否达到其战略目标

d.　use financial projections to prepare a pro forma balance sheet and a pro forma statement of cash flows 应用财务预测数据，编制预计资产负债表和预计现金流量表

e.　identify the factors required to prepare medium-and long-term cash forecasts 识别编制中期现金预测和长期现金预测所需的数据

f.　use financial projections to determine required outside financing and dividend policy 应用财务预测数据，确定外部融资的需求额和股利政策

Section C. Performance Management
（20% – Levels A, B, and C）
第 C 节　绩效管理（20%　A 级、B 级和 C 级）

Part 1 – Section C. 1. Cost and variance measures
第一部分　第 C. 1 节　成本与差异核算

The candidate should be able to：

考生应能：

a. analyze performance against operational goals using measures based on reve-nue, manufacturing costs, non-manufacturing costs, and profit depending on the type of center or unit being measured 根据所考核的责任中心或单位的类型，采用收入、制造成本、非制造成本和利润的衡量指标，分析其绩效是否达到经营目标

b. explain the reasons for variances within a performance monitoring system 在一个绩效监督体系中，解释造成差异的理由

c. prepare a performance analysis by comparing actual results to the master budget, calculate favorable and unfavorable variances from budget, and provide ex-planations for variances 经由实际成果与总预算对比来评估并编制绩效分析，计算有利和不利差异，并对差异作出说明

d. identify and describe the benefits and limitations of measuring performance by comparing actual results to the master budget 识别并描述把实际成果与总预算对比来衡量绩效的优点与局限性

e. analyze a flexible budget based on actual sales（output）volume 根据实际销售（产出）量分析弹性预算

f. calculate the sales-volume variance and the sales-price variance by comparing the flexible budget to the master（static）budget 比较弹性预算与总（静态）预算，计算销售数量差异和销售价格差异

g. calculate the flexible-budget variance by comparing actual results to the flexi-ble budget 比较实际结果与弹性预算，计算弹性预算差异

h. investigate the flexible-budget variance to determine individual differences between actual and budgeted input prices and input quantities 分析弹性预算差异并确定实际与预算的投入价格的差异和投入数量的差异

i. explain how budget variance reporting is utilized in a management by excep-tion environment 解释在按例外原则管理的情况下如何利用预算差异报告

j. define a standard cost system and identify the reasons for adopting a standard cost system 定义标准成本制度，并识别采用标准成本制度的理由

k. demonstrate an understanding of price（rate）variances and calculate the price variances related to direct material and direct labor inputs 理解价格（费率）差异，并计算直接材料价格差异和直接人工投入价格差异

l. demonstrate an understanding of efficiency（usage）variances and calculate the efficiency variances related to direct material and direct labor inputs 理解效率（用量）差异，并计算直接材料效率差异和直接人工投入效率差异

m. demonstrate an understanding of spending and efficiency variances as they relate to fixed and variable overhead 理解与固定和变动间接费用有关的开支差异和效率差异

n. calculate a sales-mix variance and explain its impact on revenue and contri-bution margin 计算销售组合差异，并解释它对收入和边际贡献的影响

o. calculate and explain a mix variance 计算并解释组合差异

p. calculate and explain a yield variance 计算并解释产出差异（实得差异）

q. demonstrate how price，efficiency，spending，and mix variances can be applied in service companies as well as manufacturing companies 说明价格、效率、开支和组合差异如何既可以用于制造业公司，也可以用于服务性公司

r. analyze factory overhead variances by calculating variable overhead spending variance，variable overhead efficiency variance，fixed overhead spending variance，and production volume variance 通过计算变动间接费用开支差异、变动间接费用效率差异、固定间接费用开支差异和产量差异，来分析工厂间接费用的各项差异

s. analyze variances，identify causes，and recommend corrective actions 分析各项差异，识别原因并提出改进措施

Part 1 – Section C. 2. Responsibility centers and reporting segments
第一部分　第C. 2节　责任中心和报告部门

The candidate should be able to：

考生应能：

a. identify and explain the different types of responsibility centers 识别并解释不同类型的责任中心

b. recommend appropriate responsibility centers given a business scenario 给定某业务场景，推荐适用的责任中心制度

c. calculate a contribution margin 计算边际贡献

d. analyze a contribution margin report and evaluate performance 分析边际贡献报告并评估其绩效

e. identify segments that organizations evaluate，including product lines，geographical areas，or other meaningful segments 识别组织对其绩效进行评估的各个分部，包括生产线、地理区域或依其他目的而划分的分部

f. explain why the allocation of common costs among segments can be an issue in performance evaluation 解释为什么共同成本在各个分部之间的分配可能成为绩效评估中的一个问题

g. identify methods for allocating common costs such as stand-alone cost allocation and incremental cost allocation 识别共同成本的各种分配方法，诸如独立成本分配法和增量成本分配法

h. define transfer pricing and identify the objectives of transfer pricing 定义转移价格定价，识别转移价格定价的目的

i. identify the methods for determining transfer prices and list and explain the advantages and disadvantages of each method 识别确定转移价格的各种方法，并列出和解释每一种方法的优缺点

j. identify and calculate transfer prices using variable cost，full cost，market price，negotiated price，and dual-rate pricing 采用变动成本、全部成本、市场价

格、协商价格和双重定价法，识别和计算转移价格

k. explain how transfer pricing is affected by business issues such as the presence of outside suppliers and the opportunity costs associated with capacity usage 解释业务问题如何影响转移价格定价，例如外部供应商的存在和与产能利用相关的机会成本

l. describe how special issues such as tariffs, exchange rates, taxes, currency restrictions, expropriation risk, and the availability of materials and skills affect performance evaluation in multinational companies 描述跨国公司的一些特殊问题，诸如关税、汇率、税收、货币限制、征收风险和获得材料和技术的可能性对其绩效评估的影响

Part 1 – Section C. 3. Performance measures
第一部分 第 C. 3 节 绩效考核

The candidate should be able to:

考生应能:

a. explain why performance evaluation measures should be directly related to strategic and operational goals and objectives; why timely feedback is critical; and why performance measures should be related to the factors that drive the element being measured, e. g. , cost drivers and revenue drivers 解释为什么绩效评估考核应该与战略和经营目标直接相关；为什么及时反馈至关重要；以及为什么绩效考核应该与驱动因素相联系，例如成本动因和收入动因

b. explain the issues involved in determining product profitability, business unit profitability, and customer profitability, including cost measurement, cost allocation, investment measurement, and valuation 解释与确定产品获利能力、经营单位获利能力和顾客获利能力有关的各项问题，包括成本计量、成本分摊、投资计量和估价

c. calculate product-line profitability, business unit profitability, and customer profitability 计算产品线的获利能力、经营单位获利能力和顾客获利能力

d. evaluate customers and products on the basis of profitability and recommend ways to improve profitability and/or drop unprofitable customers and products 根据获利能力评估顾客和产品，并提出提高获利能力和/或终止不盈利的顾客和产品的建议

e. define and calculate return on investment (ROI) 定义和计算投资回报率 (ROI)

f. analyze and interpret ROI calculations 分析并解释投资回报率的计算

g. define and calculate residual income (RI) 定义和计算剩余收益 (RI)

h. analyze and interpret RI calculations 分析并解释剩余收益的计算

i. compare and contrast the benefits and limitations of ROI and RI as measures of performance 比较和对比使用投资回报率和剩余收益来考核绩效的优点和局

限性

j. explain how revenue and expense recognition policies may affect the measurement of income and reduce comparability among business units 解释收入与费用的确认政策如何可能影响收益的计量，并减少经营单位之间的可比性

k. explain how inventory measurement policies，joint asset sharing，and overall asset measurement policies may affect the measurement of investment and reduce comparability among business units 解释存货计量政策、产权共有和总体资产计量如何可能影响投资的计量，并减少经营单位之间的可比性

l. define key performance indicators（KPIs）and discuss the importance of these indicators in evaluating a firm 定义关键绩效指标，并讨论其对于评估公司的重要性

m. define the concept of a balanced scorecard and identify its components 定义平衡记分卡，并识别它的组成部分

n. identify and describe the perspectives of a balanced scorecard，including financial，customer，internal process，and learning and growth 识别并描述平衡记分卡的评估角度，包括财务、客户、内部流程以及学习和成长各角度

o. identify and describe the characteristics of successful implementation and use of a balanced scorecard；demonstrate an understanding of a strategy map and the role it plays 识别并描述成功运用平衡记分卡所具备的特性；理解战略地图及其作用

p. analyze and interpret a balanced scorecard and evaluate performance on the basis of the analysis 分析并解释平衡记分卡，并在分析的基础上评估绩效

q. recommend performance measures and a periodic reporting methodology given operational goals and actual results 在给定经营目标和实际成果的情况下，推荐绩效考核指标和定期报告的方法

Section D. Cost Management（20% – Levels A，B，and C）
第 D 节　成本管理（20%　A 级、B 级和 C 级）

Part 1 – Section D. 1. Measurement concepts
第一部分　第 D. 1 节　计量概念

The candidate should be able to：
考生应能：

a. calculate fixed，variable，and mixed costs and demonstrate an understanding of the behavior of each in the long and short term and how a change in assumptions regarding cost type or relevant range affects these costs 计算固定、变动和混合成本并理解每种成本在长期和短期内的习性以及改变成本类型与相关范围的假设对这些成本的影响

b. identify cost objects and cost pools and assign costs to appropriate activities 识别成本对象和成本归集点，并把各项成本分配到适当的作业中去

c. demonstrate an understanding of the nature and types of cost drivers and the causal relationship that exists between cost drivers and costs incurred 理解成本动因的性质和类型，以及成本动因和发生的成本之间所存在的因果关系

d. demonstrate an understanding of the various methods for measuring costs and accumulating work-in-process and finished goods inventories 理解成本核算的各种方法以及累积在产品和产成品成本

e. identify and define cost measurement techniques such as actual costing, normal costing, and standard costing; calculate costs using each of these techniques; identify the appropriate use of each technique; and describe the benefits and limitations of each technique 识别并定义成本核算方法，诸如实际成本法、正常成本法和标准成本法；分别使用这些方法计算成本；识别每一种方法适当的用途；描述每一种方法的优点和局限性

f. demonstrate an understanding of variable (direct) costing and absorption (full) costing and the benefits and limitations of these measurement concepts 理解变动（直接）成本法和吸收（全部）成本法及其优点和局限性

g. calculate inventory costs, cost of goods sold, and operating profit using both variable costing and absorption costing 采用变动成本法和吸收成本法，计算存货成本、销货成本和营业利润

h. demonstrate an understanding of how the use of variable costing or absorption costing affects the value of inventory, cost of goods sold, and operating income 理解运用变动成本法或吸收成本法如何影响存货价值、销货成本和营业收益

i. prepare summary income statements using variable costing and absorption costing 采用变动成本法和吸收成本法编制利润简表

j. determine the appropriate use of joint product and by-product costing 确定联产品和副产品成本计算法的恰当使用

k. demonstrate an understanding of concepts such as split-off point and separable costs 理解分离点和可分离成本的概念

l. determine the allocation of joint product and by-product costs using the physical measure method, the sales value at split-off method, constant gross profit (gross margin) method, and the net realizable value method; and describe the benefits and limitations of each method 采用实物计量法、分离点的销售价值法、固定毛利（边际毛利）法和可实现净值法，确定对联产品和副产品成本的分摊额；描述每一种方法的优点和局限性

Part 1 – Section D. 2. Costing systems
第一部分　第 D. 2 节　成本计算制度

For each cost accumulation system identified (job order costing, process costing, activity-based costing, life-cycle costing), the candidate should be able to: 对每一种成本累积制度（分批成本法、分步成本法、作业成本法、生命周期

成本法），考生应能：

a. define the nature of the system, understand the cost flows of the system, and identify its appropriate use 定义该制度的性质、理解其成本流程并识别其恰当的用途

b. calculate inventory values and cost of goods sold 计算存货价值和销货成本

c. demonstrate an understanding of the proper accounting for normal and abnormal spoilage 理解正常和非正常损耗的适当会计处理

d. discuss the strategic value of cost information regarding products and services, pricing, overhead allocations, and other issues 讨论与产品和服务、定价、间接费用分摊和其他相关问题的成本信息的战略意义

e. identify and describe the benefits and limitations of each cost accumulation system 识别并描述每一种成本累积制度的优点和局限性

f. demonstrate an understanding of the concept of equivalent units in process costing and calculate the value of equivalent units 理解分步成本法中约当产量的概念，并计算约当产量的价值

g. define the elements of activity-based costing such as cost pool, cost driver, resource driver, activity driver, and value-added activity 定义作业成本法中的各项组成部分，诸如成本归集点、成本动因、资源动因、作业动因和增值作业

h. calculate product cost using an activity-based system and compare and analyze the results with costs calculated using a traditional system 采用作业成本法计算产品成本，并与采用传统制度计算出的成本相比较，分析其结果

i. explain how activity-based costing can be utilized in service firms 解释作业成本法如何应用于服务性企业

j. demonstrate an understanding of the concept of life-cycle costing and the strategic value of including upstream costs, manufacturing costs, and downstream costs 理解生命周期成本法概念和将上游成本、制造成本及下游成本都包括在成本内的战略意义

Part 1 – Section D. 3. Overhead costs
第一部分　第 D. 3 节　间接成本

The candidate should be able to:

考生应能：

a. distinguish between fixed and variable overhead expenses 区分固定间接费用和变动间接费用

b. determine the appropriate time frame for classifying both variable and fixed overhead expenses 确定合适的时限来划分变动间接费用和固定间接费用

c. demonstrate an understanding of the different methods of determining overhead rates, e. g., plant-wide rates, departmental rates, and individual cost driver rates 理解确定间接费用费率的不同方法，例如全厂费率、部门费率和个别成

本动因费率

d. describe the benefits and limitations of each of the methods used to determine overhead rates 描述用于确定间接费用费率所采用的每一种方法的优点和局限性

e. identify the components of variable overhead expense 识别变动间接费用的组成部分

f. determine the appropriate allocation base for variable overhead expenses 确定变动间接费用所适用的分配基础

g. calculate the per unit variable overhead expense 计算单位变动间接费用

h. identify the components of fixed overhead expense 识别固定间接费用的组成部分

i. identify the appropriate allocation base for fixed overhead expense 识别固定间接费用所适用的分摊基础

j. calculate the fixed overhead application rate 计算固定间接费用分配率

k. describe how fixed overhead can be over or under applied and how this difference should be accounted for in the cost of goods sold, work-in-process, and finished goods accounts 描述固定间接费用可能会分配过多或分配不足，以及这一差额应如何计入销货成本、在产品和产成品账户

l. compare and contrast traditional overhead allocation with activity-based overhead allocation 比较并对比传统的间接费用分摊方法与以作业为基础的间接费用分摊方法

m. calculate overhead expense in an activity-based costing setting 采用作业成本法计算间接费用

n. identify and describe the benefits derived from activity-based overhead allocation 识别并描述以作业为基础分摊间接费用的优点

o. explain why companies allocate the cost of service departments such as Human Resources or Information Technology to divisions, departments, or activities 解释为什么企业要把诸如人力资源部或信息技术部等服务部门的成本分摊给各个分部、部门或作业

p. calculate service or support department cost allocations using the direct method, the reciprocal method, the step-down method, and the dual allocation method 采用直接法、交叉分配法、阶梯分摊法和双重分摊法计算服务或辅助部门的成本分摊

q. estimate fixed costs using the high-low method and demonstrate an understanding of how regression can be used to estimate fixed costs 采用高低法估计固定成本，理解如何利用回归法估计固定成本

Part 1 – Section D. 4. Supply Chain Management
第一部分　第 D. 4 节　供应链管理

The candidate should be able to：

考生应能：

a. explain supply chain management 解释供应链管理

b. define lean manufacturing and describe its central purpose 定义精益生产和描述其中心目的

c. identify and describe the operational benefits of implementing lean manufacturing 识别并描述实施精益生产的经营优势

d. define materials requirements planning（MRP）定义材料需求计划

e. identify and describe the operational benefits of implementing a just-in-time（JIT）system 识别并描述采用适时系统的经营优势

f. identify and describe the operational benefits of enterprise resource planning（ERP）识别并描述企业资源计划的经营优势

g. explain the concept of outsourcing and identify the benefits and limitations of choosing this option 解释外包的概念，并识别选用这一做法的优点和局限

h. demonstrate a general understanding of the theory of constraints 理解约束理论

i. identify the five steps involved in theory of constraints analysis 识别约束理论分析中的五个步骤

j. define throughput costing（super-variable costing）and calculate inventory costs using throughput costing 定义产量成本法（超可变成本法），并采用产量成本法计算存货成本

k. define and calculate throughput contribution 定义并计算产量贡献

l. describe how capacity level affects product costing，capacity management，pricing decisions and financial statements 描述产能水平如何影响产品成本计算、产能管理、定价决策和财务报表

m. explain how using practical capacity as denominator for fixed costs rate enhances capacity management 解释采用实际产能作为计算固定成本费率的分母如何能提高对产能的管理

n. calculate the financial impact of implementing the above mentioned methods 计算实施上述各种方法在财务上产生的影响

Part 1 – D. 5. Business process improvement
第一部分　第 D. 5 节　业务流程改进

The candidate should be able to：
考生应能：

a. define value chain analysis 定义价值链分析

b. identify the steps in value chain analysis 识别价值链分析的各步骤

c. explain how value chain analysis is used to better understand a firm's competitive advantage 解释如何使用价值链分析以便更好地理解一个企业的竞争优势

d. define，identify and provide examples of a value-added activity and explain how the value-added concept is related to improving performance 定义和识别增值作

业并举出实例，解释增值的概念如何与提高绩效有关

e. demonstrate an understanding of process analysis and business process reengineering, and calculate the resulting savings 理解流程分析和业务流程再造并计算相应的财务结余

f. define best practice analysis and discuss how it can be used by an organization to improve performance 定义最佳方法分析，讨论一个组织如何应用这项分析来提高绩效

g. demonstrate an understanding of benchmarking process performance 理解流程绩效标杆分析

h. identify the benefits of benchmarking in creating a competitive advantage 识别标杆分析对创造竞争优势带来的好处

i. apply activity-based management principles to recommend process performance improvements 应用作业管理原则提出改进流程绩效的建议

j. explain the relationship among continuous improvement techniques, activity-based management, and quality performance 解释持续改进的方法、作业管理和质量绩效之间的关系

k. explain the concept of continuous improvement and how it relates to implementing ideal standards and quality improvements 解释持续改进的概念，以及这个概念与实施理想标准和改进质量之间的关系

l. describe and identify the components of the costs of quality, commonly referred to as prevention costs, appraisal costs, internal failure costs, and external failure costs 描述并识别质量成本的构成项目，通常称为预防成本、鉴定成本、内部故障成本和外部故障成本

m. calculate the financial impact of implementing the above mentioned processes 计算实施上述流程的财务影响

n. identify and discuss ways to make accounting operations more efficient, including process walk-throughs, process training, identification of waste and over capacity, identifying the root cause of errors, reducing the accounting close cycle (fast close), and shared services 识别并讨论提高会计运作效率的方法，包括流程穿越，流程培训，识别浪费和产能过量，识别错误的根本原因，减少会计循环时间（加速关账），服务共享

Section E. Internal Controls (15% – Levels A, B, and C)
第 E 节　内部控制（15%　A 级、B 级和 C 级）

Part 1 – Section E. 1 Governance, risk, and compliance
第一部分　第 E. 1 节　管理、风险与法规遵守

The candidate should be able to:
考生应能：

a. demonstrate an understanding of internal control risk and the management of internal control risk 理解内控风险和内控风险管理

b. identify and describe internal control objectives 识别并描述内部控制的各项目的

c. explain how a company's organizational structure, policies, objectives, and goals, as well as its management philosophy and style, influence the scope and effectiveness of the control environment 解释一个公司的组织构架、政策、目的和目标，以及其管理理念和风格，如何影响其控制环境的范围和有效性

d. identify the Board of Directors' responsibilities with respect to ensuring that the company is operated in the best interest of shareholders 识别董事会所承担的有关公司确保股东最佳利益的各项责任

e. identify the hierarchy of corporate governance; i. e. articles of incorporation, bylaws, polices, and procedures 识别公司管理的等级；即公司的章程，法则，政策和程序

f. demonstrate an understanding of corporate governance, including rights and responsibilities of the CEO, the Board of Directors, the Audit Committee, managers and other stakeholders; and the procedures for making corporate decisions 理解公司管理，包括首席执行官、董事会、审计委员会、经理和其他利益相关人的权利和责任；理解制定公司决策的程序

g. describe how internal controls are designed to provide reasonable (but not absolute) assurance regarding achievement of an entity's objectives involving (i) effectiveness and efficiency of operations, (ii) reliability of financial reporting, and (iii) compliance with applicable laws and regulations 描述内部控制的设计如何为达到一个实体的目标提供合理（但非绝对）保证包括（i）经营的有效性和有效率性，（ii）财务报表的可靠性，（iii）遵守各项适用的法规

h. explain why personnel policies and procedures are integral to an efficient control environment 解释为什么人事政策和程序是有效控制环境的组成部分

i. define and give examples of segregation of duties 定义职责分离并举例

j. explain why the following four types of functional responsibilities should be performed by different departments or different people within the same function: (i) authority to execute transactions, (ii) recording transactions, (iii) custody of assets involved in the transactions, and (iv) periodic reconciliations of the existing assets to recorded amounts 解释为什么下列四项职能应由不同部门或同一职能部门中不同人员来担任：(i) 执行事项的权力，(ii) 记录该事项，(iii) 保管与该事项有关的资产，(iv) 定期调节现存的资产与记录的数额

k. demonstrate an understanding of the importance of independent checks and verification 理解对独立核对和查证的重要性

l. identify examples of safeguarding controls 识别保护资产控制的实例

m. explain how the use of pre-numbered forms, as well as specific policies and procedures detailing who is authorized to receive specific documents, is a means of control 解释如何应用预先编号的表格，以及制定具体的政策和程序规定何人被授权接受某些文件都是一种控制手段

n. define inherent risk, control risk, and detection risk 定义固有风险，控制风险和检查风险

o. define and distinguish between preventive controls and detective controls 定义并区别预防性控制和检查性控制

p. describe the major internal control provisions of the Sarbanes – Oxley Act (Sections 201, 203, 204, 302, 404, and 407) 描述《萨班斯—奥克斯利法案》(Sarbanes – Oxley Act 第 201 节，203 节，204 节，302 节，404 节和 407 节) 对内部控制的主要规定

q. identify the role of the PCAOB in providing guidance on the auditing of internal controls 识别美国上市公司监督委员会（PCAOB）在对审计内部控制所提供的指导中的作用

r. differentiate between a top-down (risk-based) approach and a bottom-up approach to auditing internal controls 区分内部控制审计中自上而下（以风险为基础）和自下而上的方式

s. identify the PCAOB preferred approach to auditing internal controls as outlined in Auditing Standard #5 识别在第 5 号审计准则中美国上市公司监督委员会所推荐的审计内部控制的方法

t. identify and describe the major internal control provisions of the Foreign Corrupt Practices Act 识别并描述美国海外贪腐防治法关于内部控制的主要规定

u. identify and describe the five major components of COSO's Internal Control Framework (2013 update) 识别并描述发起组织委员会（COSO）内控框架（2013 年更新版）的五项重要组成部分

v. assess the level of internal control risk within an organization and recommend risk mitigation strategies 评估组织的内控风险水平，并推荐降低风险的策略

w. demonstrate an understanding of external auditors responsibilities, including the types of audit opinions the external auditors issue 理解外部审计人员的责任，包括外部审计人员出具的审计意见类型

Part 1 – Section E. 2 Internal auditing
第一部分　　第 E. 2 节　　内部审计

The candidate should be able to:

考生应能：

a. define the internal audit function and identify its functions and scope 定义内部审计职能并指出其职能和范围

b. identify how internal auditors can test compliance with controls and evaluate the effectiveness of controls 识别内部审计人员如何能对控制作符合性测试，并

评估其控制的有效性

c. explain how internal auditors determine what controls to audit, when to audit, and why 解释内部审计人员如何确定对哪些控制进行审计、何时审计及为何审计

d. identify and describe control breakdowns and related risks that internal auditors should report to management or to the Board of Directors 识别并描述内部审计人员应该向管理层或董事会报告的控制故障以及与之有关的各项风险

e. define and identify the objectives of a compliance audit and an operational audit 定义并指出符合性审计和经营审计的目的

f. demonstrate an understanding of the roles and responsibilities of the Chief Audit Executive（CAE）理解首席审计执行官的角色和职责

g. identify and understand the most effective reporting relationship of the CAE 识别并理解首席审计执行官的最有效的汇报关系

Part 1 – Section E. 3 Systems controls and security measures
第一部分　第 E. 3 节　系统控制和安全措施

The candidate should be able to:

考生应能：

a. describe how the segregation of accounting duties can enhance systems security 描述会计工作的职责分离如何能提高系统的安全性

b. identify threats to information systems, including input manipulation, program alteration, direct file alteration, data theft, sabotage, viruses, Trojan horses, theft, and phishing 识别对信息系统的威胁，包括输入操纵、程序变更、直接文件变更、数据盗窃、蓄意破坏、病毒、特洛伊木马软件，盗窃和网络钓鱼

c. demonstrate an understanding of how systems development controls are used to enhance the accuracy, validity, safety, security, and adaptability of systems input, processing, output, and storage functions 理解如何通过系统开发控制提高系统输入、处理、输出和存储功能的正确性、有效性、安全性、保密性和适应性

d. identify procedures to limit access to physical hardware 识别限制实体硬件使用的程序

e. identify means by which management can protect programs and databases from unauthorized use 识别管理层保护程序和数据库以免被越权使用所采取的方法

f. identify input controls, processing controls, and output controls and describe why each of these controls is necessary 识别输入控制、处理控制和输出控制，并描述为什么这些控制是必要的

g. identify and describe the types of storage controls and demonstrate an understanding of when and why they are used 识别并描述储存控制的类型，并理解何时以及为何采用这些控制

h. identify and describe the inherent risks of using the internet as compared to data transmissions over secured transmission lines 识别并描述使用互联网相较于使用安全传输线路来传输数据的固有风险

i. define data encryption and describe why there is a much greater need for data encryption methods when using the internet 定义数据加密，并描述在使用互联网时更有必要采用数据加密方法

j. identify a firewall and its uses 识别防火墙及其用途

k. demonstrate an understanding of how flowcharts of activities are used to assess controls 理解如何使用作业的流程图评估控制

l. explain the importance of backing up all program and data files regularly, and storing the backups at a secure remote site 解释将所有的程序和数据文件定期作备份并将备份储存于安全的偏远地区的重要性

m. define business continuity planning 定义业务连续性计划

n. define the objective of a disaster recovery plan and identify the components of such a plan including hot, warm, and cold sites 定义灾难恢复计划的目的，并识别该计划的组成部分，包括热站、温站和冷站

Part 2 – Financial Decision Making
第二部分　财务决策

Section A. Financial Statement Analysis
(25% – Levels A, B, and C)
第 A 节　财务报表分析（25%　A 级、B 级和 C 级）

Part 2 – Section A. 1. Basic Financial Statement Analysis
第二部分　第 A. 1 节　基本财务报表分析

a. for the balance sheet and income statement prepare and analyze common-size financial statements; i. e., calculate percentage of assets and sales, respectively; also called vertical analysis 编制并分析资产负债表和利润表的同比财务报表；即分别按资产百分比和收入百分比计算；也称纵向分析

b. for the balance sheet and income statement prepare a comparative financial statement horizontal analysis; i. e., calculate trend year over year for every item on the financial statement compared to base year 编制并分析资产负债表和利润表的比较财务报表横向分析；即将财务报表上各科目与基年的同项数据进行比较，计算趋势

c. calculate the growth rate of individual line items on the balance sheet and income statement 计算资产负债表和利润表上各个项目的增长率

Part 2 – Section A. 2. Financial Ratios
第二部分　第 A. 2 节　财务比率

The candidate should be able to：

考生应能：

Liquidity

流动性

a. calculate and interpret the current ratio, the quick (acid-test) ratio, the cash ratio, the cash flow ratio, and the net working capital ratio 计算并解释流动比率，速动（酸性测试）比率，现金比率，现金流量比率和净营运资本比率

b. explain how changes in one or more of the elements of current assets, current liabilities, and/or unit sales can change the liquidity ratios and calculate that impact 解释流动资产、流动负债，和/或单位产品销售额中的一项或多项元素的变化如何能改变流动性比率，并计算其影响

c. demonstrate an understanding of the liquidity of current liabilities 理解流动负债的流动性

Leverage

杠杆

d. define solvency 定义偿付能力

e. define operating leverage and financial leverage 定义营运杠杆和财务杠杆

f. calculate degree of operating leverage and degree of financial leverage 计算营运杠杆系数和财务杠杆系数

g. demonstrate an understanding of the effect on the capital structure and solvency of a company with a change in the composition of debt vs. equity by calculating leverage ratios 通过计算各项杠杆比率，理解一个公司负债对权益比率的变化对其资本结构和偿付能力的影响

h. calculate and interpret the financial leverage ratio, and determine the effect of a given change in capital structure on this ratio 计算并解释财务杠杆比率，并确定资本结构发生某一变化时对该比率的影响

i. calculate and interpret the following ratios： – debt to equity, long-term debt to equity, and debt to total assets 计算并解释下列各项比率：债务对权益、长期债务对权益和债务对总资产比率

j. define, calculate and interpret the following ratios: fixed charge coverage (earnings to fixed charges), interest coverage (times interest earned), and cash flow to fixed charges 定义、计算并解释下列各项比率：固定费用保障（利润对固定费用）、利息保障（利息保障倍数）和现金流量对固定费用

k. discuss how capital structure decisions affect the risk profile of a firm 讨论资本结构如何影响企业的整体风险状况

Activity

活动性

l. calculate and interpret accounts receivable turnover, inventory turnover and accounts payable turnover 计算并解释应收账款周转率、存货周转率和应付账款周转率

m. calculate and interpret days sales outstanding in receivables, days sales in inventory, and days purchases in accounts payable 计算并解释应收账款回收天数、存货销售天数和应付账款付款天数

n. define and calculate the operating cycle and cash cycle of a firm 定义并计算企业的营业周期和现金周期

o. calculate and interpret total assets turnover and fixed asset turnover 计算并解释总资产周转率和固定资产周转率

Profitability

获利能力

p. calculate and interpret gross profit margin percentage, operating profit margin percentage, net profit margin percentage, and earnings before interest, taxes, depreciation, and amortization (EBITDA) margin percentage 计算并解释毛利率、营业利润率、净利润率和息税折旧摊销前利润 (EBITDA) 率

q. calculate and interpret return on assets (ROA) and return on equity (ROE) 计算并解释资产回报率 (ROA) 和权益回报率 (ROE)

Market

市场

r. calculate and interpret the market/book ratio, the price/earnings ratio and price to EBITDA ratio 计算并解释市场/账面值比率、市盈率和市价对息税折旧摊销前利润比率

s. calculate and interpret book value per share 计算并解释每股账面价值

t. identify and explain the limitations of book value per share 识别并解释每股账面价值的局限性

u. calculate and interpret basic and diluted earnings per share 计算并解释每股基本盈利和稀释后每股盈利

v. calculate and interpret earnings yield, dividend yield, dividend payout ratio and shareholder return 计算并解释收益率、股利率、股利分发率和股东回报率

General

综合

w. identify the limitations of ratio analysis 识别比率分析的局限性

x. demonstrate a familiarity with the sources of financial information about public companies and industry ratio averages 熟悉上市公司财务信息的来源和行业平均比率

y. evaluate the financial strength and performance of an entity based on multiple ratios 根据多项比率评估一个实体的财务实力和绩效

Part 2 – Section A. 3. Profitability analysis
第二部分　第 A. 3 节　获利能力分析

a. demonstrate an understanding of the factors that contribute to inconsistent definitions of "equity," "assets" and "return" when using ROA and ROE 理解在使用资产回报率（ROA）和普通股权益回报率（ROE）时导致"权益"、"资产"和"回报"的定义不一致的因素

b. determine the effect on return on total assets of a change in one or more elements of the financial statements 确定财务报表一项或多项元素的变化对资产总额回报率的影响

c. identify factors to be considered in measuring income, including estimates, accounting methods, disclosure incentives, and the different needs of users 识别衡量收益时应考虑的因素包括估计、会计方法、披露动机和使用者的不同需求

d. explain the importance of the source, stability, and trend of sales and revenue 解释销售和收入的来源、稳定性和趋势的重要性

e. demonstrate an understanding of the relationship between revenue and receivables and revenue and inventory 理解收入和应收账款以及收入和存货的关系

f. determine and analyze the effect on revenue of changes in revenue recognition and measurement methods 确定并分析收入的确认和计量方法的变化对收入的影响

g. analyze cost of sales by calculating and interpreting the gross profit margin 通过计算和解释毛利率来分析销售成本

h. distinguish between gross profit margin, operating profit margin and net profit margin and analyze the effects of changes in the components of each 区分毛利率、营业利润率和净利润率，并分析其组成部分的变化所带来的影响

i. define and perform a variation analysis（percentage change over time）定义并进行差异分析（随时间变化的百分比）

j. calculate and interpret sustainable equity growth 计算并解释权益的可持续增长

Part 2 – Section A. 4. Special issues
第二部分　第 A. 4 节　特殊问题

The candidate should be able to：

考生应能：

a. demonstrate an understanding of the impact of foreign exchange fluctuations 理解外汇波动的影响

1. identify and explain issues in the accounting for foreign operations (e. g. , historical vs. current rate and the treatment of translation gains and losses) 识别并解释国外业务在会计上所带来的问题（例如采用历史汇率还是现时汇率和如何处理换算损益）

2. define functional currency 定义功能性货币

3. calculate the financial ratio impact of a change in exchange rates 计算汇率变化对财务比率的影响

4. discuss the possible impact on management and investor behavior of volatility in reported earnings 讨论盈利的波动性给管理层和投资者的行为可能带来的影响

b. demonstrate an understanding of the impact of inflation on financial ratios and the reliability of financial ratios 理解通货膨胀对于财务比率和财务比率可靠性的影响

c. define and explain off-balance sheet financing 资产负债表外融资

1. identify and describe the following forms of off-balance sheet financing: (i) leases; (ii) special purpose entities; (iii) sale of receivables; and (iv) joint ventures 识别并描述下列几种资产负债表外融资的方式：(i) 租赁；(ii) 特殊目的实体；(iii) 出售应收账款；(iv) 合资企业

2. explain why companies use off-balance sheet financing 解释企业为什么采用资产负债表外融资

3. calculate the impact of off-balance sheet financing on the debt to equity ratio 计算资产负债表外融资对负债权益比带来的影响

d. describe how to adjust financial statements for changes in accounting treatments (principles, estimates, and errors) and how these adjustments impact financial ratios 描述如何应对会计处理方法的改变（会计准则、估计和错误）调整财务报表，以及这些调整如何影响财务比率

e. distinguish between book value and market value; and distinguish between accounting profit and economic profit 区分账面价值和市场价值；区分会计利润和经济利润

f. identify the determinants and indicators of earnings quality, and explain why they are important 识别收益质量的决定因素和指标，并解释它们的重要性

Section B. Corporate Finance (20% – Levels A, B, and C)
第 B 节　公司财务 (20%　A 级、B 级和 C 级)

Part 2 – Section B. 1. Risk and return
第二部分　第 B. 1 节　风险和报酬

The candidate should be able to:

考生应能：

a. calculate rates of return 计算回报率

b. identify and demonstrate an understanding of systematic（market）risk and unsystematic（company）risk 识别并理解系统性（市场）风险和非系统性（公司）风险

c. identify and demonstrate an understanding of credit risk，foreign exchange risk，interest rate risk，market risk，industry risk and political risk 识别并理解信贷风险、外汇风险、利率风险、市场风险、行业风险和政治风险

d. demonstrate an understanding of the relationship between risk and return 理解风险与回报之间的关系

e. distinguish between individual security risk and portfolio risk 区分个别证券风险和投资组合风险

f. demonstrate an understanding of diversification 理解分散风险

g. define beta and explain how a change in beta impacts a security's price 定义 β 值并解释 β 值的变化如何影响证券的价格

h. demonstrate an understanding of the Capital Asset Pricing Model（CAPM）and calculate the expected risk-adjusted returns using CAPM 理解资本资产定价模型（CAPM），并应用 CAPM 计算风险调整后的预期回报率

Part 2 – Section B. 2. Long-term financial management
第二部分 第 B. 2 节 长期财务管理

The candidate should be able to：

考生应能：

a. describe the term structure of interest rates，and explain why it changes over time 描述利率期限结构，并解释为什么它随时间而变

b. define and identify the characteristics of common stock and preferred stock 定义并识别普通股和优先股的特点

c. identify and describe the basic features of a bond such as maturity，par value，coupon rate，provisions for redeeming，conversion provisions，covenants，options granted to the issuer or investor，indentures，and restrictions 识别并描述债券的基本特征，诸如到期日、面值、票面利率、赎回条款、证券转换条款、协定条款、给予发行人或投资人的期权、契约条件和限制性条件

d. identify and evaluate debt issuance or refinancing strategies 识别和评价发行债券或再融资策略

e. value bonds，common stock，and preferred stock using discounted cash flow methods 采用现金流量折现法确定债券、普通股和优先股的价值

f. demonstrate an understanding of duration as a measure of bond interest rate sensitivity 理解存续期作为债券利率敏感性的一项指标

g. explain how income taxes impact financing decisions 解释所得税如何影响融资决策

h. define and demonstrate an understanding of derivatives and their uses 定义并

理解衍生工具及其用途

i. identify and describe the basic features of futures and forwards 识别并描述期货和远期的基本特征

j. distinguish a long position from a short position 区分多头与空头

k. define options and distinguish between a call and a put by identifying the characteristics of each 定义期权，并通过识别看涨期权和看跌期权的特征区分这两种期权

l. define strike price（exercise price）, option premium and intrinsic value 定义行使价格、期权费和内在价值

m. demonstrate an understanding of the interrelationship of the variables that comprise the value of an option; e. g. , relationship between strike price（exercise price）and value of a call 理解组成期权价值的各项变量之间的相互关系，例如行使价格与看涨期权价值之间的关系

n. define swaps for interest rate and foreign currency 定义利率互换和外汇互换

o. define and identify characteristics of other sources of long-term financing, such as leases, convertible securities, and warrants 定义并识别其他长期融资来源的特征，例如租赁、可转换证券和权证

p. demonstrate an understanding of the relationship among inflation, interest rates, and the prices of financial instruments 理解通货膨胀、利率和金融工具价格之间的关系

q. define the cost of capital and demonstrate an understanding of its applications in capital structure decisions 定义资本成本，并理解其在资本结构决策中的应用

r. determine the weighted average cost of capital and the cost of its individual components 确定加权平均资本成本和其各个组成部分的成本

s. calculate the marginal cost of capital 计算边际资本成本

t. explain the importance of using marginal cost as opposed to historical cost 解释采用边际成本相对于历史成本的重要性

u. demonstrate an understanding of the use of the cost of capital in capital investment decisions 理解资本成本在资本投资决策中的运用

v. demonstrate an understanding of how income taxes impact capital structure and capital investment decisions 理解所得税如何影响资本结构和资本投资决策

w. use the constant growth dividend discount model to value stock and demonstrate an understanding of the two-stage dividend discount model 运用固定增长股利折现模型为股票估价，并理解两阶段股利折现模型

x. demonstrate an understanding of relative or comparable valuation methods, such as price/earnings（P/E）ratios, market/book ratios, and price/sales ratios 理解相关的或可比的各种估价方法，诸如市盈（P/E）率、市价/账面值比率、价格/销售比率

Part 2 – Section B. 3. Raising capital
第二部分　第 B. 3 节　筹集资本

The candidate should be able to：

考生应能：

a. identify the characteristics of the different types of financial markets and exchanges 识别不同类型的金融市场和交易所的特征

b. demonstrate an understanding of the concept of market efficiency, including the strong form, semi-strong form, and weak form of market efficiency 理解市场效率的概念，包括强势、半强势和弱势市场效率

c. describe the role of the credit rating agencies 描述信用评级机构的任务

d. demonstrate an understanding of the roles of investment banks, including underwriting, advice, and trading 理解投资银行的业务，包括证券承销、咨询和交易

e. define initial public offerings（IPOs）定义首次公开募股（IPOs）

f. define subsequent/secondary offerings 定义再次（二次）发行

g. describe lease financing, explain its benefits and disadvantages, and calculate the net advantage to leasing using discounted cash flow concepts 描述租赁融资，解释其优点与缺点，并运用现金流量折现概念计算租赁的净利益

h. define the different types of dividends, including cash dividends, stock dividends, and stock splits 定义不同类型的股利，包括现金股利、股票股利和股票分割

i. identify and discuss the factors that influence the dividend policy of a firm 识别并讨论影响一个企业股利政策的各项因素

j. demonstrate an understanding of the dividend payment process for both common and preferred stock 理解普通股和优先股的股利发放程序

k. define share repurchase and explain why a firm would repurchase its stock 定义股份回购，并解释为什么企业要回购其股票

l. define insider trading and explain why it is illegal 定义内幕交易，并解释为什么它是非法的

Part 2 – Section B. 4. Working capital management
第二部分　第 B. 4 节　营运资本管理

The candidate should be able to：

考生应能：

Working capital

营运资本

a. define working capital and identify its components 定义营运资本并识别其组成部分

b. calculate net working capital 计算净营运资本

c. explain the benefit of short-term financial forecasts in the management of working capital 解释短期财务预测在营运资本管理中的优点

Cash
现金

d. identify and describe factors influencing the levels of cash 识别并描述影响现金水平的因素

e. identify and explain the three motives for holding cash 识别并解释持有现金的三项动机

f. prepare forecasts of future cash flows 编制未来现金流量的预测

g. identify methods of speeding up cash collections 识别加快现金收回的方法

h. calculate the net benefit of a lockbox system 计算锁箱系统的净利益

i. define concentration banking 定义集中银行制

j. demonstrate an understanding of compensating balances 理解补偿性余额

k. identify methods of slowing down disbursements 识别延期支付的方法

l. demonstrate an understanding of disbursement float and overdraft systems 理解付款浮游量和透支制度

Marketable securities
有价证券

m. identify and describe reasons for holding marketable securities 识别和描述持有有价证券的理由

n. define the different types of marketable securities, including money market instruments, T – bills, treasury notes, treasury bonds, repurchase agreements, Federal agency securities, bankers' acceptances, commercial paper, negotiable CDs, Eurodollar CDs, and other marketable securities 定义各种有价证券, 包括货币市场工具、短期国库券、中期国库券、长期国库券、回购协议、联邦机构证券、银行承兑汇票、商业票据、可转让定期存单、欧洲美元定期存单和其他有价证券

o. evaluate the trade-offs among the variables in marketable security selections, including safety, marketability, yield, maturity, and taxability 评估在选择有价证券时的各项变量包括安全性、适销性、收益率、到期日和可征税性之间的权衡

p. demonstrate an understanding of the risk and return trade-off 理解风险和回报之间的权衡

Accounts receivable
应收账款

q. identify the factors influencing the level of receivables 识别影响应收账款水

平的因素

r. demonstrate an understanding of the impact of changes in credit terms or collection policies on accounts receivable, working capital and sales volume 理解信贷条件或收账政策的变化对应收账款、营运资本和销售量的影响

s. define default risk 定义违约风险

t. identify and explain the factors involved in determining an optimal credit policy 识别并解释确定最优信贷政策时所涉及的各项因素

Inventory

存货

u. define lead time and safety stock; identify reasons for carrying inventory and the factors influencing its level 定义交付周期和安全库存；识别持有存货的原因和影响存货量的各因素

v. identify and calculate the costs related to inventory, including carrying costs, ordering costs and shortage (stockout) costs 识别并计算与存货有关的各项成本，包括持有成本、订货成本、短缺（缺货）成本

w. explain how a just-in-time (JIT) inventory management system helps manage inventory 解释适时存货管理系统是如何帮助管理存货的

x. identify the interaction between high inventory turnover and high gross margin (calculation not required) 识别高存货周转率和高毛利率之间的相互影响（不要求计算）

y. demonstrate an understanding of economic order quantity (EOQ) and how a change in one variable would affect the EOQ (calculation not required) 理解经济订货量（EOQ），以及某变量的变化如何影响 EOQ（不需要作计算）

Short-term credit and working capital cost management

短期信贷和营运资本的成本管理

z. demonstrate an understanding of how risk affects a firm's approach to its current asset financing policy (aggressive, conservative, etc.) 理解风险如何影响企业流动资产融资政策的方式（激进式的、保守式的等等）

aa. identify and describe the different types of short-term credit, including trade credit, short-term bank loans, commercial paper, lines of credit, and bankers' acceptances 识别并描述不同类型的短期信贷，包括商业信用、短期银行贷款、商业票据、信用额度和银行承兑汇票

bb. estimate the annual cost and effective annual interest rate of not taking a cash discount 估计未利用现金折扣的年化成本和实际年利率

cc. calculate the effective annual interest rate of a bank loan with a compensating balance requirement and/or a commitment fee 计算有补偿性余额要求和/或承诺费情况下的银行贷款的实际年利率

dd. demonstrate an understanding of factoring accounts receivable and calculate the cost of factoring 理解出让应收账款，并计算出让应收账款的成本

ee. explain the maturity matching or hedging approach to financing 解释资产负债的到期匹配或套期保值的融资方式

ff. demonstrate an understanding of the factors involved in managing the costs of working capital 理解与营运资本成本管理相关的因素

General
综合

gg. recommend a strategy for managing current assets that would fulfill a given objective 推荐一项管理流动资产的策略以实现某给定的目标

Part 2 – Section B. 5. Corporate restructuring
第二部分 第 B. 5 节 公司重组

The candidate should be able to：
考生应能：

a. demonstrate an understanding of the following：

i. mergers and acquisitions, including horizontal, vertical, and conglomerate

ii. leveraged buyouts

理解以下概念：

i. 合并和收购，包括平行、垂直和集团化收购

ii. 杠杆收购

b. identify defenses against takeovers (e. g. , golden parachute, leveraged recapitalization, poison pill (shareholders' rights plan), staggered board of directors, fair price, voting rights plan, white knight) 识别防御收购的方式（例如，黄金降落伞，杠杆资本重组，毒药计划（股东权利计划），交错董事会，公平议价，投票权计划，白衣骑士方案）

c. identify and describe divestiture concepts such as spin-offs, split-ups, equity carve-outs, and tracking stock 识别并描述资产剥离的各项概念，诸如析产为股、分割、股权分割和追踪股

d. evaluate key factors in a company's financial situation and determine if a restructuring would be beneficial to the shareholders 评估影响一家公司财务状况的重要因素，并确定重组是否对股东有利

e. validate possible synergies in targeted mergers and acquisitions 识别目标合并和收购可能获得的协同效应

f. define bankruptcy 定义破产

g. differentiate between reorganization and liquidation 区分重组和清算

h. value a business, a business segment, and a business combination using discounted cash flow method 运用现金流量折现法为企业、企业分部和企业合并估值

i. evaluate a proposed business combination and make a recommendation based on both quantitative and qualitative considerations 根据定量和定性因素，对所提议的企业合并作出评估和建议

Part 2 – Section B. 6. International finance
第二部分　第 B. 6 节　国际金融

The candidate should be able to：

考生应能：

a. demonstrate an understanding of foreign currencies and how foreign currency affects the prices of goods and services 理解外汇，以及外汇如何影响产品与服务的价格

b. identify the variables that affect exchange rates 识别影响汇率的变量

c. calculate whether a currency has depreciated or appreciated against another currency over a period of time，and evaluate the impact of the change 计算一种货币在一段时间内对另外一种货币是贬值还是升值，并评估变化的影响

d. demonstrate how currency futures，currency swaps，and currency options can be used to manage exchange rate risk 理解如何使用货币期货、货币互换和货币期权管理汇率风险

e. calculate the net profit/loss of cross-border transactions，and evaluate the impact of this net profit/loss 计算跨境交易的净利润/亏损，并评估该净利润/亏损的影响

f. recommend methods of managing exchange rate risk and calculate the net profit/loss of your strategy 推荐管理汇率风险的方法，并计算在你的策略下获得的净利润/亏损

g. identify and explain the benefits of international diversification 识别并解释跨国多元化经营的优势

h. identify and explain common trade financing methods，including cross-border factoring，letters of credit，banker's acceptances，forfaiting，and countertrade 识别并解释普通的贸易融资方法，包括跨境应收账款出让、信用证、银行承兑汇票、未偿债务买卖和对销贸易

i. demonstrate an understanding of how transfer pricing affects effective worldwide tax rate 理解转移价格定价如何影响实际全球税率

Section C. Decision Analysis （20% – Levels A，B，and C）
第 C 节　决策分析（20%　A 级、B 级和 C 级）

Part 2 – Section C. 1. Cost/volume/profit analysis
第二部分　第 C. 1 节　成本/数量/利润分析

The candidate should be able to：

考生应能:

a. demonstrate an understanding of how cost/volume/profit (CVP) analysis (break-even analysis) is used to examine the behavior of total revenues, total costs, and operating income as changes occur in output levels, selling prices, variable costs per unit, or fixed costs 理解成本/数量/利润 (CVP) 分析 (保本分析) 如何用于检查当产出水平、售价、单位产品变动成本或固定成本发生变化时, 对其收入总额、成本总额和营业利润习性的影响

b. calculate operating income at different operating levels 计算不同营业水平时的营业利润

c. differentiate between costs that are fixed and costs that are variable with respect to levels of output 根据对产出水平变化的反应, 把成本区分为固定成本和变动成本

d. explain why the classification of fixed vs. variable costs is affected by the time-frame being considered 解释为什么对固定成本与变动成本的分类, 受所考虑的时间期限的影响

e. calculate contribution margin per unit and total contribution margin 计算单位边际贡献和总边际贡献

f. calculate the breakeven point in units and dollar sales to achieve targeted operating income or targeted net income 计算为达到目标营业利润或目标净利润所需要的按单位数量计算的保本点和按金额计算的保本点

g. demonstrate an understanding of how changes in unit sales mix affect operating income in multiple-product situations 理解在多产品的情况下单位销售组合的变化如何影响营业利润

h. calculate multiple-product breakeven points given percentage share of sales and explain why there is no unique breakeven point in multiple-product situations 在给定销售组合百分比的情况下, 计算多产品保本点, 并解释为什么在多产品的条件下, 保本点不止一个

i. define, calculate and interpret margin of safety and margin of safety ratio 定义、计算并解释安全边际和安全边际比率

j. explain how sensitivity analysis can be used in CVP analysis when there is uncertainty about sales 解释当销售情况不确定时, 敏感性分析如何能用于本量利分析

k. analyze and recommend a course of action using CVP analysis 运用本量利分析, 分析并推荐应采取的行动

l. demonstrate an understanding of the impact of income taxes on CVP analysis 理解所得税对于本量利分析的影响

Part 2 – Section C. 2. Marginal analysis
第二部分　第 C. 2 节　边际分析

The candidate should be able to：

考生应能：

a. identify and define relevant costs （incremental, marginal, or differential costs）, sunk costs, avoidable costs, explicit and implicit costs, split-off point, joint production costs, separable processing costs, and relevant revenues 识别并定义相关成本（增量成本、边际成本或差量成本）、沉没成本、可避免成本、显性成本和隐性成本、分离点、联合生产成本、可分离成本，以及相关收入

b. explain why sunk costs are not relevant in the decision-making process 解释为什么沉没成本与决策过程不相关

c. demonstrate an understanding of and calculate opportunity costs 理解并计算机会成本

d. calculate relevant costs given a numerical scenario 在给定数据的情况下，计算相关成本

e. define and calculate marginal cost and marginal revenue 定义并计算边际成本和边际收入

f. identify and calculate total cost, average fixed cost, average variable cost, and average total cost 识别并计算总成本、平均固定成本、平均变动成本和平均总成本

g. demonstrate proficiency in the use of marginal analysis for decisions such as （a）introducing a new product or changing output levels of existing products, （b）accepting or rejecting special orders, （c）making or buying a product or service, （d）selling a product or performing additional processes and selling a more value-added product, and （e）adding or dropping a segment 熟练运用边际分析做出决策，例如（a）推出一种新产品或改变现有产品的产出量，（b）接受或拒绝特殊订单，（c）自制或外购一种产品或劳务，（d）销售一种产品或对该产品作进一步加工使其更增值后再销售，（e）增设或撤销一个分部

h. calculate the effect on operating income of a decision to accept or reject a special order when there is idle capacity and the order has no long-run implications 计算当存在有闲置产能，且某个特殊订单没有长期影响时，接受或拒绝该特殊订单对营业利润的影响

i. identify and describe qualitative factors in make-or-buy decisions, such as product quality and dependability of suppliers 识别并描述自制或外购决策中的各项定性因素，诸如产品的质量和供应商的可靠性

j. calculate the effect on operating income of a make-or-buy decision 计算自制或外购决策对营业利润的影响

k. calculate the effects on operating income of a decision to sell or process further；and of a decision to drop or add a segment 计算出售或进一步加工的决策和撤销或增设一个分部的决策对营业利润的影响

l. identify the effects of changes in capacity on production decisions 识别产能变化对生产决策的影响

m. demonstrate an understanding of the impact of income taxes on marginal analysis 理解所得税对边际分析的影响

n. recommend a course of action using marginal analysis 运用边际分析提出建议

Part 2 – Section C. 3. Pricing
第二部分　第 C. 3 节　定价

The candidate should be able to：
考生应能：

a. identify different pricing methodologies, including market comparables, cost-based, and value-based approaches 识别不同的定价方法，包括市场可比数据，以成本为基础和以价值为基础的定价法

b. differentiate between a cost-based approach （cost-plus pricing, mark-up pricing） and a market-based approach to setting prices 区分以成本为基础的定价法（成本加成定价法，成本溢价定价法）和以市场为基础的定价法

c. calculate selling price using a cost-based approach 用以成本为基础的定价法计算销售价格

d. demonstrate an understanding of how the pricing of a product or service is affected by the demand for and supply of the product or service, as well as the market structure within which it operates 理解产品或劳务的定价如何受该产品或劳务供需状况的影响，同时也受该企业经营所在的市场结构的影响

e. demonstrate an understanding of the impact of cartels on pricing 理解卡特尔对定价的影响

f. demonstrate an understanding of the short-run equilibrium price for the firm in （1） pure competition； （2） monopolistic competition； （3） oligopoly； and （4） monopoly using the concepts of marginal revenue and marginal cost 应用边际收入和边际成本的概念，理解企业在 （1） 完全竞争；（2） 垄断性竞争；（3） 寡头垄断；和 （4） 垄断下的短期均衡价格

g. identify techniques used to set prices based on understanding customers' perceptions of value, competitors' technologies, products and costs 识别基于客户对价值的看法、竞争对手的技术、产品和成本的理解而制订价格所采用的定价技术

h. define and demonstrate an understanding of target pricing and target costing and identify the main steps in developing target prices and target costs 定义并理解目标定价法和目标成本法，识别确定目标价格和目标成本的主要步骤

i. define value engineering 定义价值工程

j. calculate the target operating income per unit and target cost per unit 计算单位目标营业利润和单位目标成本

k. define and distinguish between a value-added cost and a nonvalue-added cost 定义并区分增值成本和非增值成本

l. define the pricing technique of cost plus target rate of return 定义成本加目标回报率的定价方法

m. calculate the price elasticity of demand using the midpoint formula 应用中点公式计算需求的价格弹性

n. define and explain elastic and inelastic demand 定义并解释弹性需求和非弹性需求

o. estimate total revenue given changes in prices and demand as well as elasticity 根据给定的价格变化、需求变化和弹性，估计总收入

p. discuss how pricing decisions can differ in the short-run and in the long-run 讨论短期定价决策和长期定价决策如何会有所区别

q. define product life cycle; identify and explain the four stages of the product life cycle; and explain why pricing decisions might differ over the life of a product 定义产品生命周期；明确并解释产品生命周期的四个阶段；解释在不同的生命周期阶段为什么定价决策会有所不同

r. evaluate and recommend pricing strategies under specific market conditions 评估并推荐在具体的市场条件下的定价策略

Section D. Risk Management（10% – Levels A, B, and C）
第 D 节　风险管理（10%　A 级、B 级和 C 级）

Part 2 – Section D. 1. Enterprise risk
第二部分　第 D. 1 节　企业风险

The candidate should be able to:

考生应能：

a. identify and explain the different types of risk, including business risk, hazard risks, financial risks, operational risks, and strategic risks 识别并解释不同类型的风险，包括企业风险、危害风险、财务风险、营运风险和战略风险

b. demonstrate an understanding of operational risk 理解营运风险

c. define legal risk, compliance risk, and political risk 定义法律风险、合规风险和政治风险

d. demonstrate an understanding of how volatility and time impact risk 理解易变性和时间如何影响风险

e. define the concept of capital adequacy (i. e., solvency, liquidity, reserves, sufficient capital, etc.) 定义资本充足性概念（即偿付能力、变现能力、准备金、充足的资本等）

f. explain the use of probabilities in determining exposure to risk and calculate expected loss given a set of probabilities 解释应用概率以确定风险承受程度，并计算在给定的一组概率下预期的损失

g. define the concepts of unexpected loss and maximum possible loss（extreme or catastrophic loss）定义非预期损失和最大可能损失（极端的或灾难性的损失）

h. identify strategies for risk response（or treatment），including actions to avoid, retain, reduce（mitigate），transfer（share），and exploit（accept）risks 识别风险应对（或处理）策略，包括避免、保留、减少（缓解）、转移（分担）和利用（接受）风险的各项行动

i. define risk transfer（e. g., purchasing insurance, issuing debt）定义风险转移（例如购买保险、发行债务）

j. demonstrate an understanding of the concept of residual risk and distinguish it from inherent risk 理解剩余风险的概念，并指出它与固有风险之间的区别

k. identify and explain the benefits of risk management 识别并解释风险管理的好处

l. identify and describe the key steps in the risk management process 识别并描述风险管理过程中的主要步骤

m. explain how attitude toward risk might affect the management of risk 解释对待风险的态度如何可能影响风险的管理

n. demonstrate a general understanding of the use of liability/hazard insurance to mitigate risk（detailed knowledge not required）理解运用负债/危害保险以减轻风险（不需要作详细说明）

o. identify methods of managing operational risk 识别管理营运风险的方法

p. identify and explain financial risk management methods 识别并解释财务风险的管理方法

q. identify and explain qualitative risk assessment tools including risk identification, risk ranking, and risk maps 识别并解释风险评估的定性工具，包括风险确认、风险分级和风险分布图

r. identify and explain quantitative risk assessment tools including cash flow at risk, earnings at risk, earnings distributions, and earnings per share（EPS）distributions 识别并解释风险评估定量的工具，包括在险现金流量、在险盈余、盈余分配和每股盈利（EPS）分配

s. identify and explain Value at Risk（VaR）（calculations not required）识别并解释在险价值（VaR）（不需要计算）

t. define enterprise risk management（ERM）and identify and describe key objectives, components and benefits of an ERM program 定义企业风险管理（ERM），识别和描述 ERM 的主要目的、组成部分和优点

u. identify event identification techniques and provide examples of event identification within the context of an ERM approach 识别对事件的识别方法，并举出运

用 ERM 识别事件的实例

v. explain the role of corporate governance, risk analytics, and portfolio management in an ERM program 解释在 ERM 程序中公司管理、风险分析和投资组合管理的作用

w. evaluate scenarios and recommend risk mitigation strategies 评估不同的情景并推荐缓解风险的策略

x. prepare a cost-benefit analysis and demonstrate an understanding of its uses in risk assessment and decision making 编制成本效益分析，理解其在风险评估和决策制定中的用途

y. demonstrate an understanding of the COSO ERM conceptual framework 理解发起组织委员会（COSO）的企业风险管理概念框架

Section E. Investment Decisions（15% – Levels A, B, and C）
第 E 节　投资决策（15%　A 级、B 级和 C 级）

Part 2 – Section E. 1. Capital budgeting process
第二部分　第 E.1 节　资本预算过程

The candidate should be able to:

考生应能:

a. define capital budgeting and identify the steps or stages undertaken in developing and implementing a capital budget for a project 定义资本预算编制，并识别在为某一项目制订和实施资本预算中所采取的步骤或阶段

b. identify and calculate the relevant cash flows of a capital investment project on both a pretax and after-tax basis 识别并计算资本投资项目的相关税前现金流量和税后现金流量

c. demonstrate an understanding of how income taxes affect cash flows 理解所得税如何影响现金流

d. distinguish between cash flows and accounting profits and discuss the relevance to capital budgeting of incremental cash flow, sunk cost, and opportunity cost 区分现金流量和会计利润，并讨论其与资本预算编制的增量现金流量、沉没成本和机会成本的相关性

e. explain the importance of changes in net working capital in capital budgeting 解释净营运资本变化在资本预算编制中的重要性

f. discuss how the effects of inflation are reflected in capital budgeting analysis 讨论通货膨胀的结果如何反映在资本预算分析中

g. define hurdle rate 定义最低预期回报率

h. identify and discuss qualitative considerations involved in the capital budgeting decision 识别并讨论在资本预算决策中的定性因素

i. describe the role of the post-audit in the capital budgeting process 描述事后

审计在编制资本预算过程中所起的作用

Part 2 – Section E. 2. Discounted cash flow analysis
第二部分　第 E. 2 节　现金流折现分析

The candidate should be able to：

考生应能：

a. demonstrate an understanding of the two main discounted cash flow（DCF）methods，net present value（NPV）and internal rate of return（IRR）理解两种主要的现金流量折现（DCF）法，净现值（NPV）和内部回报率（IRR）

b. calculate NPV and IRR 计算净现值和内部回报率

c. demonstrate an understanding of the decision criteria used in NPV and IRR analyses to determine acceptable projects 理解在确定可接受的项目时，净现值和内部回报率分析所采用的决策标准

d. compare NPV and IRR focusing on the relative advantages and disadvantages of each method，particularly with respect to independent versus mutually exclusive projects and the "multiple IRR problem" 比较净现值和内部回报率，着重比较各自的相对优点和缺点，尤其当这两种方法用于独立或互斥项目，以及 "多个内部回报率问题"。

e. explain why NPV and IRR methods can produce conflicting rankings for capital projects if not applied properly 解释为什么如果使用不当，净现值法和内部回报率法会对投资项目得出互相冲突的排序

f. identify assumptions of NPV and IRR 识别净现值法和内部回报率法的前提条件

g. evaluate and recommend project investments on the basis of DCF analysis 在现金流量折现分析的基础上，评估并推荐投资项目

Part 2 – Section E. 3. Payback and discounted payback
第二部分　第 E. 3 节　投资回收期与折现投资回收期

The candidate should be able to：

考生应能：

a. demonstrate an understanding of the payback and discounted payback methods 理解投资回收期法和折现投资回收期法

b. identify the advantages and disadvantages of the payback and discounted payback methods 识别投资回收期法和折现投资回收期法的优缺点

c. calculate payback periods and discounted payback periods 计算投资回收期和折现投资回收期

Part 2 – Section E. 4. Risk analysis in capital investment
第二部分　　第 E. 4 节　　资本投资的风险分析

The candidate should be able to:

考生应能:

a. identify alternative approaches to dealing with risk in capital budgeting 识别编制资本预算中应对风险的几种可供选择的方法

b. distinguish among sensitivity analysis, scenario analysis, and Monte Carlo simulation as risk analysis techniques 区分风险分析方法诸如敏感性分析、情境分析和蒙特卡洛模拟法 (Monte Carlo simulation) 之间的不同

c. explain why a rate specifically adjusted for risk should be used when project cash flows are more or less risky than is normal for a firm 解释为什么当一个企业的投资项目的现金流量比正常情况下有更多或更少风险时,应该采用经过风险调整的比率

d. explain how the value of a capital investment is increased if consideration is given to the possibility of adding on, speeding up, slowing up, or discontinuing early 解释为什么当一项资本投资有增设、加快、放慢,或提前中断的可能性时,其价值会因此增加

e. demonstrate an understanding of real options and identify examples of the different types of real options: e. g. , abandon, delay, expand, and scale back (calculations not required) 理解实物期权并能识别不同类型的实物期权,例如放弃,延迟,扩张和缩减等实物期权(不需要计算)

Section F. Professional Ethics (10% – Levels A, B, and C)
第 F 节　　职业道德 (10%　A 级、B 级和 C 级)

Ethics may be tested in conjunction with any topic area.

道德问题可能与任一主题联系起来测试。

Part 2 – Section F. 1 Ethical considerations for management accounting and financial management professionals
第二部分　　第 F. 1 节　　管理会计和财务管理专业人士的职业道德注意事项

Using the standards outlined in IMA's Statement of Ethical Professional Practice, the candidate should be able to:

使用美国管理会计师协会职业道德守则公告中所概括的标准,考生应能:

a. identify and describe the four overarching ethical principles 识别并描述四项首要道德原则

b. evaluate a given business situation for its ethical implications 给定一个企业的情况,评估其道德影响

c. identify and describe relevant standards that may have been violated in a given business situation and explain why the specific standards are applicable 识别并描述在某一给定的营业情况下可能违反的有关标准，并解释为什么这些具体的标准是适用的

d. recommend a course of action for management accountants or financial managers to take when confronted with an ethical dilemma in the business environment 在经营环境中面对道德困境时，向管理会计师或财务经理推荐应采取的行动

e. evaluate and propose resolutions for ethical issues such as fraudulent reporting, manipulation of analyses, results, and budgets 评估并建议解决道德问题（诸如编制欺诈性的报表，操纵分析、结果和预算）的方法

Using the Fraud Triangle model, the candidate should be able to:
运用舞弊三角模型，考生应能：

f. identify the three components of the triangle 识别三角模型的三个组成部分

g. use the model to explain how a management accounting and financial management professional can identify and manage the risk of fraud 运用该模型解释管理会计师和财务管理专业人员如何识别并管理舞弊风险

Part 2 – Section F. 2. Ethical considerations for the organization
第二部分　第 F. 2 节　组织对道德的考虑

The candidate should be able to:
考生应能：

a. identify the purpose of the U. S. Foreign Corrupt Practices Act 识别《美国海外贪腐防治法》的目的

b. identify the practices that the U. S Foreign Corrupt Practices Act prohibits, and explain how to apply this act to typical business situations 识别《美国海外贪腐防治法》所禁止的行为，并解释如何将此法应用于典型的企业情况

c. apply relevant provisions of IMA's Statement on Management Accounting, "Values and Ethics: From Inception to Practice" to a business situation 将美国管理会计师协会的管理会计公告"价值观和道德规范：从确立到实践"运用在典型的企业情况

d. discuss corporate responsibility for ethical conduct 讨论公司对道德操守所负的责任

e. explain why it is important for an organization to have a code of conduct 解释为什么一个组织有其道德守则至关重要

f. demonstrate an understanding of the ways ethical values benefit an organization 理解道德价值如何给一个组织带来好处

g. demonstrate an understanding of the differences between ethical and legal behavior 理解道德和守法行为之间的区别

h. demonstrate an understanding of role of "leadership by example" or "tone at the top" in determining an organization's ethical environment 理解"以身作则"或

"领导带头"在决定一个组织的道德环境中所起的作用

i. explain the importance of human capital to an organization in creating a climate where "doing the right thing" is expected (i. e. , hiring the right people, providing them with training, and practicing consistent values-based leadership) 解释对一个组织而言人力资本在营造"行事正当"的氛围中（即雇用所需要的人、加以培训、实施一贯以价值为基础的领导）的重要性

j. explain how an organization's culture impacts its behavioral values 解释一个组织的文化如何影响其行为价值

k. explain the importance of an organization's core values in explaining its ethical behavior 解释一个组织的核心价值对阐述其道德行为的重要性

l. discuss the importance of employee training to maintaining an ethical organizational culture 讨论员工培训对维护组织道德文化的重要性

m. describe the following methods to monitor ethical compliance：human performance feedback loop and survey tools 描述下列监督遵守道德准则的各种方法：人员表现的反馈回路和调查方法

n. explain the importance of a whistleblowing framework (e. g. , ethics helpline) to maintaining an ethical organizational culture 解释举报机制（例如"道德热线"）对维护组织道德文化的重要性

o. identify the requirements of SOX Section 406 – Code of Ethics for Senior Financial Officers 识别 SOX 第 406 节的要求——高级财务人员道德守则

p. discuss the issues organizations face in applying their values and ethical standards internationally 讨论组织在国际上应用其价值和道德标准所面临的问题

q. demonstrate an understanding of the relationship between ethics and internal controls 理解道德和内部控制之间的关系

附录四　终值系数表（$FVIF_{i,n}$）

利率为 i% ，期数为 n ，$FVIF_{i,n} = (1+i)^n$

期数（n） ＼ 利率（i）	1%	2%	3%	4%	5%	6%	7%
1	1.0100	1.0200	1.0300	1.0400	1.0500	1.0600	1.0700
2	1.0201	1.0404	1.0609	1.0816	1.1025	1.1236	1.1449
3	1.0303	1.0612	1.0927	1.1249	1.1576	1.1910	1.2250
4	1.0406	1.0824	1.1255	1.1699	1.2155	1.2625	1.3108
5	1.0510	1.1041	1.1593	1.2167	1.2763	1.3382	1.4026
6	1.0615	1.1262	1.1941	1.2653	1.3401	1.4185	1.5007
7	1.0721	1.1487	1.2299	1.3159	1.4071	1.5036	1.6058
8	1.0829	1.1717	1.2668	1.3686	1.4775	1.5938	1.7182
9	1.0937	1.1951	1.3048	1.4233	1.5513	1.6895	1.8385
10	1.1046	1.2190	1.3439	1.4802	1.6289	1.7908	1.9672
11	1.1157	1.2434	1.3842	1.5395	1.7103	1.8983	2.1049
12	1.1268	1.2682	1.4258	1.6010	1.7959	2.0122	2.2522
13	1.1381	1.2936	1.4685	1.6651	1.8856	2.1329	2.4098
14	1.1495	1.3195	1.5126	1.7317	1.9799	2.2609	2.5785
15	1.1610	1.3459	1.5580	1.8009	2.0789	2.3966	2.7590
16	1.1726	1.3728	1.6047	1.8730	2.1829	2.5404	2.9522
17	1.1843	1.4002	1.6528	1.9479	2.2920	2.6928	3.1588
18	1.1961	1.4282	1.7024	2.0258	2.4066	2.8543	3.3799
19	1.2081	1.4568	1.7535	2.1068	2.5270	3.0256	3.6165
20	1.2202	1.4859	1.8061	2.1911	2.6533	3.2071	3.8697
21	1.2324	1.5157	1.8603	2.2788	2.7860	3.3996	4.1406
22	1.2447	1.5460	1.9161	2.3699	2.9253	3.6035	4.4304
23	1.2572	1.5769	1.9736	2.4647	3.0715	3.8197	4.7405
24	1.2697	1.6084	2.0328	2.5633	3.2251	4.0489	5.0724
25	1.2824	1.6406	2.0938	2.6658	3.3864	4.2919	5.4274
26	1.2953	1.6734	2.1566	2.7725	3.5557	4.5494	5.8074
27	1.3082	1.7069	2.2213	2.8834	3.7335	4.8223	6.2139
28	1.3213	1.7410	2.2879	2.9987	3.9201	5.1117	6.6488
29	1.3345	1.7758	2.3566	3.1187	4.1161	5.4184	7.1143
30	1.3478	1.8114	2.4273	3.2434	4.3219	5.7435	7.6123

8%	9%	10%	11%	12%	13%	14%	15%
1.0800	1.0900	1.1000	1.1100	1.1200	1.1300	1.1400	1.1500
1.1664	1.1881	1.2100	1.2321	1.2544	1.2769	1.2996	1.3225
1.2597	1.2950	1.3310	1.3676	1.4049	1.4429	1.4815	1.5209
1.3605	1.4116	1.4641	1.5181	1.5735	1.6305	1.6890	1.7490
1.4693	1.5386	1.6105	1.6851	1.7623	1.8424	1.9254	2.0114
1.5869	1.6771	1.7716	1.8704	1.9738	2.0820	2.1950	2.3131
1.7138	1.8280	1.9487	2.0762	2.2107	2.3526	2.5023	2.6600
1.8509	1.9926	2.1436	2.3045	2.4760	2.6584	2.8526	3.0590
1.9990	2.1719	2.3579	2.5580	2.7731	3.0040	3.2519	3.5179
2.1589	2.3674	2.5937	2.8394	3.1058	3.3946	3.7072	4.0456
2.3316	2.5804	2.8531	3.1518	3.4786	3.8359	4.2262	4.6524
2.5182	2.8127	3.1384	3.4985	3.8960	4.3345	4.8179	5.3503
2.7196	3.0658	3.4523	3.8833	4.3635	4.8980	5.4924	6.1528
2.9372	3.3417	3.7975	4.3104	4.8871	5.5348	6.2613	7.0757
3.1722	3.6425	4.1772	4.7846	5.4736	6.2543	7.1379	8.1371
3.4259	3.9703	4.5950	5.3109	6.1304	7.0673	8.1372	9.3576
3.7000	4.3276	5.0545	5.8951	6.8660	7.9861	9.2765	10.7613
3.9960	4.7171	5.5599	6.5436	7.6900	9.0243	10.5752	12.3755
4.3157	5.1417	6.1159	7.2633	8.6128	10.1974	12.0557	14.2318
4.6610	5.6044	6.7275	8.0623	9.6463	11.5231	13.7435	16.3665
5.0338	6.1088	7.4002	8.9492	10.8038	13.0211	15.6676	18.8215
5.4365	6.6586	8.1403	9.9336	12.1003	14.7138	17.8610	21.6447
5.8715	7.2579	8.9543	11.0263	13.5523	16.6266	20.3616	24.8915
6.3412	7.9111	9.8497	12.2392	15.1786	18.7881	23.2122	28.6252
6.8485	8.6231	10.8347	13.5855	17.0001	21.2305	26.4619	32.9190
7.3964	9.3992	11.9182	15.0799	19.0401	23.9905	30.1666	37.8568
7.9881	10.2451	13.1100	16.7387	21.3249	27.1093	34.3899	43.5353
8.6271	11.1671	14.4210	18.5799	23.8839	30.6335	39.2045	50.0656
9.3173	12.1722	15.8631	20.6237	26.7499	34.6158	44.6931	57.5755
10.0627	13.2677	17.4494	22.8923	29.9599	39.1159	50.9502	66.2118

利率（i）\期数（n）	16%	17%	18%	19%	20%	21%	22%
1	1.1600	1.1700	1.1800	1.1900	1.2000	1.2100	1.2200
2	1.3456	1.3689	1.3924	1.4161	1.4400	1.4641	1.4884
3	1.5609	1.6016	1.6430	1.6852	1.7280	1.7716	1.8158
4	1.8106	1.8739	1.9388	2.0053	2.0736	2.1436	2.2153
5	2.1003	2.1924	2.2878	2.3864	2.4883	2.5937	2.7027
6	2.4364	2.5652	2.6996	2.8398	2.9860	3.1384	3.2973
7	2.8262	3.0012	3.1855	3.3793	3.5832	3.7975	4.0227
8	3.2784	3.5115	3.7589	4.0214	4.2998	4.5950	4.9077
9	3.8030	4.1084	4.4355	4.7854	5.1598	5.5599	5.9874
10	4.4114	4.8068	5.2338	5.6947	6.1917	6.7275	7.3046
11	5.1173	5.6240	6.1759	6.7767	7.4301	8.1403	8.9117
12	5.9360	6.5801	7.2876	8.0642	8.9161	9.8497	10.8722
13	6.8858	7.6987	8.5994	9.5964	10.6993	11.9182	13.2641
14	7.9875	9.0075	10.1472	11.4198	12.8392	14.4210	16.1822
15	9.2655	10.5387	11.9737	13.5895	15.4070	17.4494	19.7423
16	10.7480	12.3303	14.1290	16.1715	18.4884	21.1138	24.0856
17	12.4677	14.4265	16.6722	19.2441	22.1861	25.5477	29.3844
18	14.4625	16.8790	19.6733	22.9005	26.6233	30.9127	35.8490
19	16.7765	19.7484	23.2144	27.2516	31.9480	37.4043	43.7358
20	19.4608	23.1056	27.3930	32.4294	38.3376	45.2593	53.3576
21	22.5745	27.0336	32.3238	38.5910	46.0051	54.7637	65.0963
22	26.1864	31.6293	38.1421	45.9233	55.2061	66.2641	79.4175
23	30.3762	37.0062	45.0076	54.6487	66.2474	80.1795	96.8894
24	35.2364	43.2973	53.1090	65.0320	79.4968	97.0172	118.2050
25	40.8742	50.6578	62.6686	77.3881	95.3962	117.3909	144.2101
26	47.4141	59.2697	73.9490	92.0918	114.4755	142.0429	175.9364
27	55.0004	69.3455	87.2598	109.5893	137.3706	171.8719	214.6424
28	63.8004	81.1342	102.9666	130.4112	164.8447	207.9651	261.8637
29	74.0085	94.9271	121.5005	155.1893	197.8136	251.6377	319.4737
30	85.8499	111.0647	143.3706	184.6753	237.3763	304.4816	389.7579

23%	24%	25%	26%	27%	28%	29%	30%
1. 2300	1. 2400	1. 2500	1. 2600	1. 2700	1. 2800	1. 2900	1. 3000
1. 5129	1. 5376	1. 5625	1. 5876	1. 6129	1. 6384	1. 6641	1. 6900
1. 8609	1. 9066	1. 9531	2. 0004	2. 0484	2. 0972	2. 1467	2. 1970
2. 2889	2. 3642	2. 4414	2. 5205	2. 6014	2. 6844	2. 7692	2. 8561
2. 8153	2. 9316	3. 0518	3. 1758	3. 3038	3. 4360	3. 5723	3. 7129
3. 4628	3. 6352	3. 8147	4. 0015	4. 1959	4. 3980	4. 6083	4. 8268
4. 2593	4. 5077	4. 7684	5. 0419	5. 3288	5. 6295	5. 9447	6. 2749
5. 2389	5. 5895	5. 9605	6. 3528	6. 7675	7. 2058	7. 6686	8. 1573
6. 4439	6. 9310	7. 4506	8. 0045	8. 5948	9. 2234	9. 8925	10. 6045
7. 9259	8. 5944	9. 3132	10. 0857	10. 9153	11. 8059	12. 7614	13. 7858
9. 7489	10. 6571	11. 6415	12. 7080	13. 8625	15. 1116	16. 4622	17. 9216
11. 9912	13. 2148	14. 5519	16. 0120	17. 6053	19. 3428	21. 2362	23. 2981
14. 7491	16. 3863	18. 1899	20. 1752	22. 3588	24. 7588	27. 3947	30. 2875
18. 1414	20. 3191	22. 7374	25. 4207	28. 3957	31. 6913	35. 3391	39. 3738
22. 3140	25. 1956	28. 4217	32. 0301	36. 0625	40. 5648	45. 5875	51. 1859
27. 4462	31. 2426	35. 5271	40. 3579	45. 7994	51. 9230	58. 8079	66. 5417
33. 7588	38. 7408	44. 4089	50. 8510	58. 1652	66. 4614	75. 8621	86. 5042
41. 5233	48. 0386	55. 5112	64. 0722	73. 8698	85. 0706	97. 8622	112. 4554
51. 0737	59. 5679	69. 3889	80. 7310	93. 8147	108. 8904	126. 2422	146. 1920
62. 8206	73. 8641	86. 7362	101. 7211	119. 1446	139. 3797	162. 8524	190. 0496
77. 2694	91. 5915	108. 4202	128. 1685	151. 3137	178. 4060	210. 0796	247. 0645
95. 0413	113. 5735	135. 5253	161. 4924	192. 1683	228. 3596	271. 0027	321. 1839
116. 9008	140. 8312	169. 4066	203. 4804	244. 0538	292. 3003	349. 5935	417. 5391
143. 7880	174. 6306	211. 7582	256. 3853	309. 9483	374. 1444	450. 9756	542. 8008
176. 8593	216. 5420	264. 6978	323. 0454	393. 6344	478. 9049	581. 7585	705. 6410
217. 5369	268. 5121	330. 8722	407. 0373	499. 9157	612. 9982	750. 4685	917. 3333
267. 5704	332. 9550	413. 5903	512. 8670	634. 8929	784. 6377	968. 1044	1 192. 5333
329. 1115	412. 8642	516. 9879	646. 2124	806. 3140	1 004. 3363	1 248. 8546	1 550. 2933
404. 8072	511. 9516	646. 2349	814. 2276	1 024. 0187	1 285. 5504	1 611. 0225	2 015. 3813
497. 9129	634. 8199	807. 7936	1 025. 9267	1 300. 5038	1 645. 5046	2 078. 2190	2 619. 9956

附录五　现值系数表（PVIF$_{i,n}$）

利率为 i%，期数为 n，PVIF$_{i,n}$ = 1/(1 + i)^n

期数（n）＼利率（i）	1%	2%	3%	4%	5%	6%	7%
1	0.9901	0.9804	0.9709	0.9615	0.9524	0.9434	0.9346
2	0.9803	0.9612	0.9426	0.9246	0.907	0.89	0.8734
3	0.9706	0.9423	0.9151	0.889	0.8638	0.8396	0.8163
4	0.961	0.9238	0.8885	0.8548	0.8227	0.7921	0.7629
5	0.9515	0.9057	0.8626	0.8219	0.7835	0.7473	0.713
6	0.942	0.888	0.8375	0.7903	0.7462	0.705	0.6663
7	0.9327	0.8706	0.8131	0.7599	0.7107	0.6651	0.6227
8	0.9235	0.8535	0.7894	0.7307	0.6768	0.6274	0.582
9	0.9143	0.8368	0.7664	0.7026	0.6446	0.5919	0.5439
10	0.9053	0.8203	0.7441	0.6756	0.6139	0.5584	0.5083
11	0.8963	0.8043	0.7224	0.6496	0.5847	0.5268	0.4751
12	0.8874	0.7885	0.7014	0.6246	0.5568	0.497	0.444
13	0.8787	0.773	0.681	0.6006	0.5303	0.4688	0.415
14	0.87	0.7579	0.6611	0.5775	0.5051	0.4423	0.3878
15	0.8613	0.743	0.6419	0.5553	0.481	0.4173	0.3624
16	0.8528	0.7284	0.6232	0.5339	0.4581	0.3936	0.3387
17	0.8444	0.7142	0.605	0.5134	0.4363	0.3714	0.3166
18	0.836	0.7002	0.5874	0.4936	0.4155	0.3503	0.2959
19	0.8277	0.6864	0.5703	0.4746	0.3957	0.3305	0.2765
20	0.8195	0.673	0.5537	0.4564	0.3769	0.3118	0.2584
21	0.8114	0.6598	0.5375	0.4388	0.3589	0.2942	0.2415
22	0.8034	0.6468	0.5219	0.422	0.3418	0.2775	0.2257
23	0.7954	0.6342	0.5067	0.4057	0.3256	0.2618	0.2109
24	0.7876	0.6217	0.4919	0.3901	0.3101	0.247	0.1971
25	0.7798	0.6095	0.4776	0.3751	0.2953	0.233	0.1842
26	0.772	0.5976	0.4637	0.3607	0.2812	0.2198	0.1722
27	0.7644	0.5859	0.4502	0.3468	0.2678	0.2074	0.1609
28	0.7568	0.5744	0.4371	0.3335	0.2551	0.1956	0.1504
29	0.7493	0.5631	0.4243	0.3207	0.2429	0.1846	0.1406
30	0.7419	0.5521	0.412	0.3083	0.2314	0.1741	0.1314

8%	9%	10%	11%	12%	13%	14%	15%
0. 9259	0. 9174	0. 9091	0. 9009	0. 8929	0. 885	0. 8772	0. 8696
0. 8573	0. 8417	0. 8264	0. 8116	0. 7972	0. 7831	0. 7695	0. 7561
0. 7938	0. 7722	0. 7513	0. 7312	0. 7118	0. 6931	0. 675	0. 6575
0. 735	0. 7084	0. 683	0. 6587	0. 6355	0. 6133	0. 5921	0. 5718
0. 6806	0. 6499	0. 6209	0. 5935	0. 5674	0. 5428	0. 5194	0. 4972
0. 6302	0. 5963	0. 5645	0. 5346	0. 5066	0. 4803	0. 4556	0. 4323
0. 5835	0. 547	0. 5132	0. 4817	0. 4523	0. 4251	0. 3996	0. 3759
0. 5403	0. 5019	0. 4665	0. 4339	0. 4039	0. 3762	0. 3506	0. 3269
0. 5002	0. 4604	0. 4241	0. 3909	0. 3606	0. 3329	0. 3075	0. 2843
0. 4632	0. 4224	0. 3855	0. 3522	0. 322	0. 2946	0. 2697	0. 2472
0. 4289	0. 3875	0. 3505	0. 3173	0. 2875	0. 2607	0. 2366	0. 2149
0. 3971	0. 3555	0. 3186	0. 2858	0. 2567	0. 2307	0. 2076	0. 1869
0. 3677	0. 3262	0. 2897	0. 2575	0. 2292	0. 2042	0. 1821	0. 1625
0. 3405	0. 2992	0. 2633	0. 232	0. 2046	0. 1807	0. 1597	0. 1413
0. 3152	0. 2745	0. 2394	0. 209	0. 1827	0. 1599	0. 1401	0. 1229
0. 2919	0. 2519	0. 2176	0. 1883	0. 1631	0. 1415	0. 1229	0. 1069
0. 2703	0. 2311	0. 1978	0. 1696	0. 1456	0. 1252	0. 1078	0. 0929
0. 2502	0. 212	0. 1799	0. 1528	0. 13	0. 1108	0. 0946	0. 0808
0. 2317	0. 1945	0. 1635	0. 1377	0. 1161	0. 0981	0. 0829	0. 0703
0. 2145	0. 1784	0. 1486	0. 124	0. 1037	0. 0868	0. 0728	0. 0611
0. 1987	0. 1637	0. 1351	0. 1117	0. 0926	0. 0768	0. 0638	0. 0531
0. 1839	0. 1502	0. 1228	0. 1007	0. 0826	0. 068	0. 056	0. 0462
0. 1703	0. 1378	0. 1117	0. 0907	0. 0738	0. 0601	0. 0491	0. 0402
0. 1577	0. 1264	0. 1015	0. 0817	0. 0659	0. 0532	0. 0431	0. 0349
0. 146	0. 116	0. 0923	0. 0736	0. 0588	0. 0471	0. 0378	0. 0304
0. 1352	0. 1064	0. 0839	0. 0663	0. 0525	0. 0417	0. 0331	0. 0264
0. 1252	0. 0976	0. 0763	0. 0597	0. 0469	0. 0369	0. 0291	0. 023
0. 1159	0. 0895	0. 0693	0. 0538	0. 0419	0. 0326	0. 0255	0. 02
0. 1073	0. 0822	0. 063	0. 0485	0. 0374	0. 0289	0. 0224	0. 0174
0. 0994	0. 0754	0. 0573	0. 0437	0. 0334	0. 0256	0. 0196	0. 0151

利率（i）\ 期数（n）	16%	17%	18%	19%	20%	21%	22%
1	0.8621	0.8547	0.8475	0.8403	0.8333	0.8264	0.8197
2	0.7432	0.7305	0.7182	0.7062	0.6944	0.683	0.6719
3	0.6407	0.6244	0.6086	0.5934	0.5787	0.5645	0.5507
4	0.5523	0.5337	0.5158	0.4987	0.4823	0.4665	0.4514
5	0.4761	0.4561	0.4371	0.419	0.4019	0.3855	0.37
6	0.4104	0.3898	0.3704	0.3521	0.3349	0.3186	0.3033
7	0.3538	0.3332	0.3139	0.2959	0.2791	0.2633	0.2486
8	0.305	0.2848	0.266	0.2487	0.2326	0.2176	0.2038
9	0.263	0.2434	0.2255	0.209	0.1938	0.1799	0.167
10	0.2267	0.208	0.1911	0.1756	0.1615	0.1486	0.1369
11	0.1954	0.1778	0.1619	0.1476	0.1346	0.1228	0.1122
12	0.1685	0.152	0.1372	0.124	0.1122	0.1015	0.092
13	0.1452	0.1299	0.1163	0.1042	0.0935	0.0839	0.0754
14	0.1252	0.111	0.0985	0.0876	0.0779	0.0693	0.0618
15	0.1079	0.0949	0.0835	0.0736	0.0649	0.0573	0.0507
16	0.093	0.0811	0.0708	0.0618	0.0541	0.0474	0.0415
17	0.0802	0.0693	0.06	0.052	0.0451	0.0391	0.034
18	0.0691	0.0592	0.0508	0.0437	0.0376	0.0323	0.0279
19	0.0596	0.0506	0.0431	0.0367	0.0313	0.0267	0.0229
20	0.0514	0.0433	0.0365	0.0308	0.0261	0.0221	0.0187
21	0.0443	0.037	0.0309	0.0259	0.0217	0.0183	0.0154
22	0.0382	0.0316	0.0262	0.0218	0.0181	0.0151	0.0126
23	0.0329	0.027	0.0222	0.0183	0.0151	0.0125	0.0103
24	0.0284	0.0231	0.0188	0.0154	0.0126	0.0103	0.0085
25	0.0245	0.0197	0.016	0.0129	0.0105	0.0085	0.0069
26	0.0211	0.0169	0.0135	0.0109	0.0087	0.007	0.0057
27	0.0182	0.0144	0.0115	0.0091	0.0073	0.0058	0.0047
28	0.0157	0.0123	0.0097	0.0077	0.0061	0.0048	0.0038
29	0.0135	0.0105	0.0082	0.0064	0.0051	0.004	0.0031
30	0.0116	0.009	0.007	0.0054	0.0042	0.0033	0.0026

23%	24%	25%	26%	27%	28%	29%	30%
0.813	0.8065	0.8	0.7937	0.7874	0.7813	0.7752	0.7692
0.661	0.6504	0.64	0.6299	0.62	0.6104	0.6009	0.5917
0.5374	0.5245	0.512	0.4999	0.4882	0.4768	0.4658	0.4552
0.4369	0.423	0.4096	0.3968	0.3844	0.3725	0.3611	0.3501
0.3552	0.3411	0.3277	0.3149	0.3027	0.291	0.2799	0.2693
0.2888	0.2751	0.2621	0.2499	0.2383	0.2274	0.217	0.2072
0.2348	0.2218	0.2097	0.1983	0.1877	0.1776	0.1682	0.1594
0.1909	0.1789	0.1678	0.1574	0.1478	0.1388	0.1304	0.1226
0.1552	0.1443	0.1342	0.1249	0.1164	0.1084	0.1011	0.0943
0.1262	0.1164	0.1074	0.0992	0.0916	0.0847	0.0784	0.0725
0.1026	0.0938	0.0859	0.0787	0.0721	0.0662	0.0607	0.0558
0.0834	0.0757	0.0687	0.0625	0.0568	0.0517	0.0471	0.0429
0.0678	0.061	0.055	0.0496	0.0447	0.0404	0.0365	0.033
0.0551	0.0492	0.044	0.0393	0.0352	0.0316	0.0283	0.0254
0.0448	0.0397	0.0352	0.0312	0.0277	0.0247	0.0219	0.0195
0.0364	0.032	0.0281	0.0248	0.0218	0.0193	0.017	0.015
0.0296	0.0258	0.0225	0.0197	0.0172	0.015	0.0132	0.0116
0.0241	0.0208	0.018	0.0156	0.0135	0.0118	0.0102	0.0089
0.0196	0.0168	0.0144	0.0124	0.0107	0.0092	0.0079	0.0068
0.0159	0.0135	0.0115	0.0098	0.0084	0.0072	0.0061	0.0053
0.0129	0.0109	0.0092	0.0078	0.0066	0.0056	0.0048	0.004
0.0105	0.0088	0.0074	0.0062	0.0052	0.0044	0.0037	0.0031
0.0086	0.0071	0.0059	0.0049	0.0041	0.0034	0.0029	0.0024
0.007	0.0057	0.0047	0.0039	0.0032	0.0027	0.0022	0.0018
0.0057	0.0046	0.0038	0.0031	0.0025	0.0021	0.0017	0.0014
0.0046	0.0037	0.003	0.0025	0.002	0.0016	0.0013	0.0011
0.0037	0.003	0.0024	0.0019	0.0016	0.0013	0.001	0.0008
0.003	0.0024	0.0019	0.0015	0.0012	0.001	0.0008	0.0006
0.0025	0.002	0.0015	0.0012	0.001	0.0008	0.0006	0.0005
0.002	0.0016	0.0012	0.001	0.0008	0.0006	0.0005	0.0004

附录六　年金终值系数表（FVIFA$_{i,n}$）

利率为i%，期数为n，$FVIFA_{i,n} = \sum_{t=1}^{n} (1+i)^{n-t}$

利率（i） 期数（n）	1%	2%	3%	4%	5%	6%	7%
1	1.0000	1.0200	1.0000	1.0000	1.0000	1.0000	1.0000
2	2.0100	2.0200	2.0300	2.0400	2.0500	2.0600	2.0700
3	3.0301	3.0604	3.0909	3.1216	3.1525	3.1836	3.2149
4	4.0604	4.1216	4.1836	4.2465	4.3101	4.3746	4.4399
5	5.1010	5.2040	5.3091	5.4163	5.5256	5.6371	5.7507
6	6.1520	6.3081	6.4684	6.6330	6.8019	6.9753	7.1533
7	7.2135	7.4343	7.6625	7.8983	8.1420	8.3938	8.6540
8	8.2857	8.5830	8.8923	9.2142	9.5491	9.8975	10.2598
9	9.3685	9.7546	10.1591	10.5828	11.0266	11.4913	11.9780
10	10.4622	10.9497	11.4639	12.0061	12.5779	13.1808	13.8164
11	11.5668	12.1687	12.8078	13.4864	14.2068	14.9716	15.7836
12	12.6825	13.4121	14.1920	15.0258	15.9171	16.8699	17.8885
13	13.8093	14.6803	15.6178	16.6268	17.7130	18.8821	20.1406
14	14.9474	15.9739	17.0863	18.2919	19.5986	21.0151	22.5505
15	16.0969	17.2934	18.5989	20.0236	21.5786	23.2760	25.1290
16	17.2579	18.6393	20.1569	21.8245	23.6575	25.6725	27.8881
17	18.4304	20.0121	21.7616	23.6975	25.8404	28.2129	30.8402
18	19.6147	21.4123	23.4144	25.6454	28.1324	30.9057	33.9990
19	20.8109	22.8406	25.1169	27.6712	30.5390	33.7600	37.3790
20	22.0190	24.2974	26.8704	29.7781	33.0660	36.7856	40.9955
21	23.2392	25.7833	28.6765	31.9692	35.7193	39.9927	44.8652
22	24.4716	27.2990	30.5368	34.2480	38.5052	43.3923	49.0057
23	25.7163	28.8450	32.4529	36.6179	41.4305	46.9958	53.4361
24	26.9735	30.4219	34.4265	39.0826	44.5020	50.8156	58.1767
25	28.2432	32.0303	36.4593	41.6459	47.7271	54.8645	63.2490
26	29.5256	33.6709	38.5530	44.3117	51.1135	59.1564	68.6765
27	30.8209	35.3443	40.7096	47.0842	54.6691	63.7058	74.4838
28	32.1291	37.0512	42.9309	49.9676	58.4026	68.5281	80.6977
29	33.4504	38.7922	45.2189	52.9663	62.3227	73.6398	87.3465
30	34.7849	40.5681	47.5754	56.0849	66.4388	79.0582	94.4608

8%	9%	10%	11%	12%	13%	14%	15%
1. 0000	1. 0000	1. 0000	1. 0000	1. 0000	1. 0000	1. 0000	1. 0000
2. 0800	2. 0900	2. 1000	2. 1100	2. 1200	2. 1300	2. 1400	2. 1500
3. 2464	3. 2781	3. 3100	3. 3421	3. 3744	3. 4069	3. 4396	3. 4725
4. 5061	4. 5731	4. 6410	4. 7097	4. 7793	4. 8498	4. 9211	4. 9934
5. 8666	5. 9847	6. 1051	6. 2278	6. 3528	6. 4803	6. 6101	6. 7424
7. 3359	7. 5233	7. 7156	7. 9129	8. 1152	8. 3227	8. 5355	8. 7537
8. 9228	9. 2004	9. 4872	9. 7833	10. 0890	10. 4047	10. 7305	11. 0668
10. 6366	11. 0285	11. 4359	11. 8594	12. 2997	12. 7573	13. 2328	13. 7268
12. 4876	13. 0210	13. 5795	14. 1640	14. 7757	15. 4157	16. 0853	16. 7858
14. 4866	15. 1929	15. 9374	16. 7220	17. 5487	18. 4197	19. 3373	20. 3037
16. 6455	17. 5603	18. 5312	19. 5614	20. 6546	21. 8143	23. 0445	24. 3493
18. 9771	20. 1407	21. 3843	22. 7132	24. 1331	25. 6502	27. 2707	29. 0017
21. 4953	22. 9534	24. 5227	26. 2116	28. 0291	29. 9847	32. 0887	34. 3519
24. 2149	26. 0192	27. 9750	30. 0949	32. 3926	34. 8827	37. 5811	40. 5047
27. 1521	29. 3609	31. 7725	34. 4054	37. 2797	40. 4175	43. 8424	47. 5804
30. 3243	33. 0034	35. 9497	39. 1899	42. 7533	46. 6717	50. 9804	55. 7175
33. 7502	36. 9737	40. 5447	44. 5008	48. 8837	53. 7391	59. 1176	65. 0751
37. 4502	41. 3013	45. 5992	50. 3959	55. 7497	61. 7251	68. 3941	75. 8364
41. 4463	46. 0185	51. 1591	56. 9395	63. 4397	70. 7494	78. 9692	88. 2118
45. 7620	51. 1601	57. 2750	64. 2028	72. 0524	80. 9468	91. 0249	102. 4436
50. 4229	56. 7645	64. 0025	72. 2651	81. 6987	92. 4699	104. 7684	118. 8101
55. 4568	62. 8733	71. 4027	81. 2143	92. 5026	105. 4910	120. 4360	137. 6316
60. 8933	69. 5319	79. 5430	91. 1479	104. 6029	120. 2048	138. 2970	159. 2764
66. 7648	76. 7898	88. 4973	102. 1742	118. 1552	136. 8315	158. 6586	184. 1678
73. 1059	84. 7009	98. 3471	114. 4133	133. 3339	155. 6196	181. 8708	212. 7930
79. 9544	93. 3240	109. 1818	127. 9988	150. 3339	176. 8501	208. 3327	245. 7120
87. 3508	102. 7231	121. 0999	143. 0786	169. 3740	200. 8406	238. 4993	283. 5688
95. 3388	112. 9682	134. 2099	159. 8173	190. 6989	227. 9499	272. 8892	327. 1041
103. 9659	124. 1354	148. 6309	178. 3972	214. 5828	258. 5834	312. 0937	377. 1697
113. 2832	136. 3075	164. 4940	199. 0209	241. 3327	293. 1992	356. 7868	434. 7451

利率（i） 期数（n）	16%	17%	18%	19%	20%	21%	22%
1	1.0000	1.0000	1.0000	1.0000	1.0000	1.0000	1.0000
2	2.1600	2.1700	2.1800	2.1900	2.2000	2.2100	2.2200
3	3.5056	3.5389	3.5724	3.6061	3.6400	3.6741	3.7084
4	5.0665	5.1405	5.2154	5.2913	5.3680	5.4457	5.5242
5	6.8771	7.0144	7.1542	7.2966	7.4416	7.5892	7.7396
6	8.9775	9.2068	9.4420	9.6830	9.9299	10.1830	10.4423
7	11.4139	11.7720	12.1415	12.5227	12.9159	13.3214	13.7396
8	14.2401	14.7733	15.3270	15.9020	16.4991	17.1189	17.7623
9	17.5185	18.2847	19.0859	19.9234	20.7989	21.7139	22.6700
10	21.3215	22.3931	23.5213	24.7089	25.9587	27.2738	28.6574
11	25.7329	27.1999	28.7551	30.4035	32.1504	34.0013	35.9620
12	30.8502	32.8239	34.9311	37.1802	39.5805	42.1416	44.8737
13	36.7862	39.4040	42.2187	45.2445	48.4966	51.9913	55.7459
14	43.6720	47.1027	50.8180	54.8409	59.1959	63.9095	69.0100
15	51.6595	56.1101	60.9653	66.2607	72.0351	78.3305	85.1922
16	60.9250	66.6488	72.9390	79.8502	87.4421	95.7799	104.9345
17	71.6730	78.9792	87.0680	96.0218	105.9306	116.8937	129.0201
18	84.1407	93.4056	103.7403	115.2659	128.1167	142.4413	158.4045
19	98.6032	110.2846	123.4135	138.1664	154.7400	173.3540	194.2535
20	115.3797	130.0329	146.6280	165.4180	186.6880	210.7584	237.9893
21	134.8405	153.1385	174.0210	197.8474	225.0256	256.0176	291.3469
22	157.4150	180.1721	206.3448	236.4385	271.0307	310.7813	356.4432
23	183.6014	211.8013	244.4868	282.3618	326.2369	377.0454	435.8607
24	213.9776	248.8076	289.4945	337.0105	392.4842	457.2249	532.7501
25	249.2140	292.1049	342.6035	402.0425	471.9811	554.2422	650.9551
26	290.0883	342.7627	405.2721	479.4306	567.3773	671.6330	795.1653
27	337.5024	402.0323	479.2211	571.5224	681.8528	813.6759	971.1016
28	392.5028	471.3778	566.4809	681.1116	819.2233	985.5479	1 185.7440
29	456.3032	552.5121	669.4475	811.5228	984.0680	1 193.5129	1 447.6077
30	530.3117	647.4391	790.9480	966.7122	1 181.8816	1 445.1507	1 767.0813

23%	24%	25%	26%	27%	28%	29%	30%
1.0000	1.0000	1.0000	1.0000	1.0000	1.0000	1.0000	1.0000
2.2300	2.2400	2.2500	2.2600	2.2700	2.2800	2.2900	2.3000
3.7429	3.7776	3.8125	3.8476	3.8829	3.9184	3.9541	3.9900
5.6038	5.6842	5.7656	5.8480	5.9313	6.0156	6.1008	6.1870
7.8926	8.0484	8.2070	8.3684	8.5327	8.6999	8.8700	9.0431
10.7079	10.9801	11.2588	11.5442	11.8366	12.1359	12.4423	12.7560
14.1708	14.6153	15.0735	15.5458	16.0324	16.5339	17.0506	17.5828
18.4300	19.1229	19.8419	20.5876	21.3612	22.1634	22.9953	23.8577
23.6690	24.7125	25.8023	26.9404	28.1287	29.3692	30.6639	32.0150
30.1128	31.6434	33.2529	34.9449	36.7235	38.5926	40.5564	42.6195
38.0388	40.2379	42.5661	45.0306	47.6388	50.3985	53.3178	56.4053
47.7877	50.8950	54.2077	57.7386	61.5013	65.5100	69.7800	74.3270
59.7788	64.1097	68.7596	73.7506	79.1066	84.8529	91.0161	97.6250
74.5280	80.4961	86.9495	93.9258	101.4654	109.6117	118.4108	127.9125
92.6694	100.8151	109.6868	119.3465	129.8611	141.3029	153.7500	167.2863
114.9834	126.0108	138.1085	151.3766	165.9236	181.8677	199.3374	218.4722
142.4295	157.2534	173.6357	191.7345	211.7230	233.7907	258.1453	285.0139
176.1883	195.9942	218.0446	242.5855	269.8882	300.2521	334.0074	371.5180
217.7116	244.0328	273.5558	306.6577	343.7580	385.3227	431.8696	483.9734
268.7853	303.6006	342.9447	387.3887	437.5726	494.2131	558.1118	630.1655
331.6059	377.4648	429.6809	489.1098	556.7173	633.5927	720.9642	820.2151
408.8753	469.0563	538.1011	617.2783	708.0309	811.9987	931.0438	1 067.2796
503.9166	582.6298	673.6264	778.7707	900.1993	1 040.3583	1 202.0465	1 388.4635
620.8174	723.4610	843.0329	982.2511	1 144.2531	1 332.6586	1 551.6400	1 806.0026
764.6054	898.0916	1 054.7912	1 238.6363	1 454.2014	1 706.8031	2 002.6156	2 348.8033
941.4647	1 114.6336	1 319.4890	1 561.6818	1 847.8358	2 185.7079	2 584.3741	3 054.4443
1 159.0016	1 383.1457	1 650.3612	1 968.7191	2 347.7515	2 798.7061	3 334.8426	3 971.7776
1 426.5719	1 716.1007	2 063.9515	2 481.5860	2 982.6444	3 583.3438	4 302.9470	5 164.3109
1 755.6835	2 128.9648	2 580.9394	3 127.7984	3 788.9583	4 587.6801	5 551.8016	6 714.6042
2 160.4907	2 640.9164	3 227.1743	3 942.0260	4 812.9771	5 873.2306	7 162.8241	8 729.9855

附录七　年金现值系数表（PVIFA$_{i,n}$）

利率为 i% ，期数为 n，$PVIFA_{i,n} = \sum_{t=1}^{w} 1/(1+i)^t$

利率（i） 期数（n）	1%	2%	3%	4%	5%	6%	7%
1	0.9901	0.9804	0.9709	0.9615	0.9524	0.9434	0.9346
2	1.9704	1.9416	1.9135	1.8861	1.8594	1.8334	1.808
3	2.941	2.8839	2.8286	2.7751	2.7232	2.673	2.6243
4	3.902	3.8077	3.7171	3.6299	3.546	3.4651	3.3872
5	4.8534	4.7135	4.5797	4.4518	4.3295	4.2124	4.1002
6	5.7955	5.6014	5.4172	5.2421	5.0757	4.9173	4.7665
7	6.7282	6.472	6.2303	6.0021	5.7864	5.5824	5.3893
8	7.6517	7.3255	7.0197	6.7327	6.4632	6.2098	5.9713
9	8.566	8.1622	7.7861	7.4353	7.1078	6.8017	6.5152
10	9.4713	8.9826	8.5302	8.1109	7.7217	7.3601	7.0236
11	10.3676	9.7868	9.2526	8.7605	8.3064	7.8869	7.4987
12	11.2551	10.5753	9.954	9.3851	8.8633	8.3838	7.9427
13	12.1337	11.3484	10.635	9.9856	9.3936	8.8527	8.3577
14	13.0037	12.1062	11.2961	10.5631	9.8986	9.295	8.7455
15	13.8651	12.8493	11.9379	11.1184	10.3797	9.7122	9.1079
16	14.7179	13.5777	12.5611	11.6523	10.8378	10.1059	9.4466
17	15.5623	14.2919	13.1661	12.1657	11.2741	10.4773	9.7632
18	16.3983	14.992	13.7535	12.6593	11.6896	10.8276	10.0591
19	17.226	15.6785	14.3238	13.1339	12.0853	11.1581	10.3356
20	18.0456	16.3514	14.8775	13.5903	12.4622	11.4699	10.594
21	18.857	17.0112	15.415	14.0292	12.8212	11.7641	10.8355
22	19.6604	17.658	15.9369	14.4511	13.163	12.0416	11.0612
23	20.4558	18.2922	16.4436	14.8568	13.4886	12.3034	11.2722
24	21.2434	18.9139	16.9355	15.247	13.7986	12.5504	11.4693
25	22.0232	19.5235	17.4131	15.6221	14.0939	12.7834	11.6536
26	22.7952	20.121	17.8768	15.9828	14.3752	13.0032	11.8258
27	23.5596	20.7069	18.327	16.3296	14.643	13.2105	11.9867
28	24.3164	21.2813	18.7641	16.6631	14.8981	13.4062	12.1371
29	25.0658	21.8444	19.1885	16.9837	15.1411	13.5907	12.2777
30	25.8077	22.3965	19.6004	17.292	15.3725	13.7648	12.409

8%	9%	10%	11%	12%	13%	14%	15%
0.9259	0.9174	0.9091	0.9009	0.8929	0.885	0.8772	0.8696
1.7833	1.7591	1.7355	1.7125	1.6901	1.6681	1.6467	1.6257
2.5771	2.5313	2.4869	2.4437	2.4018	2.3612	2.3216	2.2832
3.3121	3.2397	3.1699	3.1024	3.0373	2.9745	2.9137	2.855
3.9927	3.8897	3.7908	3.6959	3.6048	3.5172	3.4331	3.3522
4.6229	4.4859	4.3553	4.2305	4.1114	3.9975	3.8887	3.7845
5.2064	5.033	4.8684	4.7122	4.5638	4.4226	4.2883	4.1604
5.7466	5.5348	5.3349	5.1461	4.9676	4.7988	4.6389	4.4873
6.2469	5.9952	5.759	5.537	5.3282	5.1317	4.9464	4.7716
6.7101	6.4177	6.1446	5.8892	5.6502	5.4262	5.2161	5.0188
7.139	6.8052	6.4951	6.2065	5.9377	5.6869	5.4527	5.2337
7.5361	7.1607	6.8137	6.4924	6.1944	5.9176	5.6603	5.4206
7.9038	7.4869	7.1034	6.7499	6.4235	6.1218	5.8424	5.5831
8.2442	7.7862	7.3667	6.9819	6.6282	6.3025	6.0021	5.7245
8.5595	8.0607	7.6061	7.1909	6.8109	6.4624	6.1422	5.8474
8.8514	8.3126	7.8237	7.3792	6.974	6.6039	6.2651	5.9542
9.1216	8.5436	8.0216	7.5488	7.1196	6.7291	6.3729	6.0472
9.3719	8.7556	8.2014	7.7016	7.2497	6.8399	6.4674	6.128
9.6036	8.9501	8.3649	7.8393	7.3658	6.938	6.5504	6.1982
9.8181	9.1285	8.5136	7.9633	7.4694	7.0248	6.6231	6.2593
10.0168	9.2922	8.6487	8.0751	7.562	7.1016	6.687	6.3125
10.2007	9.4424	8.7715	8.1757	7.6446	7.1695	6.7429	6.3587
10.3711	9.5802	8.8832	8.2664	7.7184	7.2297	6.7921	6.3988
10.5288	9.7066	8.9847	8.3481	7.7843	7.2829	6.8351	6.4338
10.6748	9.8226	9.077	8.4217	7.8431	7.33	6.8729	6.4641
10.81	9.929	9.1609	8.4881	7.8957	7.3717	6.9061	6.4906
10.9352	10.0266	9.2372	8.5478	7.9426	7.4086	6.9352	6.5135
11.0511	10.1161	9.3066	8.6016	7.9844	7.4412	6.9607	6.5335
11.1584	10.1983	9.3696	8.6501	8.0218	7.4701	6.983	6.5509
11.2578	10.2737	9.4269	8.6938	8.0552	7.4957	7.0027	6.566

利率（i） 期数（n）	16%	17%	18%	19%	20%	21%	22%
1	0.8621	0.8547	0.8475	0.8403	0.8333	0.8264	0.8197
2	1.6052	1.5852	1.5656	1.5465	1.5278	1.5095	1.4915
3	2.2459	2.2096	2.1743	2.1399	2.1065	2.0739	2.0422
4	2.7982	2.7432	2.6901	2.6386	2.5887	2.5404	2.4936
5	3.2743	3.1993	3.1272	3.0576	2.9906	2.926	2.8636
6	3.6847	3.5892	3.4976	3.4098	3.3255	3.2446	3.1669
7	4.0386	3.9224	3.8115	3.7057	3.6046	3.5079	3.4155
8	4.3436	4.2072	4.0776	3.9544	3.8372	3.7256	3.6193
9	4.6065	4.4506	4.303	4.1633	4.031	3.9054	3.7863
10	4.8332	4.6586	4.4941	4.3389	4.1925	4.0541	3.9232
11	5.0286	4.8364	4.656	4.4865	4.3271	4.1769	4.0354
12	5.1971	4.9884	4.7932	4.6105	4.4392	4.2784	4.1274
13	5.3423	5.1183	4.9095	4.7147	4.5327	4.3624	4.2028
14	5.4675	5.2293	5.0081	4.8023	4.6106	4.4317	4.2646
15	5.5755	5.3242	5.0916	4.8759	4.6755	4.489	4.3152
16	5.6685	5.4053	5.1624	4.9377	4.7296	4.5364	4.3567
17	5.7487	5.4746	5.2223	4.9897	4.7746	4.5755	4.3908
18	5.8178	5.5339	5.2732	5.0333	4.8122	4.6079	4.4187
19	5.8775	5.5845	5.3162	5.07	4.8435	4.6346	4.4415
20	5.9288	5.6278	5.3527	5.1009	4.8696	4.6567	4.4603
21	5.9731	5.6648	5.3837	5.1268	4.8913	4.675	4.4756
22	6.0113	5.6964	5.4099	5.1486	4.9094	4.69	4.4882
23	6.0442	5.7234	5.4321	5.1668	4.9245	4.7025	4.4985
24	6.0726	5.7465	5.4509	5.1822	4.9371	4.7128	4.507
25	6.0971	5.7662	5.4669	5.1951	4.9476	4.7213	4.5139
26	6.1182	5.7831	5.4804	5.206	4.9563	4.7284	4.5196
27	6.1364	5.7975	5.4919	5.2151	4.9636	4.7342	4.5243
28	6.152	5.8099	5.5016	5.2228	4.9697	4.739	4.5281
29	6.1656	5.8204	5.5098	5.2292	4.9747	4.743	4.5312
30	6.1772	5.8294	5.5168	5.2347	4.9789	4.7463	4.5338

续表

23%	24%	25%	26%	27%	28%	29%	30%
0. 813	0. 8065	0. 8	0. 7937	0. 7874	0. 7813	0. 7752	0. 7692
1. 474	1. 4568	1. 44	1. 4235	1. 4074	1. 3916	1. 3761	1. 3609
2. 0114	1. 9813	1. 952	1. 9234	1. 8956	1. 8684	1. 842	1. 8161
2. 4483	2. 4043	2. 3616	2. 3202	2. 28	2. 241	2. 2031	2. 1662
2. 8035	2. 7454	2. 6893	2. 6351	2. 5827	2. 532	2. 483	2. 4356
3. 0923	3. 0205	2. 9514	2. 885	2. 821	2. 7594	2. 7	2. 6427
3. 327	3. 2423	3. 1611	3. 0833	3. 0087	2. 937	2. 8682	2. 8021
3. 5179	3. 4212	3. 3289	3. 2407	3. 1564	3. 0758	2. 9986	2. 9247
3. 6731	3. 5655	3. 4631	3. 3657	3. 2728	3. 1842	3. 0997	3. 019
3. 7993	3. 6819	3. 5705	3. 4648	3. 3644	3. 2689	3. 1781	3. 0915
3. 9018	3. 7757	3. 6564	3. 5435	3. 4365	3. 3351	3. 2388	3. 1473
3. 9852	3. 8514	3. 7251	3. 6059	3. 4933	3. 3868	3. 2859	3. 1903
4. 053	3. 9124	3. 7801	3. 6555	3. 5381	3. 4272	3. 3224	3. 2233
4. 1082	3. 9616	3. 8241	3. 6949	3. 5733	3. 4587	3. 3507	3. 2487
4. 153	4. 0013	3. 8593	3. 7261	3. 601	3. 4834	3. 3726	3. 2682
4. 1894	4. 0333	3. 8874	3. 7509	3. 6228	3. 5026	3. 3896	3. 2832
4. 219	4. 0591	3. 9099	3. 7705	3. 64	3. 5177	3. 4028	3. 2948
4. 2431	4. 0799	3. 9279	3. 7861	3. 6536	3. 5294	3. 413	3. 3037
4. 2627	4. 0967	3. 9424	3. 7985	3. 6642	3. 5386	3. 421	3. 3105
4. 2786	4. 1103	3. 9539	3. 8083	3. 6726	3. 5458	3. 4271	3. 3158
4. 2916	4. 1212	3. 9631	3. 8161	3. 6792	3. 5514	3. 4319	3. 3198
4. 3021	4. 13	3. 9705	3. 8223	3. 6844	3. 5558	3. 4356	3. 323
4. 3106	4. 1371	3. 9764	3. 8273	3. 6885	3. 5592	3. 4384	3. 3254
4. 3176	4. 1428	3. 9811	3. 8312	3. 6918	3. 5619	3. 4406	3. 3272
4. 3232	4. 1474	3. 9849	3. 8342	3. 6943	3. 564	3. 4423	3. 3286
4. 3278	4. 1511	3. 9879	3. 8367	3. 6963	3. 5656	3. 4437	3. 3297
4. 3316	4. 1542	3. 9903	3. 8387	3. 6979	3. 5669	3. 4447	3. 3305
4. 3346	4. 1566	3. 9923	3. 8402	3. 6991	3. 5679	3. 4455	3. 3312
4. 3371	4. 1585	3. 9938	3. 8414	3. 7001	3. 5687	3. 4461	3. 3317
4. 3391	4. 1601	3. 995	3. 8424	3. 7009	3. 5693	3. 4466	3. 3321

参考文献

［1］崔国萍. 成本管理会计［M］. 机械工业出版社，2010

［2］何克飞. 工业企业成本管理探析［J］. 财经界，2010（11）

［3］黄志奋. 我国工业企业成本管理的现状和对策［J］. 会计师，2009（1）

［4］郝福锦. 新经济下的工业企业成本管理的策略研究［J］. 科技和产业，2009（4）

［5］曹惠芳. 企业成本管理浅谈［J］. 财会通讯，2009（1）

［6］付亚和. 绩效管理［M］. 复旦大学出版社，2006

［7］龙敏，宋文光，许凤霞. 财务管理学［M］. 中国矿业大学出版社，2005

［8］孙健. 360度绩效考评［M］. 企业管理出版社，2003

［9］张静，等. 绩效评价的经济学分析［J］. 中国人力资源开发，2002（4）

［10］阎达五，杨有红. 内部控制框架的构建［J］. 会计研究，2001（2）

［11］于增彪，等. 现代企业内部控制：概念界定与设计思路［J］. 会计研究，2001（11）

［12］朱荣思. 建立和完善内部控制的思考［J］. 会计研究，2001（1）

［13］柳絮，刘小清. 企业内部会计控制［M］. 广东经济出版社，2002

［14］蒋建华. 商业银行内部控制评价［M］. 复旦大学出版社，2012

［15］付亚和，许玉林. 绩效考核与绩效管理［M］. 2版. 电子工业出版社，2009

［16］龚巧莉. 全面预算管理：案例与实务指引［M］. 机械工业出版社，2012

［17］单喆敏，夏大慰，孙铮，黄世忠. 上市公司财务报表分析［M］. 复旦大学出版社，2008

［18］Leslie G. Eldenburg, Susan Wolcott, Liang – Hsuan Chen, Gail Cook. Cost Management：Measuring, Monitoring, and Motivating Performance. 2 Edition. Wiley（April 24，2012）

［19］Steven M. Bragg. Budgeting：A Comprehensive Guide. 3 Edition. Accounting Tools（Aug. 27，2014）

［20］Paul D. Kimmel, Jerry J. Weygandt, Donald E. Kieso. Financial Accounting：Tools for Business Decision – Making. 6 Edition. Wiley（Dec. 4，2014）

［21］Robert S. Kaplan. Balanced Scorecard：Translating Strategy into Action. Harvard Business School Publishing（Sep. 1，1996）

［22］Michael E. Porter. Competitive Strategy. Free Press（Jan. 19，2004）

［23］Michael A. Hitt, R. Duane Ireland, Robert E. Hoskisson. Strategic Management：Competitiveness and Globalization – Concepts and Cases. 11th Edition. South – Western College Pub（January 1，2014）

［24］Steven M. Bragg. Accounting Controls Guidebook：A Practical GuidePaperback. Accounting Tools，3 Edition（June 8，2015）

［25］Brian H. Maskell. Performance Measurement for World Class Manufacturing：A Model for American Companies（Corporate Leadership）. Productivity Press（July 1，1991）